财政支出政策绩效评价

施青军◎著

清华大学出版社

北 京

图书在版编目（CIP）数据

财政支出政策绩效评价 / 施青军著 . —北京：清华大学出版社，2022.3
ISBN 978-7-302-60232-3

Ⅰ . ①财… Ⅱ . ①施… Ⅲ . ①财政支出－财政政策－经济绩效－研究－中国 Ⅳ . ① F812.2

中国版本图书馆 CIP 数据核字 (2022) 第 036193 号

责任编辑：梁云慈
封面设计：汉风唐韵
版式设计：方加青
责任校对：宋玉莲
责任印制：朱雨萌

出版发行：清华大学出版社
　　　　网　　址：http://www.tup.com.cn，http://www.wqbook.com
　　　　地　　址：北京清华大学学研大厦 A 座　　　　　　邮　　编：100084
　　　　社 总 机：010-83470000　　　　　　　　　　　邮　　购：010-62786544
　　　　投稿与读者服务：010-62776969，c-service@tup.tsinghua.edu.cn
　　　　质 量 反 馈：010-62772015，zhiliang@tup.tsinghua.edu.cn
印 装 者：大厂回族自治县彩虹印刷有限公司
经　　销：全国新华书店
开　　本：185mm×260mm　　　　　　印　　张：22.5　　　　字　　数：386 千字
版　　次：2022 年 4 月第 1 版　　　　印　　次：2022 年 4 月第 1 次印刷
定　　价：75.00 元

产品编号：096271-01

总　序

当今世界正经历百年未有之大变局，我国正处于实现中华民族伟大复兴的关键时期，时代提出了一系列新的重大理论和实践问题，经济社会发展和民生改善比过去任何时候都更加需要科学技术解决方案，比过去任何时候都更加需要哲学社会科学的繁荣，比过去任何时候都更加需要财经理论的创新发展。推动实现国家治理体系和治理能力现代化，需要更好发挥财政在国家治理中的基础和重要支柱作用，需要切实把维护金融安全作为治国理政的一件大事，需要不断完善目标优化、分工合理、高效协同的宏观经济治理体系，需要成千上万的创新型财经管理人才。

党的十九大报告指出，"建设教育强国是中华民族伟大复兴的基础工程，必须把教育事业放在优先位置"，要"加快一流大学和一流学科建设，实现高等教育内涵式发展"。而实现高等教育内涵式发展，研究生教育是不可或缺的重要部分。2020年，全国研究生教育会议召开，教育部、国家发展和改革委、财政部联合发布《关于加快新时代研究生教育改革发展的意见》，明确提出：研究生教育在培养创新人才、提高创新能力、服务经济社会发展、推进国家治理体系和治理能力现代化方面具有重要作用。坚持"四为"方针，瞄准科技前沿和关键领域，深入推进学科专业调整，提升导师队伍水平，完善人才培养体系，加快培养国家急需的高层次人才，为坚持和发展中国特色社会主义、实现中华民族伟大复兴的中国梦做出贡献。

深化研究生教育改革，要重视发挥课程教学在研究生培养中的作用，而高水平教材建设是开展高水平课程教学的重要载体。中央财经大学坚持"科学规划、突出特色、鼓励创新、择优资助"的原则，高度重视研究生教材建设工作，围绕立德树人根本任务，以一流学科建设为目标，设立专项资金资助研究生教材建设，推动习近平新时代中国特色社会主义思想和社会主义核心价值观融入教材建设、融入课堂教学，培育学生经世济民、诚信服务、德法兼修的职业素养，初步建立了具有中央财经大学"财经黄埔"品牌特色的研究生教材体系。瞄准前沿，出版各专业博士生前沿文献导读，推进职业能力训练为导向的案例教学与案例库体系,着力组织建设一批国际化、高水平的专业学位研究生教学案例集。

呈现在读者面前的中央财经大学研究生精品教材系列丛书由多部研究生教材组成,涉及经济学、管理学、法学三个学科门类,所对应课程均为中央财经大学各专业研究生培养方案中的核心课程,均由教学经验丰富的一线教师组织编写。编者中既有国家级教学名师等称号的获得者,也不乏在专业领域造诣颇深的中青年学者。本系列丛书以"立足中国,放眼世界"的眼光和格局,本着扎根中国大地办大学的教育理念,致力于打造一批具有中国特色,具有较强思想性、科学性、系统性和时代性的适用于高等院校尤其是财经类院校研究生教学的专业教材,力求在各个专业领域内产生一定的影响力。

中央财经大学研究生精品教材系列丛书的出版得到了"中央高校建设世界一流大学(学科)和特色发展引导专项资金"的支持。我们希望本套丛书的出版能够为相关课程教学提供基本的教学方案和参考资料,能够启发研究生对专业知识的学习和对现实问题的思考,提高研究生运用理论知识解决现实问题的能力,进而培养成为具有良好职业素养、掌握前沿理论、具备国际视野的高层次拔尖创新人才。

编写研究生精品教材系列丛书,我们虽力求完善,但难免存在不足之处,恳请广大同行和读者批评指正。

中央财经大学研究生精品教材系列丛书编委会

2022年5月于北京

序

据我所知，由施青军教授编写的《财政支出政策绩效评价》一书是党的十九大提出"全面实施绩效管理"以来，国内第一本有关财政支出政策绩效评价的专著性教材，在此，谨向施青军教授团队表示祝贺。

早在中华人民共和国成立前，毛泽东同志就告诫我们："政策和策略是党的生命，各级领导同志务必充分注意，万万不可粗心大意。"在我国，党和政府为发展各项事业，制定了许多政策，它们是构成国家治理的基本制度和重要制度的核心内容。而财政支出政策指各级财政用于支撑各项政策的预算资金。由于预算是纳税人为购买政府服务而支付的钱，这就存在着政策及其预算支出是否有效的问题。本书就是从这一角度来写的。

本书从绩效的原理——政府花钱"买"有效公共服务出发，展开了对财政支出政策评价的概念、理念、原则，评价的程序和方法，绩效评价矩阵和指标等问题的研究。在此基础上，该书还重点研究了支出政策的绩效评价方法，如观察法、问卷调查、实地访谈、焦点小组、专家评判法、德尔菲法、统计抽样、成本-效益分析、实验研究、准实验研究、多元回归分析以及系统分析等。

就我的体会，对论文、专著、教材等社科成果的评价，通常应采用"两个理性"标准。"两个理性"是20世纪初德国学者马克斯·韦伯提出的，它指评价社科成果的价值理性和工具理性标准。

若是按这个标准，本书是以建设"好政府"为出发点，紧紧地抓住了"花钱购买有效服务"这一核心价值来展开各章节的。本书指出："财政支出政策评价的中心问题是回答政策是否有效，所以财政支出政策绩效评价在性质上属于一种特殊的应用研究（即实证研究）。"

如何评价政策？如何说明政府花的钱是值得的？这是我国全面实施预算绩效管理的一个重大难题。这是因为：一方面，政策项目往往是花钱较多，时间较长，也影响较大的；另一方面，政策效果又具有不确定性，有的能短期显现，有的将在今后较长时期内才显示。还有的政策项目，其效果要借助于其他项目才能显示。再从投入上说，一个政策项目投入上亿元，甚至上百亿元，究竟哪些是必要投入，哪些是无效投入或"搭车投入"？要鉴别这些是困难的。

对此，本书主张从价值效果，而不是从某些理念或"管理标准"出发，即资金使用的合规性来评价政策绩效。本书还提出，政策绩效评价是实证方法，也就是做一道"证明题"，即它是通过实际受益者与目标受益者，实际受益程度与目标受益程度的对比来证明政策价值的，而实证方法——借用法律的语言——就是"自证清白"。针对财政支出政策的时间价值问题，该书提出了短期效果、中期效果、长期效果（影响）等效果概念分类，这些理论或观点，是符合"实践是检验真理的唯一标准"和社会主义核心价值观的，也体现了"价值理性"的要求。

再从"工具理性"看，该书从政策是主观见诸客观的，必须接受实践检验的理念出发，结合政策项目的自身特点，在总结前人经验基础上，设计了事前评价、事中评价和事后评价三个环节，提出了政策评价的"五性"标准——政策的相关性、效果性、效率性、公平性、可持续性标准，从而形成了本书的方法论，在此基础上引入了诸如成本—效益分析等评价方法，并以世界银行项目为案例介绍了评价指标。这就为我们提供了思路和借鉴。

可见，本书体现了"结果导向"要求，也为我国政策评价提供了思路，具有前后一致，价值理性与工具理性统一和可操作性特点，是一本值得推荐的教材。

应当指出，政策绩效评价是新兴学科，在这方面，虽然施青军教授团队做了重要探索并获得了丰硕成果，但这毕竟只是第一步，在如何将原理用于实际，解决我国政策评价中"假、大、空"难题等方面，还有很多事要做，期望你们做出更大贡献。

上海财经大学　马国贤教授

财政支出政策绩效评价是一种典型的公共政策评价（public policy evaluation）。作为一种政策评价，其评价的对象是一种特定的公共政策，即涉及财政资金使用或者支持的公共政策。这种特点的公共政策大多是具有分配性（或再分配性）的支出政策。这类政策评价本质上是一种结果为导向的评价，它主要关注支出政策的实施结果，关注政策产出（output）、成效（outcome）和影响（impact）的实现。正如政策学家詹姆斯·安德森所说，政策评价主要"运用社会科学方法来测量政策或项目的社会影响，以及它们达到预定目标的程度"。

自《中共中央　国务院关于全面实施预算绩效管理的意见》发布以来，我国各地、各部门都在积极地推进财政支出政策绩效评价，尤其是重大支出政策与项目的绩效评价。然而，从各地开展的政策评价实践来看，其关注的焦点依然主要是过程、规则和程序，并未重点关注支出政策的实施结果，特别是政策成效的实现。造成这种现象的原因很多，其中一个重要原因是，我国大多数评价人员对财政支出政策绩效评价的基本理论与方法缺乏系统的认知和了解。为此，笔者在2017年完成的世界银行贷款技援项目《财政支出政策绩效评价操作指南》（TCC6）[①]的基础上编写了本书。

本书旨在回答和阐述以下几个基本的问题：（1）财政支出政策绩效评价的中心问题是什么？（2）如何科学地开展财政支出政策绩效评价？（3）开展财政支出政策评价面临着哪些主要障碍与问题，以及如何克服这些障碍与问题？为此目的，本书首先分析和阐述了财政支出政策评价的概念、性质、基本理念与原则。然后在此基础上，重点研究和分析了政策绩效评价的程序与方法，以及财政支出政策的事前评价、事中评价、事后评价和影响评价。最后，分析和讨论了财政支出政策评价面临的主要问题，以及来自不同学派的挑战。以下，我们循此思路简要概述一下本书的主要内容与观点。

---

① 见财政部预算评审中心. 中国财政政策政策绩效评价体系研究[M]. 北京：经济科学出版社，2018：第二部分.

（一）关于财政支出政策绩效评价的性质与特点。本书认为，财政支出政策绩效评价本质上是一种结果为导向的评价，它主要分析评价支出政策的实施效果与效率。换言之，财政支出政策绩效评价的中心问题就是回答政策是否有效。其主要的特点是，重视实证主义的研究设计，重视对政策过程与结果的监测，重视应用统计与抽样技术收集证据，重视对收集数据与资料的分析和解释等。

（二）财政支出政策绩效评价的主要类型。财政支出政策评价既是一种实证研究，也是一个绩效信息反馈系统。作为信息反馈系统，财政支出政策绩效评价不仅包括事后评价，还包括事前评价和事中评价。OECD/DAC（经合组织援助发展委员会）认为，"评价必须及时，即在决策需要的时候可以用得上。就是说，评价在项目实施的各个阶段都发挥着重要作用，因此不应仅当作一项事后的工作来开展。"为此，本书系统研究了财政支出政策绩效评价的几种形式，包括事前评价、事中评价、事后评价以及影响评价。它们的主要不同在于，事前评价是一种"预测性"的评价，关注的主要是政策的未来可能结果；事中评价是一种"过程性"的评价，其关注的主要是政策的实施过程；事后评价则是一种"回顾性"的评价，关注的主要是政策的实施结果；影响评价的主要目的是，对某项政策活动的净效果进行估计，以准确回答政策是否有效的问题。

（三）财政支出政策评价的主要工具。在财政支出政策评价中，结果链和绩效评价矩阵是两个非常重要的工具。其中，结果链（逻辑框架）是一个理解政策从其投入到结果之间因果关系的工具。该工具对于评价人员和利益相关者都非常重要。因为他们能通过它为政策建立一个评价人员和利益相关者"共同认定的长期目标愿景，共同认定如何实现愿景，以及用什么来衡量这一过程中的进展"（琳达，2009）。绩效评价矩阵（评价指标体系的升级版）则是一个帮助评价设计的组织工具，可以帮助组织好评价目的和内容，并且保证评价内容（评价问题）与合适的评价指标及相应的数据收集和分析方法相匹配。

（四）评价结果的反馈与运用。财政支出政策绩效评价不但提供了有关政策实施情况的重要反馈，而且还提供了有关政策（项目）成败的重要信息。这些信息不仅可以帮助决策者改进政策的决策和管理，而且可以展示责任和提高政策的透明度。因此，绩效评价报告完成之后，必须要将评价结果反馈给利益相关方，以便他们能充分、有效地利用评价报告所提供的绩效信息。正如英国《红皮书：评价指南》（2011）所言，"评价汇报不仅仅是撰写完成一份报告，重要的是要将评价结果反馈给评价的各利益相关方，并将评价结果运用于新的政策决策之中"。

（五）财政支出政策绩效评价面临的主要障碍与问题。如上所述，财政支出政策绩效评价的中心问题是回答政策是否有效。然而，在评价实践中，很多因素造成了政策评价有效完成的障碍与问题，这些因素主要包括：政策目标的不确定性、确定因果关系的困难、政策效果与影响的分散性、成本-效益评估的困难、绩效评价数据和经费的缺乏以及政府官员的抵制等。尽管存在这些困难与问题，但是随着现代技术与社会科学研究方法的不断发展，人们会找到越来越多的新的方法来克服和解决这些问题。比如，现代大数据技术的应用和发展就为政策绩效评价的发展开辟了广阔的前景。大数据标志着人类在寻求量化和认识世界的道路上前进了一大步。过去不可计量、存储、分析和共享的很多东西都被数据化了，拥有大量的数据为我们认识和理解世界打开了一扇新的大门，也为破解前述财政支出政策评价的难题提供了一把钥匙，换言之，大数据时代的来临将会给财政支出政策评价带来一系列创新与发展。

大文豪苏轼主张，文章皆应"有为而做"，并做到"如五谷可以疗饥，药石可以伐病"。本书即是本着这一理念而写作的，并期望能够回答上述的几个基本问题，为我国财政支出政策评价的科学化、规范化发展尽一份力量。由于水平所限，书中还存在许多不完善甚至不当的地方，欢迎读者多予批评与指正。

在本书即将付梓之际，在此我要向给本书提出过建议和其他形式帮助的所有人表示感谢！特别需要感谢的是：中国财政科学研究院的刘尚希院长、王朝才研究员、王诚尧研究员和王泽彩研究员，财政部预算评审中心李方旺主任、宋文玉和刘文军副主任，《管理世界》杂志主编李志军研究员，中国行政管理学会副秘书长张定安研究员，世界银行北京办陈建青女士和赵敏女士，农业农村部工程建设服务中心王振泽处长、王蕾副处长，中央财经大学马海涛副校长、姜玲教授、徐焕东教授、杨燕英教授、于鹏教授、邢华教授和刘庆乐副教授。他们的深刻洞见与建议使本书受益良多。在此，谨向他们表示衷心的感谢！

最诚挚的感激我要献给本书的两位同行评议专家：上海财经大学马国贤教授和美国堪萨斯大学的何达基教授。两位教授在百忙之中，不仅认真通读了全书，而且提出了富有价值的评论。他们不仅治学严谨、学养丰厚，而且待人诚恳、品格高尚。能够与他们认识和交往，是我一生的幸运。

另外，还要感谢我的几位年轻的、富有才华的学生：马文竭、赵丽丽、王笑展、许家珂、孙海燕和刘飞同学。马文竭、赵丽丽和王笑展同学帮助翻译了部分重要的英文文献，许家珂、施劲松、孙海燕、施飞鸿和刘飞等帮助进行了资料的收集、整理和画图等工作。

最后，要感谢的是中央财经大学研究生院和清华大学出版社。中央财经大学研究生院不仅给本书以出版资助，而且对书稿的修改提出了许多宝贵的意见。清华大学出版社的编辑梁云慈老师则对本书的编辑与完善付出了艰辛的劳动。

施青军

目　录

附录：《英国红皮书：评价指南》节选（英国财政部编）

参考文献

第1章

财政支出政策绩效评价的
概念与性质

绩效评价需要结合技术、管理与政治智慧，因为它使用的
是高度理性、科学的观察与分析，所以它需要具备专业技术知识。

——戴维·奥斯本，2000

正确地认识和理解财政支出政策绩效评价是科学开展财政支出政策绩效评价的基础。为此，我们首先需要对财政支出政策绩效评价的概念、性质与分类等问题做一分析和讨论。

▶ 1.1 财政支出政策绩效评价的概念

财政支出政策绩效评价是一种典型的公共政策评价（public policy evaluation）。作为一种公共政策评价，其绩效评价的对象是一种特定的公共政策，即涉及财政资金使用或支持的公共政策。这种特点的公共政策大多是分配性或再分配性的政策[①]。政策学家詹姆斯·安德森认为，"公共政策实施的有效性很大程度上依赖于政府对其的资金支持。"[②]因此，可以说，大部分公共政策评价都是财政支出政策绩效评价。为了全面地认识和理解财政支出政策绩效评价，我们从三个方面进行分析和讨论：首先，分析和研究财政支出政策的概念、特点及其载体；其次，分析和讨论政策评价的内涵及其特点；最后，给出财政支出政策绩效评价的定义。

1.1.1 财政支出政策及其载体

政策一般是指，国家、政党为了实现一定历史时期的路线和任务而规定的行动准则。[③]据此，我们认为，财政支出政策是国家制定的指导财政支出分配活动和处理有关财政支出分配关系的基本方针和准则。它主要通过运用预算、投资、补贴等分配手段，贯彻国家的路线、方针及其政策意图，服务于国家社会、经济发展的目标和任务，为国家履行各项政治经济职能提供财力保障。[④]所以，财政支出政策不仅是公共政策的一个主要组成部分，也是国家的一个重要经济调控手段。

按照经济性质的不同，财政支出政策可以划分为两大类：购买性支出政策和转移性支出政策。前者表现为政府购买商品和服务的活动；后者则直接表现为资金无偿的、单方面的转移（如政府用于养老金、补贴、失业救济金等方面的支出）。从政策结果的影响来看，购买性支出政策对社会的生产和

---

① 分配性政策涉及将服务和利益分配给人口中的特定部分——个人、团体和社区。它一般只产生得利者，而没有明确的失利者。与之对应的是管制性政策，即对个人或团体的行动加以限制和约束的政策。

② 詹姆斯·安德森. 公共政策制定[M]. 5版. 谢明，等译. 北京：中国人民大学出版社，2009：第194页.

③ 在学术界，政策有多种定义。该定义是《辞海》关于"政策"的定义。引自陈庆云. 公共政策分析[M]. 2版. 北京：北京大学出版社，2011：第2页.

④ 苏明. 财政支出政策研究[M]. 北京：中国财政经济出版社，1999：第4页.

就业有直接影响。此类的政策也影响分配，但是这种影响是间接的。转移性支出政策，直接影响收入分配，而对生产和就业的影响是间接的。联系财政的职能来看，购买性支出政策主要执行资源配置的职能；转移性支出政策，则主要执行收入分配的职能。资源配置职能旨在促进效率，而收入分配职能则旨在促进公平。所以，各种财政支出政策虽然无一例外地均表现为资金从政府手中的流出，但是不同的财政支出政策对经济和社会的影响却存在着差异（陈共，2009）。

根据上述的定义，财政支出政策是指导财政支出分配活动的基本方针和准则。在各国的政策实践中，其主要载体一般为各类财政支出项目（program）或者项目组合（a collection of various projects and programs）。[①]这里，所谓项目，是为解决某些问题的一系列行为的集合。由于这些项目或项目组合有着共同的政策目标（即可被用于解决某个社会问题或者满足某种社会的需要），因而，构成具体的财政支出政策。换言之，财政支出的项目或项目组合[②]是财政支出政策的具体化（参见专栏1-1）。

专栏1-1　政策（policy）与项目（program）的关系

政策（policy）说明的是相对来说比较宽泛的社会导向目标，这些目标以更高层次的理想为基础，而项目（program）则与定义更清楚、更具体的目的有关，这些目的的基础乃是总的政策目标。例如，自由教育是一种理想，学校教育是一个目标，而上学则构成特定的目的。

要想纳入政府部门的议事议程，必须把政策转化成项目。项目将确定并列出总的目标所衍生出的特定目的。例如，州际公路项目是全国交通（也包括公共交通、航空等）政策的规划性目标之一。因此，政策回答的是社会系统里广泛存在并且常常互相交织的问题，而项目则针对的是这一系列问题的特定情况。

资料来源：弗兰克·费希尔《公共政策评估》，2003

正是由于政策（policy）与项目或项目群（program/projects）之间存在着

---

① Ministry of Foreign Affairs of Japan, *ODA Evaluation Guideline (7th Edition)*, April 2012, p. 20；彼得·罗希. 评估：方法与技术[M]. 7版. 邱泽奇，等译. 重庆：重庆大学出版社，2007：中文版前言.
② program可译为计划、方案、项目或者项目群等。program通常代表的是多个干预（interventions），正如戴维·罗伊斯所说，program是"为解决某些问题的一系列有计划的行为的集合"。而project通常表示的是单个干预（intervention）。

密切的联系，在使用中人们常常将二者进行连用或互换。比如，在《中共中央 国务院关于全面实施预算绩效管理的意见》（2018）中，即多次出现"政策、项目"或"重大政策、项目"的表述（专栏1-2）。在国外许多的《公共政策学》和《公共项目评价》教材中，政策和项目也常常进行连用或互换。例如，弗兰克·费希尔在《公共政策评估》一书中写道，"为了提供复杂的社会问题和经济问题的信息，为了评价解决问题的过程，评估将焦点集中在政策或项目的结果（结果评估）或政策项目的形成与实施的过程（即过程评估）上。"①彼得·罗希在《评估：技术与方法》中认为，"评估的任务就是了解项目的形成，即形成政策的特定形式。"②詹姆斯·安德森在《公共政策制定》中也如此写道，"一项政策或一个项目的支持者，他们不可能仅仅满足于这些政策或项目通过立法批准。更重要的是，他们必须努力争取以确保该政策或项目有足够的、持续的资金支持，一直到该政策或项目的目标能够圆满地完成。"③事实上，许多国家并未将项目评估和政策评估（评价）加以区分。例如，法国的"公共政策评估"指的是项目评估和政策评估（评估技术委员会，1996）。④由此可见，在西方国家中，政策（policy）和项目（program）两个术语在多数情况下可以互换。但有些情况下，"政策评价"的范围更广，因为它可以涵盖多个项目、管理框架以及项目和规章制度之间的相互关系等方面。⑤

专栏1-2　中共中央（2018）34号文中有关"政策、项目"的表述

- 坚持问题导向，聚焦提升覆盖面广、社会关注度高、持续时间长的重大政策、项目的实施效果。
- 既关注新出台政策、项目的科学性和精确度，又兼顾延续政策、项目的必要性和有效性。
- 对新出台重大政策、项目开展事前绩效评估。

---

① 弗兰克·费希尔. 公共政策评估[M]. 北京：中国人民大学出版社，2003：第2页.

② 彼得·罗希等. 评估：方法与技术[M]. 7版. 邱泽奇，等译. 重庆：重庆大学出版社，2007：中文版前言.

③ 詹姆斯·安德森. 公共政策制定[M]. 5版. 谢明，等译. 北京：中国人民大学出版社：第194页.

④ Richard Allen & Daniel Tommasi. 公共开支管理——供转型经济国家参考的资料[M]. 章彤，译. 北京：中国财政经济出版社，2009：第334页.

⑤ 同上书，第333页.

- 支出方面，要重点关注预算资金配置效率、使用效益，特别是重大政策和项目的实施效果。
- 对实施期超过一年的重大政策和项目实行全周期跟踪问效，建立动态评价调整机制。
- 建立重大政策、项目的绩效跟踪机制，对存在严重问题的政策、项目要暂缓或停止预算拨款，督促及时整改落实。

资料来源：《中共中央　国务院关于全面实施预算绩效管理的意见》，2018.9

1.1.2　政策评价的内涵及其特点

如上所述，财政支出政策绩效评价是一种典型的公共政策评价，因此认识财政支出政策绩效评价首先要了解政策评价。关于政策评价的定义，学术界主要有以下四种观点：

第一种观点认为，政策评价是对政策方案的评价，即通常所说的前评价。这种观点强调的是对政策方案的评价，目的在于分析、比较各种政策方案的可行性以及相对的优缺点。该评价也可以称为事前评价，是政策执行之前进行的带有预测性质的评价。事前评价的重要作用是将评价从单纯的事后检测变为事前控制。它主要对两种情况做出预测：一是实施政策会有什么结果；二是不实施这项政策会有什么结果。

第二种观点认为，政策评价是对政策全过程的评价，既包括对政策方案的评价，还包括对政策执行以及政策结果的评价。我国台湾的两位学者林永波、张世贤认为，政策评价是"有系统地应用各种社会研究程序，搜集有关的资讯，用以论断政策概念与设计是否周全完整，知悉政策实际执行的情形、遭遇的困难，有无偏离既定的政策方向，指明社会干预政策的效用"。[1]

第三种观点认为，政策评价的实质是发现政策问题和解决政策问题。持这一观点的主要是我国台湾学者朱志宏，他认为，"就一项公共政策而言，发现政策误差、修正政策误差就是政策评估，换言之，政策评估的工作就是发现并修正政策的误差。"[2]

第四种观点认为，政策评价就是对政策效果的研究，即通常所说的后评

---

[1]　林永波、张世贤. 公共政策[M]. 台北：五南图书出版公司，1982：第499页.
[2]　朱志宏. 公共政策[M]. 台北：三民书局，1995：第299页.

价。美国学者托马斯·戴伊在《自上而下的政策制定》一书中提出，"政策评价就是了解各个政策所产生的效果的过程，就是试图判断这些效果是否是所预期的过程，就是判断这些效果与政策的成本是否符合的过程。"[1]詹姆斯·安德森也认为，"系统（政策）评价主要寻求政策和项目的结果信息，直接关注某一政策或项目（计划）对公众需要或其解决问题的作用。"[2]

在上述四种观点中，第四种观点是学术界的主流。[3]美国学者苏珊·韦尔奇指出，"当社会科学家谈到项目或政策评估（我们将交替使用这两个术语）时，通常是指对项目结果的评估。问题的答案既不是项目拥有多少资源，也不是项目是如何运行的，而是项目是否已经达到了既定的目标。"[4]因此，财政支出政策绩效评价本质上是一种结果为导向的评价，它主要关注财政支出政策的实施结果，关注政策产出（output）、成效（outcome）和影响（impact）的实现。这一评价旨在回答以下基本问题：

- 政策实施后，是否实现了（或者可能实现）预期的政策目标？其实现的程度和范围如何？
- 政策对社会经济和生活带来了（或可能带来）哪些影响？正面和负面的影响各是什么？
- 财政支出与政策效果是否相称？政策是否为满足一系列特定需求所能采取的最具成本效益性和可持续性的方案？
- 如果政策的实施效果不理想，那么阻碍政策效率和效果实现的主要因素是什么？
- 政策的未来走向如何？是继续、调整或是终止？如需调整，如何调整？

那么，财政支出政策评价为什么需要主要关注结果？大家知道，一项支出政策是否合理，主要是看政策实施效果是否达到了其预定的目标。从实践来看，由于政策活动本身所具有的复杂性，政策规划的目标和手段在政策的实施中可能遇到这样或那样的问题，政策预期的目标并不是都能够顺利地实

---

[1] 托马斯·戴伊.自上而下的政策制定[M].北京：中国人民大学出版社，2002：第203页.

[2] 詹姆斯·安德森.公共政策制定[M].5版.北京：中国人民大学出版社，2009：第297页.

[3] 这里需要注意的是，这并不意味着其他观点没有意义。在第5章中我们会看到第一种观点（即前评价）的作用和意义，在第6章的事中评价中会看到第三种观点的影响，而在第4章的全过程指标体系框架中可以看到第二种观点的影响。

[4] 苏珊·韦尔奇、约翰·科默.公共管理中的量化方法：技术与应用[M].3版.北京：中国人民大学出版社，2003：第5页.

现。有些时候，还可能导致政策的失败。造成政策失败的原因，从管理学的角度来分析，既可能是因项目不能按事先设计的那样被执行而导致失败，也可能是按原来设计的要求来执行，但是由于基本理论的错误而达不到预期的结果。从经济学角度来分析，主要是因为财政支出可能会产生不同性质的政策效应，例如挤出效应、替代效应、收入效应和分配效应等。[①]这些政策效应可能有助于达到预定的政策目标，也可能妨碍达到预定的政策目标。为此，就需要通过专门的政策评价来探究和了解政策的实施效果。可以说，探究政策效果正是政策评价的主要使命所在。进一步来说，一个完整的政策过程，除了科学的制定和有效执行外，还需要对政策执行以后的结果进行政策评价，以确定政策的成效或是价值，发现政策存在的主要问题，从而决定政策的延续、革新或终结。换言之，对于结果的政策评价是政策运行过程中不可缺少的一环。

政策评价主要是对政策的实际效果进行评价，它要求对政策给社会所带来的实际变化加以测评。开展这一测评，比较理想的做法是，在引进政策前后进行比较衡量，并用没有受到政策影响的控制小组进行衡量。也就是说，不仅要测量"政策给社会所带来的实际变化"（"what have happened"），而且要测量政策如果没有实施社会的发展状况（"what would have happened if the policy had never been implemented"）。为了对政策给社会所带来的实际变化加以测评，评价者在评价中往往需要采用实验性设计。美国著名的政策学家詹姆斯·安德森在《公共政策制定》中提出了三种基本的研究方法：实验研究方法、准实验研究方法和前后对比方法（专栏1-3）。由于政策评价的中心问题是回答政策是否有效（这是一个因果性问题），因此，国外的许多学者，特别是提倡实验设计的学者认为，随机实验是回答因果关系问题的最佳途径。[②]尽管现实的条件经常会限制实验研究方法的使用，但是，随机实验的逻辑是所有政策评价设计和数据分析的基础。所以，评价人员仍然有必要学习并熟悉它们。关于实验研究的具体方法，我们在第7章（"基于因果分析的影响评价"）中还有更深入的讨论。除了实验研究的方法，还有其他的

---

① 通常所说的财政挤出效应是指政府的财政支出会通过税收机制减少私人部门可支配收入，而公共支出的财政挤出效应则是指政府的旨在增加社会福利的某些支出项目可以减少公众有关的支出，从而使得公众实际可支配收入趋于增加。参见华民. 公共经济学教程[M]. 上海：复旦大学出版社，2000：第151页.
② 参见詹姆斯·麦克戴维，劳拉·霍索恩. 项目评价与绩效测量：实践入门[M]. 李凌艳，等译. 北京：教育科学出版社，2011：第336-337页.

方法可以帮助了解政策的效果，我们在第3章、第4章和第6章中对此都有详细的论述。

> **专栏1-3　政策评价的三种基本方法**
>
> - 实验设计（experimental design）：引入控制组，并且随机分配实验对象。
> - 准实验设计（quasi-experimental design）：采用一定的操控措施，但是没有随机分配实验对象到实验组和控制组。
> - 前后对照设计（before and after studies design）：将计划被执行一段时间之后的结果与计划初存在的条件进行对比。
>
> 资料来源：詹姆斯·安德森，2009

1.1.3　财政支出政策绩效评价的概念界定

通过上面的分析可以知道，政策评价"就是对政策效果的研究"。因此，财政支出政策绩效评价首先要关注政策的实施效果。除此之外，由于该项政策涉及财政资金的使用或支持，因而它还需要关注资金的成本和使用效率。

2020年2月，财政部预算司修订和颁布了《项目支出绩效评价管理办法》（财预〔2020〕10号）。在该办法中，财政部预算司给出了如下的项目支出绩效评价的定义。我们认为，财政部预算司的这一定义也适用于财政支出政策绩效评价。

- 项目支出绩效评价（简称绩效评价）是指财政部门和预算部门（单位）根据设定的绩效目标，对项目支出的经济性、效率性、效益性和公平性进行客观、公正的测量、分析和评判。

根据该定义，项目支出（财政支出政策）绩效评价的基本内容为：经济性（economy）、效率性（efficiency）、效果性（effectiveness）[①]和公平性（equity），亦即"4E"。

- 经济性（economy）

"经济性"关注的主要是投入和成本，它要求以尽可能低的投入和成

[①] "effectiveness"有时也译为有效性、效益性。它有狭义和广义两种用法，狭义用法是指项目或政策目标的实现程度，与"efficacy"同义；广义用法还包括了相关性和效率性，此时译为"有效性"更为准确。

本，提供与维持既定数量和质量的公共产品或服务。换句话说，经济性意味着"节约和没有浪费"。经济性评价关心的主要问题是："政府在既定的时间内，究竟花费了多少钱？对一项产出来说，该花费是不是物有所值？"（见专栏1-4）

专栏1-4 经济性

经济性是指，对一特定产出而言，没有浪费。

注：当一项活动所使用的稀缺资源成本接近于为实现计划的目标所需的最低成本时，该活动就是经济的。

资料来源：OECD，2002

● 效率性（efficiency）

经济性关心的主要是投入和成本问题，而效率性则是一个比较的概念，它主要对比产出或服务与资源投入的关系，关心的主要是投入和产出的关系问题（专栏1-5）。"从给定的投入得到最大的产出"或"用最小的成本来达到目标"就是效率的最基本的定义。简言之，效率性主要关注投入是否得到充分有效的利用（技术效率）。

专栏1-5 效率性

效率性是对资源或投入（包括资金、专业知识和时间等）转化成产出或结果的经济性的衡量。

资料来源：OECD，2002

● 效果性（effectiveness）

效果性表达的则是产出与效果之间的关系，它通过对比资金支出后所实现的实际效果与预期效果之间的关系，保证资金达到理想的效果（专栏1-6）。效率告诉你用最小的努力来达到目的，并不告诉你方向；而效果性则衡量项目或政策目标的实现程度，告诉你工作努力的方向。因此，相比于效率性而言，项目或政策的效果性是绩效评价更为重要的内容。如果没有效果，无论是什么政策，即使再具有效率，也是没有意义的。

专栏1-6　效果性

效果性是指，发展干预活动的目标在多大程度上实现了，或者根据其重要性预计这些目标会在多大程度上可以实现。

注：也可用来综合衡量（或判断）一项活动的优点或价值，例如某一活动在多大程度上实现了或预计会实现其目标，其主要相关目标是否具有可持续性，是否会给机构的发展带来积极影响。

资料来源：OECD，2002

● 公平性（equity）

公平性与法律和社会理性密切相关，是指效果和努力在社会不同群体中的分配。一项公平的政策是指效果（如服务的数量或货币化的收益）或努力（如货币成本）能被公平或公正地分配。一项政策方案可能既有效益（效果），又有效率，但是由于成本和收益的不公平的分配而缺乏公平性。比如，那些最需要的人并没有得到与他们的人数成比例的服务，最没有支付能力的人却要超出比例地分摊成本，或者最得益者并未支付成本。

上述"4E"中的经济性（economy）、效率性（efficiency）、效果性（effectiveness）（简称为"3E"）代表了项目结果链中的三种联结关系。如图1-1所示，经济性反映的是资源与投入之间的关系，效率性反映的是投入和产出的关系，而效果性则反映的是产出与效果之间的关系。

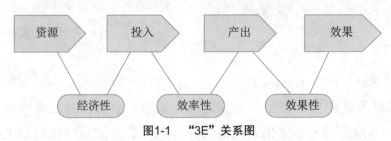

图1-1　"3E"关系图

定义是对于一个事物本质特征或一个概念的内涵和外延所做的一种简要

说明。根据上述定义，我们知道，财政支出政策绩效评价的主要任务就是要研究和回答财政支出政策的经济性、效率性、效果性和公平性问题。这告诉我们，无论是开发评价指标体系，还是实施绩效评价，都应当主要围绕经济性、效率性、效果性和公平性四个问题来进行。2018年9月中共中央发布的《中共中央　国务院关于全面实施预算绩效管理的意见》就明确指出，全面实施预算绩效管理要"更加注重结果导向、强调成本效益、硬化责任约束"。这就是说，预算绩效管理与评价的核心是效果（结果导向）与效率（成本-效益）。国务院秘书长肖捷（2017）也发文强调，要"注重成本-效益，关注支出结果和政策目标实现程度"[①]。然而，在我国财政支出绩效评价的实践中，我们对这两个方面的"注重"和"强调"都还远远不够。从财政部预算司发布的《项目支出绩效评价共性指标体系框架》[②]（见表2-1）来看，其评价的基本内容包括四项：投入、过程、产出和效果。但是，很显然，其评价重点不是产出和效果，而是投入和过程，因为在共性指标体系框架中，投入和过程指标占了近70%，产出和效果的指标不到30%，成本-效益分析则更是欠缺。显然，该指标体系框架与《中共中央 国务院关于全面实施预算绩效管理的意见》的基本要求不相符合。为此，上述共性指标体系框架应大幅减低投入和过程指标的权重，转而加大产出和效果指标的权重，并增加成本效益分析（效率）的指标。简而言之，财政支出政策绩效评价应当重点关注"效果"和"效率"两个方面（见专栏1-7）。

专栏1-7　效果与效率要并重

　　歼敌三千，自损八百太蠢！一个指挥员不仅要负歼敌三千之责，也要负自损八百之责。

资料来源：刘伯承，1947

① 肖捷. 加快建立现代财政制度[N]. 人民日报，2017年12月20日。
② 参见财政部关于印发《预算绩效评价共性指标体系框架》的通知，财预〔2013〕53号。

▶1.2 财政支出政策绩效评价的性质

1.2.1 财政支出政策绩效评价的性质是一种评价研究

财政支出政策绩效评价在性质上属于一种特殊的应用研究——评价研究（参见专栏1-8）。作为评价研究，它主要对财政支出政策或项目产生的结果（效果和效率）进行系统性分析。其主要的特点是，重视实证主义的研究设计，重视对过程与结果的监测，重视应用统计抽样技术收集证据，重视对收集的资料进行分析和解释，以及重视建立可预测的因果关系模型等。在评价的方法上，它表现为一系列实证分析技术的结合：观察法、问卷调查、实地访谈、焦点小组、专家评判法、德尔菲法、统计抽样、成本-效益分析、实验研究、准实验研究、多元回归分析以及系统分析等。著名社会研究方法专家劳伦斯·纽曼认为：“评价研究是一种广泛使用的应用研究。这种研究被广泛地用于大型科层组织，去发现一个项目、一种新的做事方法、一种营销活动、一个政策等是否有效。评价研究测量一个方案、政策、做事方式的有效性。”[1]

同基础研究一样，应用研究也是一个有逻辑、有顺序的调查过程。二者的区别在于对数据的期望和数据的使用目的。基础研究的目的是产生一般化的知识（理论），而应用研究所带来的信息一般只适用于一个特定的政策或项目。詹姆斯·安德森认为，政策评价“运用社会科学的方法论来测量政策或项目的社会影响以及它们达到预定目标的程度”。[2]侧重结果的评价研究在很大程度上需要依赖于社会科学方法，是因为这些方法不仅能回答社会科学家提出的一般的理论性问题，同时，也能够回答政策分析人员提出的具体的应用性问题。具体来说，社会科学方法能应用于政策评价是因为：

- 在某种程度上为可解答问题的形成提高了可能性（形成假设）。
- 能够提出收集答题信息的策略（研究设计）。
- 为确定答题信息类型以及如何收集图提供指导方针（策略和设计数据）。
- 提供适当的数据分析技术（统计分析）。[3]

① 劳伦斯·纽曼. 社会研究方法——定性和定量的取向[M]. 5版. 郝大海，译. 北京：中国人民大学出版社，2007：第32页.
② 詹姆斯·安德森. 公共政策制定[M]. 5版. 北京：中国人民大学出版社，2009：第297页.
③ 苏珊·韦尔奇、约翰·科默. 公共管理中的量化方法：技术与应用[M]. 3版. 北京：中国人民大学出版社，2003：第5-6页.

从评价研究的角度来说，财政支出政策绩效评价需要研究和分析财政支出政策的所有重要方面，具体包括①：

- 项目需求评价：分析政策或项目运作所需的社会条件以及需求程度等问题。
- 变革理论评价：分析政策或项目的概念化和设计等问题。
- 项目过程评价：分析政策或项目的实施及服务送达等问题。
- 项目效果评价：分析政策或项目的成效和影响等问题。
- 项目效率评价：分析项目的成本-收益和成本-效果等问题。

（1）项目需求评价。项目需求评价通常被作为设计和规划新项目或重组既有项目的第一步，用来提供需要什么服务和怎样最有效向服务的需求者送达服务的信息。对已经建立、稳定的项目来说，需求评价也很重要，能够检验服务是否满足了目标群体的实际需要，从而为项目改进提供指导。需求评价的重要方式是，评估某个社会问题的性质、重要性和分布状态，评估针对这一问题实施干预的必要性，分析现有环境对于干预的概念化和设计的意义。进行需求评价，评估者经常要分析和利用现有的统计资料或者进行深入的社会调查。

（2）项目理论评价。项目理论指的就是项目逻辑框架（或结果链）。项目理论评估（assesment of program theory）关注的是与项目的概念化和设计方法相关的问题。第一，项目理论评估包括以外化的和具体的书面或图表形式呈现项目理论。第二，可以用各种方法检验理论的合理性、可行性、道德性，甚至其他方面。项目理论评估是项目初期（在项目刚开始或规划阶段）基本的工作，当然也是在事前评估阶段需要做的基本工作。对于已经建立的项目而言，项目理论评估也是适用的，尤其是需要说明开展的项目服务在何种程度上达到了他们尽量去满足的社会需求的时候。也就是说，开展项目的事中评价和事后评价，也都需要进行项目理论评价。

（3）项目过程评价。项目过程评价就是评估项目的活动和操作情况。过程评价致力于解决那些和项目如何运作相关的问题，包括服务和项目目标的一致程度、服务送达干预对象的好坏、项目管理的绩效、项目资源的使用情况，以及其他类似方面的问题。过程评价可以用作独立的评价方法（即实施独立的事中评价），也与结果评价一起用作比较复杂的综合评价的一部分。

---

① 彼得·罗希，等. 评估：方法与技术[M]. 7版. 重庆：重庆大学出版社，2007：第39-45页.

作为独立评价，过程评价能够提供高质量的信息，即根据既有的标准，评估项目按照预先设计实施的程度。对于结果评价（事后评价）来说，过程评价也是不可缺少的。事后评价提供的是项目效果方面的信息。但是，如果没有过程方面的信息，那么对于项目效果的说明就是不完整的和不明确的。如果项目产生了效果，过程评价有助于确认项目效果是否是项目活动的结果，而非虚假的关系。

（4）项目效果评价。效果评价是项目评价的核心。除非项目拥有经过证明的结果（或效果），否则很难给出将项目执行或维持下去的理由。项目效果评价主要用来评估在一定社会环境中的项目产生了哪些预想效果，项目对社会环境的干预是否发生了作用，项目影响中是否包含意想不到的效果。我们评价某个具体项目效果的最大困难，就是其成效往往是由与项目不相关的因素所造成的，为此，效果评价的基本目标就是对干预活动的净效果进行估计，即是说，估计在没有其他过程和事件的影响下干预的纯粹效果。其通常使用的方法是：①运用实验设计或者有控制组的前测和后测设计方法等进行研究设计；②运用测量工具（如指标、指数、量表）进行数据收集；③利用前述收集的数据进行变量关系的分析（如回归分析），以确定政策或项目的净效果。如果上述方法缺乏实施的条件，评价者也可以现场的观察、相关资料的分析、个案研究等方法，来探寻和了解项目或政策实施效果。但是，这一方法在揭示造成效果的原因方面，没有前一方法（即实验方法）更为科学、严谨。

（5）项目效率评价。只有效果的信息通常是不够的，项目的效果还必须经过和成本对比再做出判断。美国评价专家彼得·罗希说，"项目成功执行的程度如何，获得的成效如何，对项目经理、项目各方和决策者而言，都是不可缺少的信息。然而，几乎在所有的情况下，最重要的是要知道与项目成本相比较，项目的成效如何。在事实上，项目是否给人留下深刻的影响，正如大多数日常生活判断或正式决策过程一样，在决定是否应该扩展、继续或结束项目时，比较项目的成本与收益（即效率）是最重要的考虑。"[①]效率评价主要分析项目的成本与效果之间的对比关系，解决这类评价问题的两类密切关联的方法是：成本-效益分析方法（cost-benefit analysis）和成本-效果

---

① 彼得·罗希，等.评估：方法与技术[M].7版.邱泽奇，等译.重庆：重庆大学出版社，2007：第231页.

分析方法（cost-effectiveness analysis）[①]。其中，成本-效益分析需要将成本与收益均量化为货币，计算是否存在社会净收益。而成本-效果分析则是将成本与单一的非货币化产出（即产出单位）进行比较。这类评价的典型问题主要包括：（1）"相对于付出的成本而言，项目是否产生了足够的收益？"（2）"项目创造的收益是否比其他致力于相同目标的干预所消耗的单位成本要低？"

专栏1-8　评价研究的早期历史

项目评价（program evaluation）和评价研究（evaluation research）是新近创造的词汇，但却不是刚刚才有的活动。评价活动可以追溯到科学的初创期，科隆巴赫（Cronbach，1980）及其同事指出，三个世纪以前，霍布斯及其同时代追随者曾努力用数量方法评估社会环境，探寻死亡率、发病率和社会解体的原因。

即使是社会实验，作为当代评价研究面临的最大技术挑战，也不是最佳的发明。最早的"社会实验"发生在18世纪初期。那时，一个英国船长观察到，在地中海地区的诸多国家的船只上工作的海员很少患坏血症；他同时注意到，柑橘类果实是这些海员的口粮之一。因此，他把自己的船员分为两半：一半人食用柠檬，另一半人则沿袭原有的饮食。实验表明，食用柠檬有助于防止坏血病。这位船长也许不知道他在评估一项示范性项目，当然，也不可能获得细致的项目理论。按照现在的医学知识可知，患坏血病是因为缺乏维生素C，而柠檬富含维生素C。总之，干预发生了作用。由此，英国船员都被迫食用柑橘类果实，这就是柠檬茶流行的由来。巧合的是，人们花了大约50年的时间才使创造的"社会项目"得到广泛利用。

资料来源：彼得·罗希等，《评估：方法与技术》，2007

1.2.2　政策评价的主要目的是辅助政府决策

在公共管理中，决策者往往需要关注和回答以下问题：一项政策（项目）是否达到了目标，是否已经解决了问题，投资是否物有所值，或者是否

[①] 成本-效果分析方法（cost-effectiveness analysis）在国内常常称为最低费用（成本）法。其基本含义是，不对效果进行量化，仅对实现同一效果或目标的不同方案成本进行比较，选择其成本最低的方案。

有达到同样效果的、花费更少的项目，等等（专栏1-9）。为此，决策者经常需要获取政策结果信息。评价研究的一个主要任务即是帮助决策者收集、整理和分析这些政策结果的信息，以让人们对某些政策行动和结果了解得更清楚。由于通过政策或项目评价提供的客观的或者"硬数据"指导下的决策比没有任何评价数据下的决策要胜出一筹，[①]因而管理者进行公共决策时往往需要依赖于政策评价。用世界银行专家库赛克的话来说，就是"一个好的决策往往要基于监测、衡量和评价"。[②]对于政策评价在决策中扮演的这一角色，英国财政部在其《红皮书》（2011）中这样写道，"政策评价检查一项政策的实施情况和效果，评估政策预期的效果及成本效益是否实现。评价发现能告诉决策者哪些政策是成功的，哪些是不成功的（发现问题），它总结好的政策经验，揭示政策的非预期结果，展示资金投资的价值，并能够反馈给事前评估过程，改进未来的政策决策。"[③]美国评估学家彼得·罗希说得则更为明确："项目评估的角色就是向人们提供答案。它所要回答的问题就是项目怎样做才是有价值的，项目实际上如何被实施。对评估研究而言，这是最基本的，即评估研究的基本目标就是知会社会行动。因此，对评估研究特别关注的，就是那些根据评估结果来决策和采取行动的各类对象。评估的发现也要有利于决策者的决策，譬如对项目的某个方面进行调整，或者启动新的项目或继续已有的项目。"[④]为此，政策评价者必须要收集、管理和分析数据，并且所有这些数据都必须是"基于实证的事实"，而不能仅是一部分人的"主观看法"。

进入大数据时代，决策最重要的依据将是系统的、成片的、动态的数据流，而不是个人经验或长官意志。过去深入群众、实地考察的工作方法虽仍然有效，但对政府和国家的治理而言，系统采集的数据、科学分析的结果更重要。我国著名大数据专家涂子沛提出，数据治国就是要凭借对数据的有效收集、处理和分析来治理国家，决定国家的大政方针和具体政策。他还说，数据治国可以理解为"用定量分析、实证研究的方法来治理国家"。[⑤]为此，

① 戴维·罗伊斯，等. 公共项目评估导论[M]. 3版. 北京：中国人民大学出版社，2007：第19页.
② 乔迪·库赛克，等. 十步法：以结果为导向的监测与评价体系[M]. 北京：中国财政经济出版社，2011：第151页.
③ 英国财政部红皮书：评价指南（HM Treasury: *The Magenta Book_ Guidance for evaluation, 2011*），第7页。
④ 彼得·罗希，等. 评估：方法与技术[M]. 7版. 邱泽奇，等译. 重庆：重庆大学出版社，2007：第14-15页。
⑤ 涂子沛. 大数据[M]. 3.0升级版. 南宁：广西师范大学出版社，2015：新版自序.

政策决策者需要的是全面、系统的，并且是能够证实的证据或数据，而不是一些片面的、零碎的数据或主观观点。对于政策评价来说，人们希望它能基于事实证据而不是个人观点客观地得出，某个政策或项目是好的，而另外一个不是好的结论。并且该结论必须是能够重现的（可以再生的），换成其他的人也能够得到同样的不受约束的结论。这就要求，政策评价人员要能够掌握一系列的实证分析技术方法，如观察法、调查法、实地访谈、专题小组、案例研究、统计抽样、成本-效益分析、实验研究、多元回归分析以及系统分析等。尽管这些方法有时是麻烦的和不完美的，但是以主流科学的方法和哲学为指导，同时主张定性和定量研究方法的、系统化的、实证类型的评估工作是无可替代的。①

专栏1-9　政策制定的老手要看实际的评价结果

　　尽管不断有行政官员说服我们，要增加这个或那个项目的经费，但我们仍然在尽最大的努力（可以说，现在取得了很大的成功）（减少赤字）……在这些琐碎中，我印象最深的是"家庭维持"项目。家庭维持项目是另一类援助项目（已经有了许多了），属于社会服务的一块儿，并由某个附属委员会管理。该项目为期5年，耗资9.3亿美元，1994财政年度的启动经费为6 000万美元。在过去30年里，我看到了家庭与社会的分离；现在，每个新小组的成员都告知我，只要再加一个项目……让我冒昧地把我1993年7月28日写给泰森博士（后任经济咨询委员会主席）的信作为有关"家庭维持"项目的档案：

亲爱的泰森博士：

　　您也许记得，上星期四在您参加民主党政策委员会会议时，我和您谈到了总统的家庭维持项目。您指出，他非常支持这个项目。我向您保证，我也支持这个项目，只是我希望看到一些证据，来说明项目会产生效果。对比，您明确表示已经有资料可以证明，但出于好奇，我曾要求两个佐证。

　　次日，我便收到了您的工作人员格赖德（Sharon Glied）发来的传真，提供了一些佐证和一篇关于"结果评估"的文章，文章似乎是华盛顿社会

---

① 戴维·罗伊斯，等. 公共项目评估导论[M]. 3版. 北京：中国人民大学出版社，2007：第22页.

政策研究中心的法偌（Frank Farrow）和芝加哥大学霍尔（Chapin Hall）中心的理查曼（Harold Richman）写的。文章非常直率地写道："就家庭维持服务而言，尚缺乏能影响整个国家经费安排的实在证据。"

也就是昨天，霍尔中心又发布了《伊利诺伊家庭优先防护项目评估总报告》。这是自1987年伊利诺伊家庭维持法案后，对家庭优先安置项目的一项大型研究。研究"旨在考察家庭优先安置项目的效果和其他影响，譬如随后的儿童虐待"。家庭优先安置项目的工作人员提供了大约4 500份案例资料和服务特点资料：大约1 600个家庭参与了项目的随机实验。研究结果非常清楚。

总体上，家庭优先安置项目略微提高了一点安置率（当综合所有实验资料时）。但是，如果考虑到具体案例和区域因素，这个效果就消失了。换句话说，这一项目既没有负面效果，也没有正面效果。

这个结果并不新鲜，因为在1992年，罗希（Peter Rossi）在"评估家庭维持项目"的结论中已经说过了。今天的评估"并没有提供充分的证据以说明家庭维持计划是否有效果"。我是否可以对您说，这些发现并没有令人惊奇的地方？从20世纪60年代中期起，这样的评估一再重复，甚至持续不断。但很少具体说明项目有正面效果或负面效果。而20世纪70年代的负债税实验，似乎还增加了家庭解体比例。这种"与印象相反"的发现，最早出现在20世纪60年代。格里雷和罗希（Greeley and Rossi）以及我的部分工作，还有科尔曼（J. S. Coleman）的工作，都说明了这一点。直到今天，我仍然不能确定，我们面对的只是方法的构造，还是规模更大的和更棘手的社会项目现实。任何一种情况都印证了罗希1978年提出的铁律，即"如果说过去几十年评估活动有什么经验规律的话，那就是，社会项目测量效果的期望值等于零"。

我之所以给您写这封长信，是因为我认为，有一件事情非常重要。在过去的6个月里，克林顿政府的不少人不断试图说服我，让我知道一些社会政策已经获得了极大的效果，但是在我看来，那些社会政策没有任何效果。我认为这样的事很危险。因为政策的效果并不稳定，甚至某些人的看法从根本上错误。因此，确切地知道什么样的项目的确没有效果。意识上的自信很容易演变为固执，进而忽视一切事实。

这个时候（甚至这一代），政治保守派的最大优势在于他们对复杂思想的开放态度。而自由派的弹性则在于抵制复杂思想。在过去的12年里，我曾经极力去改变；现在看来，这些状况不仅没有被改变，反而得到了强化。如果是这样的话，自由主义的复活将只会昙花一现，并不会产生任何结果。

丹尼尔·帕特里克·莫怡尼安参议员　敬上

资料来源：彼得·罗希等，《评估：方法与技术》，2007

遗憾的是，在我国政策绩效评价实践中，有一些评价只是简单地根据个人感觉与判断进行打分或评级。科学性和客观性是政策评价的基本要求，简单打分式的评价显然达不到这一基本要求。为此，我们有必要改变现行简单化、主观性的"打分"方法，采用科学性、实证性的研究方法。正如著名科学家爱德华·威尔逊所说，"感觉良好并不是科学。正确实验，然后根据经过测试和仔细权衡的客观知识做出社会决策，这才是科学的意义所在。"[①]

❯ 1.3　财政支出政策绩效评价的分类

按照不同的标准，财政支出政策绩效评价可以分成不同的类型。本节主要介绍其两种重要分类：一是内部评价与外部评价；二是事前、事中和事后评价。前者是按评价主体进行的分类，后者则是按评价时点进行的分类。

1.3.1　内部评价与外部评价

财政支出政策绩效评价的主体既可以是评价对象内部的组织或个人，也可以是评价对象外部的组织或个人。由前者进行的绩效评价，称为内部评价，包括由业务部门内执行人员实施的评价和由专职评价人员实施的评价两种形式。由后者进行的绩效评价，称为外部评价，包括由财政部门、专业学术团体和研究机构实施的评价以及目标群体进行的评价，向外部门的委托评价也属之，被委托的对象可以是研究机构、学术团体、高等院校和专家学者等。

---

① 原文为："...feeling good is not what science is all about. Getting it right, and then basing social decisions on tested and carefully weighed objective knowledge, is what science is all about." 引自詹姆斯·莱斯特，等. 公共政策导论[M]. 2版. 北京：中国人民大学出版社，2004：第125页.

内部评价和外部评价各有利弊。一般而言，内部评价人员通常较外部人员更为了解评价对象的情况，因而能够提出更为相关与恰当的问题，并能获得更重要的发现。然而，上述优势也可能成为其劣势。由于置身评价对象之中，内部评价人员往往无法看清真相，或是无法像他人那样发现解决方案。由于缺乏独立性，内部评价更可能受到来自评价对象内部的各种压力或影响，因此，其评价结果可信度往往较低。相反，外部评价则具有较强的独立性，并且大多数人员均具备评价所必需的专业技能，所以，外部评价结果通常具有更高的可信度。但是，如果外部评价人员与评价对象存在某种关系，其评价可信度也会大打折扣。基于此，戴维·奥斯本感慨地说："也许评估界最大的争论就是评估应该由<局内人>（如管理者）还是<局外人>（如来自中央财政部门的审计人员或评估员）来控制。"①

为了提高和保证评价工作的质量，OECD成员国及国际组织大多选择了外部评价。他们多数的成员国及国际组织都成立了独立评价机构（专栏1-10）。独立评价机构不受项目管理部门的管辖，而是直接对其最高管理当局负责。比如，世界银行成立了独立评价局（IEG），直接对其执董会负责。有些国家（如智利、哥伦比亚）则是通过签订合同将绩效评价外包给学术界或咨询公司。这些国家将评价外包而非让政府官员来从事评价的一个理由就是，要实现更高层次的独立性、客观性和可信性，以及避免可能会因自我评价而产生的潜在利益冲突，或显在的利益冲突。

专栏1-10　绩效评价的组织形式

- **世界银行**。在世界银行内部有两个负责对项目质量进行评价的部门：质量保证小组和独立评价局（IEG）。前者主要对世行管理当局负责，其职责是对处于准备和实施阶段的世行贷款项目进行质量审查；后者是直接对执董会负责的独立评价机构，其主要职责是对世行贷款项目进行评价，即对已经完工的项目进行评价。

- **亚洲开发银行**。1978年，亚洲开发银行成立了业务评价处（Operations Evaluation Department，OED）。2004年，OED成为一个独立的部门，并通过发展有效性委员会向董事会报告；

---

① 戴维·奥斯本，等.政府改革手册：战略与工具[M].北京：中国人民大学出版社，2004：第53-54页.

2008年，业务评价处更名为独立评价局（Independent Evaluation Department, IED）以彰显其独立、公正的特征。IED要对1/4的各类亚行项目进行后评价，以期总结经验，改善后续投资项目的管理。

- **联合国开发计划署。** 1966年，联合国开发计划署（UNDP）正式成立。为了推进其职责的履行，UNDP建立了一个由执行委员会、评价办公室、项目经理、项目官员组成的绩效评价体系。在该评价体系中，执行委员会、评价办公室、项目经理、项目官员等各司其职，定期开展评价工作。UNDP的评价有两种形式：一是评价办公室组织的独立评价；二是项目单位委托独立外部专家开展的评价。

- **法国。** 法国于1999年设立国家评价委员会，负责根据各级部门和地方政府的建议制订年度的评价计划。评价委员会由科学家、其他专家和地方的代表组成。评价研究由国家评价基金出资进行，并公布评价结果。除了国家评价委员会组织进行的评价外，各级部门和地方评价委员会也进行评价研究。

- **荷兰。** 在荷兰，各级部门的预算制定者负责协调评价研究的进行，并负责提供必要的建议、指导和研究专家。**各部门的预算制定者为项目单独起草评价计划，并鼓励对政策的定期评价，确保研究分析的质量和实际应用。**

资料来源：世界银行（2011），OECD（1999）

近年来，在我国的政府绩效评价实践中，非政府组织、高等院校、独立研究和调查机构以及社会公众等在政策绩效评价的发展中起到了越来越重要的作用。比如，我国新一届政府组织的第三方评估就体现了这一特点。第三方评估是新一届政府管理方式的一个重大创新[①]。李克强总理多次强调，评价政府工作不能"自拉自唱"，要让第三方独立公正评估，让社会和群众来评判，更好地推动国务院各项政策的落实。2015年7月，为全面了解党中央、

---

① 为推动已出台政策措施落实，2014年6月国务院启动全面大督查，并在自查和实地督查基础上引入第三方评估。根据部署，第三方评估主要邀请全国工商联和部分研究咨询机构，围绕简政放权、棚户区改造、精准扶贫、重大水利工程等部分重点政策措施落实情况展开评估，以便与自查和督查情况进行对比分析。在督查中引入第三方评估，是政府管理方式的重大创新，体现了政府更加开放、乐于接受监督的胸怀。让专业部门评估政府工作，用群众的眼睛监督政府，有助于避免政府在自我评价体系中"既当运动员又当裁判员"；同时体现了政府抓铁有痕、勤政务实的新风。有了第三方评估情况与自查、督查情况进行"对比分析"，能够反映最真实的底层声音，借助外部力量帮助政府找准症结，对症下药，增强督查实效。

国务院"稳增长促改革调结构惠民生"一系列重大政策措施贯彻落实情况，国务院办公厅组织了对部分政策措施开展的第三方评估。为确保第三方评估取得更好效果，国务院办公厅在总结上年评估工作的基础上，进一步吸纳更加广泛的专业力量参与，通过竞争性遴选，确定委托中国科学院、国务院发展研究中心、国家行政学院、中国科协、全国工商联、中国国际经济交流中心、北京大学、中国（海南）改革发展研究院等独立第三方开展评估。政府用第三方来独立评价政府绩效表明，民间第三方机构已成为我国一种新的、重要的评价力量。从国际经验来看，政府将绩效评价外包给学术界或咨询公司，而非让政府部门或官员来从事政府绩效评价，能够实现更高层次的独立性、客观性和可信性。我们认为，这种第三方评估模式可以作为我国财政支出政策绩效评价主体发展的一个方向加以推广。

第三方评估事实上是一种政府购买公共服务制度。2018年7月，中共中央、国务院印发了《法治政府建设实施纲要（2015—2020年）》。该纲要明确提出，"建立健全政府购买公共服务制度，公开政府购买公共服务目录，加强政府购买公共服务质量监管。推进公共服务提供主体和提供方式多元化，凡属事务性管理服务，原则上都要引入竞争机制向社会购买；确需政府参与的，实行政府和社会资本合作模式。"可以预计，第三方评估模式将会在我国得到更为快速、健康的发展。

1.3.2 事前、事中与事后评价

弗兰克·费希尔在《公共政策评估》一书中说，"为了提供复杂的社会问题和经济问题的信息，为了评价解决问题的过程，评估将焦点集中在政策或项目的结果（结果评估或影响评估）或政策项目的形成与实施的过程（过程评估）上。而且，这种评估可以侧重于对政策预期效果的评估（事前评估），或者侧重于对其运用之后的实际效果的评估（事后评估）。"[①]因此，公共政策评价不仅仅是事后评价。按照评价时点的不同，我们可以将财政支出政策绩效评价分为事前、事中和事后三类评价。

事前评价一般在政策实施之前进行，主要评价拟实施政策的可能后果（包括负面影响），并分析潜在的风险因素可能会对政策预期成果产生影响的程度。一般情况下，可以根据不同的假设设计多个备选方案，并进行情景分析（scenario analysis）来辅助确定具体的政策实施方案。必要时，应对拟

---

① 弗兰克·费希尔. 公共政策评估[M]. 北京：中国人民大学出版社，2003：第2页.

实施的政策进行多次事前评价，根据新的信息不断更新、调整相关的政策或
环境参数（如经济增长率、汇率、折现率等），修订相应的政策目标，以提
高预期目标的可实现程度。

事中评价也称为过程评价，在政策的实施阶段进行，侧重于评价政策的
实施、执行情况以及存在的问题。按照谢尔（Scheirer，1994）的解释，过
程评价解释"证明项目是什么和是否按照预期被送达给既定的接受者"。事
中评价关注的范围一般包括：结果链中从投入到产出（也可包含短期成效）
等阶段，重在研究政策实施、执行的方式和效果，主要检测事先假设的要素
（投入、活动、产出和成效等）之间的"运行逻辑"与实际情况是否一致。
如不一致，应分析成因，并提出问题解决方案和目标调整计划。

事后评价也称为结果评价，在政策的实施完成之后进行，侧重于评价政
策的预期结果和影响是否已实现，并对它们的实现情况和程度进行归因分
析，目的主要在于总结经验或教训，为未来相关政策的实施建设提供经验和
教训，辅助相关部门进行科学决策。事后评价关注的范围包括结果链中的投
入到产出再到短期成效（有时甚至包括影响）的全过程，主要评价政策预期
结果的实现程度。如预期结果与实际不一致，应分析成因，为相关政策的实
施建设提供参考。

在国际上，事前评价、事中评价和事后评价通常称为前瞻性评价、
形成性评价和总结性评价（专栏1-11）。其中，前瞻性评价（prospective
evaluation）一般在项目或政策实施之前进行，主要评价的是所建议的项目或
政策的可能后果。形成性评价（formative evaluation）绝大多数在项目或政策
的实施阶段（过程）进行，注重于项目和政策的执行和改进，所以其主要作
用在于促进"学习"。总结性评价（summative evaluation）主要在项目或政
策结束之后进行，注重评价项目或政策的结果和影响，目的主要在于总结经
验教训，以为未来项目或政策的建设提供经验和决策参考。

专栏1-11 三种评价的不同特点

◆ **总结性评价（事后评价）**

　　注重（项目或政策）结果。

◆ **形成性评价（事中评价）**

注重（项目或政策）执行前和执行中绩效的提高。

◆ **前瞻性评价（事前评价）**

● 对提出的干预活动所产生的可能结果进行评估。

● 该计划/项目/政策值得进行评价吗？

● 评价获得的收益值得付出这些努力和资源吗？

资料来源：伊玛斯·琳达，2009

如图1-2所示，从投入到产出（也可包含短期成效）主要是形成性评价关注的范围；而从短期成效到影响（长期成效）主要是总结性评价关注的领域。形成性评价重在研究政策或项目执行的方式，主要检测和分析项目或政策事先假设的"运行逻辑"与实际情况是否一致，其关心的主要问题包括相关性、效率、效果以及经验教训等。该评价如果是在中间阶段进行，也可称为中期评价（midterm evaluation）。中期评价是形成性评价的一种特殊类型。总结性评价经常被称为结果或影响评价，一般在项目或政策完成后进行，主要评价项目预期结果的实现程度。其关心的主要问题包括：相关性、绩效、影响、可持续性、外部效用以及经验教训等。

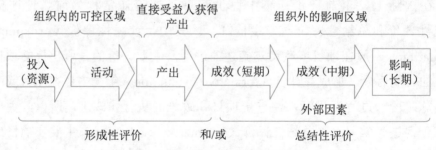

图1-2 形成性评价和总结性评价

2018年9月，《中共中央 国务院关于全面实施预算绩效管理的意见》发布。该意见提出，"对新出台重大政策、项目开展事前绩效评估。……投资主管部门要加强基建投资绩效评估，评估结果作为申请预算的必备要件。各级财政部门要加强新增重大政策和项目预算审核，必要时可以组织第三方机构独立开展绩效评估，审核和评估结果作为预算安排的重要参考依据。"还提出，"通过自评和外部评价相结合的方式，对预算执行情况开展绩效评价。"可见，我国要建立对重大政策和项目的事前、事中与事后绩效评价机制。事前的绩效评估不同于现有的项目预算评审。预算评审的重点是审核项目或政策支出预算的真实性、合理性和准确性，影响的一般只是新增项目或政策预算的多少问题，通常不会影响公共支出项目或政策的设立与存废。而事前绩效评价的主要任务是，评估项目或政策该做不该做，主要解决的是财政支持与否的问题。毫无疑问，事前绩效评价机制的建立将极大提高绩效评价在政策和预算管理中的地位与作用。

本章小结

1. 财政支出政策绩效评价是一种结果导向的评价，它主要关注财政支出政策的实施结果，关注政策产出（output）、成效（outcome）和影响（impact）的实现。这一评价旨在回答以下基本问题：政策实施后，是否实现了（或者可能实现）预期的政策目标？其实现的程度和范围如何？政策对社会经济和生活带来（或可能带来）哪些影响？正面和负面的影响各是什么？财政支出与政策效果是否相称？政策是否为满足一系列特定需求所能采取的最具成本效益性和可持续性的方案？如果政策的实施效果不理想，那么阻碍政策效率和效果实现的主要因素是什么？政策的未来走向如何？是继续、调整或是终止？如需调整，如何调整？

2. 财政支出政策绩效评价在性质上属于一种特殊的应用研究——评价研究。作为评价研究，它主要对财政支出政策或项目产生的结果（效果和效率）进行系统性分析。其主要的特点是，重视实证主义的研究设计，重视对过程与结果的监测，重视应用统计抽样技术收集证据，重视对收集资料进行分析和解释，以及重视建立可预测的因果关系模型等。在评价的方法上，它表现为一系列实证分析技术的结合：观察法、问卷调查、实地访谈、专题小组、专家评判法、德尔菲法、统计抽样、成本-效益分析、实验研究、准实验研究、多元回归分析以及系统分析等。

3. 在我国的财政支出政策评价实践中，许多的绩效评价只是简单地根据个人感觉与判断进行打分。科学性和客观性是政策评价基本的要求，这种简单打分式的评价显然达不到这一基本要求。为此，我们有必要改变这种带有简单化的"打分"方法，采用科学性、实证性的研究方法，因为只有建立在实证研究基础上的绩效评价，才可能对财政支出政策及其结果做出科学的评判。

4. 按照评价时点的不同（或者政策生命周期的不同阶段），财政支出政策绩效评价可以分为三类：事前评价、事中评价和事后评价。事前评价一般在政策实施之前进行，主要评价拟实施政策的可能后果（包括负面影响），并分析潜在的风险因素可能会对政策预期成果产生的影响。事中评价也称为过程评价，在政策的实施阶段进行，侧重于评价政策的实施、执行情况以及存在问题，其目的是支持并改进项目的管理和实施。事后评价也称为结果评价，在政策的实施完成之后进行，侧重于评价政策的预期结果是否已实现，并对它们的实现情况和程度进行归因分析，目的主要在于总结经验或教训，为未来相关政策的实施建设提供经验和教训。或者说，事后评价是在政策或项目制定后一段时间内对其有效性和总体价值做出的评估。它一般用于分配资源和加强责任制，同时还要涉及项目效果和总体相关性等问题。

5. 内部评价和外部评价各有利弊。一般而言，内部评价人员通常较外部人员更为了解评价对象的情况，因而能提出更为相关与恰当的问题，并能获得更重要的发现。然而，上述优势也可能成为其劣势。由于置身评价对象之中，内部评价人员往往无法像他人那样发现解决方案。由于缺乏独立性，内部评价更可能受到来自评价对象内部的各种压力或影响，因此，其评价结果可信度往往较低。

复习与思考

1. 财政支出政策评价（policy evaluation）和财政支出项目评价（program evaluation）是否是一回事？如果说不是一回事，那么二者有何区别和联系？

2. 财政支出政策绩效评价在性质上是一种特殊的应用研究——评价研究。你如何来理解评价研究？请联系我国当前的政策绩效评价实践来进行分析。

3. 美国评价专家斯克莱文（Scriven）经常用一个比喻来说明项目评价工作，他说：当我们做项目评价工作时，把自己当作是专家证人。实际上，项目评价工作就是让我们来为一个项目做证，我们提供自己的专业意见，"法庭"（客户）根据我们提供的内容来决策。你是否认同这一看法？为什么？

4. 在财政支出政策绩效评价中，政府为何要提倡第三方评价？第三方评价是否一定是独立评价？

5. "批评和自我批评"是中国共产党的一个优良传统。如果我们把内部评价理解为"自我批评"，而把外部评价理解为"批评"，你认为这种观点是否正确？

6. 财政支出政策事前评价、事中评价和事后评价是否能用一套绩效评价指标体系？如果说不能，为什么？

第2章

财政支出政策绩效评价的理念与原则

紧紧围绕提升财政资金使用效益，将绩效理念和方法深度融入预算编制、执行和监督的全过程，注重成本－效益分析，关注支出和政策目标实现程度。

——肖捷（国务院秘书长），2018

▶ 2.1 两种不同的绩效评价理念

理念是行动的先导，一定的绩效评价实践都是由一定的评价理念指导的。根据各国绩效评价的实践，绩效评价理念主要有两种类型：结果导向评价和过程导向评价。前者主要关注结果，后者则主要关注过程。

2.1.1 结果为导向的评价理念

结果导向的评价理念旨在将绩效评价的焦点从投入和过程转移至结果，也就是说它主要关注政策的实施结果（results），关注政府活动的产出（output）、成效（outcome）和影响（impact）的实现。

如图2-1所示，所谓产出（outputs）是指政府干预活动提供的特定的产品和服务，通常使用名词来表述，是有形的、可计量的；成效（outcomes）是指政府产出带给目标受众的实际利益，或者说政府产出所引起的行为变化；影响（impacts）是指成效所导致的受益者行为或利益的长期变化。可以看出，产出、成效和影响反映的是政府管理和服务所带来的一系列不同层面的外部效果。

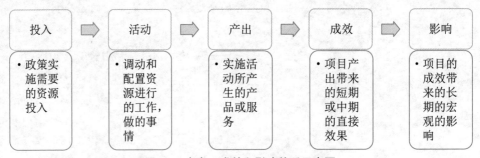

图2-1 产出、成效和影响关系示意图

例如，一个使用口服补液疗法降低儿童死亡率的项目（专栏2-1）。其预期的产出为：（1）完成15次媒体宣传；（2）培训100名医疗专业人员；（3）增加母亲对口服补液疗法的进一步了解；（4）扩大口服补液疗法的使用范围。其预期成效为，使用口服补液疗法来治疗小孩腹泻。其最终目标（影响）为，减少5岁以下儿童死亡率。

专栏2-1　一个使用口服补液疗法降低儿童死亡率的项目

目标（影响）

减少5岁以下儿童死亡率

结果

成效

使用口服补液疗法来治疗小孩腹泻

产出

● 完成15次媒体宣传

● 培训100名医疗专业人员

● 增加母亲对口服补液疗法的进一步了解

● 扩大口服补液疗法的使用范围

实施

活动

● 通过媒体宣传加强对母亲的教育

● 加强医疗专业人员在口服补液疗法的培训

● 培训人员

投入

● 增加口服补液疗法的补给

● 资金

● 参与人员

资料来源：Binnendijk，2000

自20世纪80年代以来，为了提高公共部门服务的效率和效果，世界上许多国家（既包括发达国家，也包括发展中国家）都在公共部门中推行了以结果为导向的管理。"关注结果，为结果而管理已经与行政和政治改革以及国家的现代化联系了起来。"[①]与公共管理改革和政治改革的这一发展趋势相适应，政府绩效评价的焦点也由组织结构、体制与过程转移到了政策和项目及

---

① Jonathan D. Breul and Carl Moravitz Edited, *Integrating Performance and Budgets*, NY: Rowman & Littlefield Publishers, Inc. 2007, p. 114.

其结果（产出、成效和影响）上，即转向了以效果、效率、质量[①]、公平和顾客满意度等为重心的结果导向型评价。通过这一转变，"它们希望从中发现为什么项目绩效常常令人失望，以及怎样做才能使项目运行得更好。"[②]

在绩效评价实践中，大多数与发展相关的国际组织（如UNDP、WB）及成员国都使用经合组织发展援助委员会（OECD/DAC）制定的评价发展的五项准则（criteria）：相关性、效果性、效率、影响和可持续性（见专栏2-2）。其中：相关性主要分析项目设计的合理性，重点内容是项目的需求分析；效果性主要是分析项目的目标实现程度或者期望实现的程度；效率性主要分析政策产出和投入之间的关系，一般通过与能达到同样产出的其他方法相比较，判断是否最为有效；影响主要分析干预带来的长期的变化，包括了正面和负面的、直接和间接的、预料之中和意料之外的变化；可持续性主要分析项目成效（或净收益流）随着时间的变化，特别是在重大风险的条件下存续的能力。可以看出，OECD/DAC的五个准则主要针对的是结果，因而体现了结果为导向的评价理念。同样，财政部预算评审中心的《财政支出政策绩效评价操作指南》中的五个评价维度——相关性、效果、效率、公平和可持续性，[③]也体现了结果为导向的评价理念。

专栏2-2　OECD/DAC评价发展援助的五个准则（criteria）

- **相关性**：发展干预的目标与受益人要求、国家需要、全球优先次序及合作伙伴和发展机构的政策之间一致的程度。

- **效果性**：对援助活动达成目标程度的衡量。

- **效率**：从定性和定量两方面对产出-投入比的衡量（这一经济学术语意味着发展援助要用尽可能少的成本来达到期望结果。衡量效率通常要求比较能够获得同样产出的各种备选方案以确定是否采用了

---

① 一般而言，质量与产出（提供公共产品或服务的数量）直接相关。由于质量指标都是从顾客（消费者）的角度设计，美国绩效评价专家哈维·哈特里认为，质量是一种特定的中间成效，因为它反映了提供服务的好坏程度，而这些好坏与否依据的都是顾客的感觉和判断。公共产品或服务质量的评价内容主要包括：周转时间（提供服务时间）、准确性、全面性、接近程度、便利性、礼貌性和安全性。
② 詹姆斯·费斯勒、唐纳德·凯特尔. 公共行政学新论：行政过程的政治[M]. 2版. 陈振明，等译. 北京：中国人民大学出版社，2013：第252页.
③ 财政部预算评审中心. 中国财政支出政策绩效评价体系研究[M]. 北京：经济科学出版社，2017：第142-145页.

最有效的办法）。

- **影响**：某项发展干预带来的变化，包括正面的和负面的、直接的和间接的、预料之中的和意料之外的（衡量影响需要确定一项活动对当地社会、经济、环境和其他发展指标的主要影响和效应。影响分析应当既考虑到期望的结果，也要考虑未曾预料到的结果，还必须包括例如贸易和财务状况的变化等外部因素的正面和负面影响）。

- **可持续性**：净收益流随着时间变化的风险弹性[可持续性概念特别强调对援助方的资助结束后一项活动或计划的收益是否能够继续的评估（而非衡量）。项目或计划在环境及财务方面都必须是可持续的（OECD 1991b）]。

资料来源：琳达·伊玛斯、雷·瑞斯特，《通向结果之路》，2009

2.1.2　过程为导向的评价理念

结果导向评价理念主要关注政府活动的产出和成效，主要目的是提升政府管理和服务的外部效果；过程导向的评价理念，则主要关注政府的管理过程、规则和程序，主要目的是强化政府的内部管理控制。由此可见，二者的目的有着明显的不同。

过程为导向的评价旨在回答"是否已经实施"等遵循性的问题，例如：项目是否已经启用了所需的各项投入？是否已经实施并完成了之前预计的各项活动？项目是否提供了预期的产出（产品或服务）？这种评价侧重于分析某个政策或项目是如何实施的，并且通常将实施和特定的责任联系起来，其主要的目的是强化政府的内部管理控制。但是，该评价无法帮助决策者和管理者了解项目的实际效果，也无法让他们了解项目是成功的还是失败的。政府再造大师戴维·奥斯本的管理格言阐明了不关注结果带来的问题：

- 不衡量结果，就无法区分成功与失败。
- 不能预见成功，就无法进行奖励。
- 不奖励成功，就可能纵容失败。
- 不能预见成功，就无法从中吸取教训。
- 不能认识失败，就无法进行纠正。
- 能够展示成效，就能赢得公众的支持。

　　20世纪60年代以前，美国立法机构对项目评价感兴趣的往往是项目的运作方式。他们也收集数量数据，但仅限于描述类型的。例如，项目涉及多少客户？职员与客户的比例是多少？项目主管人员能够利用的财政及其他资源是什么类型的？大学质量的评估是此类评估的一个典型。评估人员主要依据以下指标评判大学项目的质量：大学图书馆的规模、全体教师中获博士学位教师的比例、师生比、基金会的财政基础以及大学的其他资源。[①]实际上，目前我国教育部开展的各种教学评估也类似这种评估。显而易见，这些指标多是投入和过程指标，而非结果指标。我国现行的"决策（投入）、管理（过程）、产出、效果"评价指标框架，也体现了这种过程为导向的评价理念。例如，财政部2013年发布的《项目支出绩效评价共性指标体系框架》（表2-1）[②]和2020年发布的《项目支出绩效评价指标体系框架（参考）》（表2-2）[③]，其评价重点均为"投入和过程"，而非"效果"与"效率"（成本-效益分析）。

表2-1　项目支出绩效评价共性指标体系框架

一级指标	二级指标	三级指标	指标解释	指标说明
投入	项目立项	项目立项规范性	项目的申请、设立过程是否符合相关要求，用以反映和考核项目立项的规范情况	评价要点： ①项目是否按照规定的程序申请设立； ②所提交的文件、材料是否符合相关要求； ③事前是否已经过必要的可行性研究、专家论证、风险评估、集体决策等
		绩效目标合理性	项目所设定的绩效目标是否依据充分，是否符合客观实际，用以反映和考核项目绩效目标与项目实施的相符情况	评价要点： ①是否符合国家相关法律法规、国民经济发展规划和党委政府决策； ②是否与项目实施单位或委托单位职责密切相关； ③项目是否为促进事业发展所必需； ④项目预期产出效益和效果是否符合正常的业绩水平

---

① 苏珊·韦尔奇，约翰·科默. 公共管理中的量化方法：技术与应用[M]. 3版. 北京：中国人民大学出版社，2003：第5页. 事实上，我国教育部和其他组织近年来开展的各种大学评估也带有类似的过程性评价的特征。

② 参见财政部关于印发《预算绩效评价共性指标体系框架》的通知，财预〔2013〕53号。

③ 参见财政部发布的《项目支出绩效评价管理办法》，财预〔2020〕10号。

一级指标	二级指标	三级指标	指标解释	指标说明
投入	项目立项	绩效指标明确性	依据绩效目标设定的绩效指标是否清晰、细化、可衡量等，用以反映和考核项目绩效目标的明细化情况	评价要点： ①是否将项目绩效目标细化分解为具体的绩效指标； ②是否通过清晰、可衡量的指标值予以体现； ③是否与项目年度任务数或计划数相对应； ④是否与预算确定的项目投资额或资金量相匹配
	资金落实	资金到位率	实际到位资金与计划投入资金的比率，用以反映和考核资金落实情况对项目实施的总体保障程度	资金到位率＝（实际到位资金/计划投入资金）×100% 实际到位资金：一定时期（本年度或项目期）内实际落实到具体项目的资金； 计划投入资金：一定时期（本年度或项目期）内计划投入到具体项目的资金
		到位及时率	及时到位资金与应到位资金的比率，用以反映和考核项目资金落实的及时性程度	到位及时率＝（及时到位资金/应到位资金）×100% 及时到位资金：截至规定时点实际落实到具体项目的资金； 应到位资金：按照合同或项目进度要求截至规定时点应落实到具体项目的资金
过程	业务管理	管理制度健全性	项目实施单位的业务管理制度是否健全，用以反映和考核业务管理制度对项目顺利实施的保障情况	评价要点： ①是否已制定或具有相应的业务管理制度； ②业务管理制度是否合法、合规、完整
		制度执行有效性	项目实施是否符合相关业务管理规定，用以反映和考核业务管理制度的有效执行情况	评价要点： ①是否遵守相关法律法规和业务管理规定； ②项目调整及支出调整手续是否完备； ③项目合同书、验收报告、技术鉴定等资料是否齐全并及时归档； ④项目实施的人员条件、场地设备、信息支撑等是否落实到位
		项目质量可控性	项目实施单位是否为达到项目质量要求而采取了必需的措施，用以反映和考核项目实施单位对项目质量的控制情况	评价要点： ①是否已制定或具有相应的项目质量要求或标准； ②是否采取了相应的项目质量检查、验收等必需的控制措施或手段

一级指标	二级指标	三级指标	指标解释	指标说明
过程	财务管理	管理制度健全性	项目实施单位的财务制度是否健全，用以反映和考核财务管理制度对资金规范、安全运行的保障情况	评价要点： ①是否已制定或具有相应的项目资金管理办法； ②项目资金管理办法是否符合相关财务会计制度的规定
		资金使用合规性	项目资金使用是否符合相关的财务管理制度规定，用以反映和考核项目资金的规范运行情况	评价要点： ①是否符合国家财经法规和财务管理制度以及有关专项资金管理办法的规定； ②资金的拨付是否有完整的审批程序和手续； ③项目的重大开支是否经过评估认证； ④是否符合项目预算批复或合同规定的用途； ⑤是否存在截留、挤占、挪用、虚列支出等情况
		财务监控有效性	项目实施单位是否为保障资金的安全、规范运行而采取了必要的监控措施，用以反映和考核项目实施单位对资金运行的控制情况	评价要点： ①是否已制定或具有相应的监控机制； ②是否采取了相应的财务检查等必要的监控措施或手段
产出	项目产出	实际完成率	项目实施的实际产出数与计划产出数的比率，用以反映和考核项目产出数量目标的实现程度	实际完成率＝（实际产出数/计划产出数）×100% 实际产出数：一定时期（本年度或项目期）内项目实际产出的产品或提供的服务数量； 计划产出数：项目绩效目标确定的在一定时期（本年度或项目期）内计划产出的产品或提供的服务数量
		完成及时率	项目实际提前完成时间与计划完成时间的比率，用以反映和考核项目产出时效目标的实现程度	完成及时率＝[（计划完成时间-实际完成时间）/计划完成时间]×100% 实际完成时间：项目实施单位完成该项目实际所耗用的时间； 计划完成时间：按照项目实施计划或相关规定完成该项目所需的时间
		质量达标率	项目完成的质量达标产出数与实际产出数的比率，用以反映和考核项目产出质量目标的实现程度	质量达标率＝（质量达标产出数/实际产出数）×100% 质量达标产出数：一定时期（本年度或项目期）内实际达到既定质量标准的产品或服务数量； 既定质量标准是指项目实施单位设立绩效目标时依据计划标准、行业标准、历史标准或其他标准而设定的绩效指标值

续表

一级指标	二级指标	三级指标	指 标 解 释	指 标 说 明
产出	项目产出	成本节约率	完成项目计划工作目标的实际节约成本与计划成本的比率，用以反映和考核项目的成本节约程度	成本节约率=[（计划成本-实际成本）/计划成本]×100% 实际成本：项目实施单位如期、保质、保量完成既定工作目标实际所耗费的支出； 计划成本：项目实施单位为完成工作目标计划安排的支出，一般以项目预算为参考
效果	项目效益	经济效益	项目实施对经济发展所带来的直接或间接影响情况	此四项指标为设置项目支出绩效评价指标时必须考虑的共性要素，可根据项目实际并结合绩效目标设立情况有选择地进行设置，并将其细化为相应的个性化指标
		社会效益	项目实施对社会发展所带来的直接或间接影响情况	
		生态效益	项目实施对生态环境所带来的直接或间接影响情况	
		可持续影响	项目后续运行及成效发挥的可持续影响情况	
		社会公众或服务对象满意度	社会公众或服务对象对项目实施效果的满意程度	社会公众或服务对象是指因该项目实施而受到影响的部门（单位）、群体或个人。一般采取社会调查的方式

资料来源：财政部预算司.中国预算绩效管理探索与实践[M].北京：经济科学出版社，2013：第284-287页.

表2-2 项目支出绩效评价指标体系框架（参考）

一级指标	二级指标	三级指标	指 标 解 释	指 标 说 明
决策	项目立项	立项依据充分性	项目立项是否符合法律法规、相关政策、发展规划以及部门职责，用以反映和考核项目立项依据情况	评价要点： ①项目立项是否符合国家法律法规、国民经济发展规划和相关政策； ②项目立项是否符合行业发展规划和政策要求； ③项目立项是否与部门职责范围相符，属于部门履职所需； ④项目是否属于公共财政支持范围，是否符合中央、地方事权支出责任划分原则； ⑤项目是否与相关部门同类项目或部门内部相关项目重复

一级指标	二级指标	三级指标	指 标 解 释	指 标 说 明
决策	项目立项	立项程序规范性	项目申请、设立过程是否符合相关要求，用以反映和考核项目立项的规范情况	评价要点： ①项目是否按照规定的程序申请设立； ②审批文件、材料是否符合相关要求； ③事前是否已经过必要的可行性研究、专家论证、风险评估、绩效评估、集体决策
	绩效目标	绩效目标合理性	项目所设定的绩效目标是否依据充分，是否符合客观实际，用以反映和考核项目绩效目标与项目实施的相符情况	评价要点： （如未设定预算绩效目标，也可考核其他工作任务目标） ①项目是否有绩效目标； ②项目绩效目标与实际工作内容是否具有相关性； ③项目预期产出效益和效果是否符合正常的业绩水平； ④是否与预算确定的项目投资额或资金量相匹配
		绩效指标明确性	依据绩效目标设定的绩效指标是否清晰、细化、可衡量等，用以反映和考核项目绩效目标的明细化情况	评价要点： ①是否将项目绩效目标细化分解为具体的绩效指标； ②是否通过清晰、可衡量的指标值予以体现； ③是否与项目目标任务数或计划数相对应
	资金投入	预算编制科学性	项目预算编制是否经过科学论证、有明确标准，资金额度与年度目标是否相适应，用以反映和考核项目预算编制的科学性、合理性情况	评价要点： ①预算编制是否经过科学论证； ②预算内容与项目内容是否匹配； ③预算额度测算依据是否充分，是否按照标准编制； ④预算确定的项目投资额或资金量是否与工作任务相匹配
		资金分配合理性	项目预算资金分配是否有测算依据，与补助单位或地方实际是否相适应，用以反映和考核项目预算资金分配的科学性、合理性情况	评价要点： ①预算资金分配依据是否充分； ②资金分配额度是否合理，与项目单位或地方实际是否相适应
过程	资金管理	资金到位率	实际到位资金与预算资金的比率，用以反映和考核资金落实情况对项目实施的总体保障程度	资金到位率＝（实际到位资金/预算资金）×100% 实际到位资金：一定时期（本年度或项目期）内落实到具体项目的资金； 预算资金：一定时期（本年度或项目期）内预算安排到具体项目的资金

续表

一级指标	二级指标	三级指标	指 标 解 释	指 标 说 明
过程	资金管理	预算执行率	项目预算资金是否按照计划执行，用以反映或考核项目预算执行情况	预算执行率＝（实际支出资金/实际到位资金）×100% 实际支出资金：一定时期（本年度或项目期）内项目实际拨付的资金
		资金使用合规性	项目资金使用是否符合相关的财务管理制度规定，用以反映和考核项目资金的规范运行情况	评价要点： ①是否符合国家财经法规和财务管理制度以及有关专项资金管理办法的规定； ②资金的拨付是否有完整的审批程序和手续； ③是否符合项目预算批复或合同规定的用途； ④是否存在截留、挤占、挪用、虚列支出等情况
	组织实施	管理制度健全性	项目实施单位的财务和业务管理制度是否健全，用以反映和考核财务和业务管理制度对项目顺利实施的保障情况	评价要点： ①是否已制定或具有相应的财务和业务管理制度； ②财务和业务管理制度是否合法、合规、完整
		制度执行有效性	项目实施是否符合相关管理规定，用以反映和考核相关管理制度的有效执行情况	评价要点： ①是否遵守相关法律法规和相关管理规定； ②项目调整及支出调整手续是否完备； ③项目合同书、验收报告、技术鉴定等资料是否齐全并及时归档； ④项目实施的人员条件、场地设备、信息支撑等是否落实到位
产出	产出数量	实际完成率	项目实施的实际产出数与计划产出数的比率，用以反映和考核项目产出数量目标的实现程度	实际完成率＝（实际产出数/计划产出数）×100% 实际产出数：一定时期（本年度或项目期）内项目实际产出的产品或提供的服务数量； 计划产出数：项目绩效目标确定的在一定时期（本年度或项目期）内计划产出的产品或提供的服务数量
	产出质量	质量达标率	项目完成的质量达标产出数与实际产出数的比率，用以反映和考核项目产出质量目标的实现程度	质量达标率＝（质量达标产出数/实际产出数）×100% 质量达标产出数：一定时期（本年度或项目期）内实际达到既定质量标准的产品或服务数量。既定质量标准是指项目实施单位设立绩效目标时依据计划标准、行业标准、历史标准或其他标准而设定的绩效指标值

续表

一级指标	二级指标	三级指标	指标解释	指标说明
产出	产出时效	完成及时性	项目实际完成时间与计划完成时间的比较，用以反映和考核项目产出时效目标的实现程度	实际完成时间：项目实施单位完成该项目实际所耗用的时间； 计划完成时间：按照项目实施计划或相关规定完成该项目所需的时间
	产出成本	成本节约率	完成项目计划工作目标的实际节约成本与计划成本的比率，用以反映和考核项目的成本节约程度	成本节约率=[（计划成本-实际成本）/计划成本]×100% 实际成本：项目实施单位如期、保质、保量完成既定工作目标实际所耗费的支出； 计划成本：项目实施单位为完成工作目标计划安排的支出，一般以项目预算为参考
效益	项目效益	实施效益	项目实施所产生的效益	项目实施所产生的社会效益、经济效益、生态效益、可持续影响等。可根据项目实际情况有选择地设置和细化
		满意度	社会公众或服务对象对项目实施效果的满意程度	社会公众或服务对象是指因该项目实施而受到影响的部门（单位）、群体或个人。一般采取社会调查的方式

资料来源：财政部预算司.《项目支出绩效评价管理办法》（财预〔2020〕10号）附2.

▶ 2.2　财政支出政策绩效评价的基本理念

2.2.1　为什么要倡导以结果为导向的理念？

曾国藩有句名言："只问耕耘，不问收获。"这句话如果用在做人上，可能是个金玉良言；但是，如果用在了做事上，却很成问题。试想一下，如果一个指挥员打仗，只管让战士冲锋，而不问冲锋结果（取胜与否）是否可以？再试想一下，如果一个企业家只顾投资，而不问投资结果（获利与否）是否可以？显而易见，这样做是错误的。对于这一问题，毛泽东同志早在《在延安文艺座谈会上的讲话》中就已进行过论述。他分析说，"效果问题是不是立场问题？一个人做事只凭动机，不问效果，等于一个医生只顾开药方，病人吃死了多少他是不管的。又如一个党，只顾发宣言，实行不实行是不管的。试问这种立场也是正确的吗？这样的心也是好的吗？事前顾及事后的效果，当然可能发生错误，但是已经有了事实证明效果坏，还是照老样子做，这样的心也是好的吗？"[①]

---

① 毛泽东选集[M].第三卷.北京：人民出版社，1991：第873页.

由此可见，我们做工作、办事情通常都需要关注和重视结果。但是在公共管理领域，长期以来我们办事情却并非如此。多年以来，在公共管理领域我们一直实施的是过程为重心的管理。这一管理模式重视机构、过程和程序，而忽视公共服务的"结果"。这里的"结果"，主要指的是政府产出的后果，包括效果、质量、顾客满意度和公平等要素。鉴于该管理模式存在的问题，新公共管理者主张，放松严格的过程规制，实行宽松的结果管理，即要实行"以结果为导向的管理"。用约瑟夫·候利（Joseph Wholey）的话来说，"结果为导向的管理旨在将管理重点转移至结果，提高服务质量与项目效益，并将机构与项目活动的价值传递给关键的利益相关者与公众，强化责任制与支持资源的分配和其他政策决策的制定。"①与公共管理改革的这一发展趋势相适应，政府绩效评价的焦点也由组织结构、体制与过程，转移到了政策和项目及其结果（包括产出、成效和影响）上，即转向了以效果、效率、质量、公平和顾客满意度等为重心的结果导向型评价。

20世纪80年代以来，为了应对经济的全球化发展和政府的财政危机，西方国家掀起了一场"重塑政府"的浪潮，"为结果而管理"成为时代风潮。例如英国，1979年撒切尔夫人执政后，在"效率战略"的指导下，相继推行了雷纳评审、部长信息管理系统、财务管理新方案等改革措施。1990年，保守党领袖梅杰上台后又陆续推行了"公民宪章"运动和"竞争求质量"运动，由此使英国政府绩效评价从之前"效率优先"转到了"质量优先"。1998年，新工党政府又用"绩效服务协议"（Performance Service Agreements，PSAs）取代了其原有的"产出和绩效分析"框架（Output and Performance Analysis，OPA）。"绩效服务协议"（PSAs）更加关注公共支出的绩效，也更加注重项目的整体协调性和结合力。PSAs虽然并非严格法律意义上的合同（因为它并未被议会批准），但它在政治上和行政管理上有着很大的影响力，是新的资源分配体系的核心部分（参见专栏2-3）。PSAs实施以来在英国取得了显著的成效，已被认为是国际上设立绩效目标并将之广泛运用于预算过程的一个优秀的标杆。②可以看出，英国政府这一系列政府改革的目的都在于，推进以结果为导向的管理。

---

① 引自凯瑟琳·纽科默，等. 迎接业绩型政府的挑战[M]. 广州：中山大学出版社，2003：第14页.

② Colin Talbot, Performance in Government: The Evolving System of Performance and Evaluation Measurement, Monitoring, and Management in the United Kingdom, No. 24/November 2010, World Bank IEG Working Paper, http://ieg.worldbankgroup.org.

专栏2-3　绩效服务协议（PSAs）的结构

● 目的（aims）：部门职能的简要陈述。

● 目标（objectives）：部门工作的总目标。

● 绩效目标（performance targets）：依据部门工作的总目标制定，主要是政府活动所要达到的成效或成果（outcomes）。

● 货币价值（value for money）：每个部门要有一个改进资金使用效率的目标。

● 责任部门（who is responsible for the delivery of these targets）：即明确对绩效目标负责任的部门或个人。

资料来源：英国财政部，2000

　　另外，在国外的政府改革中，很多国家都使用过职能审议。世界银行认为，职能审议提供了一个灵活、由问题主导、基于证据的框架，可帮助各级公共部门机构找出影响其绩效的关键的制约因素，分析各个机构所发挥的职能，评价它们的价值，同时听取对机构改革和程序变革的建议。职能审议通常从两个方面来评估现在的支出项目：效率（efficiency）和效果（effectiveness）。某些时候审议的重点是政策和项目层面的有效性，而另一些时候审议重点是组织层面的效率，也有可能对两个方面同时加以考察。例如，加拿大1994年进行的项目审议建立了以总理为首的专门委员会。该委员会确定了基于绩效的指南，并通过职能审议实现了支出的大幅削减（联邦政府各部门预算平均削减了21.5%）。研究表明，职能审议之所以取得成功取决于很多的因素。这些因素主要包括：（1）职能审议要确立总体目标，但不应在事前就指明如何实现这些目标；（2）要将职能审议与预算程序相结合，这样才能保证在预算周期的恰当时机提出合理建议；（3）各机构和项目享有较为灵活的法律授权，有关部委可以自主地调整自身的结构和服务；（4）须有强有力的政治领导或者相关部门的配合支持。①

　　在我国，从党的十六届三中全会提出"建立预算绩效评价体系"，到十七届二中、五中全会提出"推行政府绩效管理和行政问责制度"以及"完

---

① 世界银行、国务院发展研究中心的联合课题组. 2030年的中国：建设现代、和谐、有创造力的社会[M]. 北京：中国财政经济出版社，2013：第103页.

善政府绩效评估制度"，再到十八大提出"创新行政管理方式，提高政府公信力和执行力，推进政府绩效管理"，最后到十九大提出"全面实施绩效管理"，也都在推进以结果为导向的管理改革。2018年9月，《中共中央 国务院关于全面实施预算绩效管理的意见》进一步指出，要"更加注重结果导向、强调成本效益、硬化责任约束"。显然，该意见更为突出了结果导向的管理要求。因为这是适应我国社会主要矛盾变化，落实以人民为中心发展思想的必然要求。唯有如此，预算管理才能做到少花钱、多办事、办好事，才能使人民获得感、幸福感、安全感更加充实、更有保障、更可持续。财政支出政策绩效评价是预算绩效管理的一个重要组成部分，自然也要贯彻结果为导向的管理理念。具体来说，在财政支出政策绩效评价中，需要"突出责任和效率，注重成本和质量，关注支出结果和政策目标实现程度"。[①]简言之，结果导向评价通过关注"效果与效率"，以使政策管理者能够"少花钱、多办事、办好事"。

2.2.2 "结果导向"与"问题导向"是一致的

研读习近平总书记的系列重要讲话，可以发现，讲话始终贯穿着一个鲜明的理念：问题导向。在讲话中他反复强调，要坚持问题导向，把问题作为研究制定政策的起点，把工作的着力点放在解决最突出的矛盾和问题上。事实上，增强问题意识，强化问题导向，进而形成解决问题的新体制新机制，已成为党的十八大以来以习近平同志为核心的党中央治国理政的一个基本理念和工作方法。

由上面的分析可以知道，结果导向是开展财政支出政策绩效评价的一个基本理念。那么，在财政支出政策绩效评价中，"结果导向"与"问题导向"是否是一回事？或者说，"结果导向"与"问题导向"二者之间具有怎样的关系？

如上所述，结果导向的评价理念旨在将绩效评价的焦点从投入和过程转移至结果，也就是说它主要关注政策的实施结果（results），关注于政府活动的产出（output）、成效（outcome）和影响（impact）的实现。在产出、成效和影响三者之中，成效（outcome）评价最为重要。亚洲开发银行（2006）认为，成效是项目规划的关键支撑，它描述了在项目实施结束时项目要完成

---

① 参见财政部预算司.中央部门预算编制指南（2019年）[M].北京：中国财政经济出版社，2018：第147页.

的任务，以及借此要解决的发展问题。[①]因此，关注政策的结果必然要关注政策问题。事实上，政策评价既是对政策效果的研究，也是对政策问题的研究。美国政策学家威廉·邓恩（Willian Dunn, 1981）就认为，"政策分析（包括评价）是一门解决问题的学科。"他还进一步说，"政策分析主要分析如下五个问题：

- 我们要解决的问题是什么？
- 为了解决问题，我们应该采纳的行动方案是什么？
- 选择那种行动方案的结果是什么？
- 这种结果有助于解决问题吗？
- 如果选择其他行动方案，会出现什么结果？"[②]

由此可见，"结果导向"与"问题导向"是一致的。一般而言，分析和评价财政支出政策的成效，一是要对政策目标人群和服务环境进行分析，二是要分析与目标人群有关的政策问题。

对目标人群（目标受众）及服务环境分析的主要内容包括：地理分布、交通、目标人群的人口统计特征（包括承受力）、资格限定等。比较那些享用各种服务的人群与目标人群，往往能够发现目标人群中未满足的需求和阻碍解决方案实施的障碍。目标人群未满足的需求，就是我们所要解决的政策问题。詹姆斯·安德森认为，政策问题可以被界定为这样一种状况，即社会上一部分人对社会产生了新的需求或者不满，于是便想通过政府行为来加以解决或进行重新调整。[③]这里所谓"社会上一部分人"，指的主要就是政策的目标人群或目标受众。所以，一个问题如何界定，不仅取决于它的客观因素，还取决于社会因素。[④]换言之，社会问题或政策问题不仅是一种客观的存在状况，而且也是人们主观构造的产物。它是被人们感知、觉察到的状况，是由于价值、规范和利益冲突引起的，需要加以解决的状况。

对于问题性质以及如何分析和解决问题，毛泽东同志在《反对党八股》中说："什么叫问题？问题就是事物的矛盾。哪里有没有解决的矛盾，哪里就有问题。"还说，"提出问题，首先就要对于问题，即矛盾的两个基本方

---

① ADB, *Project Performance Management System_Guidelines for Preparing a Design and Monitoring Framework,* 2006, p. 23.

② 威廉·邓恩. 公共政策分析[M]. 4版. 北京：中国人民大学出版社，2011：第2页.

③ 詹姆斯·安德森. 公共政策制定[M]. 5版. 北京：中国人民大学出版社，2009：第97页.

④ 同上书，第98页.

面加以大略的调查和研究，才能懂得矛盾的性质是什么，这就是发现问题的过程。大略的调查和研究可以发现问题，提出问题，但是还不能解决问题。要解决问题，还须做系统的周密的调查工作和研究工作，这就是分析的过程。"①可见，问题即矛盾。这告诉我们，坚持问题导向，就是要敢于触及矛盾，善于分析和解决事物的矛盾。具体来说，就是要在政策评价中"结合人大代表和人民群众普遍关心的热点难点问题、审计查出的突出问题、制约事业发展的关键问题等，加强对相关支出预算和政策的审查监督，提出有效、可行的意见建议，着力推动解决突出矛盾，推动建立健全解决问题的长效机制。"（中共中央办公厅，2018）

总之，坚持结果导向离不开实施问题导向，需要科学分析问题，弄清问题的性质，找到问题的症结所在，把是否化解矛盾、破解难题作为结果导向评价的第一要务。

▶2.3 财政支出政策绩效评价的基本原则

2.3.1 评价原则与职业操守

为了保证绩效评价的科学性和可靠性，开展财政支出政策评价，评价人员应当要遵循一定的评价原则或职业操守。为此，在国际组织和西方国家制定的政策评价手册或操作指南中，都详细列示和阐明了评价应当遵循的评价原则、职业操守或能力标准。例如美国评价协会《评价者守则》（1995）即列示了五条指引评价者实践工作的原则②，联合国也制定了《联合国系统评价标准》（2005）（参见专栏2-4）。财政部预算评审中心组织编写的《财政支出政策绩效评价操作指南》中，也明确列出了我国财政支出政策评价人员应当遵循的六个重要的评价原则（职业操守）③：

---

① 毛泽东选集[M]. 第三卷. 北京：人民出版社，1991：第839页.
② 美国评价协会《评价者守则》的五个原则是：（1）系统调查：评价者对评价对象进行有计划的、以数据为基础的调查。（2）能力：评价者向项目方提供胜任的表现。（3）正直/诚实：评价者保证在整个评价过程中的正直和诚实；（4）尊重他人：评价者尊重接受调查者、项目参加人员、客户以及其他项目方的安全、尊严和自我价值；（5）对大众和公共福利的责任：评价者明了并重视与改革福利有关的利益和价值的多样性。引自彼得·罗希，等. 评估：方法与技术[M]. 7版. 邱泽奇，等译. 重庆：重庆大学出版社，2007：第282页.
③ 财政部预算评审中心. 中国财政支出政策绩效评价体系研究[M]. 北京：经济科学出版社，2017：第114-115页.

（1）独立性原则。财政支出政策绩效评价机构及其人员应独立于政策的制定、设计与管理，并且在绩效评价的实施过程中不受来自政治的和组织方面的干预和约束。

（2）专业性原则。财政支出政策绩效评价机构及人员要有必要的开展财政支出和政策绩效评价的专业知识、技能和经验。

（3）公正性原则。财政支出政策评价机构及其人员在绩效评价的设计、计划、实施及报告中没有主观偏见，评价报告能够全面、客观地反映被评价对象的成绩、不足及主要影响因素。

（4）道德性原则。财政支出政策评价机构及人员执行绩效评价业务，应当遵守职业道德，保守国家机密和个人隐私，并且不得利用执业便利为自己或他人谋取不正当利益。

（5）参与性原则。主要利益相关方（特别是政策的受众）应当参与整个绩效评价过程，包括评价的设计、计划、实施及报告过程；评价的过程与结果应当反映各利益相关方对评价的观点或需求。

（6）透明性原则。财政支出政策绩效评价过程应尽可能公开，评价报告应易于为利益相关方获得并理解。

在上述的六个评价原则中，独立性原则和专业性原则尤为重要，以下，我们着重阐述这两个至关重要的评价原则，在某些地方，也会涉及其他的评价原则。

专栏2-4　联合国系统评估标准之二——能力和道德标准

1. 所有参与设计、执行和管理评价活动的人都应该渴望在专业标准和伦理道德原则的指导下，进行高质量的伦理工作。

能力

标准2.1：

参与设计、执行和管理评价活动的人应该具备核心的评价能力。

2. 评价能力是指受雇于评价部门的人，在执行规定的义务，并确保过程的可信度时，所要求具备的资格、技能和特质。

3. 所有人在参与设计、执行和管理评价活动，管理评价员，从事培训和能力开发，设计和执行评价方法和系统时，都要求具备能力。

4. 对于作为"评价员"从事评价活动的人而言，一些技能是极为有用的，而其他作为"评价经理"来管理评价的人也是需要的。

5. 在启动一个评价项目之前，以及在利益冲突发生的任一时刻，评价员都应该向客户宣布此类利益冲突的存在。此处的利益冲突或是在评价员一方，或是在利益相关者一方。

6. 评价应该准确代表评价员的技能和知识的水平。与此相类似，评价员应该在其职业培训和能力限度内行事，并且应该谢绝从事明显是在其能力限度之外的评价活动。

标准2.2：

评估员应具备相关评估的教育背景、资历和培训。

7. 拥有学士学位或在社会科学或其他相关训练中的同等背景，评估、项目管理、社会统计及高级数据调查和分析等领域的评估员优先。

8. 为在评估中展现最高水平，评估员应通过研讨会或研讨班、自学、实践评估以及向其他评估员学习技能和专业知识来保持并不断提高其能力。

标准2.3：

评估员应拥有评估的相关职业工作经验。

9. 评估员应具备相关的工作经验：

①设计和管理包括多个利益相关者在内的评估过程；

②调查设计和实施；

③社会科学调查；

④项目或程序或政策计划、监督和管理。

标准2.4：

评估员需具备并能在具体评估过程中熟练运用评估方法论、相关方法、特定的管理和个人技能等。

10. 专业经验、方法论、技术的知识，包括一些具体数据的收集和分析能力，在以下所述领域中尤其适用：

①理解实施项目的人权中心方式；

②理解性别考虑；

③理解结果导向型管理的原则；

④逻辑模型或逻辑框架分析；

⑤阅读时间、实用导向、联合、综合和与成长相关的评估；

⑥定量及定性的数据收集及分析；

⑦快速评估流程；

⑧供分享的方法。

11. 评估员的责任包括评估管理，需要具体的管理能力：

①评估流程管理；

②计划、制定标准并监督工作；

③人力和财务资源管理；

④团队领导；

⑤全球战略思维；

⑥先见之明和问题解决。

12. 评估员也应具备在评估过程中所需的个人能力。

①团队合作；

②联合不同利益相关者；

③沟通；

④扎实地选才用人；

⑤分析；

⑥谈判；

⑦适应评估地区语言。

道德标准

标准2.5：

评估员应对信仰、习俗和风俗敏感并廉洁诚实行事。

13. 遵循《世界人权宣言》和其他人权条约，评估员应根据国际价值观行事。

14. 评估员应意识到文化、当地习俗、地区信仰以及实践、私人交往和性别、残疾以及种族属性的差别，并在评估的实施和报告过程中对这些差别潜在的暗示保持警惕。

15. 评估员应保证整个评估过程的廉洁诚实。评估员也具有保证整个评估过程独立、全面和准确的责任。

标准2.6：

评估员应确保他们在和个人的接触中保持足够尊重。

16. 评估员应避免冒犯评估过程中联系到的人的尊严和自尊。

17. 考虑到评估可能常常给利益相关人带来负面影响，评估员应以尊重利益相关人尊严和自尊的方式实施评估和交流。

标准2.7：

评估员应保证个人信息的匿名和机密。

18. 评估员应提供最大程度的包容，最低程度的要求，并尊重人们的隐私权。

19. 评估员须尊重提供机密信息的权利，并保证敏感信息不能被追本溯源。他们也应该将机密的范围和限制告知相关人员。

20. 评估员并不针对评估对象个人。

21. 评估员应发现和报告与委托范围不直接相关的问题。当对于这类问题存在疑点时，他们应该向相关监督实体咨询。

标准2.8：

评估员应对他们的评估流程和结果负责。

22. 评估员应对清晰、准确和工整书写或口头汇报的研究局限性、发现和描述负责。

23. 评估员应对评估流程在合理计划时间内完成负责，并承认前所未有的延误是由不可抗力造成的。

资料来源：李志军，《国外公共政策评估手册与范本选编》，P6-8，2015

2.3.2 独立性原则

独立性是评价（包括绩效评价）的一个基本特征。没有独立性，就无法保证绩效评价的客观性与可靠性。OECD/ DAC认为，评价的可信度部分地取决于评价实施的独立程度。斯克莱文（Scriven）则说得更为明确：项目评价者应该和组织以及合作者保持一定的距离。关于接近项目的管理者，会使评价过程的客观性有所折损，提升也削弱了项目评价者所能做出的贡献，即说出事实，提出对项目无偏差的评价。[①]可见，评价的独立性对一个高质量的绩效评价来说，是不可或缺的。

评价的独立性包含四个方面：机构独立、行为独立、免受外来的影响和

---

① 詹姆斯·麦克戴维、劳拉·霍索恩. 项目评价与绩效测量：实践入门[M]. 李凌艳，等译. 北京：教育科学出版社，2011：第320页.

避免利益冲突。[①]

　　机构独立。意味着评价实施（过程）不受负责项目（计划、政策）设计与实施的人的影响，也没有来自政治和组织方面的压力。这要求评价职能必须要独立于其他管理职能。具体来讲，首先，要求评价机构的人员不能直接负责政策的制定、项目的设计与管理，也不能在不久的将来从事这些工作。其次，为了确保评价的公正独立，评价人员应直接向独立于项目管理的高层管理部门——通常是负责评价的主管部门——报送报告。最后，评价人员没有来自政治方面的压力，并且不能参与任何影响评价独立性的政治活动。这三个方面，是实现评价独立性的基本要求。

　　行为独立和免受外来影响。这是相互联系的两个方面要求。它们意味着，评价团队及人员的评价行为完全地自由，不受任何外来的，特别是既得利益者的不当干预和影响。评价人员不但可以完全自主地获取所需要的信息，而且可以完全自主地进行需要的调查和报告发现的结果。对于内部评价机构，为了保障行为独立，OECD/DAC要求建立一个高层的复核程序，还要求为评价提供足够的资金和预算，并且这些预算要与日常的项目管理预算分开。这表明，没有独立的评价预算，就没有足以实现评价的真正独立。

　　避免利益冲突。这一规定要求，在评价的过程中，如果出现利益冲突，评价人员均要公开和诚实地提出，以免影响和损害评价结果。特别对于具有"内部旋转门"[②]的内部评价机构，要求采取措施减小潜在的利益冲突。作为一个规则，OECD/ DAC要求对评价过程中出现的利益冲突及处理利益冲突的方法，均应在最后的报告中进行披露和说明。

　　机构独立、行为独立、免受外来影响和避免利益冲突四个方面构成评价独立性的完整内容，缺一不可。可以看出，按照这四个独立性标准，我国大多数的第三方评估机构都还达不到要求。因此，从评价的独立性方面来看，我国政策绩效评价的发展仍然任重道远，还需要我们做出更大的努力。

　　表2-3列示了世界银行评估评价组织独立性所用的具体标准和指标。

[①]　参见施青军. 政府绩效评价：概念、方法与结果运用[M]. 北京：北京大学出版社，2016：第33页.
[②]　"内部旋转门"意思是，在同一单位内部，评价人员有机会进入项目管理部门，反之，项目管理人员也有机会进入评价部门。

表2-3　评价组织独立性的标准和指标

标　准	方　面	指　标
机构独立性	评价小组的结构和角色是恰当的	评价小组是否有评价任务委托书，其中清楚地阐明其工作职责范围涵盖的组织的各方面运行，其报告流程、工作人员、预算和职能都独立于组织的运行、政策和战略部门及相关的决策活动
	评价小组向组织的负责人或副手或理事会负责，并向其汇报评价结果	在评价小组与受评管理层或理事会之间是否存在直接的汇报关系
	在组织关系上，评价小组不隶属于接受评价的项目、活动实体的人事或管理职能部门	小组在与受评项目、活动或实体相关的组织中的位置
	评价小组定期向上级组织的审计委员会或其他监督管理机构报告	向监管机构汇报的关系及汇报频率
	评价小组足以免除政治压力的干扰，能够不惧怕报告评价的真实结果	评价小组及其成员不对权力当局负责，并免于参加政治活动的情况
	评价小组成员受到人事系统的保护，其报酬、培训、任期及晋升均基于工作业绩	涵盖报酬、培训、任期和晋升等在内的业绩评价系统建设及实施情况
	评价小组能够获得的各种需要的信息，能够接触各种信息的来源	评价小组在多大程度上可以不受限制地接触被评组织中的员工、记录、联合投资人和其他伙伴、客户，或被评组织所资助的计划、活动及实体的员工、记录、联合出资人及其他合作伙伴、客户
行为独立性	评价小组有能力和意愿发布强硬的、不作妥协的报告	评价小组公布评价报告，并邀请公众对被评组织的项目和活动的经验教训进行监督的频率（需要有恰当的安全保护机制以保护私密的专有的信息，减轻机构风险）；提出比被评组织当前更高的绩效标准的情况，以及对组织的计划、活动和个体进行评论的程度
	评价小组能够直率地报告评价发现	组织规定明确评价小组在相关单位评估和评论后将评价报告提送管理层/理事会，不会受到管理层对报告范围和意见进行强制性限制的程度
	评价结果的报告是透明的	组织的信息披露规则允许评价小组将重大发现向组织内外有关的利益相关方报告的程度（当然，需要有恰当的安全保护机制以保护私密和专有的信息，减轻机构风险）

续表

标　准	方　　面	指　　标
免受外部影响	评价设计合理，并得以恰当执行	评价小组在没有管理层干扰的情况下能够决定评价的设计、范围、时机和实施等决策的程度
	评价研究有足够的资金支持	评价单位不会因资金或其他资源限制而对其履行职责产生负面影响的程度
	评价人员对报告内容的判断不会强制改变	评价人员对评价报告内容的判断不受外部权力部门的影响或强制改变的程度
	评价小组负责人的任命有独立的人力资源流程	在组织规定或相关文件中明确评价小组负责人的聘用、解聘、任期、绩效评估及报酬等，从而确保评价独立于运行管理的程度
	评价小组有权决定人员聘用，晋升和辞退	评价小组根据评分系统，有权决定工作人员的聘用、晋升、加薪和解聘的程度
	评价人员继续聘用与否不是基于评价的结果	评价人员的继续聘用只是依据其工作绩效、能力和对评价人员服务的需要的程度
避免利益冲突	不存在可能导致评价人员减少询问范围、不充分披露、弱化或有倾向地报告评价结果的正式的、职业性的、个人的或财务上的关系	制定了识别可能干扰评价独立性的评价人员关系的政策和程序，利用培训及其他方式与评价人员沟通政策与程序及政策和程序得到执行的程度
	评价人员不带有可能影响评价结果的先入为主的成见、偏见或社会/政治倾向	要求评价人员评估和报告可能影响到其评价客观性的个人成见或偏见的制度的制定和执行情况，以及将咨询各种利益相关者作为评价过程一部分以确保避免评价人员偏见影响的制度的制定及执行情况
	评价人员当前或过去都没有在决策制定、财务管理层面或作为会计人员参与到将要评价的计划活动或实体之中；并且也没有在进行评价的同时谋求被评价的计划、活动或实体的相关的职位	预防评价人员参与评价他们正在或曾经发挥决策制定或财务管理作用，抑或是他们谋求就职机会的计划、活动或实体的规则及人事管理流程制定和执行的情况
	评价人员与正在被评价的计划、活动或实体不存在经济利益关系	预防评价人员参与评价其有经济利益关系的计划、活动或实体的规则及人事管理流程制定和执行的情况
	直系亲属没有参与或处于对正在被评价的计划、活动或实体有直接而且重大影响的职位	预防评价人员参与评价其家庭成员能够施加影响的计划、活动或实体的规则及人事管理流程制定和执行的情况

资料来源：琳达·伊马斯、雷·雷斯特. 通向结果之路[M]. 北京：经济科学出版社，2011：第20-22页.

　　当然，独立性并不意味着孤立性，绩效评价人员、项目管理人员、工作人员和受益人之间的互动能够提高评价的效果与用途。[①]因此，开展独立评价并不排斥公民和社会的参与。相反，为了保证绩效评价的科学性，同时为了使评价结果发挥其作用，应当使主要的利益相关者参与绩效评价的全过程。让利益相关者参与绩效评价的整个过程，不仅可以为评价者提供所需的信息（专栏2-5），而且可使利益相关者更容易接受绩效评价的结果并做出积极的回应。有些评价者认为，利益相关者的参与会降低绩效评价的独立性，然而，实际上并非如此。使利益相关者参与绩效评价，是为了使评价者深刻地认识利益相关者在绩效评价中的利益和价值；这样做也有助于利益相关者对绩效评价的期望趋于现实，从而更好地理解绩效评价工作。

专栏2-5　要求顾客参与选择绩效指标

顾客常常比其他人更清楚你还应该评估哪些方面，因为他们知道哪些对其最重要，哪些不然。除非顾客能够参与，卡米尔·巴比特说，否则，绩效评估就无异于"专业人士和官僚们决定哪些对公众最重要"。

资料来源：戴维·奥斯本，政府改革手册：战略与工具，P242，2004

2.3.3　专业性原则

财政支出政策绩效评价从性质上看是一种典型的评价研究。作为评价研究，它主要对财政支出政策的效率和效果进行系统性的研究。进行这一研究，需要运用一系列的社会科学研究方法，如问卷调查、实地访谈、德尔菲法、统计抽样、成本-效益分析方法、实验研究、准实验研究、回归分析以及系统分析等。公共行政学家苏珊·韦尔奇说，"政策评估需要特殊类型的方法技术。必须知道如何处理机构、项目和对象的描述性数据；知道该如何制定研究策略，使你能回答这样的问题：项目的对象在项目执行后确实与没有该项目时不一样了吗？所以，项目评估需要很好理解的不仅有统计分析，也包括研究设计和数据收集程序。"[②]这就是说，评价研究有很强的专业性，正如戴维·罗伊斯所说，"用科学可信的研究工具来评估服务和项目是一种具

---

① 琳达·G.莫拉·伊马斯、雷·C.瑞斯特. 通向结果之路[M]. 北京：经济科学出版社，2011：第20页.
② 苏珊·韦尔奇、约翰·科默. 公共管理中的量化方法：技术与应用[M]. 3版. 北京：中国人民大学出版社，2003：第7页.

有重大价值的专业技能。"[1]换言之，要有效地开展财政支出政策绩效评价，评价人员必须要具备一定的专业知识和技能。

在西方发达国家，项目（政策）评价已发展成为一种职业，就像是注册会计师和律师一样。埃特舒尔德（Altschuld，1999）说，将评价看成是一种职业或立志将评价看成一种职业，是当代对于评价的领域和方向的探讨的重要部分。纽曼（Newman，2001）则引用了1997年时任美国评价协会主席莱奥那德·比克曼（Leonard Bickman）的话说，"我们必须将评价向专业化推进，否则的话，就会逐渐被人遗忘"。[2]可见，作为一项职业，项目评价需要专业化。那么，何为专业化呢？专业化一般具有以下特点：具有通过该职业的培训和教育形成的知识体系，政府批准相关文件从事行业活动，具有自己的行业标准和道德规范，以及通过从业者团体的成员所属的某类行业协会的自律（对错误行为的制裁）。[3]这表明，推进评价的专业化，其前提是必须要有一套专业化的知识与技能体系。

公共项目（政策）评价是公共管理学研究的一个领域。由于公共管理学具有典型的跨学科属性，因此，公共项目（政策）绩效评价的知识体系构成也必然是一个多学科的知识体系。就财政支出政策绩效评价来说，我们认为，绩效评价人员至少需要掌握以下几方面的专业知识和技能。[4]

1. 公共财政学的理论与知识

公共财政学又称公共（部门）经济学，主要研究政府的经济行为，是分析政府与预算收支有关的经济活动的一门学科。其重要性首先源自现代政府收支活动在国民经济中所起的举足轻重的作用。目前，绝大多数发达市场经济国家财政收入占国民收入的比重在20%以上，财政支出所占的比重就更高。政府的财政活动时刻影响着每个企业和家庭。比如政府提高所得税的税率，那么企业家庭用于投资或消费的资金就要减少，而反过来减税则可能鼓励投资。政府发放某种补助金，可以缓解社会收入分配不公的状况，而这类补助金如果过高，又可能挫伤人们的工作热情。凡此种种，不一而足。政府

---

[1] 戴维·罗伊斯，等.公共项目评估导论[M].3版.北京：中国人民大学出版社，2007：第1页.

[2] 詹姆斯·麦克戴维、劳拉·霍索恩.项目评价与绩效测量：实践入门[M].李凌艳，等译.北京：教育科学出版社，2011：第342页.

[3] 同上书，第343页。

[4] 该部分内容主要来自作者主持的财政部预算评审中心2018年度重点课题《财政预算评审人员"应知应会"专业知识体系和教材体系设计研究》。

的财政活动既然这样影响着国民经济运行和人们的社会生活，评价人员特别是财政支出政策绩效评价人员，对公共财政学进行学习和研究的意义就不言自明了。特别是其中的税收效应和公共支出效应分析，以及成本-效益分析方法，对于从事财政支出政策评价的人来说尤其重要。可以说，不懂得税收效应和公共支出效应以及成本-效益分析，就不可能做好财政支出政策绩效评价工作。

2. 公共政策分析的理论与方法

毛泽东同志曾说过："国家的预算是一个重大的问题，里面反映着整个国家的政策，因为它规定着政府活动的范围和方向。"1954年，邓小平同志担任财政部部长时也指出："财政工作一定要有财有政，切不可有财无政。要懂得数字中有政策，决定数字就是决定政策。"美国政策学家詹姆斯·安德森也认为，"公共政策的实施或执行有效性很大程度上依赖于政府对其的资金支持。"[①]可见，开展财政支出政策绩效评价离不开政策分析，评价人员也必然要学习和掌握一定的政策分析方法。

公共政策分析又称为政策研究，是"二战"后在西方（主要是美国）兴起的一个全新的跨学科、应用性的研究领域。政策学家那格尔认为，"政策研究可以总地定义为：为解决各种社会问题而对不同公共政策的性质、原因及结果的研究。"公共政策分析肇始于为实现政府目标而对数据进行的系统分析。因此，现代的政策分析更多地强调运用技术的甚至数学的方法。比如成本-效益分析、决策理论（在有偶然性概率的方案中进行最优选择）和最佳水平分析（找到一种最优政策，它遵循过犹不及、少亦不妥的原则）等。政策分析的方法是一个探寻有助于解决实际问题的方案的过程，因此，它是面向问题的。就是这一特征，而不是其他特征使政策分析有别于那些不重应用的学科。

3. 项目评价（program evaluation）的理论与方法

在国外，项目评价（program evaluation）既是一门重要的学科，也是一项重要的职业。彼得·罗希认为："项目评价是一种社会科学活动，涉及搜集、分析、解释和沟通有关旨在改善社会环境的社会项目的实施和绩效。"[②]还认为，"作为一个领域，评估研究（项目评价）已经远远超出了学院式社

---

① 詹姆斯·安德森. 公共政策制定[M]. 5版. 北京：中国人民大学出版社，2009：第194页.
② 彼得·罗希，等. 评估：方法与技术[M]. 7版. 邱泽奇，等译. 重庆：重庆大学出版社，2007：第1页.

会科学的围墙。在政策制定、项目管理、为客户辩护等方面，评估已经变成一种工作实践。因此，不仅评估研究的发展史涉及社会政策和公共行政运动，而且评估研究的实践也主要发生在政策分析和公共行政等政治和组织领域。"①这就是说，开展财政支出政策绩效评价，评价人员还需要学习项目评价的理论与方法。

2019年发布的《中共中央 国务院关于全面实施预算绩效管理的意见》明确提出，"对预算执行情况开展绩效评价"。同时还提出，"对重大的项目与政策全周期进行绩效评价"。这表明，财政支出政策绩效评价的地位和专业性大为提高。当前，我国财政支出政策绩效评价中还存在着一些比较严重的问题，其突出表现就是，评价奉行的依然是"过程导向理念"，体现在指标体系上就是"重过程、轻结果，重支出、轻绩效"，表现在评价方法上为"重定性、轻定量"。这与该意见提出的"更加注重结果导向、强调成本效益、硬化责任约束"严重不相符。因此，我国现行的评价指标体系和评价方法迫切需要按照该意见的要求做大幅度的修改。同时，还要学习借鉴项目评价的理论与方法，不断提高开展财政支出政策评价的技术与水平。

4. 绩效评价中的定量与定性研究方法

《中共中央国务院关于全面实施预算绩效管理的意见》提出："要创新评估评价方法。立足多维视角和多元数据，依托大数据分析技术，运用成本-效益分析法、比较法、因素分析法、最低成本法、公众评判法、标杆管理法等，提高绩效评估评价结果的客观性和准确性。"这表明，在绩效评价中我们不但要运用定性研究方法，也需要运用定量的研究方法。侧重结果的政策（项目）评价一般依赖于定量的研究方法，因为这些方法不仅能回答社会科学家提出的一般理论性问题，同时也能回答政策分析人员提出的具体的应用性问题（如政策是否已经达到了既定的目标）。按照该意见的要求，我们也需要重视运用定量研究方法，因为运用大数据分析必然离不开定量研究。

当前，在我国绩效评价中使用较多的是定性的研究方法，如观察法、访谈法、焦点小组法、案卷研究法、专家评议法和调查问卷法等，定量的研究方法，如（准）实验设计、时间序列分析、回归分析法、模糊综合评价法、层次分析法和数据包络分析法等，则使用得很少。为此，在今后的评价工作中，我们有必要大量增加相关定量研究方法的运用。当然，这并不是要

---

① 彼得·罗希，等.评估：方法与技术[M]. 7版.邱泽奇，等译.重庆：重庆大学出版社，2007：第9页.

放弃定性研究方法。关键是要知道什么时候单独使用定性方法，什么时候走定量化道路，以及什么时候考虑联合使用两种技术（戴维·罗伊斯，2007）。评价方法（主要是指定量和定性的研究方法）的选择主要决定于评价的目标和类型。譬如形成性评价（事中评价），一般主要使用定性的研究方法，因为其主要目标是改善项目，也就是研究项目如何进行和为什么进行以及它的内在工作方式。总结性评价（或事后评价）一般主要使用定量的研究方法，因为其主要目标是判定项目价值和总结项目经验。另外，评价方法的选择也需要考虑评价时间与资源的限制。可见，在政策绩效评价过程中，评价方法的应用是复杂的。在绩效评价工作中，我们应当考虑评价的目的、评价时间与资源的限制等因素，认真研究如何正确地使用定量和定性的研究方法。

5. 大数据分析与应用的理论与方法

随着互联网、物联网、大数据和云计算等信息通信技术以及智能技术的发展，人类社会进入了信息社会的更高阶段，即所谓的"大数据时代"。党的十八届五中全会提出实施"互联网＋"行动计划，发展分享经济，实施国家大数据战略；国务院发布的《促进大数据发展行动纲要》也提出，加快政府数据开放共享，推动资源整合，提升治理能力。舍恩伯格和库克耶在《大数据时代》一书中论述了大数据时代思维的三大变革：一是可以分析更多的数据，甚至可以处理所有的数据，而不再依赖于随机抽样；二是研究数据如此之多，以至于我们不再追求精确度；三是放弃对因果关系的渴求，而取而代之以关注相关关系。我们可以将大数据时代的思维及认知方式创新的要点归纳为：一切皆可量化，数据自己发声，整体高于样本，庞杂优于精确，相关重于因果，协作胜于竞争，共享创造价值。大数据时代还开创了科学研究的"第四范式"——数据密集型科学发现或数据驱动的知识增长，使人类行为的可预测性大大增强。巴拉巴西在《爆发：大数据时代预见未来的新思维》一书中指出：在大数据时代，人类行为的数据终于可以被系统性地、规模化地掌控了，研究和预测人类行为成为可能，大数据时代产生如此多的电子踪迹让研究每个人、每个集体甚至整个人类的习惯成为可能。[①]这对以人类集体行为作为研究对象，以数据的搜集与分析为主要特征的政策绩效评价工

---

① 见艾伯特-拉斯洛·巴拉巴西. 爆发：大数据时代预见未来的新思维[M]. 马慧，译. 北京：北京联合出版公司：第13页。

作来说，都会产生极为重大的影响。《中共中央 国务院关于全面实施预算绩效管理的意见》也明确提出，我们要"立足多维视角和多元数据，依托大数据分析技术"。大数据表示大量、多元、高速、复杂、多变的数据，需要用先进的计算方法和技术来实现信息的采集、存储、分析和应用。为此，政策评价人员也要学习和掌握有关大数据分析和应用的知识与方法，掌握相关的数据分析软件的应用知识与方法。

专业知识是一种成文的、可以分享的显性的知识，还有一种知识是隐形的，即只为个人所有，是无法在课程上公开教授和学习的知识。波兰尼（Polanyi）将这些隐形知识描述为我们人类自身能够将"事实"（数据和感知）整合成一定模式的能力。他认为，隐形知识是不能交流的，必须通过个人的亲身经历才能获得。[1]这种隐形的知识或个人的能力，我们称之为"专业技能"。在政策绩效评价工作中，有以下五种重要的专业技能或个人能力需要着重培养，即组织管理能力、沟通协调能力、调查研究能力、政策分析能力以及写作表达能力。这五种能力的培养，主要取决于从业者从自己的经验中学习的能力。换句话说，实践是评价人员学习必不可少的部分。[2]

（1）组织管理能力。一项绩效评价工作的完成往往需要依靠团队的力量，因此绩效评价人员需要具有较好的组织管理能力，包括人员管理、预算管理、时间管理以及合同管理（包括合同谈判、合同写作、合同执行）等方面的能力。

（2）沟通协调能力。沟通协调能力是指管理者在日常工作中妥善处理好各种内外关系，使其减少摩擦，能够调动各方面积极性的能力。在政策评价工作中，评价人员需要与多个利益相关方打交道，因此，沟通协调能力是每一个绩效评价人员应当具备的基本能力。

（3）调查研究能力。调查研究是绩效评价工作最常用的资料收集方法之一。调查研究熔抽样方法、问题设计和访谈技术等技术为一炉，包括定量调查和定性实地研究。定量调查研究需要较强的精确测量、抽样、问卷调查和统计分析能力。定性实地研究，则需要较强的观察、访谈和分析能力。野外资料与研究者的观察和洞察能力一样有用。没有充分的训练和实践，观察者

---

① 参见詹姆斯·麦克戴维，等.项目评价与绩效测量：实践入门[M].李凌艳，等译.北京：教育科学出版社，2011：第343页.

② 同上书，第344页。

就不会聚集在最佳观察点，最坏情况下还会进入入侵式和破坏式的观察。这些专长都来自经验。

（4）政策分析能力。开展财政支出政策评价工作必须具备较强的政策理解和分析能力。政策分析所需要的能力素质，大致上包括以下几个方面：首先是逻辑分析能力；其次是政策资料的收集、整理、加工与分析能力；最后是归纳总结的能力，即对政策进行总结与加工，形成一份实用性的政策报告的能力。显然，这些政策分析能力的培养都离不开个人的实践。

（5）写作表达能力。写作能力是由语言表达能力和想象能力及思维能力等多种因素综合而成的，写作能力的高低，能反映出一个人的综合素质。在绩效评价工作中，经常需要撰写各种各样的报告，因而需要评价人员具备较好的文字表达能力，否则是难以很好地完成工作任务的。报告写作能力虽然通过学习也可以提高，但从根本上来说，最主要的是靠多实践。

本章小结

1. 结果导向评价理念主要关注政府活动的产出和成效，主要目的是提升政府管理和服务的外部效果；过程导向的评价理念，则主要关注政府的管理过程、规则和程序，其主要目的是强化政府的内部管理控制。

2. 在政策绩效评价中，实施结果导向实际上就是坚持问题导向，它需要科学分析问题，弄清问题的性质，找到问题的症结所在，把是否化解矛盾、破解难题作为结果导向评价的第一要务，因此结果导向与问题导向在本质上是一致的。

3. 为了保证绩效评价的科学性和可靠性，开展财政支出政策绩效评价，评价人员都应当遵循一定的评价原则或者职业操守。在财政部预算评审中心组织编写的《财政支出政策绩效评价操作指南》中，我国财政支出政策评价人员应遵循的六个重要评价原则是：独立性、专业性、公正性、道德性、参与性和透明性。

4. 独立性是评价（包括财政支出政策评价）的一个基本特征。没有独立性，就无法保证绩效评价的客观性与可靠性。评价的独立性包含四个方面：机构独立、行为独立、免受外来影响以及避免利益冲突。

5. 财政支出政策绩效评价在性质上是一种评价研究，评估学家彼得·罗希认为："作为一个领域，评价研究（项目评价）已经远远超出了学院式社会科学的围墙。在政策制定、项目管理、为客户辩护等方面，评价已经变成了一种工作实践。因此，不仅评价研究的发展史涉及社会政策和公共行政运动，而且评价研究的实践也主要发生在政策分析和公共行政等政治和组织领域。"这段话表明，项目评价与政策分析无论从历史发展上来看，还是从评价的实践来看，二者都密不可分。

6. 专业化具有以下特点：具有通过该职业的培训和教育形成的知识体系，政府批准相关文件从事行业活动，具有自己的行业标准和道德规范，以及通过从业者团体的成员所属的某类行业协会的自律（对错误行为的制裁）。这一点也是我国财政支出政策绩效评价今后发展的一个重要方向。

7. 财政支出政策评价是公共管理学研究的一个领域。由于公共管理学具有典型的跨学科属性，因此，财政支出政策绩效评价的知识体系构成也必然是一个多学科的知识体系。政策评价的多学科性决定了在某个单一学科内进行评价活动方面的训练是不够的。就我国目前的情况来看，绩效评价人员至少需要学习和掌握以下几方面的专业知识：公共财政（公共经济学）、公共政策分析、项目评价、绩效评价中的定性与定量方法以及大数据分析与应用。

复习与思考

1. 在财政支出政策绩效评价中，为什么要倡导实施结果为导向的评价理念？结果导向与问题导向之间有什么关联？

2. 社会上其他的行业，例如医疗、法律、会计和社会工作等都有能够强制行业人员遵守的专业行为规范，评价行业也有自己的规范，但是并不是强制性的。如果在评价行业中实施强制性的行业规范的话，会有什么好处和坏处？

3. 什么是评价的独立性？外部评价是不是都具有独立性？内部评价是不是都不具有独立性？

4. 评价的独立性与评价的参与性是否矛盾？有一些人认为，利益相关者的参与会降低绩效评价的独立性，你是否同意这一观点？

5. 你认为绩效评价能够是客观的吗？如何才能保证绩效评价的客观性？

6. 360度评估是绩效评价方法之一，其特点是评价主体的多元化。这一评价方法与评价的专业性是否矛盾？

第3章

财政支出政策绩效评价的
程序与方法

　　要回答干预为什么有成效或无成效的问题，关键是要画出结果链并检测其背后的假设。

——维诺德·托马斯，2012

▶3.1 财政支出政策绩效评价的工作程序

所谓评价程序，是指开展绩效评价工作应遵循的基本步骤。根据《财政支出政策绩效评价操作指南》（以下简称《操作指南》），开展财政支出政策绩效评价，我们应当遵循以下基本步骤：评价前期准备、绩效评价设计、绩效评价实施、绩效评价报告以及评价结果的应用（见图3-1）。

图3-1 财政支出政策绩效评价程序

3.1.1 评价前期准备

评价前期准备主要包括选择评价对象、构建逻辑框架、开发绩效监控框架、选择绩效评价团队和编写评价任务大纲。其中，逻辑框架（结果链）是以实施结果为导向评价的一个重要工具，对于评价人员和利益相关者都非常重要。因为他们能通过它为政策建立一个评价人员和利益相关者"共同认定的长期目标愿景，共同认定如何实现愿景，以及用什么来衡量这一过程中的进展"。[①]关于逻辑框架构建的详细内容和方法，将在3.2节进行阐述。

在完成对逻辑框架（结果链）的构建之后，项目管理方应当组织各个相关单位联合开发绩效监控框架，用以对逻辑框架中的各个关键节点上的产出和阶段性成果进行定期的监测和评价。开发绩效监控框架的目的是为管理者、利益相关方和评价者了解受评政策是否沿着预期的方向进展提供证据。关于绩效监控框架构建的详细内容和方法，将在3.3节进行阐述。

3.1.2 绩效评价设计

绩效评价设计主要包括开发绩效评价矩阵（绩效评价指标体系）和编制

---

① 琳达·G. 莫拉·伊马斯、雷·C. 瑞斯特. 通向结果之路[M]. 李扣庆，等译. 北京：经济科学出版社，2011：第108页.

绩效评价实施方案。其中，绩效评价矩阵是一个帮助评价设计的组织工具。构建绩效评价矩阵的目的在于，组织好评价目的和内容，并且保证评价内容（或评价问题）与合适的评价指标及相应的数据收集和分析方法相匹配。[①]评价矩阵的详细内容将在第4章进行阐述。

评价设计矩阵完成之后，评价实施者应编制绩效评价实施方案，以指导绩效评价工作的实施。评价实施方案主要包含以下内容：

- 评价背景和目的；
- 政策基础信息表；
- 评价任务时间表；
- 政策逻辑框架和绩效监测框架；
- 绩效评价矩阵；
- 面访、座谈会或实地调研问题清单。

3.1.3　绩效评价实施

绩效评价实施是指，按照绩效评价实施方案收集、整理、审核相关数据资料，评定政策绩效等级，剖析存在问题，形成综合评价结论。开展绩效评价实施，重点是掌握数据收集和数据分析的工具与方法。该部分的详细内容将在3.4节中进行阐述。

3.1.4　绩效评价报告

绩效评价活动过程中，经过调研、数据收集以及分析工作之后，需要将绩效评价结果以绩效评价报告的形式展现给利益相关方。绩效评价报告是绩效评价结果的一种总结与汇报，其主要目的是"传递信息"，即告知各利益相关方通过收集、分析和解释绩效评价信息得出的评价发现和结论。该部分的详细内容将在第8章中进行阐述。

3.1.5　评价结果应用

绩效评价的价值就在于它的使用。因此，绩效评价报告完成之后，必须要将评价结果反馈给利益相关方，以便他们能够充分、有效地利用评价报告所提供的绩效信息。该部分的详细内容也将在第8章中进行阐述。

与《操作指南》的这一评价程序不同，财政部预算司《财政支出绩效评价

---

① 琳达·G. 莫拉·伊玛斯、雷·C. 瑞斯特. 通向结果之路[M]. 李扣庆，等译. 北京：经济科学出版社，2011：第175页.

管理暂行办法》（2011）规定的评价程序中则包含九个步骤：（1）确定绩效评价对象；（2）下达绩效评价通知；（3）确定绩效评价工作人员；（4）制订绩效评价工作方案；（5）收集绩效评价相关资料；（6）对资料进行审查核实；（7）综合分析并形成评价结论；（8）撰写与提交评价报告；（9）建立绩效评价档案。详细的财政支出绩效评价工作流程图参见图3-2。

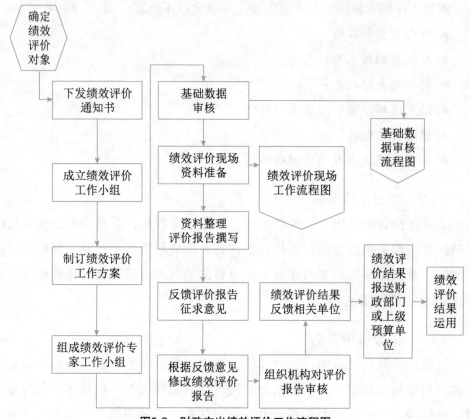

图3-2　财政支出绩效评价工作流程图

将上述两个绩效评价程序进行比较，可以发现，二者的主要不同是：《操作指南》的程序强调了逻辑框架（结果链）的构建与评估、绩效监控、绩效评价设计、评价结果应用等内容，而《财政支出绩效评价暂行办法》的评价程序中则没有或者没有强调。由于在绩效评价中，这几个方面（即结果链构建与评估、绩效监控、绩效评价设计、评价结果应用等）都属于很重要的评价活动（专栏3-1）。为此，在下面的章节中，我们将对这些方面进行重点分析和阐述。本章首先分析和阐述结果链的构建与评估、绩效监控以及数据的收集与分析方法三个方面内容，剩余的部分则放在其他章节中进行研究和讨论。

专栏3-1　重要的评价活动

- 与主要客户以及所有的关键利益相关者进行磋商
- 重建或建立变革理论（即结果链）
- 设计评价活动（包括构建评价设计矩阵）
- 管理评价预算
- 实施评价（或者雇用人员实施评价）
- 确认评价效果的衡量标准
- 收集、分析、解读和汇报数据和评价结果

资料来源：琳达、雷，2009

▶ 3.2　评价前期准备——结果链构建

公共财政支出的一个基本原则是，用最小的投入获得最大的产出和效益。[①] 因此，财政支出政策的规划和评价都应该建立在对其投入、产出到成果各阶段和各要素之间一系列逻辑关系的清楚认识之上。结果链便是辅助政策规划与实施及开展绩效评价的一个重要的绩效管理工具。它不仅能帮助管理者和评价者分析和确认政策的预期成果，而且能帮助他们分析和识别实现这些成果所需的关键要素及所面临的潜在风险。[②]美国评价专家彼得·罗希认为，"项目（政策）评估的一个重要方面，就是评价项目理论（即结果链）的优劣，评估项目理论是否有清晰的逻辑，是否提供了合情合理的改善社会状况的方案。待评估的项目理论必须首先得到清晰和完整的表达，这样，我们才能开展评价工作。"[③]这说明，结果链的分析是评价前期准备的一项重要的、不可缺少的内容。事实上，在部分西方国家，如加拿大、澳大利亚、英国和美国等，逻辑建模（结果链构建）已成为绩效测量和报告机制的中心环节。同样，欧盟也将逻辑建模（结果链构建）视为一个健全的项目评价活动

---

① 　HM Treasury. 2011. *The Green Book-Appraisal and Evaluation in Central Government*. p. III.

② 　United Nations Development Program(UNDP). *Handbook on Monitoring and Evaluating for Results*，2002，p. 7.

③ 　彼得·罗希，等. 评估：方法与技术[M]. 7版. 邱泽奇，等译. 重庆：重庆大学出版社，2007：第94页.

中重要的组成部分。[1]

3.2.1 结果链的构成

结果链（或称逻辑框架、逻辑模型、项目理论等），是一种理解政策从其投入到其结果之间因果关系的工具，包括投入、活动、产出、成效、影响等五个关键要素。另外一种定义，则称它是"一个设计和评价社会变革倡议的创新工具"，是实现社会变革倡议的长期目标所需的一种"要素蓝图"，它生动形象地表达了一个项目或政策为什么能成功地实现社会变革的目标。

从构成上看，结果链包括投入、活动、产出、成效、影响等五个要素，这些要素之间因果联系赖以成立的关键假设以及各种外部影响因素。

- **投入**（inputs）：用于项目或政策实施的各种资源（resources），包括人力、资金、实物、时间和专业技能等。
- **活动**（activities）：为实现项目或政策目标而调动和使用各种资源的各项行动和工作（what we do），包括设施建设、能力建设、各种咨询活动等。
- **产出**（outputs）：通过实施各项活动而产生的产品和服务（what we produce），如为50个人提供了医疗服务，培训了100名小学教师，修建了100公里公路。
- **成效**（outcomes）：通过项目（或政策）产出的利用而带来的短期或中期的直接效果（why we do it），如新修公路使通行时间缩短，提高了运输效率（成效）。
- **影响**（impacts）：由项目（或政策）产生的长期效果，长期且广泛的社会进步（long-term changes），比如运输效率提高降低了运输成本（成效），从而促进了当地经济的发展（影响）。
- **关键假设**（key assumptions）：可能会影响到项目（或政策）进展或成败的各种关键假设因素（条件）或风险。
- **外部影响因素**（external factors）：影响项目或政策结果实现（成效和影响）的外部环境因素，如自然环境、政治环境、宏观经济状况、公众态度等。

可以看出，结果链展示了项目从投入到产出、成效和影响的联系链条

---

[1] 詹姆斯·麦克戴维、劳拉·霍索恩. 项目评价与绩效测量：实践入门[M]. 北京：教育科学出版社，2011：第44页.

（图3-3和图3-4），但其关注的重点通常不是投入和过程，而是项目或政策的实施结果（即产出、成效和影响）。美国评价专家波伊斯特（2003）说："当我们进行公共或非营利项目工作的计划和管理时，要把目光放在具体的、能够达成的期望结果上面……这些结果将成为支持项目工作的首要的依据。"①所以，在结果链的诸要素中，产出、成效和影响最为重要。它们虽然都是"结果"，但是却代表着不同层面的结果。其中，产出代表项目活动提供的特定的产品和服务，成效代表项目产出带给目标受众的实际利益，影响则是项目成效带来的受益者行为或利益的长期变化。所以，只有"成效和影响"才真正表明了政策或项目期望实现的结果。

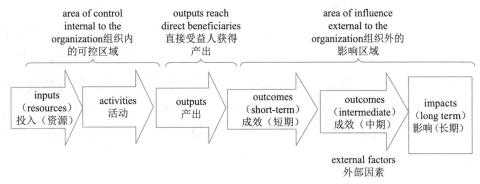

图3-3　结果链的标准示意图

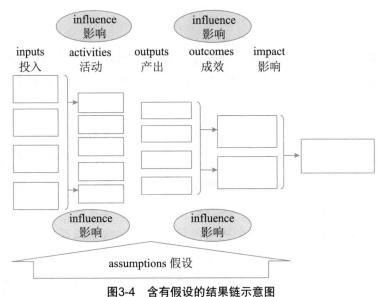

图3-4　含有假设的结果链示意图

①　西奥多·H.波伊斯特.公共与非盈利组织绩效考评：方法与应用[M].萧鸣政，等译.北京：中国人民大学出版社，2005：第36页.

成效和影响表明了一个政策（或项目）期望实现的结果，但是，这些结果能否实现还依赖于结果链背后的关键假设。在很多情况下，项目所期望的结果可能并未产生，尤其是那些复杂的和相互关联的政策和项目，可能不会产生预期的作用（专栏3-2）。之所以如此，基本的原因在于项目结果链背后的关键假设。因此，检测结果链背后的关键假设，分析投入到产出、成效和影响的逻辑联系非常重要——它们决定了结果链的有效性。这一逻辑的分析实际就是分析项目活动与产出、产出与成效、成效与影响之间的一致性和因果关系。在上述每个环节的背后都存在着一定的关键假设，这些假设揭示了取得预期结果所需要的条件和可能存在的风险，因而可以帮助我们确认对项目成功或失败的影响因素。

另外，认清项目实施的环境或运作过程中的外部因素也很重要，因为它们也是影响项目成功的重要因素。比如说，冬季的气候情况也许能够说明为什么在不同的年份公路的维护项目工作会有不同的效果；不同的劳动力市场状况也许能够说明为什么相同的职业培训项目工作在不同的地方有不同的效果；全国各地工业基础、土地使用方式和抵偿方式的不同，可能会影响环境保护协会推行洁净空气标准的实施效果。

专栏3-2　1938年的武汉会战日本是胜利者吗？

九江失守后，中国最高统帅部意识到，如果日本执意进攻武汉，固守是极其困难的，以致最终难以守住。1938年8月22日，日本大本营正式下达攻击武汉的命令。

为了攻取中国武汉，日本动用了当时能够集结的最大兵力，初期投入作战的兵力约为二十五万人，会战期间有数次补充，最后投入的总兵力约为三十万人。日军最大限度地发挥了其海陆空装备上的优势，苦战数月，最终却没能达到围歼中国军队主力的预期目的，自身却损失严重。日本陆军第十一军战后统计，武汉会战期间该军"战死四千五百零六人（内将校一百七十二），负伤一万七千三百八十人（内将校五百二十六），伤亡合计二万一千八百八十六人（内将校六百九十八）"；日本陆军第二军战后统计，武汉会战期间该军"战死约二千三百人，负伤约七千三百人"，连同海军和航空兵的伤亡，总计约为三万五千五百人。——尽管中国军队战斗详报的数字偏高，但日本方面的统计数字却明显偏低。白崇禧的记述是：日军在武汉会战期间，陆军伤亡人数当在五万左右。如果再加上海军和航空兵，加上在酷热中患病以及失踪官兵的人数，日军损伤兵力约计九万。

在武汉会战中，武器装备低劣的中国军队于酷暑中苦战大别山麓和江汉平原，在日军飞机、大炮和毒气等大杀伤性武器的杀戮之下，后勤供给不足，伤员难以转运，加上热带疾病流行，官兵付出了巨大的牺牲。日军第十一军的统计是：中国军队"遗弃尸体约十四万三千四百九十三具，俘虏约九千五百八十一人"。日军第二军的统计是：中国军队"遗弃尸体约五万二千具，俘虏约二千三百人"。——综合各方史料估算，武汉会战期间，中国军队阵亡、负伤、染病、失踪的官兵人数约在十八万人以上。

早在武汉会战开始前，中国方面便确定：用顽强的外围作战逐渐消耗日本的国力和军力，以求达到在抗战初期的某一阶段，将日本国力和军力消耗到无法发动更大规模战役的目的。可以说，武汉会战中国基本上达成了这一作战目的。十月十二日至十四日，毛泽东在《抗日民族战争与抗日民族统一战线发展的新阶段》的讲话中，针对正在进行的武汉保卫战说："保卫武汉斗争的目的，一方面在于消耗敌人，又一方面在于争取时间便于我全国工作之进步，而不是死守据点。到了战况确实证明不利于我而放弃则反为有利之时，应以放弃地方保存军力为原则，因此必须避免大的不利决战……避免战略决战而力争有利条件下的战役与战斗的决战，应是持久战的方针之一。于必要时机与一定条件下放弃某些无可在守的城市，不但是被迫的不得已的，而且是诱敌深入，分散、消耗与疲惫敌人的积极的政策……"

一年前，毛泽东在《论持久战》中还说过："日本在这个抗战的长期消耗下，它的经济行将崩溃；在无数战争的消磨中，它的士气行将颓靡。中国方面，则抗战的潜伏力一天一天地奔腾高涨，大批的革命民众不断地倾注到前线去，为自由而战争。所有这些因素和其他的因素配合起来，就使我们能够对日本的占领地和根据地做最后的致命攻击。"

中国的上述战略预想基本符合后来战争的发展趋势。

资料来源：王树增，《抗日战争》（第二卷），2015

3.2.2　结果链（逻辑框架）的构建①

结果链是开展政策绩效评价的一个重要工具，它不仅能帮助我们分析和确认项目或政策的结果，而且能够帮助我们分析和确认对项目成功的关键要素。但是，在我国的政策管理和绩效评价工作中，很多都缺乏明确的结果链。彼得·罗希说："如果项目方没有一个明确的概念，那么就很难评估政策或项目开展情况的好坏。所以，评估方案设计的因素之一就是项目的概念化或项目理论（结果链），亦即项目方案的操作化和明确化、指导项目行动达成预期结果的逻辑以及项目活动整体安排。这种概念化结构或项目理论本身，就是评估的焦点。"②在我国的政策和项目管理工作中，虽然也有实施方案和绩效目标表，但它们不能代替项目结果链。为此，在绩效评价工作中我们需要研究如何构建一个项目（政策）的结果链，也就是通过一个视觉化的呈现将项目（政策）实施方案进一步明确化。

一般来说，构建项目结果链首先要了解项目（政策）所要解决的问题（或要满足的需求）和实现的目标。然后明确公共项目（政策）的各个组成部分及其相互之间的关系，也就是明确公共项目（或政策）的逻辑和关键假设，并就它们与利益相关者达成共识。达成共识之后，将其放入一个绘制的事件链中，形成一个结果链图表。下面，我们分四个步骤进行具体阐述。

1. 研究和确定项目的战略目标与结果

公共项目或政策活动一般用于解决某些社会问题、满足某种社会需要，或通过满足某种公共利益，来改善一些不理想的社会状况。这样产生的积极影响构成了公共项目或政策的战略目标（最终成果）。确定战略目标，包括确定服务对象（customers），是构建结果链的核心。确定了战略目标（最终成果），还需要确定用以实现战略目标的产出与中间成果（outcomes）。世界银行认为，确定关键的产出、中间成果与最终成果是构建结果框架的一个重要任务。为了确定项目的产出、中间成果与最终成果，评价人员首先应尽可能多地研究和了解与项目相关的文献和资料（政策文献、法律规定、工作文件和备忘录等），另外还需要咨询不同的利益相关者。在研究相关文献时，评价人员应该考虑下列问题：

---

① 该部分内容主要引自施青军. 政府绩效评价：概念、方法与结果运用[M]. 北京：北京大学出版社，2016：第117-122页.

② 彼得·罗希，等. 评估：方法与技术[M]. 7版. 重庆：重庆大学出版社，2007：第32页.

- 项目要解决的社会问题是什么？与解决这些社会问题相对应，项目的主要目标（战略目标）是什么？该目标的时间框架是什么？目标受众是哪些人和组织？

- 为了实现主要的战略目标（最终成果），所需要的中间成果是什么？用什么指标来衡量上述产出、中间成果和最终成果？

- 实现上述战略目标，项目所面临的主要的挑战与障碍有哪些？社区或利益群体中哪些条件有利于战略目标的实现？

- 项目可能面临的外部影响因素或者风险是什么？哪些社区或人群受到项目的潜在影响？他们的意见是如何得到表达的？

- 研究相似项目的评价报告、研究文献与资料，看有无类似的项目经验可资借鉴。

为了清楚地回答上述问题，我们可以使用Kellogg基金会（2004）的结果链模板（图3-5）。

图3-5　Kellogg基金会的结果链模板

使用结果链模板，第一步，应从中间部位（问题）开始。这是模板的心脏，也是结果链的核心。评价人员在此要清楚地写出项目活动所要针对的问题。第二步，将社区或组织的需求和资产具体化。第三步是，在"预期结果"中确定项目近期和长期所要达到的结果（即产出、成果和影响）。第四步，在"影响因素"中列出可能会对预期变化产生影响的潜在障碍和支持因素。第五步，要在"策略"中列出通过研究发现的类似项目的成功策略（最佳实践）。第六步，列出通过研究发现的关于变革策略能够用于社会或组织的方式及理由的假设。

2. 研究和确定项目的逻辑与关键假设

项目的战略目标确定之后，评价人员需要采用倒叙的方法，即从战略目标开始追溯项目的中间成效与产出，继而追溯项目活动与投入，在此基础上确定项目的逻辑。所谓项目的逻辑，主要是考察一项干预措施的目的和目标，认为"如果X发生，那么Y也应该发生"。有了一系列的"如果……那么……"表述，项目的变革理论也就形成了。以一个培训项目为例，该培训项目的预期结果是促进评价质量的提高，以及决策者更好地进行决策。该项目的逻辑如下：如果评价人员受到更好的培训，那么他们就能开展更高质量的评价，进而就能得出更有用的信息，再进而促进决策者更好地决策（如图3-6所示）。

图3-6 一个评价培训的项目逻辑

最初的项目结果链一般总是线性的。如果与项目有关的多个因素都被纳入评价人员的考虑范围时，项目变革理论就会变得复杂起来。在分析和确定项目逻辑时，评价人员还需要确定项目的一系列假设，然后，考察验证对项目成功威胁最大的那些关键假设。假设通常属于以下四种类别之一：

- 关于长期、中期和近期成果之间相互联系的论断。
- 取得成功的所有重要前提条件已被确定的话语。
- 关于项目活动和预期成果之间联系的论证。
- 对可能支持或妨碍结果进展的背景或环境因素的理解。

评价人员在对项目逻辑进行研究，并对它们的假设进行调查时，应该关注和考虑下列问题：

- 该结果链可信吗？项目的这一系列工作（投入、活动、产出、成效）能够最终实现战略目标吗？
- 这一结果链可行吗？用于实施项目的能力和资源可以产生预期成果吗？
- 该结果链经得起验证吗？战略目标和中间成果有具体的衡量指标吗？
- 影响项目成功的外部因素有哪些（如政治环境、经济、气候变化等）？如果项目的风险较大，有无制订必要的风险管理计划？

3. 与主要的利益相关者沟通与交流

詹姆斯·麦克戴维认为，所有逻辑模型（结果链）的共有功能就是：针对项目的主要部分和项目要素之间的关系与利益相关者进行交流。这就是说，构建结果链必须要与主要的利益相关者进行沟通与交流，以便清楚地了解他们对项目的目标及结果链提出的不同看法与要求，并与之就项目结果链达成共识。那么，我们应如何来确认利益相关者呢？

一般而言，**利益相关者**是在项目的实施期间或之后受到项目活动影响的人或组织，主要包括：项目投资者、直接受益（损）人、间接受益（损）人、项目管理者与实施者、政策制定者与政府官员、研究人员、社区和利益群体或协会等。而关键的利益相关者可以通过查阅与项目相关的文件以及同主要的评价客户、项目赞助者、项目员工、地方官员和项目参与者谈话来进行确认。

利益相关者通常从不同的角度来看待一项干预活动。比如，项目的投资者可能关心的是钱是否花得恰当，项目是否有效；项目经理可能关心项目的管理是否妥善，以及是否能从中获得经验教训；目标群体则可能获得更多更好的服务，等等。因此，评价人员通常需要进行利益相关者分析，也就是列出各个利益相关者及其对项目的不同看法，然后对这些看法进行分析。通过分析，以清楚地了解他们对项目的目标及结果链提出的不同看法与要求。

4. 构建支撑项目活动的结果链

构建支撑项目活动的结果链（或逻辑框架），其内容应包括投入、活动、产出、成效和影响五大要素，以及构成项目成功基础的重要的假设，并用结果流程图标示出要素间的因果联系及重要假定。下面的图3-7为一个项目结果链的构建示例。

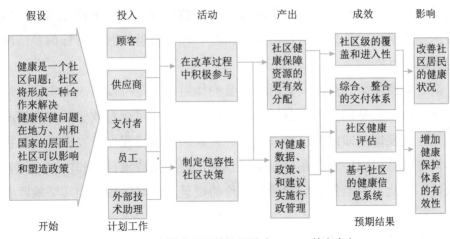

图3-7 一个健康项目的结果链（Kellogg基金会）

该项目是一个社区的健康保健项目。项目的目标（影响）有二：一是改善社区居民的健康状况；二是提高社区健康保健系统的效率。实现这两个目标，必须使健康保健覆盖整个社区，建立综合性健康保健服务系统；开展社区健康评价，建立社区健康信息系统（项目的中间成果）。为此，需要更有效分配社区健康保健资源，对健康数据、政策和建议实施行政管理（项目产出）。为实现上述项目产出，需要开展如下项目活动：制定包容性的社区政策，居民积极参与社区改革。并需要投入下列资源：资金提供者、管理者与员工、供应商、外部的技术援助和顾客。此外，项目还需有下列重要的假设：健康是一个社区性问题；社区将通过合作来解决其健康保健问题；社区能够影响各级政府政策；外部的机构（如社区合作伙伴）成为变革的"催化剂"；用于预防的转移收入和激励，以及社区医疗能够改善总体的健康状况；健康和健康系统的信息对科学决策是必要的。

可以看出，该结果链的构建采用的是倒叙的方法，即从项目的影响开始追溯项目的中间成效与产出，继而追溯项目的活动与投入，在此基础上确定项目的逻辑，最后完成整个结果链的构建。

▶ 3.3　评价前期准备——绩效监控

3.3.1　绩效监控及其主要作用

在完成对结果链的构建之后，管理方应组织各个相关单位联合开发绩效监控框架，用以对结果链中的各个关键节点上的产出和阶段性成果进行监测和报告。换言之，它要求在政策和项目执行的过程中，对项目预期的产出与成果的完成进度、阶段性目标的完成情况、项目效益与预期目标偏差情况等进行跟踪与监控。

绩效监控（绩效监测）有两个主要的作用：一是可以为政策实施的绩效管理和评价积累基础数据（包括基线数据）；二是可以对政策的实施情况进行周期性的反馈，即定期评价（阶段性）成果的实现程度、发现实施过程存在的问题及其成因、对潜在问题进行预警，最终为政策目标和内容的调整提供依据。因此，为了保证后期绩效评价的质量，做好绩效监控（绩效监测）极为重要。

由于绩效监控的重要性，《中共中央 国务院关于全面实施预算绩效管理的意见》明确要求"做好绩效运行监控",并进一步提出,"各级政府和各部门各单位对绩效目标实现程度和预算执行进度实行'双监控',发现问题要及时纠正,确保绩效目标如期保质保量实现。各级财政部门建立重大政策、项目绩效跟踪机制,对存在严重问题的政策、项目要暂缓或停止预算拨款,督促及时整改落实。"这表明,在全面实施预算绩效管理中,绩效监控也是一个不可或缺的重要环节。[①]

根据监控内容和重点的不同,绩效监控可分为过程导向的监控和结果导向的监控(专栏3-3)。在西方国家和世界银行等国际组织,一般实施的均是结果导向监测。琳达和雷将结果导向的监测定义为:"持续地收集和分析与关键指标相关的信息的过程。它对比分析实际结果与期望的结果,以考核一个项目、计划或政策是否得以良好实施。它使用指标跟踪预期目标的进展,持续考核取得具体的短期、中期和长期结果的进展状况。"[②]在《操作指南》中,也强调结果导向监控,其使用的绩效监控框架就是亚洲开发银行开发的绩效监控框架(图3-8)。

专栏3-3　以过程为导向的监测与以结果为导向的监测的主要特点

以过程为导向的监测要素(传统上运用于项目实施):

- 描述干预活动之前的问题或情况。
- 活动基准数据和直接产出。
- 收集有关投入、活动以及直接产出等数据。
- 全面地报告投入状况。
- 全面地报告产出状况。
- 与具体的干预措施(或一系列干预措施)直接联系起来。
- 与广义上的发展效率不同,它主要提供有关行政管理、实施和管理等信息。

以结果为导向的监测要素(通常运用于各种干预措施和战略):

- 收集基准数据,以了解干预措施之前的问题或基本情况。

---

① 目前我国尚缺乏广泛的绩效监控数据来源。在美国,绩效监控(监测)被分解为以下四种相互区别的方法:社会系统核算、社会实验、社会审计和综合案例研究。参见威廉·邓恩. 公共政策分析导论[M]. 4版. 谢明,等译. 北京:中国人民大学出版:2011:第194-205页.

② Linda G. Morra Imas & Ray C. Rist, *Road to Results*, p. 108.

- 制定各项成效指标。
- 收集产出数据以了解他们是如何以及是否有利于达成成效。
- 更多地关注利益相关者意识上的转变。
- 系统地报告有关成效进展情况的各种定性和定量信息。
- 与战略伙伴共同实施。
- 收集信息以了解合作战略在达成预期目标过程中是成功还是失败的。

资料来源：库赛克、瑞斯特，2011

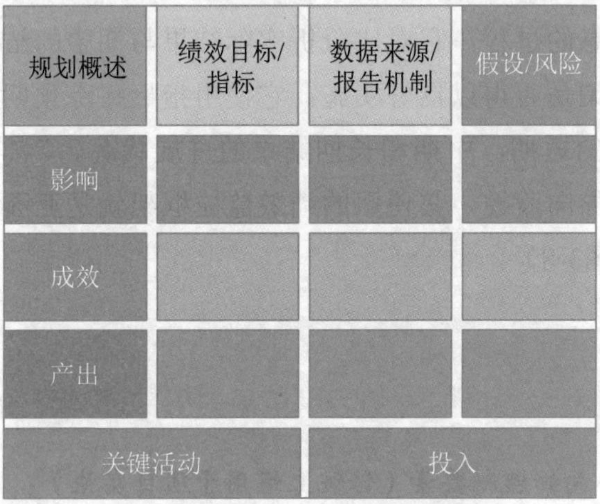

规划概述	绩效目标/指标	数据来源/报告机制	假设/风险
影响			
成效			
产出			
关键活动		投入	

图3-8　亚洲开发银行的绩效监控框架

3.3.2　绩效监控框架

亚洲开发银行的绩效监控框架依据逻辑框架（结果链）而设计，其构成要素包括影响、成效、产出、活动和投入，以及主要用于监测产出和成效的绩效指标与目标、数据来源与报告机制、假设与风险等。通过制定绩效目标和设计绩效监控指标，绩效监控框架将政策设计、管理和评价的重点引导到可实现和可衡量的结果上（见图3-8）。

如图3-8所示，绩效监控框架包含四列。第一列为政策涉及的关键要素，由上而下包括影响、成效、产出、关键活动和投入[*]，各要素之间的逻辑性由一个纵向的逻辑关系展示，通过考查投入是否足以开展活动，以及这些活动是否足以创造出预期产出，来对逻辑框架的健全性进行检验。依次地，预期产出应能在政策实施完工时实现理想的成效，成效则应有助于实现预期影响。

---

[*] 为了图形规整，关键活动与投入转到最后一行。

第二列是绩效目标和相应的指标，包括对理想政策结果的质量和数量的具体界定。绩效目标和指标表明如何判断受评政策的（阶段性）成果是否已成功获得。具体而言，绩效目标界定了数量（有多少产出）和时间（在何时实现），准确地规定了政策在影响、成果以及产出各层次所应取得的结果。绩效指标则界定了绩效评价将会对什么进行测量，以及将会用什么标准来衡量政策的（阶段性）绩效。

按逻辑框架中要素的具体层次划分，影响层次的指标界定了预期的中长期目标，即国家发展战略、地区发展战略、行业规划中所描述的长远发展目标。因此，影响层次的绩效指标可能包含超出受评政策范围的目标。

成效层次的指标界定了受评政策的直接效果或受益人的直接行为变化，以及相关系统或机构的改进情况。这些指标是受评政策负责实现的绩效目标，也是判断政策成功与否的关键依据。对成效层次指标的监控是政策实施机构的责任。

产出层次的指标具体明确了受评政策将交付的主要货物和服务，界定了在政策实施结束时必须实现的项目管理层的责任条款。因此，对产出层次指标的监控是政策管理部门的责任。

投入层次的指标具体明确了将用于实现政策目标的资源（包括资金和人力、时间等）。

关键活动层次的指标联系了投入和产出这两个层次，具体明确了投入指标所涉及的资源是如何被用来生产和提供产出指标所涉及的货物和服务的。因此，对于投入、关键活动和产出层面指标的监控对评价政策的资金和实施管理方面的内容而言至关重要。

在确立目标和拟定指标的过程中，利益相关者的参与非常重要。在政策规划者、实施者和政策受众之间达成对目标的共识能够增强政策的透明度和明确各自的职责。而可被客观查证的绩效目标和指标可以使政策支持者和反对者更易于对有关证据所显示的结果达成共识。

第三列用于记录数据来源和报告机制。数据来源表明每一项监测指标的状态信息从何处可以获得，由谁提供该信息，以及如何收集该信息。报告机制则说明信息以何种方式记载于何处。

如果条件允许，应将绩效监测和报告的责任赋予一个对评价结果有持续利益关系的机构，该机构必须具备一个运转良好的信息系统。同时，应当确定数据来源和绩效指标，以确保该指标具有实用性，而且数据收集成本低廉。另外，应考虑监控政策目标过程中利益相关者的参与情况。例如，非政府组织可以运用城市记分卡来评定提供基本服务的绩效以及用户的满意度。

第四列是假设和风险。假设是对实现监控框架每一层次结果所必备的条件、事件或行动的积极性陈述。风险则是对将会造成不利影响或致使预期结果不能实现的条件、事件或行动的消极性陈述。假设和风险完成了监控框架的因果逻辑。只有当假设成为现实，同时风险没有发生，政策活动的完成才会真正带来产出。这同样适用于分析政策成果和预期影响。因此，在评价的前期准备阶段（甚至在政策的设计阶段），便应对每一项假设和风险的重要性和可能性进行评定，侧重于那些可能对政策成败起关键性影响（积极作用/消极作用）的假设和风险，并确定它们发生的可能性（参见图3-9）。

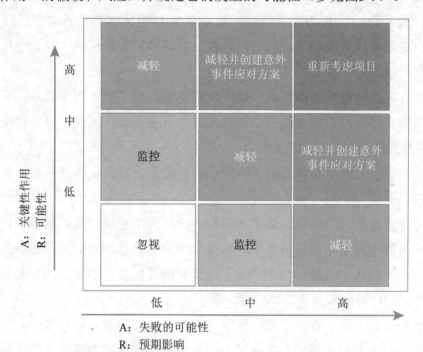

A：失败的可能性
R：预期影响

A：假设；R：风险

图3-9 假设和风险的重要性和可能性评定

假设和风险一旦被界定，则可使用以下管理方案来处理假设和风险（见图3-9）：（1）不作为。如果没有足以危及结果实现的风险，这时"不作为"便是最好的方案。（2）改变设计。如果风险高并且（或）某项假设对政策的成功起关键作用，那么可考虑为减轻假设的作用而增加一项产出、活动或投入。例如：在农村地区提高教育质量部分取决于老师是否愿意搬到农村地区居住，因此，应考虑将激励性工资、促进计划和免费住房等并入项目规划中。（3）增加一项新措施。例如，水稻的增产是基于雨水充足的假设。如果季节性波动过大，就可能有必要启动一项灌溉项目来保证必要的水资源。（4）放弃政策。如果风险高并易于发生或者一项假设是绝对必要的，且没有产出或活动能够减少风险或增加实现假设的可能性，那么此政策风险性过大应放弃。（5）监控并减轻假设和风险。此时有必要明确界定指标。通过涵盖活动及添加资源来为减轻假设和风险的措施做出规定。

3.3.3 案例：一个公共运输项目的绩效监控框架[①]

艾如沙是乌桑巴拉山高地的一座城市，在近几年得到了迅速的发展。私营机动车辆数目的激增导致了交通堵塞。与此同时，撒法瑞公交公司（SBC）是艾如沙市唯一的公共运输机构，拥有90%的城市公交车。尽管撒法瑞公交公司从1995年起提高了车费，但它正面临乘客数量减少的局面。收入仅相当于该公司运营支出的70%。

在过去的几年里，撒法瑞公交公司的交通事故的数目及由此造成的受伤乘客的数目迅速增加。乘客们抱怨频发的延误和车辆抛锚。尽管乘客的数量还很多，但是服务质量持续恶化。因此，人们正在寻求其他的运输方式。

撒法瑞管理层认为导致众多交通事故的原因是技术因素。车辆陈旧，无定期养护；机械师没有接受良好的培训，因为缺乏零件车辆修理被中断。由于公交车司机忽视交通法规或超速行驶以及道路养护不良（公共工程部门的责任），也时常发生交通事故。

市公共工程部门声称其每年的预算不足以对远程道路提供充分的养护及建造新的公路。艾如沙市参议会想要削减给与撒法瑞公交公司的补贴来为公共工程部门筹集资金。补贴的削减可以通过提高车费来实现。然而，艾如沙市的市长反对此建议并将否决此项提议。

公交车司机联盟威胁要进行罢工以获得加薪及减少工作班次。他们抱怨糟糕的车辆和道路状况。乘客们抱怨司机开车不认真而且粗鲁。简言之，艾如沙市的公共运输状况和前景是很黯淡的，必须采取措施改善这一状况。

为了解决这一问题，艾如沙市在亚洲开发银行帮助下实施了一个公共运输项目，表3-1即为亚洲开发银行按照上述绩效监控框架格式而设计的艾如沙公共运输项目的绩效监控框架。

---

① 该案例引自ADB（亚洲开发银行）：Project Performance Management System-Guidelines for Preparing a Design and Monitoring Framework，2006.

表3-1　一个公共运输项目的绩效监控框架

规划概述	绩效目标/指标	数据来源/报告机制	假设和风险
影响 艾如沙市的运输系统运转良好	公共和私营运输穿越艾如沙市的时间到2008年减少了25%	市参议会交通控制中心的年度交通调查报告	假设：市参议院关于萨法瑞公交公司提供公共运输服务的政策不变
成果 撒法瑞公交公司提供了安全可靠的公共运输服务	撒法瑞公交公司车辆引起的交通事故数目减少了50%，从项目实施基准年的x下降到结束时的y；在项目实施期间，乘坐撒法瑞公交车辆的乘客每年稳定在500 000人，项目完工后每年增加x%；延误（比时刻表晚5分钟）从2005年1 000次/年减少到项目结束时的200次	警察局的年度交通事故报告；提交市参议会的经审计的撒法瑞公交公司的年度统计数据和账目；撒法瑞公交公司的公交车运营月统计数据，此数据是对公交车司机日志的整理	假设：公共项目部门遵循养护标准，确保公路网养护良好 假设：运营费用如油费保持稳定
产出 1. 车队养护良好 2. 司机遵守安全和交通法规	车辆抛锚从的第一年x次下降到第二年的y次，此后下降到z次以下；违反交通法规的次数从第一年的x下降到第二年的y次，此后稳定在z次	对机械车间的记录进行整理，在撒法瑞公交公司经审计的年度报告中公布；警察局出具的以车辆类型分类的交通违规月报告	风险：零件的海关放行继续延迟，在货到超过2周后才放行 假设：公交车司机联盟将安全法规和驾驶执照政策并入公交车行为准则中 风险：接受过培训的公交车司机在获得公交车驾驶执照后1年内离开撒法瑞公交公司加入私营车运营商
活动 1.1 建立车辆养护日程（2006年6月完成）。 1.2 建立并运作仓库存控制系统（于2006年8月开始运作）。 1.3 获得优惠的零件进口许可（2006年4月完成）。 1.4 改进机械车间（2006年10月完成）。 1.5 改进公交车技师技术（2007年3月完成并且每年重复）。 2.1 引进一个国家公交车司机执照和检验体系（2007年7月完成）。 2.2 建立公交车安全和运营法规（2006年5月起草；2006年9月生效）。 2.3 培训并测试公交车司机（2006年2月开始；2007年8月完成）。 2.4 引进安全驾驶机制（截止于2006年6月）。			**投入** 亚行——15 000 000美元 • 咨询服务50人·月——1 250 000美元 • 土建工程——2 000 000美元 • 设备——8 000 000美元 • 培训——2 750 000美元 • 意外费用——1 000 000美元 政府——5 000 000美元 • 人员150人·月——2 000 000美元 • 运输和物流——1 500 000美元 • 运营支出——1 500 000美元

3.3.4 绩效监控的步骤与方法

1. 绩效监控的基本步骤

财政支出政策绩效监控的实施步骤主要包括收集绩效运行数据信息、分析绩效运行数据信息、形成绩效运行监控报告三个部分。

（1）收集绩效运行数据信息。绩效运行监控要对政策绩效目标的预期实现程度进行判断，因而需要全面、翔实、高质量、针对性强的数据信息做基础。依据政策绩效监控框架收集政策绩效运行数据，是绩效运行监控实施的首要工作，也是最重要的工作。

（2）分析绩效运行数据信息。在收集各类绩效运行数据信息后，要进一步加工处理：一是对数据信息进行核实，确保其真实性；二是对数据信息进行分析。其主要目的是，分析政策是否沿着政策预期的目标方向而进展；如果发现偏差，予以指出。

（3）形成绩效运行监控报告。在分析绩效运行数据信息的基础上，撰写绩效运行监控报告。绩效运行监控报告首先要由具体实施单位形成，然后层层向上汇集，按照预算管理级次逐级汇总，形成绩效运行监控的总体报告。绩效监控报告是财政支出政策绩效评价的一个主要数据来源。

一份好的绩效监测报告离不开各种各样的图表。这些可视化的图表信息可以使监测报告更加形象和有趣，并且比文本更加清楚地传递报告信息，同时也容易将读者的目光吸引到特定的重点上。图示是对一个或多个政策行为或结果变量之值的形象化表达。图示法可以在一个或多个时点描绘单一变量，也可以总结两个变量之间的关系。

2. 绩效监控中常用的示图与表格

（1）常用示图

最简单、有用的示图之一是时间序列图（横轴表时间，纵轴表示结果）。图3-10（a）和图3-10（b）就是两个时间序列图。[①]两个或多个变量在同一时点的关系也可以用图来表示。这种图称为散点图。可以用散点图来观察某个变量是否相关。如果一个变量在时间上先于另一个变量（如一项新计划总是先于目标群体的变化），或者如果存在证明变量相关的有说服力的理

---

① 本节（3.3.4）的图3-10、图3-11、图3-12、图3-13以及表3-2、表3-3、表3-4、表3-5均引自威廉·邓恩《公共政策分析导论》（第四版）的第六章"监测观察的政策结果"，中国人民大学出版社，2009年，相关的解读也引自该书。

论（如根据经济理论断定高收入会导致高的储蓄倾向），我们就有把握称变量之间存在因果联系。否则，变量就是简单相关。

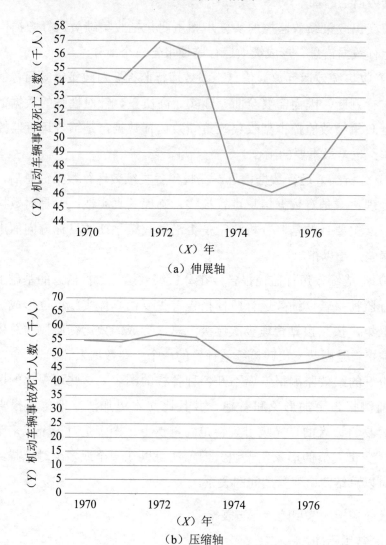

（a）伸展轴

（b）压缩轴

图3-10 美国1970—1977年机动车辆事故死亡人数的两个时间序列图

政策结果数据的另一种显示方式是柱状图，它是利用沿着横轴（或纵轴）平行排列的相互分离的矩形（柱）对数据进行形象化表达。图3-11的柱状图用来显示某城市财政危机分析的政策投入部分（城市平均人力总成本）。

政策结果的信息也可以用分组频数分布的形式表示。在分组频数分布中，特定类目（例如年龄或收入）下的人数或目标群体以图示方法表示。例如，如果想监测不同年龄组处于贫困线下的人数，可以从表3-2中的数据开始。这个数据可以转化成两种图示：直方图和频数多边形。

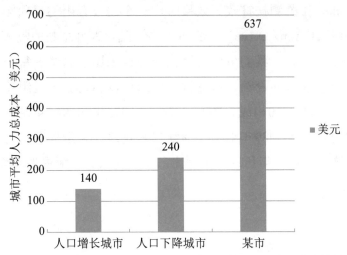

图3-11　关于人口增长城市、人口下降城市及某市平均人力成本柱状图

表3-2　分组频数分布：1977年按年龄分组的贫困线下的人数

年　龄　组	贫困线下的人数
小于14岁	7 856 000
14～21岁	4 346 000
22～44岁	5 780 000
45～54岁	1 672 000
55～59岁	944 000
60～64岁	946 000
65岁及以上	3 177 000
总计	24 721 000

　　直方图（histogram）是一种条形图，它将某个行为或结果变量在某一时点的分组频数分布信息进行组织并以图示表示出来。直方图中沿着横轴排列的各矩形的宽度相等，各矩形之间有一定间隔，而矩形的高度则表示每组发生的频数。图3-12（a）的直方图表示1977年不同年龄组处于贫困线下的人数。直方图很容易转换成频数多边图[图3-12（b）]。方法是：找出每个组间距的中点，将其当作数据点，再将所得数据点用直线连接。它与直方图的不同之处在于，频数多边形使用一系列直线来表示频数分布。

　　另一种显示政策结果信息的方式是累积频数多边形（cumulative frequency polygon）。它是一种沿着纵轴表示累积频数分布的图形。沿横轴从左往右看，以第一组的频数（人数、家庭数、城市数、州数）在纵轴上作一点；接着以第一、第二组频数的累加值再画点；如此下去直到横向刻度的终点，即所有频数之和。在监测扶贫政策效果时，一个比较有用的累积频数多边图就是洛伦茨曲线（Lorenz curve），它可以显示既定人群总数的收入、人口及居住地点的分布。例如，我们可以用洛伦茨曲线来比较总体中每个相继的百分比组收入占总体收入的份额。这些百分比组可以称为五分位组或十分位组，分别由总体的1/5和1/10构成。图3-13显示了1975年和1989年某国家庭私人所得的分布情况，由于1989年洛伦茨曲线与对角线（表示完全均等）的距离更近了一些，这表明1989年和1975年相比，家庭收入的分配更为均等了。

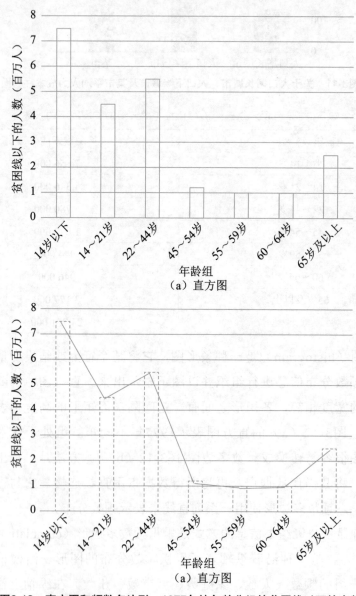

图3-12 直方图和频数多边形：1977年按年龄分组的贫困线以下的人数

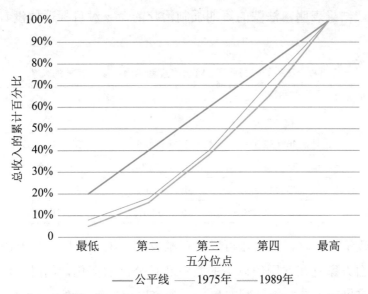

图3-13　用洛伦茨曲线显示某国1975年和1989年家庭私人收入分布状况

（2）常用表格

监测政策结果的另一个有用的方法是构建表格。表格是用于总结一个或多个变量关键特征的矩阵。最简单的形式是一维表格，它只提供关于政策结果某一个被关注方面（例如年龄、收入、地区或时间）的信息。监测某国1950—1970年间能源需求的变化时，分析者就可以用一维表格。

还可以用二维表格来组织信息。例如，不同收入水平下的受教育程度可以以受教育程度来划分目标群体，或者以时间段来划分目标群体的收入。关注战争对贫困的影响的分析者希望监测1959—1968年间某国位于贫困线以下家庭的数量及其百分比。下面的二维表格（见表3-3）将提供相关信息。

表3-3　某国1959—1968年位于贫困线以下家庭的种族分布

种　族	年　份		变化（1959—1968年）	
	1959	1968	数量	百分比
黑人及其他少数族裔	2 135	1 431	−704	−33.0%
白人	6 185	3 616	−2 569	−41.0%
总计	8 320	5 047	−3 273	−39.3%

另一类二维表格包括对结果变量的不同水平分组的分析，这些结果变量可以是就业水平、所享受的服务、收入等。例如，社会实验以对接受特殊处理的组（实验组）和不接受处理的组（控制组）的对比分析为基础。表3-4用来评估参加公共基金酗酒治疗计划的组在接受治疗后又被逮捕的人数是否有

显著变化。结果表明，法院的短期强制治疗的命令对目标群体没有明显的积极影响。

表3-4　三种处理方式下241名违规者酗酒被重新逮捕的人数

重新被逮捕人次	处 理 组			
	酗酒治疗	酗酒匿名	无 处 理	总 计
0	26（32.0%）	27（31.0%）	32（44.0%）	85
1	23（28.0%）	19（22.0%）	14（19.0%）	56
2个或以上	33（40.0%）	40（47.0%）	27（37.0%）	100
总计	82（100.0%）	86（100.0%）	73（100.0%）	241

监测政策结果时，数据还可以用三维表格组织。例如，对于1959—1968年黑人和白人家庭在贫困线以下的数量和百分比的变化，同时考虑家长的年龄（年龄可以称为第三个控制变量），就可以用三维表格（表3-5）来监测。该表显示，与黑人家庭相比，白人移至贫困线以上的家庭更多，而且家长年龄在65岁以下的白人家庭的转移数量和比例都明显地高于其他三组。这意味着黑人家庭和老年白人家庭的地位变化比年轻白人家庭的变化更为缓慢。

表3-5　某国1959—1968年按种族和年龄分组处于贫困线以下家庭数量的变化

种族和年龄	年 份		变化（1959—1968年）	
	1959	1968	数 量	百 分 比
黑人和其他	2 135	1 431	−704	−33.0%
65岁及以上	320	219	−101	−31.6%
65岁以下	1 815	1 212	−603	−33.2%
白人	6 185	3 616	−2 569	−41.5%
65岁及以上	1 540	982	−558	−36.2%
65岁以下	4 654	2 634	−2 011	−43.3%
总计	8 320	5 047	−3 273	−39.3%

▶ 3.4　评价实施——数据的收集与分析

绩效评价实施，其主要任务是进行数据的收集与分析。公共管理研究方法专家伊丽莎白森·奥沙利文认为，公共管理数据收集与分析包括以下六个步骤[1]：

---

[1]　伊丽莎白森·奥沙利文，等. 公共管理研究方法 [M]. 5版. 王国勤，译. 北京：中国人民大学出版社，2014：第23页.

- 确定收集数据的时间与频率。
- 设计或选择每一个变量的测量方法。
- 确定一个样本或测试群体。
- 选择联系测试对象的策略。
- 制订数据分析计划。
- 描述研究发现。

上述步骤构成了数据收集与分析的基本方法，这些基本方法主要包括：研究设计、抽样、测量、数据收集和数据分析。本节我们主要讨论研究设计、抽样、数据的收集和分析等方法，测量与指标开发的问题由于比较复杂，我们放在下一章进行讨论。

3.4.1 评价的研究设计

对于大多数的政策评价工作而言，绩效监测（监控）系统是数据来源的第一途径。但是，这些信息还需要以其他数据资料、问卷调查和用户调查作为补充。因此，开展财政支出政策绩效评价，应当要进行研究设计。评价的研究设计，即对绩效评价数据的收集与分析计划。它决定着多长的时间收集一次数据，收集什么样的数据，从哪里收集数据，怎样收集以及怎样分析数据。研究设计有广义和狭义之分。广义的研究设计指的是关于研究方法的规划，包括研究目的、研究问题以及研究方法等。狭义研究设计指的是研究设计的类型，包括截面研究（设计）、时间序列研究（设计）、案例研究（设计）以及实验研究（设计）等。这里，我们主要讨论狭义的研究设计。

1. 截面研究

截面研究可以一次性地收集（某一时点上）所有相关变量的数据。这些数据可以通过调查、报表或者数据库（二手数据）等途径获得。例如，如果要研究与交通设施有关的因素，评价者可以利用多种资源收集各地的有关数据，如死亡数字、交通拥堵、对各种交通违规者的处罚等。截面研究设计主要适用于以下数据的研究：变量很多，研究对象数量庞大，研究对象地理分布很广。对于截面设计而获得的数据可以运用多种统计方法（如频率、百分比等）进行分析。通过对截面数据的分析，可以揭示变量之间的相关关系，但是不能揭示变量之间的因果关系。因为截面研究无法对项目干预环境实施一定程度的控制，也不能排除对某件事情发生原因的替代性解释。

2. 时间序列研究

时间序列研究主要收集一个单元或一组研究对象一个时期内的变化数据。这些数据既可以描述一个变量的短期变化，也可以描述它的长期趋势，或者循环的以及周期的变化趋势。一个时间序列的研究可能包含也可能不包含一个明确的自变量。然而，时间是一个暗含的自变量。时序研究经常会以图表形式呈现，其中横轴表示时间，竖轴表示因变量。时序研究要求评价者以一定的间隔收集数据。为了区别随机的不规则波动和非随机的不规则波动，评价者有必要记录一下影响变量的一些历史事件。

3. 案例研究

案例研究是对一些重要人物、决策、程序或一些具有特殊利益特征的实体进行考察的研究。如果想要细致了解某件事情是怎么发生的以及它为什么会发生，案例研究是最佳的方法。进一步来说，对一种现象进行单个案例研究可以增加研究深度，对一种现象进行多个案例研究可以拓宽研究广度。案例研究的一个主要特征就是，它可以将不同来源的信息整合起来。这些信息来源包括：文件、存档数据、访问、直接观察、参与观察以及一些实物。因此，案例研究要求选择的案例必须是当代的，换言之，评价者必须能直接接触到案例所涉及的有关人物，如项目管理人员、雇员或顾客（对这些人物进行截面研究或时序研究，评价者可能永远都不需要接触）。就这一点而言，案例研究与截面研究、时间序列研究明显不同。一般情况下，人们通常会对以下的事项进行案例研究：（1）一项已取得显著成功的项目或政策；（2）产生独特或者有争议结果的项目或政策；（3）行为者自主决定行为的情况。

4. 实验研究

截面研究、时间序列研究和案例研究均属于**描述性的设计**，这类设计主要用于回答如下的问题：数量是多少？效率如何？效果如何？是否充分？等等。其共同的特点是，不需要对研究的环境进行控制。实验设计则不同，它属于**解释性设计**，该设计需要对研究的环境进行控制。具体来说，**实验设计**将研究对象分配到不同的研究小组（实验组和控制组），并能够控制谁受到自变量的影响、何时受到影响以及实验进行的条件。但在一般的绩效评价中，这种控制几乎是不可能的，因此绩效评价主要依赖准实验设计。**准实验设计**缺乏实验的一些特征以及对这些特征所实施的一些控制。评价者或者需要依靠自生的自变量，或者以没有实施控制的自生的实验组作为比较的基础。很显然，准实验设计和非实验设计都限制了评价者对自变量有何影响的判断能力。

截面设计、时序设计和案例研究设计等产生的数据，可用来鉴别变量是否值得做进一步研究。其中，截面设计和时序设计主要用于鉴别变量间的关系并描述变量在一段时间内的变化情况。它们可以结合缜密的统计分析和复杂数学模型的构建，为变量间的因果关系提供有力证据。但是，它们仍然不能揭示自变量与因变量之间的因果关系。如果评价者不只对因变量进行描述，而且，还要解释它们在不同的案例中为什么会有变化或差异，特别是当需要确定项目（政策）是否已经达到预期目的的时候，就需要弄明白自变量与因变量之间的因果关系，为此就需要进行实验设计。实验设计，也叫作随机实验或真实实验，它要求样本总体必须随机分成至少两个小组，一组为实验小组，接受干预实验；另一组为对照组，不进行干预实验。通过随机分配，分配到各小组的样本的背景、性别、环境和时间点等必须是相似的。这样做，是为了试图排除项目干预以外其他的可能解释，从而能够得出干预措施造成了该观察结果的结论。因此，实验设计考虑了各种威胁对效度的影响（参见专栏3-4），是对一项政策效果做出评价，同时将其与别的政策进行比较的一种灵活的工具。准实验设计，类似于实验设计，但它不会随机分配任务，使用的是自然发生的对照组。准实验设计主要通过对两个相似但并不相同的小组进行比较，分析和揭示干预与观察结果之间的因果关联。由于没有随机分配，它需要更多的信息以排除其他的解释。

专栏3-4　内部效度的威胁

历史事件：除自变量之外可能对因变量产生影响的事件。

案例选择：为研究或项目中的小组或情景选择案例的方式可能影响他们对自变量做出反应的方式。如果受到干预的小组中的案例不同于其他小组中的案例，那么因变量的任何差异都有可能源于案例本身的差异，而非干预的结果。

自然过程：被研究单位自然发生的变化。

数据回归：研究案例或行动案例是由于他所处的极端状况而被挑选出

来，如很低的成绩，这种极端分数的不稳定性可以引起变化。这样选出的案例属于特殊案例。

被试者消失：有些案例，尤其是个人，在项目或研究的起初阶段参与但中途退出了。如果他们与那些坚持下来的案例或个人之间存在系统性的差异，那么研究结果就不具有内部效度。

测验效应：一种情形是，起初的测量或测试影响到研究对象，并进而影响到后测的结果。在前测中得分低的员工可能会因此改变他们的行为，而这不是因为项目本身的作用。

测量工具：收集数据的测量工具如果在研究的开始和结束时不一致，结果就不会有效。

设计干扰：当参与者知道自己是研究对象时行为出现异常，或者研究对象在比较中互相影响。如果研究对象怀揣某种动机而以特定的方式行动从而导致项目成功或失败，那么就说这个设计受到干扰了。

资料来源：伊丽莎白森·奥沙利文，2014

实验设计、准实验设计和非实验设计（如描述性设计）三种设计各有优劣（见表3-6）。描述性设计常常有着较高的外部效度，实验设计则常常有着较高的内部效度。评价者想要确定一个政策是否达到期望的效果，这属于内部效度问题。而要确定政策起作用的各种条件，则属于外部效度问题。在实际评价工作中，评价者可以根据绩效评价目的和实际条件选择使用实验设计、准实验设计和描述性设计，或者把三者结合起来使用。

表3-6 三种评价（研究）设计的优劣

设计类型	优 势	劣 势
实验性		
比较	1. 控制内部有效性的威胁 2. 对小组之间的比较非常有效；在比较组非常匹配的情况下可以控制历史和成熟效应	1. 在公共领域很难实施 2. 存在选择偏差和归因威胁
准实验性		
事前事后	对提供度量变化的背景信息非常有用	存在测试、度量工具、均值回归、归因、历史和成熟效应等威胁

续表

设 计 类 型	优　　势	劣　　势
非实验性		
单时点	对描述性和规范性问题很有效；多个单时点设计可以成为一个案例	对因果性问题的效用非常弱

资料来源：琳达·伊马斯、雷·雷斯特. 通向结果之路[M]. 北京：经济科学出版社，2011：第200-201页.

3.4.2　评价中的抽样

在绩效评价实施中，抽样是一个常用的方法。要使调查数据能有实际使用价值，最主要的一环是懂得如何抽样。一个完备抽样的关键在于，找到一个给总体中的所有（或者几乎所有）成员以相等（或者是已知）的被抽取机会，和使用概率方法来抽取样本的途径。目前，我国绩效评价中使用的多是方便抽样和典型抽样，其主要的缺点是，无法通过一般统计值来估计总体参数值。因此，我们有必要学习更为科学的抽样方法。在绩效评价实施中，调查人员从总体中抽取样本，以点带面，目的在于用对样本单位的研究结果推论总体中那些未被研究的单位。显而易见，抽样涉及外部效度问题。所以，科学的抽样方法需要考虑外部效度。

根据伊丽莎白森·奥沙利文的论述，抽样通常涉及以下几个相互联系的因素。这些因素包括抽样类型、样本规模、所关注的调查总体、期望达到的精确度以及评价者期望调查结果所达到的置信度。[①]下面，主要对抽样类型和样本规模两个因素进行分析。

1. 抽样类型

抽样可以分为概率抽样和非概率抽样。通常情况下，人们倾向于使用概率抽样。这是因为，利用概率抽样，研究者可以将统计方法应用于估计总体参数值，而且它有助于控制在构建样本时不可避免的偏差。[②]并非所有的数据收集都需要严格的概率抽样调查，然而在多数情况下，进行政策评价的目的是得到有关总体的数据。因此，对政策评价来说，概率抽样更为重要。概率抽样

---

① 伊丽莎白森·奥沙利文，等. 公共管理研究方法[M]. 5版. 王国勤，等译. 北京：中国人民大学出版社，2014：第122页.

② 概率抽样也会遇到调查的误差和偏误问题。概率抽样的误差主要有两种：一种是工作误差（也称登记误差或调查误差），另一种是代表性误差（也称抽样误差）。但是，抽样调查可以通过抽样设计，通过计算并采用一系列科学的方法，把代表性误差控制在允许的范围之内；另外，由于调查单位少，代表性强，所需调查人员少，工作误差比全面调查要小。

有四种常见的类型：简单随机抽样、系统抽样、分层抽样和整群抽样。

在**简单随机抽样**中，我们可以利用抽彩方法或随机数码表来抽取样本。样本中的每一个成员都有相等的机会入选，且一个成员的入选并不影响其他成员入选的概率。抽彩方法比较简单，一般是使用小球来抽取，其过程如下：每一个小球代表了总体中的一个单位，这些小球被标上数字或名字，放在一个容器中。研究者从这些充分混在一起的小球中取出与样本规模相等的小球。要抽取100个样本，就要取出100个小球。这样，样本就由所有与选取的小球相对应的总体单位组成。如果使用随机数码表，其方法如下：首先对总体中的每一个单位进行编号并且将排序打乱，然后随机选取一个起始点，沿着该起始点所在的行或列，列出被选取的所有数字，总体中那些带有所选数字的单位就组成了样本。随机选取起始点是为了避免其从某个特殊起点出发的偏好。在用随机数码表抽样时，一个单位的数字可能会被抽到不止一次。抽彩方法不存在这种情况，这是因为代表单位的小球一旦被抽取，就不会被重新放回，因而也就不会被再次抽取。如果一个被选择的单位或者其代表数字被重新放回总体并可以再次选择，该抽样方法叫作可重置的简单随机抽样。如果抽样的程序不允许样本被放回原处，这样的抽样方法就是简单随机抽样。专栏3-5为简单随机抽样的一个案例。

专栏3-5　简单随机抽样的案例

问题：某县政府想通过发行债券来募集资金，为一所高中兴建新的侧楼。为此，当地官员想要评估债券发行能得到多大程度的支持。

总体：对发行债券以募集资金这一提案进行全民表决时拥有投票权的人。

程序：

1. 确定总体：全县注册选民。

2. 确定并选择样本框：县选举委员会已登记的40 000位选民的名单。名单存在委员会的计算机上，姓名已用数字连续编号。

3. 确定样本规模：500。

4. 选择随机数码表，选取随机起始点，用统一样式对名单进行检索，找出00 001～40 000之中最先出现的500个五位数编号。

5. 选出姓名与随机数码表中选取数字相对应的每位选民。

讨论：样本框是总体成员的准确的名单。例中的总体是对发行债券这一要求进行公民表决时拥有投票权的居民。简单随机抽样操作起来相对简单。计算机产生的样本可以达到同等的高质量，而且节省时间。计算机程序可以运用其内部产生的随机数码表随机选择样本，并将对应的姓名输出打印。列表中的每一位选民都拥有同他人相同的概率被选入样本，而且任何一个选民的中选并不影响任何其他选民中选的概率。

资料来源：伊丽莎白森·奥沙利文，2014

在**系统抽样**中，先用总体规模除以欲达到的样本规模来确定抽样距离，然后在总体成员的列表选取一个随机起点，再根据抽样距离的划分来选取样本成员。专栏3-6为系统抽样的一个案例。

专栏3-6　系统抽样的案例

问题：某县妇女委员会主席想编撰一份摘要，以描述在该县求职人员库中登记的妇女的特征。该求职人员库已经运作了10年。

程序：

1. 确定总体：在求职人员库登记的6 500名妇女。

2. 确定样本框：求职人员库保存了10年的文件组，每份文件对应一位登记者。

3. 确定样本规模：500。

4. 计算抽样距离：$k=6\,500/500=13$。

5. 在1到13之间抽选一个随机数字作为起始点。数字7被选中。

6. 从文件柜中抽取文件作为样本，从选取第7份文件开始，继而选择第20、第33、第46份文件，直到选完整个文件为止。

7. 选出的500份文件组成了要研究的样本。

讨论：在文件保存完好的情况下，系统抽样能够顺利进行。这些按年份排列的文件为我们提供了一个有益的样本框。要对全部文件进行仔细检查，为每份文件编号，然后将这些编号与随机数码表上选取的数字一一对应，这些工作十分繁重。调查者无须担心存在周期性问题，因而可以一次选完样本框而选出所有的样本。注意：如果抽样距离不是一个整数，可以选择与之相邻的整数。这套程序中最重要的是要随机选取一个起始点，并确保选完整个列表或记录组。

资料来源：伊丽莎白森·奥沙利文，2014

分层抽样中，评价者将总体进行分类或分层，并从每一类或者每一层中随机抽取单元作为样本。分层抽样可能是等比例的也可能是不等比例的。等比例抽样的样本包括来自各层的成员，他们在样本中所占的比例与各层在总体中所占的比例相同。在不等比例抽样所包括的成员中，有些成员所占的比例要高于其他层成员所占的比例，对某些层抽取高于其他层的样本的目的在于为细节分析提供来自这些层的足够的单位。专栏3-7为等比例分层抽样的一个案例。

专栏3-7 等比例分层抽样的案例

问题：州执法服务机构招聘部门主任，希望掌握过去4年内申请加入该机构的人员的信息。

总体及样本框：过去4年中所有申请加入该机构的人员。

程序：以申请的年份为层，构建等比例分层抽样。从每年的所有申请人中随机选取样本。每一年所抽取样本的百分比相同，并且这一百分比已经确定。具体数字见下表。

恒定抽样比

层	申请人数	抽样比	样本数
第一年	400	15%	60
第二年	350	15%	53
第三年	275	15%	41
第四年	250	15%	38
合计	1 275		192

讨论：分析者根据其对总体的了解将总体按年份划分为不同的集合，并且在每一个集合按15%的比例抽取样本。这样，就可以对每一个年份集

合的信息进行比较，或者将它们整合为一个大样本。

资料来源：伊丽莎白森·奥沙利文，2014

在**整群抽样**中，评价者从所关注的总体中随机抽取单位，然后再从中随机选取样本成员。如果样本成员是随机从已选的群中抽取的，那么这整个抽样就是多阶段整群抽样。专栏3-8为多阶段整群抽样的一个案例。

专栏3-8 多阶段整群抽样的案例

问题： 某州立卫生机构需要获得农村地区高中生的信息。

总体： 该州农村地区所有在校高中生。

样本框： 县、高中、班级和学生的列表。

程序： 构建一个四阶段整群抽样。

1. 从该州可被看作是农业县的所有县中选取县的随机样本。

2. 从入选的县里获取所有高中的列表，并且从中选取高中的随机样本。

3. 从入选的高中里获取所有班级的列表，并且从中选取班级的样本。

4. 从入选的班级里选取学生的随机样本。

5. 对所选学生进行访谈。

抽样技术选择的正当理由：

1. 无法获得全州乡村地区所有在校高中生的样本框。

2. 该研究要求进行现场访问。整群抽样允许研究人员集中在较少的地点进行访谈，从而避免了在整个州内奔波带来的成本。

资料来源：伊丽莎白森·奥沙利文，2014

非概率抽样。 非概率抽样是研究者根据自己的方便或主观判断抽取样本的方法。它不是严格按随机抽样原则来抽取样本，所以失去了大数定律的存在基础，也就无法确定抽样误差，无法正确地说明样本的统计值在多大程度上适合于总体。虽然根据样本调查的结果也可在一定程度上说明总体的性质、特征，但不能从数量上推断总体。

非概率抽样也有多种类型，例如方便抽样、重点抽样、典型抽样、配额抽样、滚雪球抽样和立意抽样等。方便抽样中，样本限于总体中易于抽到的一部分。最常见的方便抽样是偶遇抽样，即研究者将在某一时间和环境中所遇到的每一总体单位均作为样本成员。"街头拦人法"就是一种偶遇抽样。重点抽样，只对总体中为数不多但影响颇大（标志值在总体中所占比重颇大）的重点单位调查。典型抽样挑选若干有代表性的单位进行研究。配额抽样对总体作若干分类和样本容量既定情况下，按照配额从总体各部分抽取调查单位。滚雪球抽样中，样本中的每一位回应者都被要求向研究者推荐总体中的另一个成员（即连环抽样）。立意抽样中，从总体中选取任何一个单位的主要标准是研究人员的如下判断：该单位在某种程度上代表着总体。正因为如此，它也被称作判断抽样。专栏3-9为立意抽样的一个应用。

与概率抽样相比，非概率抽样在操作上更加简单，成本也较低。它最主要的缺点是，无法通过一般统计值来估计总体参数值，非概率抽样的充分与否只能通过主观方式进行判断。因为非概率抽样并非来自随机抽样，因而不能将其结果推广到更大的总体（缺乏外部效度）。但是，如果研究目的在于从事某些探索性研究，非概率抽样就非常适用。另外，当不需要对总体的特性做出精确估计时，非概率抽样也十分有用。[①]所以，在评价实践中，是采用概率抽样还是采用非概率抽样，主要取决于研究（评价）的目的。

专栏3-9　立意抽样的案例

问题：某县负责人计划购进一套新的计算机系统，想了解类似的县在计算机系统方面的经验，尤其是计算机的应用、成本、安装和维护问题。

总体：同该县相类似的所有县。

程序：该负责人决定与同类县的工作人员进行详谈，了解这些县利用计算机来处理行政事务的情况。

1. 就其对本地区的了解，该负责人决定联系五个县，这些县在人口数量和构成、财政预算以及公共服务方面同本县有相似性。

2. 五个县的负责人及行政人员接受了访谈并被问及：

a. 拥有、租用或共享哪些设备？

---

① 伊丽莎白森·奥沙利文，等. 公共管理研究方法[M]. 5版. 王国勤，等译. 北京：中国人民大学出版社，2014：第133页.

b. 考虑过哪些替代品？为什么选择了现在的系统？

c. 计算机系统用途何在？

d. 系统运行如何？发生故障的频率如何？

样本特征：样本县的人口数量和构成、财政预算以及公共服务的代表性是已知的。它们所做的与计算机相关的决策的代表性是未知的，并且无法通过该抽样技术来确定。

讨论：该负责人熟悉其所在县及其运作，熟悉几个样本县，了解供选择的卖方的声誉。因此，她确信一个有限非概率样本可以为良好决策提供足够信息。

资料来源：伊丽莎白森·奥沙利文，2014

2. 样本规模

所谓样本规模，是指从总体中选取样本项目的数量。在抽样时，评价者需要考虑的一个问题便是如何确定合适的样本规模。对于任何一项特定的研究来说，合适的样本规模都是所要求的精确度、总体差异、所期望的结果的置信水平以及将要进行的分析等变量的一个函数。提高精确度，即数据的精确度和置信水平，需要更大的样本规模。然而，这种做法也将增加研究的成本，并且有可能增加非抽样误差。所以，确定合适的样本规模，我们必须要处理好必要的精确度与合理的成本之间的关系。

3.4.3　数据收集方法

数据收集的方法是评价研究计划实施的有机组成部分。评价人员如何联系潜在的评价对象并从中获取恰当的数据往往决定着评价的成败。在我国绩效评价实践中，常用的数据收集方法有：案卷研究、问卷调查、访谈、座谈、实地调研和案例研究等。其中，案卷研究主要指分析和研究相关的政府统计年鉴、政府工作报告、绩效监控报告和项目完工报告等。问卷调查包括邮寄问卷和互联网调查。个人访谈则包括直接访谈（面访）和电话访谈。座谈主要是指与各利益相关方的座谈。这几种数据收集方法各有长处和短处（见表3-7）。

表3-7　各项数据收集方法的优缺点

方　法	定性/定量	优　点	缺　点
案卷研究	定性/定量	成本低；能从现有文献资料中获得大量相关信息	除非有全面、翔实的政策绩效监测记录，否则很难对现有资料中的证据进行核实
面访	定性	成本较低，较易实施，且一般情况下能够收集丰富的（定性）信息，特别是利益相关方的观点、意见和建议，以及对政策实施成败的解释	由于通过面访所获得的证据往往基于受访人的主观看法，因此证据的客观性将受到一定影响
座谈会	定性	便于组织不同利益相关者同时提供证据，能够收集更多不同利益相关方的观点、判断，以及对政策实施成败的解释	座谈会上可能会收集到许多与绩效评价无关的信息。有时座谈会参与人可能更多地谈论他们所关注的问题，而非评价者关注的问题；参与人的主观偏见也会影响证据的客观性；由于有不同的利益相关者参与，某些参与人可能无法畅所欲言。座谈会的组织成本一般较高
实地调研	定性/定量	能够获得详细客观的证据，可以在政策已有信息不足的情况下使用，以获得有关政策的一手证据	成本高，特别是在受评政策包含众多子项目时
案例研究	定性	可以对某一个问题提供详细和深入的证据	很难获得整体的综合信息，往往缺乏代表性
问卷调查	定量	提供大量结构化的（定量）证据，覆盖面广，代表性强	有时问卷回收时间过长，给后续分析带来困难

选择评价数据收集方法时，评价者应考虑以下几个因素。首先，要考虑抽样问题，是采用概率抽样还是非概率抽样。其次，要分析和考虑现有数据的质量，确定其可采信的程度。如果现有数据（如基线及绩效监测数据）的相关性、时效性和准确性等达不到采信要求，则应考虑收集新的证据来弥补现有证据的不足。最后，如果要收集新的数据（原始数据），应当根据评价的实际需要和各方法的不同特点选择恰当的调查取证方法。这些方法主要包括：邮寄问卷、互联网访谈、电话访谈和直接访谈（其中包括结构访谈、深度访谈和焦点小组）等。以下，我们就这几种调查取证方法的优劣及使用进行分析和讨论。

1. 邮寄问卷

上述调查方法中，邮寄问卷成本相对较低，但是其所需要的时间较长。

邮寄问卷调查能使积极的受访者自行查找所需信息并对开放式问题做出详尽的回答。但是它要求问卷中各个选项必须要明白无误或没有歧义，复杂的、多层次的问题也应当尽量减少，因为调查时没有调查人在现场对受访者做出解释。邮寄问卷最适用于受过良好教育的受访者，因为他们比较习惯填表，也不会被调查问卷中的问题所吓倒。邮寄问卷调查也适用于对大多数的机构进行研究，其受访者必须自行查找数据且调查所涉及的回答者往往不止一个。并且，在对组织的调查中，邮寄问卷调查可以纳入受访者的日程安排，而电话或直接访谈调查则可能打乱受访者的日程安排。

邮寄问卷调查的主要缺点是回应率低。因此，为了解决这一问题，调查者在进行邮寄问卷调查时，还应从未回应者中抽取随机样本，并打电话给他们或上门拜访，请他们对问卷做出回答。他们的回答还应与其他回应者的答案比较，以使研究者确信回应者和未回应者的特征基本相同。如果调查者对未回应者进行了追踪调查，那么，邮寄问卷调查的成效就会与电话调查或直接访谈的一样好。

2. 互联网调查

互联网调查，即将问卷挂在网上或随电子邮件附寄。互联网调查比邮寄问卷、电话调查或直接访谈都更快速、便宜，它无须雇用和训练访谈者，无须支付邮费或打印费，研究者也无须从纸质问卷上录入数据。对分散但能够上网的人群进行调查时，互联网调查可以起到较好的效果。较之传统的邮寄调查，互联网调查特别是电子邮件调查的问题多集中于保密性、受访者的安全性和病毒问题上。由于互联网调查是一个新生事物，其质量尚存在疑问。确切地说，调查者才刚开始研究如何才能改进互联网调查的样本和问卷设计，以提高回应率。尽管互联网的应用很普及，但不是人人都用，所以我们不能臆断使用了互联网的调查就会得到有代表性的样本。

3. 电话调查

由于电话在家庭中的普及，电话（包括手机）调查得到了广泛的运用。随机数字拨号能联系到电话号码未公开的家庭，并减少了选择具有代表性的样本的费用，电话调查中数据收集的周期较短并能充分利用计算机。但是，对于那些不用电话的人，电话调查的作用有限。它也不适用于对机构的调查，因为在这里受访者必须自行查找信息或要联系不止一位受访者，这会大大增加调查所需的费用和时间。电话调查的其他局限性表现为时间过长。长时间的调查会使受访者拒绝回答后面的问题。此外，当一项长时间的调查接近尾声时，回答的质量会随之下降或者受访者干脆退出答题。

4. 直接访谈

直接访谈（面访）是各项方法中成本费用最高的，但也是不可缺少的一个，它能够使得调查者可以获取大量的数据、进行深入的追问，提出更复杂的敏感的问题，或联系到难以联系上的人（如无家可归的人）。直接访谈（面访）包括结构式访谈、深度访谈和焦点小组（focus groups）三种类型。

（1）**结构式访谈。**结构式访谈是访谈者以同样的顺序对每个调查者对象提出同样的封闭式问题或简单问题，效果取决于访谈者是否进行了标准化的操作。没有这些进行标准化操作的访谈者，调查研究人员就不知道获得的回答到底是受访者特性的产物还是访谈者特性的产物。要进行结构式访谈，访谈者就必须在解释研究目的、提出问题、处理不够充分的回答以及记录信息等方面保持一致。最重要的是，访谈者不应把受访者的注意力吸引到自己的经验和看法上。

（2）**深度访谈。**在结构式的访谈中，需要几个访谈者参与其中，每一个都要以同样的方式问同样的问题。在深度访谈中，则不要求以同样的方式问同样的问题。但是，访谈者一定要很有经验，并且具备访谈主题领域的专业知识。在这两种相对的类型中间，还有半结构式访谈，提出的问题是相同的，但访谈者可灵活处理提问的顺序和问题之间的衔接。另外，深度访谈能够增强调查人员对问题是什么、问题怎样产生、尝试过哪些解决办法以及这些办法产生了什么作用等问题的理解。

（3）**焦点小组。**焦点小组即一个小组里由主持人提出问题，成员回答问题，并且彼此可以进行讨论。焦点小组需要多位调查者，主持和记录责任不应该落在一个人身上。实施焦点小组调查的一个挑战在于，必须使那些可能激发讨论的、主体分散的开放式问题与研究目的保持一致。由于焦点小组研究涉及的只是那些同意加入群体的少数人，其调查所得就应审慎地应用到更大的总体上。

不管是哪一种面谈，访谈者都会不可避免地介入到研究场景中。他的仪态举止会对其所见所闻产生影响，他的个性会对他的观察产生影响。他要与被访者建立良好的关系，对问题加以解释，并引导对方有效回答，所有这些又会对受访者的回答产生影响。电话访谈者处于调查的中心点且受到监督，因而不太可能对回答形成偏见。在面谈中，访谈者较为自主且受到的监督很有限，故而他们更有可能对访谈造成偏见。

可以看出，上述方法各有优劣（专栏3-10）。为了能够取长补短，调查者在评价中可以混合运用上述方法。例如，访谈者可以打电话给大多数样本成员，只需直接去访问那些没有电话或难以通过电话进行访谈的样本成员。直接访谈的访谈者可以给受访者一份自填式问卷，以此来增加其回答的确定性。再如，为了减少无回答率，对没有寄回邮件问卷的那些人，则由访谈者打电话或亲自登门与其联系；对于那些没有电子邮件地址或没有回答的人就可以用邮件的方式作为补充；对于那些访谈者无法在其家中找到或者已经搬家的调查对象，则可以通过电话或自填问卷的方式进行调查；在一些住户调查中，对可以得到电话号码的家庭可以通过电话访谈，而对找不到电话号码的家庭则使用个人访谈。此外，上述各种数据收集的方法都可以与计算机相结合。例如，计算机化数据收集方式可以与电话调查结合起来。调查者可以通过让回答者在计算机上回答问题的方式，在其所工作的地方——如医生办公室——收集数据。还可以通过电话的计算机语音系统提出问题，并由电话的按钮系统来选择答案。

专栏3-10　个人访谈、电话访谈、邮寄问卷、互联网调查等的优劣比较

个人访谈的优点：

● 有些样本只有通过个人访谈才能得到最好的效果（例如，区域概率样本）。

● 对于大多数总体来说，个人访谈可能是取得合作支持的最有效的途径。

● 访谈员具有处理问题的优势，诸如回答回答者的问题、探寻抽分的回答、准确执行复杂的指令和顺序等。

● 可以使用多种方式相结合进行数据收集，包括使用笔录和电脑的观察、视觉提示和自我填答。

● 可以建立和谐和信任的气氛（包括为获得某些非常敏感的资料而写的书面保证）。

● 可以使用比其他方式更长的工具（问卷）。

个人访谈的缺点

- 与其他方式相比，成本相对较高。
- 需要在样本附近地区有训练有素的访谈人员。
- 资料收集的总时间可能比电话访谈的方式长。
- 有些样本可能不如通过其他方式更易接近（如那些住在超高层建筑或高犯罪率地区的人、社会名流、职员、学生等）。

电话访谈的优点

- 与个人访谈相比，成本更低。
- 可以对一般总体进行随机数码拨号（random-digit dialing，RDD）抽样。
- 与个人访谈相比，更易于接近特定的群体。
- 数据收集的时间较短。
- 有利于访谈员对访谈过程进行控制（与邮件调查或互联网调查相比）。
- 与个人访谈相比，对访谈员的雇用和管理更容易：所需工作人员更少，不一定要在样本附近，并且能更好地进行指导和质量控制。
- 与邮件数据收集方式相比，回答率更高。

电话访谈的缺点

- 抽样具有局限性，特别是排除了那些没有电话或者因为没有获得正确的电话号码而无法联系到的人。
- 与个人访谈相比，随机数码拨号抽样产生的无回答率要高。
- 问卷或测量有很多限制，包括答案的可选择性、可视辅助的使用和访谈员的观察等。
- 可能不大适合涉及隐私或敏感性问题的调查。

自填问卷法的优点（与有访谈员参与的访谈相比较）

- 易于利用可视辅助来呈现问题（与电话访谈相比）。
- 可以使用有较长或较复杂的答案选项类别的问题。
- 可以问一系列类似的问题。
- 回答者可以不受访谈员影响而独立回答问题。

自填问卷法的缺点

- 需要特别仔细的问卷设计。
- 对开放型问题不是很有效。

- 回答者需要有较好的阅读和书写能力。
- 访谈员不能在实地对质量进行控制，如无法对是否回答了全部问题、答案是否符合规定的要求、答案的质量等各个方面进行控制。
- 不能对由谁来回答问题进行控制。

自填问卷可以用于邮寄问卷、团体调查或者在家庭中进行调查等各种方式的调查。每一种方式都有其优点和缺点。

团体调查法的优缺点

- 通常具有较高的合作率。
- 有机会解释所研究的项目和回答与问卷有关的问题（与邮件调查相比）。
- 成本更低。
- 主要的缺点是：只有少数的调查能够使用团体样本。

邮件调查法的优点

- 相对来说成本较低。
- 可以在极有限的工作人员和设备的情况下完成。
- 可以取得分散的和很难通过电话调查或面谈方式联系到的样本。
- 回答者有时间仔细思考答案、查阅记录、询问他人。

邮件调查法的缺点

- 把邮件作为一种获取合作的方法几乎是无效的（取决于所研究的组群和主题）。
- 存在那些在数据收集过程中没有访谈员参与的各种缺点。
- 需要有样本的详细地址。

将问卷散发到户（以后再回收）式调查的优点

- 与邮件调查法相比，访谈员可以对研究项目做出解释、回答提出的问题，并指定户中的回答者。
- 与个人访谈调查的回答率几乎相同。
- 与个人访谈和电话访谈相比，回答者能更仔细地思考答案，并且有更多的机会查询记录或询问家人。
- 不需要训练有素的访谈人员。

将问卷散发到户（以后再回收）式调查的缺点

- 这种方法的成本与个人访谈的相当。

● 需要实地工作人员（尽管不要求像个人访谈那样经过精心训练）。

互联网调查的优点

● 收集数据的单位成本低。

● 回收速度快。

● 具有自填问卷法的所有优点。

● 具有电脑辅助法的所有优点。

● 像邮件调查法一样，为回答者思考答案、查找记录或询问他人提供了足够的时间。

互联网调查的缺点

● 样本局限于互联网的使用者。

● 需要详细的地址。

● 面临获得合作的挑战（取决于被抽样到的群体和研究主题）。

● 具有没有访谈员参与的数据收集方法的各种缺点。

资料来源：弗洛伊德·福勒，《调查研究方法》，2009

为了保证准确地收集数据，世界银行专家琳达和雷还提出，评价人员应该遵循一定的收集数据的规则（见专栏3-11）。

专栏3-11 收集数据的规则

评价人员在收集数据过程中应该遵循以下规则：

● 尽可能地使用多种数据收集方法。

● 尽可能地使用现有数据（这样比收集新数据更经济、更容易）。

● 如果使用现有数据，则需要了解之前的评价人员是怎么获取这些数据，如何定义变量，又是如何保证数据的准确性的。检查数据缺失的程度。

● 如果一定要收集原始数据的话，则要建立流程并遵照执行；要保持对定义和编码的准确记录；事先测试、测试，再测试，并且验证编码以及数据输入的准确性。

资料来源：琳达、雷，《通向结果之路》，2011

3.4.4　数据分析策略

数据分析的目的是在数据中分析"有意义的单元"并且形成有实证支持和拥有丰富的描述的概念化方案。数据分析策略分为定性分析策略和定量分析策略。若想获取对一政策活动的深入理解，**定性分析**是最合适的方法。进行定性分析的一个主要方法是**内容分析**（content analysis）。这种分析方法识别文本、演讲或其他媒体中出现的某些词语、短语或概念，并对它们进行编码，它是一种识别和分析隐藏在数据后面的信息的系统性方法。内容分析也可分为两个类别：概念分析和相关性分析。概念分析关注的是一个文本中特定词语出现的频率。相关性分析不仅需要确定频率，还要探究所确认的概念之间的相互关系。

例如，一个概念分析可能使用下列的方法来确定类别：（1）关于某个主题共享的语言（什么内容被认为理所当然，什么内容需要其他参与者进行澄清）；（2）被共享、认为理所当然或质疑的对特定主题具有广泛影响的意见和误解；（3）当参与者意见不一致时引起的辩论；（4）参与者用以证明他们观点和经验的信息来源，以及其他人如何对它们做出反应；（5）促使观点变化或对经验进行重新解释的信息争议、来源和类别；（6）参与者相互讨论某个主题时的语气、肢体语言和情绪。

根据克里潘多夫（Kripendorff，2004）的观点，内容分析须强调以下六个问题，一旦强调了这些问题，就可以对相关的数据和不相关的数据做出选择。

- 我们需要分析哪些数据？
- 这些数据是如何定义的？
- 这些数据是从哪个总体中抽取出来的？
- 数据分析的相关背景（context）是什么？
- 分析的边界（boundaries）是什么？
- 推理的目标（target of the inferences）是什么？

显然，这项任务富有创造性和简化性。没有数据的缩减和过滤，我们会被没有意义的原始数据所淹没。如果没有创造力和洞察力，我们便无法挖掘出数据的含义。为了便于进行内容分析，纽恩多夫（Neuendorf）提供了一个分析流程图（图3-14）[①]，该流程图包括理论与理由、概念界定、可操作的度量、编码方案、抽样等九个步骤。

---

① 琳达·伊马斯、雷·雷斯特. 通向结果之路[M]. 北京：经济科学出版社，2011：第278页.

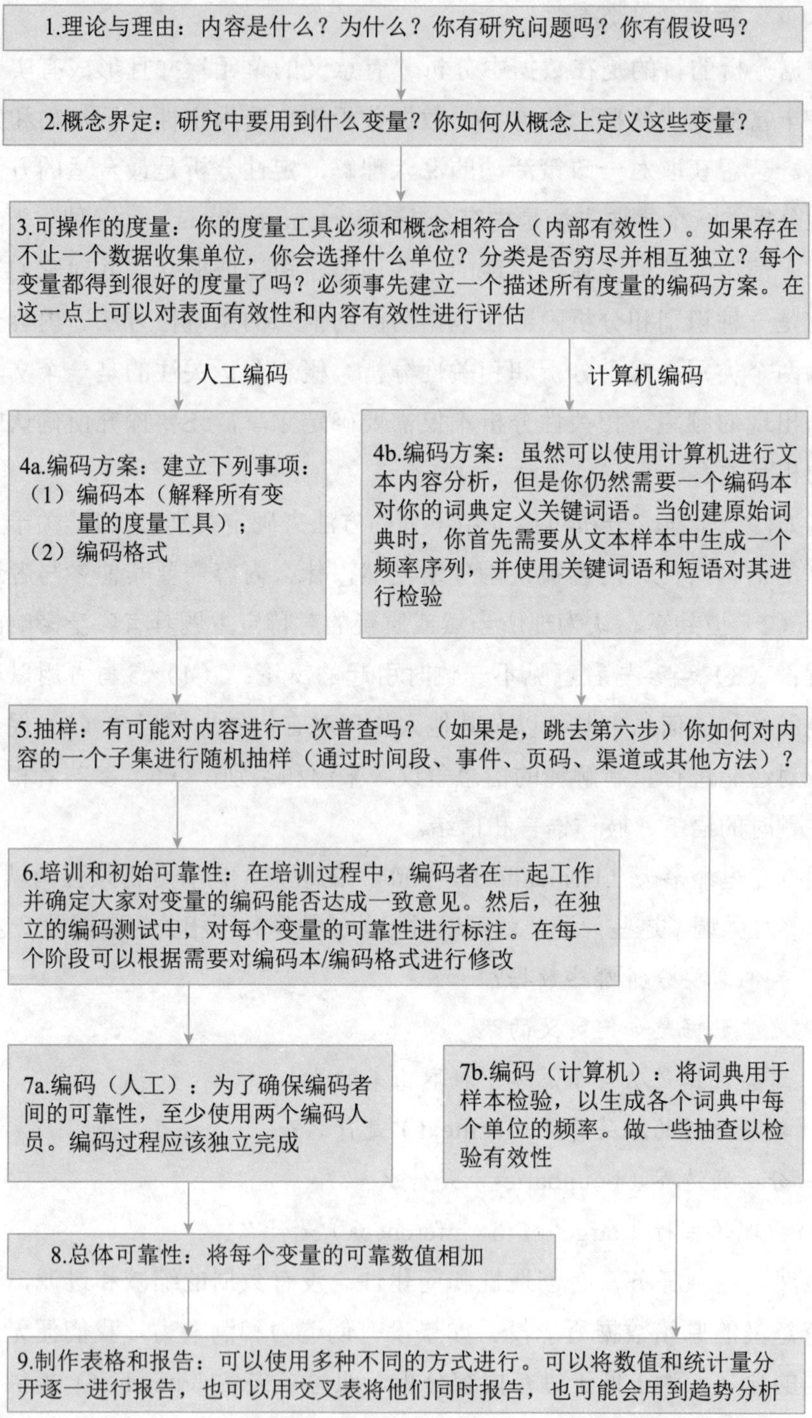

1.理论与理由：内容是什么？为什么？你有研究问题吗？你有假设吗？

2.概念界定：研究中要用到什么变量？你如何从概念上定义这些变量？

3.可操作的度量：你的度量工具必须和概念相符合（内部有效性）。如果存在不止一个数据收集单位，你会选择什么单位？分类是否穷尽并相互独立？每个变量都得到很好的度量了吗？必须事先建立一个描述所有度量的编码方案。在这一点上可以对表面有效性和内容有效性进行评估

人工编码　　　　　　　　　　　　　　计算机编码

4a.编码方案：建立下列事项：（1）编码本（解释所有变量的度量工具）；（2）编码格式

4b.编码方案：虽然可以使用计算机进行文本内容分析，但是你仍然需要一个编码本对你的词典定义关键词语。当创建原始词典时，你首先需要从文本样本中生成一个频率序列，并使用关键词语和短语对其进行检验

5.抽样：有可能对内容进行一次普查吗？（如果是，跳去第六步）你如何对内容的一个子集进行随机抽样（通过时间段、事件、页码、渠道或其他方法）？

6.培训和初始可靠性：在培训过程中，编码者在一起工作并确定大家对变量的编码能否达成一致意见。然后，在独立的编码测试中，对每个变量的可靠性进行标注。在每一个阶段可以根据需要对编码本/编码格式进行修改

7a.编码（人工）：为了确保编码者间的可靠性，至少使用两个编码人员。编码过程应该独立完成

7b.编码（计算机）：将词典用于样本检验，以生成各个词典中每个单位的频率。做一些抽查以检验有效性

8.总体可靠性：将每个变量的可靠数值相加

9.制作表格和报告：可以使用多种不同的方式进行。可以将数值和统计量分开逐一进行报告，也可以用交叉表将他们同时报告，也可能会用到趋势分析

图3-14　内容分析流程图

另外一种数据分析为**定量分析**。定量的数据分析用来描述和分析收集来的有关定量变量的数据。人们一般使用描述性统计（作单变量分析）和推断

性统计对数据进行定量分析。

描述性统计方法有两种类型：集中趋势的测度和离散程度的测度。集中趋势测度是描述一组据以说明它们中间点的方法（主要描述数据在多大程度上类似），并通过3M（均值、中位数和众数）描述中间值。使用哪个数值来衡量集中趋势取决于数据的类型：名义数据（nominal data）、序数数据（ordinal data）还是间隔/比率数据（interval/ratio data）。名义数据（也叫类别数据）是多种相互不重叠类别数据中的一类，诸如性别、宗教或原籍国等。名义数据使用众数（即出现频率最高的响应值）作为集中趋势的最佳度量。序数数据是有一定顺序，但是连续响应值之间的"距离"不一定相同的数据。序数数据使用众数或中位数（一个分布的中点或中间值）作为集中趋势的最佳度量。间隔/比率数据为实际数值，数字有零点和固定间隔，可以被分隔并和其他比率数据进行比较，例如年龄、收入、体重和身高等。间隔/比率数据一般使用众数、中位数或平均值作为集中趋势的最佳度量，但具体选择哪一个取决于分布的情况。如果分布是正态分布，这表明均值、中位数和众数将非常接近。这种情况下，均值是表示集中趋势最好的选择。反之，如果分布包含一些非常高的数值和一些非常低的数值，平均值将不再是最接近中间值的数值。在这种情况下，中位数是表示集中趋势的一个较好的选择。离散程度测度描述数据在多大的程度上不一致，其度量指标主要有两个：区间和标准差。区间是变量的最高值和最低值之间的差额。标准差是平均值两侧数值的偏离程度，数值离均值越远，标准差就越大。标准差值包含了每一个数值的影响，因而它要优于区间。其他常用的描述性统计方法还有频数分布、百分比、比例、比率和变化率等，可参考相关专业书籍。

推断性统计方法使用一组随机样本数据来预测总体的值。评价者可以利用该方法，根据总体中某一随机样本对总体进行估计。常用的推断性统计工具包括卡方检验、T检验和方差分析。

卡方检验是最为流行的一种统计检验方法，其主要的目的是确定实际频数与理论频数之间是否具有显著的差异。它可以用来比较两个名义数值（例如，婚姻状况和宗教关系），也可用来比较两个序数变量（分值响应），或者名义变量和序数变量的一个组合。T检验用来决定一组数值是否在统计学上比另一组数值更高或更低。这一分析适用于两个样本均值的比较。评价者使用T检验将项目中的一组样本的均值与控制组的均值进行比较。当我们对三个或三个以上的样本组进行比较时，T检验非常烦琐，缺乏效率。这时，最好的是使用方差分析（analysis of variance）。方差分析是评价不同数据之间差异的一种统计方法。它可以通过Excel同时对两个或多个平均值进行比较，以确定观察到的变异是由随机变化引起还是由检验中的某一个因素或几个因素综合引起的。因而，方差分析可以用来评估名义自变量是如何影响一个连续型的因变量的。

在对双变量的分析过程中，我们还可能进行回归分析。回归分析是政策评价中最重要的统计工具之一，它使我们在无法进行实验室实验的情况下，能够确定某个变量和观察结果之间有意义的关系（专栏3-12）。回归分析控制其他可能混淆的因素，从而帮助我们分离出单个变量对所关注结果产生的影响。回归分析的一个重要目的是，使用样本数据对一些较大的总体做出有意义的推断，因此在高质量的数据和分析的基础之上，回归分析能够对所关注结果的影响因素作出有意义的推断。这里，应该注意的是，回归分析并不能证明因果关系，即A引起了B。但是尽管如此，它能够量化A与B之间不可能单纯由偶然性引起的相关性的大小。如果恰当运用回归分析，评价者能够为重要的政策问题提供有意义的解释。[1]

专栏3-12　弗雷明汉心脏病研究

吸烟增加了心脏病和中风的风险，而运动可以预防心脏病。这些在今日里稀松平常的基本知识，在20世纪50年代却无人知晓。事实上，得出医学结论的过程要比看起来困难得多。假设研究者掌握了吸烟者比非吸烟者有更高的心脏病发病率的数据，仅仅依靠这些数据就足以推断吸烟和心脏病之间存在着因果关系吗？答案是否定的，吸烟者可能比非吸烟者吃得差，他们接受的教育也可能少于其他人，或者从事的工作压力更大。从研究的角度看，我们并不清楚是吸烟行为导致了心脏病，还是吸烟者其他不同于非吸烟者的因素导致了心脏病。假设吸烟没有导致心脏病，而过大的工作压力才是主因。我们进一步假设工作压力大的人更容易吸烟，那么吸烟与心脏病之间具有直接关系的观点就可能是误导的；建议病人戒烟的医生可能忽视了真正的健康风险——工作压力。

---

[1]　查尔斯·韦兰. 公共政策导论[M]. 上海：格致出版社、上海三联书店、上海人民出版社，2014：第294页.

　　社会科学研究者很难在控制实验中设计检验所关注的变量。如果研究者将一组中学生设定为非法毒品吸食者的实验组，比较它们与非吸毒者的辍学率，这种研究行为既不符合法律，也是不道德的。因此，研究者必须利用任何可得到的数据——比如调查初中学生的吸毒情况，收集它们在高中阶段的信息并做纵向研究——进而在统计学工具的帮助下分离出所关注变量的影响程度。

　　弗雷明汉心脏病研究（FHS）属于纵向研究，该研究已经在马萨诸塞州弗雷明汉镇收集了数千位居民的健康与生活方式方面的详细数据，并持续进行了五十多年。研究者依靠在弗雷明汉镇获得的丰富数据，了解与心血管疾病相关的危险因素。1948年，研究者招募了5 000多名年龄在30~62岁之间的弗雷明汉男性和女性居民参与研究，他们均没有心血管疾病的显著外在表现。研究对每位参与者都进行了细致的身体检查和有关生活方式的访谈，参与者同意每2年进行一次后续检查、测试和访谈。在研究刚刚开始的时候，心血管疾病的死亡率已经在半个世纪内持续稳步攀升，但医生并不了解导致这一现象的原因。在此后的数十年间，弗雷明汉心脏病研究逐渐解释了诸多当前公众视为理所应当的危险因素：高胆固醇、糖尿病、吸烟和肥胖。

　　1971年，"第二代"研究召集了5 124名新参与者，他们抽选于原有参与者的配偶和子女。"第三代"研究包括3 500名第一次研究参与者的孙辈，目前正在进行当中。通过持续对几代人的研究，研究者得以检验与心血管疾病相关的遗传因素。

　　迄今为止，在顶级医学期刊上根据弗雷明汉心脏病研究数据发表的论文已经达到惊人的1 200篇，每篇文章都拓展了人类对健康的认识，促进了全世界人类的健康。健康研究类似于侦探。纵向数据集（如弗雷明汉心脏病研究）为研究疾病成因提供了线索（该研究的主办者热衷于引用福尔摩斯的话）。然而数据本身并不能说话，它不能为我们提供任何清晰的答案。但是，对于我们在本章伊始提出的问题——吸烟是否会导致心脏病？或者因为其他因素具有心脏病风险的人是否恰巧喜欢吸烟——无法轻易地从成千上万名弗雷明汉镇居民的访谈中觅得答案。回归分析是处理这些数据的一个常用统计分析工具，它可以分离单个变量与所关注结果（如吸烟与心脏病）之间的关系。回归分析帮助研究者考虑或者控制可能导致吸烟者与非吸烟者存在差异的其他因素（如教育或压力），从而可以单独量化吸烟与心脏病之间的关系。例如，研究者在宣布他们的研究发现时，也许会宣称：在其他条件不变的情况下，吸烟与较高的心脏病发病率存在相关性，这意味着对于那些其他方面相近的人来说（教育、种族、工作压力等），吸烟者比非吸烟者更容易患上癌症。

资料来源：查尔斯·韦兰，《公共政策导论》，2014

本章小结

1. 开展财政支出政策绩效评价，我们应当遵循以下基本的步骤：评价前期准备、绩效评价设计、绩效评价实施、绩效评价报告以及评价结果的应用。其中，评价前期准备中两个重要的环节是构建结果链和绩效监控。

2. 结果链又称逻辑框架、逻辑模型，是一种理解政策从其投入到其结果之间因果关系的工具，包括投入、活动、产出、成效、影响等五个关键要素。它不仅能够帮助管理者和评价者分析和确认政策的预期成果，而且能帮助他们分析和识别实现这些成果所需的关键要素及所面临的潜在风险。

3. 绩效监控有两个主要的作用：一是可以为政策实施的绩效管理和评价积累基础数据（包括基线数据）；二是可以对政策的实施情况进行周期性的反馈，即定期评价（阶段性）成果的实现程度、发现实施过程存在的问题及其成因、对潜在的问题进行预警，最终为政策目标和内容的调整提供依据。因此，为了保证后期绩效评价的质量，做好绩效监控（绩效监测）极为重要。

4. 评价的研究设计包括两种类型：描述性设计和解释性设计。截面研究、时序研究和案例研究属于描述性的设计。其共同的特点是，不需要对研究的环境进行控制。实验设计则属于解释性设计，它需要对研究的环境进行控制。具体来说，实验设计将研究对象分配到不同的研究小组（实验组和控制组），并能够控制谁受到自变量的影响、何时受到影响以及实验进行的条件。

5. 抽样可以分为概率抽样和非概率抽样。虽然并非所有的数据收集都需要严格的概率抽样调查，然而在多数情况下，进行政策评价的目的是为了得到有关总体的数据。因此，对政策评价来说，概率抽样更为重要。概率抽样有四种常见的类型：简单随机抽样、系统抽样、分层抽样和整群抽样。

6. 评价人员如何联系潜在的评价对象并从中获取恰当的数据往往决定着评价的成败。收集新的数据（即原始数据），应当根据评价的实际需要和各方法的不同特点选择恰当的调查取证方法。这些方法主要包括：邮寄问卷、互联网访谈、电话访谈和直接访谈（结构访谈、深度访谈和焦点小组）等。

7. 数据分析的目的是为了在数据中分析“有意义的单元”并且形成有实证支持和拥有丰富的描述的概念化方案。数据分析策略分为定性分析策略和定量分析策略。若想获取对一政策活动的深入理解，定性分析是最合适的方法。定量的数据分析用来描述和分析收集来的有关定量变量的数据。人们一般使用描述性统计和推断性统计对数据进行定量分析。

复习与思考

1. 在财政支出政策绩效评价中，为什么要评估和构建结果链？

2. 绩效监控与事中绩效评价有何区别？绩效监控能否代替事中（过程）评价？

3. 图3-15是财政部预算司设计的绩效监控框架，请将该图与本章中的图3-8（亚洲开发银行的绩效监控框架）进行比较，看看二者有哪些不同？

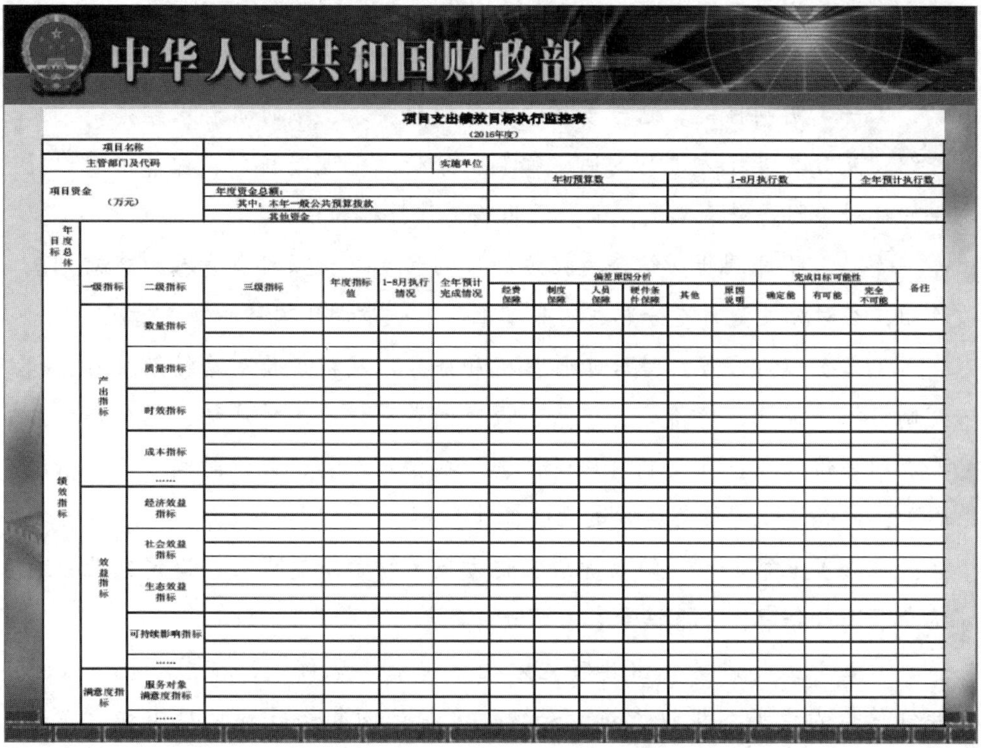
中华人民共和国财政部

项目支出绩效目标执行监控表

（2016年度）

项目名称				
主管部门及代码		实施单位		
项目资金（万元）		年初预算数	1-8月执行数	全年预计执行数
	年度资金总额：			
	其中：本年一般公共预算拨款			
	其他资金			
年度总体目标				

	一级指标	二级指标	三级指标	年度指标值	1-8月执行情况	全年预计完成情况	偏差原因分析						完成目标可能性			备注
							经费保障	制度保障	人员保障	硬件条件保障	其他	原因说明	确定能	有可能	完全不可能	
绩效指标	产出指标	数量指标														
		质量指标														
		时效指标														
		成本指标														
		……														
	效益指标	经济效益指标														
		社会效益指标														
		生态效益指标														
		可持续影响指标														
		……														
	满意度指标	服务对象满意度指标														
		……														

图3-15　财政部项目支出绩效监控框架

4. 概率抽样和非概率抽样有何区别？在财政支出政策绩效评价中，为什么要采用概率抽样？

5. 在财政支出政策绩效评价中，是否可以依赖于政府部门提供的数据？政府部门数据的主要缺陷是什么？

6. 在数据分析中，回归分析有什么意义？它能否证明受评政策与观察结果之间的因果关系？

7. 专栏3-13是某管理咨询公司为其评价人员制定的"公共支出绩效评价操作程序"，请结合《操作指南》规定的评价程序，对该公司的评价程序进行分析，并指出其存在的主要缺点。

专栏3-13　　××公司公共支出绩效评价程序

一、接受任务

评价机构接受财政或部门委托后，根据项目特点、结合项目负责人以往项目经验，确定项目负责人；项目负责人与委托单位充分沟通，明确委托方开展本次绩效评价的目的和要求，收集与评价任务相关的资料，初步建立委托单位、评价机构和被评价机构三方的初步联系沟通关系。

二、拟订方案（工作核心）

（一）明确目标。结合委托方的目的和要求，项目负责人组建前期工作组，充分与委托方进行沟通，收集、分析、整理委托方、被评价单位提供的资料（附资料清单），进一步明确工作目标和任务。

（二）项目调研。结合委托方的目的和要求，项目负责人组建前期工作组，在对相关资料充分熟悉的基础上，进一步调研项目的相关情况。

（三）拟订方案。结合工作目标和任务以及被评价对象绩效目标，研究制定报告提纲、评价指标体系、调查问卷和评价工作底稿，结合委托方要求和评价任务情况，制订评价计划（拟投入人员、评价时间、抽样情况等）；完成绩效评价实施方案基础工作。

（四）专家会审。绩效评价实施方案（初稿）完成后，邀请行业或机构专家进行会审，并根据专家意见进行完善。

（五）出具方案。出具实施方案（征求意见稿），征求委托方及被评价单位的意见，根据委托方和被评价单位回复修改意见对实施方案进行完善。

（六）评价试点。结合评价任务，选择有代表性的地区或项目开展试点工作，结合试点情况，修订完善实施方案（终稿，附方案提纲模板）并取得委托方和被评价单位的签认。

三、开展培训

（一）对全体参与评价人员开展现场评价前培训，布置各小组评价任务，讲解评价要求、评价指标体系和工作底稿。

（二）评价人员学习掌握与评价任务相关的管理文件（包含与评价对象相关政策背景）、评价要求和实施方案等。

四、现场评价

（一）各小组与被评价单位联系对接评价工作事宜。

（二）查阅被评价单位提供的相关资料，重点关注资料的全面性、真实性。

（三）填写相关工作底稿。

（四）开展现场踏勘、问卷调查以及相关问题的调研工作。

（五）根据资料查阅、现场踏勘及问卷调查情况，对照评价指标体系进行评价打分。

（六）过程稽核，项目实施过程中稽核组对各小组工作底稿进行稽核，将评价尺度在实地评价过程中统一。

（七）与被评价单位进行沟通，反馈评价结果，并对结果达成一致意见，同时要求被评价单位进行签章确认。

（八）收集需要带回存档的相关资料。

五、撰写报告（工作重点）

（一）汇总各小组数据（根据委托方要求，各小组是否撰写小组报告）。

（二）统计分析数据，对照指标体系找出存在的问题，分析出现问题的根本原因，针对问题提出建议。

（三）严格按照委托方或标准公文的格式要求撰写报告（征求意见稿）。

（四）评价报告（征求意见稿）完成后，征求委托方和被评价单位意见，修改完善后出具正式报告。

（五）报告送达。含报告送达回执、客户评价意见反馈等。

六、结果运用

配合委托单位，完成绩效评价结果通报、资金分配等绩效评价结果运用后续工作。

七、资料归档

根据委托方和评价机构的档案管理要求（附归档目录），及时整理归档资料并办理归档手续。

八、总结提升

项目负责人召集绩效评价组全体成员总结分析评价中存在的不足，提出改进意见，总结做得好的经验，在下一次评价工作中加以改进和发扬。

九、系统录入

修改完善后的评价指标体系等资料录入系统。

资料来源：××公司《公共支出绩效评价操作手册》，2018

第4章

绩效评价矩阵与指标开发

评价人员设计评价很大程度上就像建筑师设计一座大楼……在设计评价方面值得推荐的一个做法是利用评价设计矩阵，这将有助于组织问题、设计、数据收集和分析策略等。

——琳达、雷，2009

开展绩效评价之前，需要进行绩效评价设计。在上一章3.1节，已经指出，绩效评价设计主要包括开发绩效评价矩阵和编制绩效评价实施方案。本章我们主要讨论绩效评价矩阵及其相关评价指标的开发问题。

▶ 4.1 绩效评价矩阵是传统评价指标体系的一个升级版

在绩效评价实践中，大家比较熟悉的是绩效评价指标体系，对于绩效评价矩阵则比较陌生。鉴于此，我们需要首先阐述绩效评价矩阵的概念、特点及其与传统评价指标体系的关系。

在《通向结果之路》一书中，世界银行评价专家琳达和雷指出，绩效评价矩阵是一个帮助评价设计的组织工具。开发绩效评价矩阵的目的在于，组织好评价目的和内容，并且保证评价内容（或评价问题）与合适的评价指标及相应的数据收集和分析方法相匹配。[①]这表明，绩效评价矩阵由两部分构成：其一是评价维度及评价问题，主要解决"评价什么"的问题；其二是评价指标与评价方法，主要解决"如何评价"的问题。具体而言，绩效评价矩阵包括以下要素：评价维度、评价问题、评价指标、数据来源、数据收集方法与数据分析方法等六个部分（图4-1）。具体操作时，这些要素并非一成不变，而应当随着评价目的和受评政策自身的特点而有所变化。评价目的是组织绩效评价的出发点和指向针，它决定着绩效评价矩阵的要素构成与变化。

评价维度	评价问题	评价指标	数据来源	数据收集方法	数据分析方法	注释

图4-1　绩效评价矩阵的普通模板

---

① 琳达·伊马斯、雷·雷斯特.通向结果之路[M].北京：经济科学出版社，2011：第175页.

为了提高评价结果的明确性和针对性，在实际绩效评价过程中，评价人员应该依据评价目的，结合受评政策的特点，对上述的评价要素进行相应调整。

如图4-1所示，绩效评价矩阵的第一列为**评价维度**，是对评价对象与内容的类型划分，它规定了评价的基本向面。例如，第2章中我们讨论过的OECD/DAC五个评价准则——相关性、效果性、效率、影响和可持续性——就是一种评价维度划分。三个共性指标体系框架的"投入、过程、产出和效果"也是一种评价维度划分。第二列为**评价问题**，是对上述评价维度的具体化，也就是把评价维度化为评价所要回答的若干具体问题。琳达和雷特别强调了评价问题对于绩效评价的重要性，他们认为"它为绩效评价和评价设计的选择指明了方向"。第三列为**评价指标**，则是对评价维度和评价问题的进一步可操作化。由于每一个指标都有与之相匹配的数据来源与数据收集方法，所以，第四列和第五列需要列示**数据来源与数据收集方法**。有了数据的收集方法，还须有数据分析方法，于是第六列为**数据分析方法**。由此可见，从评价维度、评价问题到评价指标，再到数据来源、数据收集方法与分析方法，这些评价要素之间是有着逻辑联系的。在这些联系之中，可以看出，评价指标是绩效评价矩阵的核心要素，它不仅与评价维度与评价问题密切相关，而且决定着后续的数据来源、数据收集与数据分析方法等。因此，绩效评价矩阵从实质上来看是一个绩效评价指标体系。

然而，这种绩效评价指标体系不同于我们传统的绩效评价指标体系（见表4-1）。传统的评价指标体系一般包括四列：第一列为一级指标，即评价维度；第二列为二级指标，即评价问题；第三列为三级指标，即评价指标；第四列为四级指标，或为指标注释。可以看出，在传统评价指标体系里，只有评价维度、问题与评价指标，而没有与评价指标相匹配的数据来源、数据收集方法与分析方法。显然，从内容构成上看，相比于传统的评价指标体系，绩效评价矩阵更为完整。绩效评价矩阵不仅包含评价维度、问题、指标等要素，而且包含着后续的数据来源、数据收集和数据分析方法。采用评价矩阵进行评价设计，可以很好地组织评价的内容，并将评价问题与评价指标、评价目标或标准、证据来源、证据收集与分析方法等联系起来，使人们对评价的各项内容一目了然。所以，我们认为，绩效评价矩阵比传统绩效评价指标体系更为科学和完整，是传统的绩效评价指标体系的一个升级版和扩展版。

表4-1　原环境保护部2011年度部门预算项目绩效评价指标体系

一级指标	二级指标	三级指标	四级指标
项目决策	项目目标	目标内容	项目总体目标的明确程度
			项目成果及指标设定的明确、合理程度
			项目活动可行性及产出具体、合理的程度
	决策过程	决策依据	项目符合经济社会发展规划的程度
			项目针对环保重点工作的程度
		决策程序	项目承担单位具备资质、人员、设施及其他相关条件的程度
			项目申报、批复符合相关管理办法的程度
	资金分配	分配办法	预算分配办法健全、规范程度
			预算分配因素选择全面、合理程度
		分配结果	资金分配符合相关管理办法的程度
			资金分配与项目活动相适应的程度
项目管理	资金执行	执行进度	截至2011年年底资金执行率
		执行时效	资金执行时效指数
	资金管理	资金使用	资金使用的合法合规程度
		财务管理	财务制度健全程度
			制度执行的严格程度
			会计核算规范程度
	组织实施	组织机构	机构健全、分工明确的程度
		管理制度	项目管理制度健全程度
			管理制度执行的严格程度
项目绩效	项目产出	产出数量	项目产出数量符合项目设计的程度
		产出质量	项目产出质量符合项目设计的程度
	项目效果	项目成果	项目绩效目标的实现程度
		可持续性	项目成果持续发挥作用的可能性
		服务对象满意度	项目服务对象对项目实施的满意程度

资料来源：环保部对外合作中心，《绩效评价：国际经验与实践研究》，第134页。

◉▶ 4.2　财政支出政策绩效评价矩阵

在《财政支出政策绩效评价操作指南》（以下简称《操作指南》）中，财政部预算评审中心借鉴西方发达国家与国际组织（世界银行、联合国开发计划署、亚洲开发银行等）的评价经验，[①] 研究和开发了一个财政支出政策绩效评价矩阵。以下，我们就对该绩效评价矩阵的评价维度、评价问题、评价指标以及数据来源与收集方法等要素进行分析和阐述。[②]

4.2.1 评价维度

根据 OECD/DAC发布的五个评价准则（相关性、效果性、效率、影响和可持续性）和美国政策学家威廉·邓恩（William. Dunn）的六个政策评价准则（效益、效率、充分性、公正性、回应性和适当性）[③]，结合我国的实践要求，《操作指南》规定财政支出政策绩效评价包括五个评价维度：相关性、效果性、效率性、公平性和可持续性。

1. 相关性

相关性维度主要评价政策的目标和设计与社会需要或公众需求之间的一致性（匹配性）。具体而言，它包含两层含义：

一是评价政策目标与社会需求的一致性，即分析政策目标与受益地区（或目标人群）的发展（实际）需求是否一致或匹配。进行这一评价，需要进行社会需求分析。需求分析的主要目的在于，确定是否真的存在实施项目的需求，如果确实存在这种社会需求，那么什么样的项目服务最适合满足这种需求。如果在项目开始时，根本不存在什么问题或项目提供的服务与社会问题实际上无关，那么项目的目标和设计从根源上就存在问题。

二是分析政策设计与政策目标的匹配性，即主要分析政策设计（活动和产出）是否能合理有效地实现政策目标（预期成效和影响）。如果存在其他竞争性方案或更为合理有效的可替代方案，则表明该项政策设计的相关性不高；反之，则表明政策设计的相关性较高。进行相关性评价，通常要分析和构建项目结果链（逻辑框架）。构建项目结果链的方法见3.2节。

由此可见，相关性评价关注的主要是财政支出政策的制定和设计问题。如果相关性的评价很低，那么就意味着该项政策的制定和设计存在问题。这就表明，没有必要再进行后续的效果性和效率性评价。换言之，只有政策的

---

① 如ADB：*Project Performance Management System - Guidelines for Preparing a Design and Monitoring Framework*，2006. UNDP. *Handbook on Monitoring and Evaluation for Results*. 2002. World Bank: *Sourcebook for Evaluating Global and Regional Partnership Programs*, 2007.

② 该部分内容主要引自作者主持的世界银行课题（TCC6）《财政支出政策绩效评价操作指南》，详见财政部预算评审中心.中国财政支出政策绩效评价体系研究[M].北京：经济科学出版社，2017：第142-160页.

③ 威廉·邓恩.公共政策分析导论[M].4版.北京：中国人民大学出版社，2011：第152页.

相关性评价达到要求，进行政策实施的效果性、效率性、公平性和可持续性的评价才会有意义。

2. 效果性

效果性维度主要评价政策目标实现的程度或是预期可能实现的程度，具体来说，效果性维度主要是衡量（阶段性）实际产出及成果与预期产出和成果的差异，并探求导致这种差异的原因。

由于财政支出政策可能有多个政策目标，评价效果时需要考虑各个目标之间的相对重要性。第一，应分析实际完成（或预期可以完成）目标的数量，重点考察主要的政策目标是否完成（或预期可以完成）。第二，应分析各个目标的具体完成情况，即分析已完成的目标（或预期可以完成）所占比例大小。对于处在实施阶段的政策而言，如果其阶段性目标没有实现或没有完全实现，那么应针对其设计和执行过程实施一定程度的检查，找到问题产生的原因。并通过这种原因分析，发现未实现的子目标对政策效果的影响。

除了分析政策预期成果的实现情况外，评价效果时还应分析政策的非预期效果（包括负面的效果，比如政府的干预对地方市场的扭曲、移民拆迁对居民产生的负面影响等）。虽然非预期结果不是政策的直接目标，而且一般不在政策实施的可控范围内，但是其可能产生的社会影响有时很大，甚至可能阻碍项目目标的实现。因此，在评价政策效果性时，其非预期的效果不应忽视。

由于政策评价的中心问题是回答政策是否有效，因此，政策效果性的评价是政策评价的重点。进行效果性评价，必须要搞清楚政策的目标群体及受益群体，也就是搞清楚政策是"为什么人"的以及"对谁有利"的问题。唯有如此，我们才可能判断一项政策是否有效或是否成功。

3. 效率性

效率性评价主要分析政策是否用最少的资源实现了预期的政策目标。如果回答是肯定的，则政策的实施效率性较高；反之，政策的实施效率较低。如果说效果性评价解决的主要是"为什么人"的问题，那么效率评价解决的主要是如何为这些人（目标受众）服务的问题。

效率包括技术效率和配置效率。前者主要关注各项投入是否得到充分、有效的利用（即是否存在资源浪费），后者主要关注各项投入是否达到最佳组合和比例（是否存在资源配置失衡）。

财政支出政策绩效评价关注的一般是单个具体的财政支出政策，因此通常使用的都是技术效率。评价政策技术效率时，一般是先计算受评政策所生产的产品或所提供服务的平均（单位）成本，然后将其与能够提供同样产出和服务的其他替代政策相比较，以判断受评政策是否最有效。当受评政策的实施时间跨度较长而需要考虑货币的时间价值时，一般需要计算政策的内部收益率[①]，再将其与其他替代政策的内部收益率相比较，来判断受评政策提供产品和服务的方式是否最有效。

平均（单位）成本和内部收益率法可以广泛用于评价投入（成本）和产出（收益）都可以准确计量的政策，如公共工程项目等。其局限性是很难用于评价可以产生（无法用货币来计量成本和收益的）社会效益的政策。此时，可以采用成本-效果分析的方法来评价效率，即评价与能带来相同或类似产出的不同方案相比，政策方案是否成本最低。[②]如果现实中存在成本更低的替代方案，则可认为政策的效率不高。

4. 公平性

公平意味着，政府行为不仅应当保障公民基本平等权利和自由的实现，促进公共服务供给的均等化，更有责任和义务为社会弱势群体提供基本公共服务。因此，对公平的评价除了应关注公共服务供给的公平性，还应重点关注社会弱势群体的受益情况。具体来说，公平性评价主要应关注以下三个方面的问题：

第一，对于出资方和管理方而言，各相关主体是否拥有同等的渠道和机会来获取信息、咨询服务及管理决策？

第二，受益者群体是否有公开的渠道来获取有关政策的信息（即知晓性问题），并有对政策的设计方案提出意见和建议的渠道？

第三，对于给定的受益者群体，其不同的子群体是否有权利获得相同或类似的（潜在）政策收益？特别是弱势群体（包括少数民族、贫困户等）是否能够获得相同或类似的政策收益？

---

① 内部收益率法是另一种对未来的现金流量计算现值的方法，其计算公式为：$\sum_{t=1}^{n} \frac{R_t}{(1+i)^t} - C = 0$。它与净现值法不同之处在于：净现值法是先根据预期的资金成本确定贴现率，然后，根据这个贴现率计算方案的现值。内部报酬率法则是计算净现值为零的贴现率是多少。也就是说，当方案的净现金效益量的总现值与净现金投资量相等时，贴现率应当是多少。这个贴现率称之为内部回报率。如果内部回报率大于金融市场上的预期资金成本，方案是可取的；否则，就是不可取的。与现值法等方法相比，使用内部收益率法的优点是，不需要考虑贴现率，因而作为效率判定标准更为恰当。正因为此，世界银行等国际组织在效率评价中普遍采用内部收益率法。

② 在国内，成本-效果分析常常称为最低成本（费用）法。

5. 可持续性

一项有效的政策不但要具有效果和效率，其活动的收益还应该随着时间的推移具有可持续性。因此，政策评价除了关注政策的效果、效率和公平性等问题，还应当关注效果的可持续性。可持续性主要分析政策的活动和收益随着时间的推移是否具有可持续性。换言之，可持续性主要分析项目结束后，其积极变化（即积极成效）能持续多久？可持续性包括两层含义：

一是政策活动的收益在财政支出资助结束后的持续性。它强调政策在制度环境与财务方面都必须可持续。如果政策的相关性、合法性、财务能力和管理的有效性等不能保障，则其活动的收益一般很难具有可持续性。二是政策能够长期、持续地获取收益的可能性，或政策的净收益流具有随时间变化的风险弹性。具有风险弹性意味着，政策面对着各种风险（比如市场价格的不利变化、技术变革等）仍能够实现或保持预期的收益。

4.2.2 评价问题

绩效评价矩阵的第二个要素是评价问题。评价问题是对评价维度的具体化，为评价指标和评价方法的选择指明了方向。评价人员在设计绩效评价矩阵时，先应根据绩效评价对象和目的确定评价维度，再针对每个评价维度设计关键的"评价问题"。通过评价问题的开发，使评价的对象与内容进一步细化。

1. 相关性维度对应的评价问题

如上所述，相关性关注的主要是政策的制定和设计问题，因此，相关性维度对应的评价问题包括：

问题1.1：政策的目标和内容设计是否符合当前国家或所在区域的发展战略及地方需求，并能有效地解决实际问题？

本问题关注政策的目标和内容设计是否符合国家、行业和所在区域的发展战略和政策重点。是否紧紧围绕所在行业、区域或重点关注人群的现实问题和需求开展。[①]解决这些现实问题和需求的手段是否具有成本效益性。此处的政策目标是指政策前期评估文件或规划设计文件中所确定的目标，如果该目标经过修改并已获得主管部门的批准，则应采用修改后的目标。如果政策涉及多个领域，则应分别评价政策目标与这些领域发展战略和实际问题的相关性。

具体而言，本问题评价两个方面：

---

① 所有项目都是针对一定需求制定的，这些需求是指从特定目标人群的角度出发。所以，这里的重点关注人群的现实问题和需求主要指的是政策目标人群的问题和需求。

一是政策设计是否高度符合国家、所在行业或区域的发展战略，并且直接针对该行业和区域发展的关键现实问题和需求。例如某地农业发展的瓶颈问题是水质性缺水（即水质污染严重，无法用于灌溉），而受评政策内容主要是建设农田水利设施（如水渠和水库），则该政策设计与当地的实际需要不相吻合。二是政策能否有效解决相关问题和需求。比如对上述政策而言，在水渠和水库建成后，当地农业用水问题仍然无法解决，则该项目与当地实际问题的相关性不强。

问题1.2：政策的目标（受益）群体定位及其首要需求的确定是否适当？

本问题主要分析政策的靶向问题，着重评价目标受益群体的定位是否合理，以及政策是否瞄准了目标群体亟待解决的实际问题和需求，是否考虑目标受益地区和辐射区的现状及未来变化趋势，等等。例如，在扶贫政策中，如果仅将五保户或赤贫家庭确定为农村贫困家庭，则可能存在目标受益群体过小的问题。

问题1.3：是否存在其他竞争性的方案或者更具有成本有效性的替代方案？

本问题评价政策设计的匹配性与优异性。政策设计的匹配性主要评价政策的活动和产出与其目标的一致程度，也即分析该项活动和产出能否实现预期的成效和影响。政策设计的优异性评价需要与其他的方案进行比较。如果其他竞争性方案更为成本有效，则表明受评政策活动的设计不够优异；反之，则表明政策设计得较为优异。

2. 效果性维度对应的评价问题

效果性评价主要关注政策目标的实现情况，即财政支出政策实施的效果，为此，效果维度对应的评价问题应当包括：

问题2.1：政策的实际受益群体是否与政策的目标群体一致？

对于已实施完成的政策而言，本问题评价政策的瞄准度，包括三方面内容：一是政策实际受益群体是否是其目标受益群体；二是实际受益群体数量是否达到了预计的数量；三是受益群体满意度如何。

对于正在实施建设中的财政支出政策，本问题仅评价政策实施完成时预期受益群体与目标受益群体是否吻合，吻合程度如何。有条件时，也应对已受到影响的受益群体进行满意度评价，也就是评价受众满意度。

问题2.2：政策是否实现了（阶段性的）绩效目标？

对于已实施完成的政策，本问题评价完工后，绩效目标是否实现及实现程度。政策的绩效目标是指在立项时确定的目标（预期成效）。如果绩效目标在实施过程中有所调整，并且已获得主管部门政府的批准，则应以修改后的目标作为评价的基准。

对于正在实施建设中的政策，本问题评价两方面内容：一是政策阶段性绩效目标的实现程度；二是政策的实施情况或工程进展能否确保其在规定实施期内实现绩效目标。

问题2.3：如果政策没能实现（阶段性的）绩效目标，其主要的制约因素（原因）是什么？

如果评价中对问题2.2的回答是否定的，那么本问题旨在分析政策没能实现（阶段性的）绩效目标的原因。比如，是由于政策设计时对于公共服务设施的设计容量过大，还是未能预计到受益地区的经济波动（如劳动力市场的波动）情况？

问题2.4：政策实施过程中是否出现非预期的结果，包括正面的和负面的？这些非预期结果各是什么？出现这些非预期结果的原因是什么？

本问题旨在识别政策实施所产生的非预期结果，并分析其成因。正面的非预期结果在客观上提高了政策的成效和绩效，因此了解其成因有助于总结政策实施的成功经验；相反，负面的非预期结果降低了政策的成效和绩效，因此了解其成因有助于总结政策实施的教训。这两者都有助于改善政策的下一步开展，或为其他类似政策的实施提供借鉴。

3. 效率性维度对应的评价问题

效率维度对应的评价问题有两个：

问题3.1：政策的资源投入是否经济有效？

本问题评价两方面内容：

一是评价政策是否有足够的运营、维护安排及资金，即政策是否有足够的资源来获得预期成果。

二是与其他类型的政策比起来，政策是否成本有效？即与其他类似的政策相比，受评政策的产出和成果是否是用比其他政策更成本有效的方法取得的？是否存在明显的效率损失或资源浪费？

问题3.2：政策内容设计和实施机制是否成本经济？

本问题评价两方面内容：

一是评价政策的资金使用效率。即与成本比较，收益是否足够高？如果政策前期评估文件或完工报告中写明了预期的经济内部收益率，则应参考该指标进行评价。如果内部收益率不适用，则考察相对于既定的产出和成果（目标），成本是否适当或者过高，资金使用是否节约（即成本-效果分析）。

二是从机制创新角度评价政策内容设计和实施机制是否节约了成本，提高了效率，扩大了成果。

4. 公平性维度对应的评价问题

公平性维度对应的评价问题有三个：

问题4.1：对于出资方和管理方而言，各相关主体是否拥有同等的渠道获取信息、获得咨询服务并了解管理决策？

问题4.2：受益者群体是否有公开渠道来获取有关政策进展的信息，并有可能在政策设计时提出意见和建议？

这一问题考察受益群体是否有渠道了解并从自身利益出发对政策的有关内容提出相关意见和建议。如环境保护类政策中所涉及的拆迁移民户是否事先了解移民搬迁计划并有渠道提出诉求？

问题4.3：政策是否关注弱势群体？是否采取了相关措施来有针对性地提高弱势群体的收益？

财政支出政策的一个主要目的就是抑强扶弱，所以这一评价问题考查政策是否关注弱势群体，是否采取了相关措施以提高弱势群体的收益。如果弱势群体的利益没有得到足够的关注，那么政策的公平性就要大打折扣。

5. 可持续性维度对应的评价问题

可持续性部分包括三个评价问题：

问题5.1：政策在资金上是否具有可持续性？

对于已经实施完成的政策，本问题评价政策完成后，运营和维护经费能否持续满足需要。对于正在建设实施中的政策，本问题评价政策的资金能否持续满足政策实施的需要。

问题5.2：政策实施或后期运营是否具有可持续性？

针对已经实施完成的政策，本问题评价其完工后，能否维持高效运营和维护，确保产出和绩效可持续，包括管理/实施机构是否继续存在、人力资源是否充足、政策制度是否有保障等。对于正在实施建设的政策，本问题评价它能否顺利实施直至完工，主要考察在未来一段时间内，政策所处的经济社会环境是否会阻碍政策实施，管理/实施机构及其人力资源能否满足政策继续实施的要求，政策制度是否仍支持政策实施等。

问题5.3：受评政策的效益是否具有可持续性？或政策的净收益流随时间变化是否具有风险弹性？

本问题只针对已实施完成的政策。本问题评价政策实施完成之后，能否长期持续地维持实现产出和效果，一方面衡量设施、设备、建筑等的可持续性，另一方面衡量政策能否长期、持续地获取收益，或政策的净收益流随时间变化是否具有风险弹性。具有风险弹性在此意味着，政策面对着各种风险（比如市场价格的不利变化、制度与技术变革等）仍能够实现或保持预期的收益。在这里，还应当考察政策对经济、社会和环境等方面效益的持续效果，以及政策创新内容能否在其他地区复制、推广等。这些方面也是判定政策收益是否具有可持续性的重要内容。

4.2.3 评价指标

绩效评价矩阵的第三个评价要素是评价指标。在绩效评价矩阵中，评价维度和评价问题规定了绩效评价的基本向面，评价指标则是评价维度和评价问题的直接载体，是对于评价维度和评价问题的具体化和可操作化。开发评价指标有四个基本目的：一是某些评价问题包含多项评价内容，需要用若干个评价指标加以区分；二是评价指标能够具体体现受评政策的特点；三是评价者可以针对具体的评价指标来收集能够准确回答评价问题的证据，避免无关信息；四是评价指标能够直观地反映评价问题的重要方面，便于得出评价结果。

评价指标需要评价实施者根据受评政策的内容、特点及评价目的来具体开发。如果每个评价问题下包含多项评价内容，可针对每个评价问题设置若干个二级评价指标。如果二级指标又需根据政策的构成或目标分解为若干个子问题或子目标，则二级指标下可设三级指标。一般而言，指标层级不应超过三级。

下面，主要以我国农机购置补贴政策评价指标开发为例，并结合其他政策的评价指标实例，针对每个评价维度，具体例示如何开发政策评价指标。

【背景材料】我国农机购置补贴政策是中央实施的"两减免、三补贴"重要支农惠农政策之一，依据2004年颁布的《中华人民共和国农业机械化促进法》规定设立。主要政策目标是，鼓励农民使用先进适用的农业机械，推进农业机械化发展，改善农业装备结构，增强农业综合生产能力，发展现代农业，繁荣农村经济。2004年至2015年，中央财政累计投入农机购置补贴1 437.3亿元，实施范围由最初2004年的66个县扩大至覆盖全国所有农牧业县

（场）。2015年中央财政安排农机购置补贴资金237.55亿元。

为了解农机购置补贴政策实施的绩效情况，按照财政部预算司的安排，财政部预算评审中心于2016年3—6月，开展了农机购置补贴政策绩效评价工作，旨在通过全面考察分析2015年农机购置补贴资金的绩效情况，结合政策实施以来补贴农机的存量情况及农机作业面积的变化情况的分析，为加强农机购置补贴资金管理和实施提供有关信息，为政策的调整和完善提供决策依据。

本次绩效评价对象是农机购置补贴政策，评价范围覆盖全国所有的农牧业县。

1. 相关性评价指标开发示例

在开发相关性评价指标前，评价者首先要明确受评政策的目标和内容（如是否有子项目），并检查这些目标和内容是否在评价前经过调整和修改。如果政策的目标及内容经过修改且已获得批准，则应根据修改后的目标及内容开发评价指标。此外，评价实施者还要明确政策的目标受益群体是谁，应以政策前期评估文件或设计文件中确定的受益群体为准。

需要特别注意的是，对于准备进行或者已经完成中期调整（指重大的目标和内容调整）的政策，在开发相关性指标时，应针对欲（已）调整内容设计单独的评价指标，专门评价该政策调整，即评价相对于原有目标和内容，新的调整是否使政策的目标更加优化，是否更有利于目标的实现，是否更好地瞄准了受益群体及其需求等。

案例4-1：相关性指标开发示例

表4-2例示了农机购置补贴政策绩效评价针对相关性维度的三个评价问题所开发的三个相应的评价指标——政策目标与国家农业发展战略的吻合度、补贴农机品目的范围与当地农机需求的吻合度、政策设计与政策目标的一致性。前两个指标旨在分析政策目标的适当性，后一个指标旨在分析政策设计的适当性。

表4-2　农机购置补贴政策相关性维度评价指标开发

评价维度	评价问题	评价指标
相关性	农机补贴政策目标是否符合国家的农业发展战略？	农机补贴政策目标与国家农业发展战略的吻合度
	农机补贴政策目标是否针对地方发展与目标群体的发展需求？	农机补贴农机品目范围与当地农机需求的吻合度
	农机补贴的政策设计是否与政策目标相一致？	政策设计与政策目标的一致性

2. 效果性评价指标开发

效果性评价旨在分析政策目标的实现情况，因此在开发效果性的评价指标时，评价者必须要明确政策的预期目标及其目标受益群体。政策预期目标应以政策前期评估文件或设计文件中确定的政策目标为准；目标受益群体也应以政策前期评估文件或设计文件中所确定的为准，如果文件中没有规定，可以商询政策的利益相关方，比如项目管理者、政策制定者等。

案例4-2：效果性维度指标开发示例

表4-3例示了农机购置补贴政策绩效评价针对效果维度的两个评价问题"政策是否实现了政策绩效目标？"和"目标群体受益情况如何？"所开发的评价指标。可以看出，政策评价中所开发的评价指标紧密契合了政策绩效目标，而且多为量化指标，例如"农业综合机械化水平按目标完成率（包括耕、种、收环节）""农机作业面积比上年增长率""受益农户的亩产比上年增长率""受益农户的收入比上年增长率"等。

表4-3　农机购置补贴政策效果性维度评价指标开发

评价维度	评价问题	评价指标
效果性	补贴政策是否实现了政策绩效目标？	农业综合机械化水平按目标完成率（包括耕、种、收环节）
		农机作业面积比上年增长率
		主要农作物总产值比上年增长率
	政策目标群体受益情况如何？	受益农户数量增长率
		受益农户的亩产比上年增长率
		受益农户的收入比上年增长率

表4-4例示了农业部对外经济合作中心（以下简称"外经中心"）2010年开发的国际金融组织贷款农业项目效果性维度评价指标。[1]可以看出，其效果性维度也包含两个评价问题——"项目是否实现了预期目标？"和"项目实际受益者是否是项目的目标受益群体？"针对第一个评价问题，外经中心将项目预期目标实现情况分为了三大类——经济影响、社会影响和环境影响，开发了包括土地产出率、资源利用率和农户人均收入等在内的九个方面的评价指标；另外，还根据需要对土地产出率、资源利用率、农业组织化程度等

---

[1] 该案例引自作者2010年主持完成的农业部对外经济合作中心《国际金融组织贷款农业项目绩效评价指标体系研究报告》。这里的"项目"（program）代表的是一整个行业，因此，该项目（实际是一个项目群）评价可以归属于《操作指南》所界定的政策评价。

指标开发了相应的二级指标。针对第二个评价问题，主要开发了项目受益群体瞄准度一个评价指标，并开发了三个二级指标。与表4-3一样，表4-4中所开发的效果性评价指标也紧密契合了项目（program）绩效目标，而且多为量化指标。

表4-4　国际金融组织贷款农业项目效果性维度评价指标开发

评 价 维 度	评价问题	评价指标及说明		
效果性	项目是否实现了预期目标	土地产出率	单位产量	农产品的单位产量在项目实施前后的变化
			单位产值	农产品的单位产值在项目实施前后的变化
			农产品质量	可利用衡量农产品质量的技术指标、生产或消费者感观信息、产品价格、注册品牌情况等来衡量
		资源利用率	光热资源利用率	实际产量与当地自然光热条件下的理论产量之比
			水资源利用率	某作物单位面积用水量在项目实施前后的变化
			农业废弃物利用率	秸秆、废渣等农业废弃物的利用率在项目实施前后的变化
			农药利用率	某作物单位面积农药使用量在项目实施前后的变化
			化肥利用率	某作物单位面积化肥使用量在项目实施前后的变化
			能源利用率	某作物单位面积某种能源（如电能）消耗量在项目实施前后的变化
		劳动生产率	项目农户劳动生产率	项目实施前后农户劳动生产率的变化，即人均产出的变化
		农户人均收入	项目农户人均收入	项目前后农户年人均收入变化，也可用户均纯收入的变化来衡量
		劳动者素质	技能的普及率	项目实施前后知晓或能运用某种生产技能的户数占项目户总数比重的变化
			行为方式的采用率	项目前后采取某种行为方式的户数占项目总户数的比重变化。另外，也可定性衡量农户观念的变化来测度劳动者素质的提高情况

评价维度	评价问题	评价指标及说明		
效果性	项目是否实现了预期目标	农业的组织化程度	参与农民专业合作社农户的比例	项目实施前后参与农民专业合作社农户的比例的变化。也可以用"公司＋农户"等组织模式作为指标。本指标的目的：通过有组织地进行生产、销售活动的农户比例的变化衡量农民组织化程度，进而判断农业标准化、规模化、专业化、集约化的提高情况
			二、三产业就业率	项目实施前后农民在二、三产业就业比例的变化
			农产品商品率	项目实施前后农产品商品率变化
		先进科技应用率	先进科技的采用率	项目实施前后采用先进科技的户数占项目总户数的比重变化
			科技贡献率	衡量项目实施前后科技对生产贡献的提高情况
		环境影响	污染物排放量变化	项目实施前后污染物（如污水、垃圾）等排放量的变化。另外，对减少农业面源污染的衡量可借助上述农药和化肥利用率指标
			农业单位增加值碳减排	农业温室气体主要是甲烷和氧化亚氮等非二氧化碳温室气体的排放。农业的碳减排可以通过少使用化肥，多利用沼气等措施实现减排，另外可以采用农业土壤固碳减排的技术，进行环境管理，增加耕地、草地等的碳汇。本指标测量项目实施前后，农业单位产量或产值增加量所带来的碳排放的变化
		社会影响	对性别平等的影响	项目实施前后女性地位变化情况，可用女性收入在家庭收入中的比例等来测度
			对减贫的影响	项目实施前后贫困发生率变化
			对非项目区的影响	项目实施前后受项目产出辐射的影响采用了与项目设计相同或相似的活动、技术的非项目区农户数量来衡量，也体现项目的公共性

续表

评价维度	评价问题	评价指标及说明		
效果性	项目的实际受益者是否是项目的目标受益群体？	项目受益群体瞄准度	项目受益群体符合率	衡量项目目标受益群体瞄准度
			项目受益群体的参与程度	体现项目公平、公正
			项目受益群体的满意度	通过满意度调查，从受益群体的视角考察项目目标实现情况，体现回应性与满意度

3. 效率性评价指标开发

针对效率性维度的评价问题，评价者首先应明确政策计划和实际的实施周期、资金预算及使用情况、政策预期要开展的和实际开展的活动、预期的产出和实际的产出、是否测算经济内部收益率。如果是，那么内部收益率的预期值是多少？然后基于这些内容，开发相应的效率性评价指标。

案例4-3：效率性维度指标开发示例

表4-5例示了农机购置补贴政策针对效率性维度的三个评价问题所开发的评价指标。针对第一个评价问题，开发了"补贴农机机具马力数比上年增加数"和"重点补贴机具金额占总补贴金额的比率"两个指标；针对第二个评价问题，开发了"补贴资金按预算执行度""中央补贴资金的到位率""该年违规资金总额占补贴资金总额的比重"三个指标；针对第三个评价问题，开发了"补贴资金从申请到发放的时间缩短率""补贴资金从申请到发放环节的减少量"两个指标。

表4-5　农机购置补贴政策效率性维度评价指标开发

评价维度	评价问题	评价指标
效率性	政策实施是否完成了预期产出？	补贴农机机具马力（台套）数比上年增加数
		重点补贴机具金额占总补贴金额的比率
	中央补贴资金是否按计划投入和合法、合规使用？	补贴资金按预算执行度
		中央补贴资金的到位率
		该年违规资金总额占补贴资金总额的比重
	管理环节是否便民高效？	补贴资金从申请到发放的时间缩短率
		补贴资金从申请到发放环节的减少率

需要注意的是，由于数据等原因，表4-5的效率性指标中未包含内部收益率指标。一般而言，进行效率性指标的开发，当投入（成本）和产出（收

益）可以准确计量时，通常会使用内部收益率指标或平均（单位）成本指标。这类指标的例子很多，例如平均个案处理完成的成本（公安部门）、平均处理投诉的时间（公安部门）、平均每个毕业学生的成本（教育部门）、平均修一公里路的时间（交通部门）等。当投入（成本）和产出（收益）无法准确地计量时，通常会采用成本-效果分析。例如，对精神疾病治疗中心来说，成本-效果指标可能以每个被治疗的客户的成本来测量。对一个职业人修复项目来说，与成本-效果最相关的指标是每个客户获得合适的雇佣工作的成本，以及每个客户在6个月内及更长的时间内成功地被雇佣的成本。

4. 公平性评价指标开发

与效果性和效率性一样，公平性也是财政支出政策追求的一个重要目标。[①]一般而言，开发公平性维度下的评价指标时，评价实施者应从政策资源和信息获取渠道和权利的公平性，以及政策是否关注弱势群体这两个方面来考察受评政策的公平性。

案例4-4：公平性维度指标开发示例

表4-6示例了我国农机购置补贴政策针对公平维度的两个评价问题所开发的评价指标。

表4-6　农机购置补贴政策公平性维度评价指标开发

评 价 维 度	评 价 问 题	评 价 指 标
公平性	政策信息是否公开透明？	补贴机具资质的确认是否公开？
		县级农机化部门网上开通信息公开栏的比例
	补贴资金流向是否公平？	获得补贴的不同经营主体的占比

5. 可持续性评价指标开发

开发可持续性评价指标时，应考虑三个方面的可持续性：

一是从资金来源、还款机制等方面考察其财务可持续性；二是从管理部门和人员的可持续性、政策制度的保障能力、经济社会环境的变化等方面考察其实施运转的可持续性；三是从实物产出、服务供给、经济社会环境效益、外部有效性等方面考察其成效的可持续性。

案例4-5：可持续维度指标开发示例

表4-7示例了我国国际金融组织贷款农业项目（program）针对可持续性维

---

① 一项既定的方案可能既有收益，又有效率，但它仍有可能因为导致成本和收益的不公平分配而被拒绝。因此，对于政策评价来说，公平性也非常重要，不可或缺。（威廉·邓恩《公共政策分析导论》第155页）

度开发的评价指标。[①]可以看出，该项目评价从机构、项目产出、政策环境和还贷情况等四个方面设计了8个一级指标和15个二级指标，旨在系统评价影响项目可持续的外部因素和内部条件，从内外两个维度对项目的可持续性进行考察。这里，值得一提的是，该项目评价针对农业项目的特点，增设了一个"农业生产安全性是否有保障"的评价指标，该指标又分别从作物病虫害防治、牲畜疫病防治、农业保险、农户贷款等方面设了4个二级指标。其中：

表4-7 国际金融组织贷款农业项目可持续性维度评价指标开发

评价维度	关键问题	评价指标	指标说明
可持续性	项目的管理和/或运行机构的设置、人力资源、经费能否满足项目持续运行的需要？	从事项目管理和服务的机构的可持续性	负责项目完工后管理工作的机构存在与否
		从事项目管理和服务的人力资源的可持续性	负责项目完工后管理工作的人员存在与否
		用于项目管理和服务的经费的可持续性	用于项目完工后管理工作的经费充足与否
	项目的产出能否得到持续的维护和利用？	项目产出能否得到有效利用	技术使用率、故障率、正常使用率等
			项目运转负荷是否达到设计生产能力
		项目产出能否得到及时的维护	资金、保障制度的存在与否
		生产安全性是否有保障	种植业病虫害防治的制度与措施的完善程度
			养殖业的疫病防治的制度与措施的完善程度
			项目农产品的农业保险参保率
			农户获得贷款的难易程度
	项目制定的政策、制度和/或项目运行所依赖的政策、制度能否得到持续的实施？	保证项目成果持续发挥作用的政策、制度的可持续性	项目制定的政策、制度能否持续发挥作用
	项目贷款（包括国际金融组织贷款和国内贷款）是否能够按时偿还？	项目借贷主体的还贷及时性	项目省的到期还款率
			项目县（市）的到期还款率
			项目农户的到期还款率
			其他借贷主体的到期还款率

指标"种植业病虫害防治的措施和制度的完善程度"考察种植业生产

① 引自作者主持的2010年农业部对外经济合作中心课题报告《国际金融组织贷款农业项目绩效评价指标体系研究报告》。

中，在农作物病虫害防治方面是否有相应的制度、措施，也关注这些措施制度的完善程度，以此考察农业生产过程的安全性与可持续性。在实际操作中，可通过农户抽样调查、农户访谈等方法收集资料进行评价。

指标"养殖业的疫病防治的措施和制度的完善程度"考察养殖业生产中，在牲畜疫病防治方面是否有相应的制度与措施及其完善程度。在实际操作中，可通过农户抽样调查、农户访谈等方法收集资料进行评价。

指标"项目农产品的农业保险参保率"关注项目农产品参加农业保险的情况，以此反映项目农户抵御自然灾害的能力和灾害发生后的再生产能力，最终实现考察项目农户生产的可持续性的目标。

指标"农户获得贷款的难易程度"关注项目农户获得贷款（包括商业贷款、政策性贷款等）的难易程度，考察项目农户获得再生产资金的难易情况。这个指标从生产资金的角度考察项目生产的可持续性。

4.2.4 数据来源、数据的收集与分析

在开发和确定评价指标之后，应确定每个指标的数据来源、相应数据收集和分析方法。对于成效指标，一般应列出参考的目标和标准，如果有基线数据，还应列出基线数据，并须列出每个指标的数据来源，采用的数据收集工具或方法，数据分析方法以及相关的注释等。这些评价要素应列在评价矩阵（图4-1）的第四列至第六列（根据实际需要可增加1～2列）。

收集到的数据需要通过与绩效标准（benchmark）进行比较才能说明绩效。政策的绩效一般有四种比较的标准：一是当前绩效与过去绩效的比较（历史标准）；二是实际绩效与制定的目标、计划、预算、定额的比较（计划标准）；三是组织或者项目子单位间的绩效的比较；四是一个组织或项目的绩效与其他相似组织或项目绩效之间的比较。因此，绩效评价标准可以是同类项目的平均水平（一般为统计性指标），也可以是项目自身的纵向比较。前者称外部标杆或公共类标杆，关注的是所谓的最佳行为，而后者称为内部标杆。外部标杆由于多为统计性指标，能使绩效评价结果更具可比性且比较客观，但是由于其强调最佳行为方法，并不适用于所有评价，在使用时应特别注意其适用性。[①]

绩效标准对绩效评价工作来说极为重要，很少有政策或项目可以不经过

---

① Keehey, P., Medlin, S., MacBride, S., and Longmire, L., *Benchmarking for best practices in the Public Sector*[M], San Francisco: Jossey-Bassy, 1997.

比较就完成评价。就本质而言，所有的绩效评价都是比较性的。对于绩效评价者而言，一个值得考虑的因素是，不同的绩效维度可用的绩效标准可能有多种（专栏4-1），事实上，在收集证据之前评价者并不总能获得明确而又被公认的绩效标准。在这种情况下，评价者一是要广泛查阅相关资料，二是要商询业内专家和主要利益相关方。通过这两种方式来获取所需要的绩效标准。

专栏4-1　与绩效有关的多项标准

- 目标人群的需求或需要
- 陈述出来的目标和目的
- 职业标准
- 惯例性实践：其他项目的规范
- 法律要求
- 伦理或道德价值：社会正义与公平
- 过去的绩效：历史资料
- 由项目经理设定的目标
- 专家意见
- 目标人群干预前的基准
- 在缺乏项目帮助的情况下会出现的情况
- 成本或相对成本

资料来源：彼得·罗希等，《评估：方法与技术》，2015

▶ 4.3　绩效指标开发的原则与基本步骤

"测量什么会促进去做什么。"因此，为了促进政策结果的实现，以正确的方式测量正确的事情至关重要。换言之，就是在绩效评价中必须要开发正确的绩效指标。为此，本节我们研究和讨论如何来开发恰当的绩效评价指标。首先，我们阐述什么是恰当的绩效指标（指标选择的标准或原则），然后，讨论绩效指标开发应采取的几个基本的步骤。

4.3.1 绩效指标开发的原则

所谓指标选择的标准，就是绩效指标开发的原则。绩效指标开发的原则主要有三：

首先，绩效指标的开发应当遵循SMART原则，[1]如果评价指标不能满足这些原则，将会影响到绩效评价的质量，进而影响评价结果的应用。SMART原则的具体含义如下：

- 具体（specific）：定义清晰，不会产生歧义。
- 可衡量（measurable）：有确定的评价基准和依据来对其进行衡量和分析。
- 可实现（achievable）：在现实条件下可以收集到相关证据。
- 相关性（relevant）：与对应的评价问题相关，能够为管理提供有用信息。
- 时限性（time-bound）：具有限定的时间范围。

其次，所开发的指标应全面，即不遗漏子项目或活动。绩效评价矩阵中的评价指标应能涵盖政策的全部内容（如所有子项目、所有受益地区）。一般而言，对于包含多个地区、多个子项目的情况，在二级或三级指标（比如实施进度、产出、预算执行吻合度、绩效目标完成率等指标）下可按照子项目或项目地区再设立三级指标，不应遗漏子项目或活动（如能力建设类和环境美化类子项目）。对于各个子项目分属不同行业领域、活动内容差异很大、缺乏共性的综合型政策，较难统一设计评价指标，可以考虑针对某个（些）子项目设计单独的评价指标框架。

最后，所开发指标应能反映受评政策的特点。根据政策的特点和评价目的设计个性指标，对于提高评价的针对性和有效性至关重要。评价人员应与管理部门进行充分沟通，在《操作指南》所提供的评价指标框架下，针对受评政策的行业特点、实施情况，以及管理部门的评价重点和其所关注的问题等，进一步开发有针对性的个性指标，力求评价指标贴合政策实际，直指关键绩效，有助于发现问题。可以说，个性指标是评价指标框架中活的东西，起画龙点睛的作用。

---

① World Bank: *Sourcebook for Evaluating Global and Regional Partnership Programs,* 2007.

4.3.2 绩效指标开发的基本步骤①

绩效指标的开发也需要遵循一定的步骤。一般而言，绩效指标的开发应包含以下几个基本步骤：

第一步：明确组织的使命与目标——弄清方向。"如果没有方向，你就无法对结果进行评估。"②因此，开发绩效指标，必须首先要明确组织的使命与目标。使命是组织存在的原因，体现了社会需求和组织的核心能力；目标则是完成组织使命的载体，是组织争取达到的一种未来状态，代表着组织的方向和未来。每一个政府组织，都应有自己的使命和目标。使命宣言一般要简洁清晰，但必须转化成短期可实现具体的目标。如果没有了组织使命和目标，也就无法界定政策或项目的关键成果指标。为此，北京大学的教授周志忍说："作为推动政府机关履行职责的一种管理技术，组织绩效评估（评价）的内容和侧重点必须严格围绕组织的使命和职责。其中最重要的是，绩效目标必须与组织使命保持高度一致，绩效评估指标必须与组织的任务高度相关。"③进行政策评价，也必须要做到这一点。那么，在政府绩效评价中如何来寻找和发现组织使命与目标呢？哈维·哈特里在《绩效测量》一书中列出了11个组织使命/目标可能的信息来源，即相关的法律、条例和规定、预算文件中的使命陈述、组织战略计划、项目描述和年度报告、与高层官员及职员进行讨论、与立法机构官员及其职员进行讨论、与顾客和服务提供者讨论、项目人员提供、顾客的抱怨信息、从事类似项目的政府提供以及项目评价与绩效审计。④我们可以循此途径与方法寻找所需要的组织使命与目标以及所实施政策或项目的目标描述。

第二步：确定基本的指标——要测量什么。能否成功地获取、分析和解释政策结果方面的数据，取决于我们构建可靠有效的衡量方法的能力。构建衡量方法的途径之一便是确定我们在监测中感兴趣的变量，也就是具体的、可操作化的指标。例如，学校的平均可注册人数、吸毒人数、空气中二氧化硫的含量、平均每个警官逮捕的罪犯数目、错捕比例、市民个人安全感等。为了更好地衡量一个政策行为或结果，我们有时会构建一个指数（index），

---

① 该部分主要引自施青军：《政府绩效评价：概念、方法与结果运用》，第196-201页。

② 得克萨斯州奥斯汀市前任市政经理卡米尔·巴尼特语（Camille Barnett）。引自戴维·奥斯本等：《政府改革手册：战略与工具》，第240页。

③ 周志忍. 政府管理的行与知[M]. 北京：北京大学出版社，2008：第255页.

④ Harry Hatry. Performance Measurement, p. 38.

即两个或更多指标的结合。例如，生活费用指数、生活质量指数、污染指数、医疗保健指数等。

为了全面衡量政府活动的结果，在政府项目的投入、活动、产出、成效和影响等各个环节都需要指标来监测项目的进展情况。但是，衡量的重点是政府活动的结果，即产出、成效和影响，因为它们是组织使命与目标的具体体现。为此，主要应将产出、成效和影响转化为一系列可衡量的基本绩效指标。这些基本绩效指标主要包括产出、效率、生产力、服务质量、成效、成本效益和客户满意度等七类指标。其中，服务质量、成效、成本效益和客户满意度等四类指标是从顾客角度来反映项目活动的结果。

专栏4-2列示了一个城市交通项目的绩效指标。专栏4-3为英国医疗卫生部门常常使用的一些绩效指标。[①]这些指标都很具体，例如，对于效率——最大限度地利用资源，采用了每日病人人数、诊断时间、单位成本和一般药品使用率等四个指标进行衡量。

专栏4-2 一个城市交通项目的绩效指标

目标（Goal）： 在不产生有害的副作用的前提下，以安全、迅捷、舒适和便利的方式为整个社区提供交通服务、设施和就业。

指标（Indicators）：

1. 便利性：距公共交通超过×米的社区居民百分比和社区居民对交通便利性的评价。

2. 时效性：从起点到终点所需时间和延迟的时间。

3. 舒适性：道路的粗糙指数和居民对交通舒适性的评价。

4. 安全性：与交通有关的死亡、受伤人数，财产损失的案件数量和交通犯罪的案件数量。

5. 成本：用户的旅行成本和（从社区）到城市的项目成本。

6. 环境质量：沿交通走廊的噪音水平和交通原因造成的空气污染水平。

资料来源：Winnie and Hatry，1994

---

① 引自理查德·阿兰，等. 公共开支管理[M]. 北京：中国财经出版社，2009：第332-333页.

专栏4-3　英国医疗部门使用的绩效指标

涵盖的领域和类型	指标
一、健康状况改善 国民的总体健康状况受本国社会环境因素和个人行为的影响，也反映了英国国民健康保险制度（NHS）和其他医疗机构的工作状况（15～64岁）	（1）非正常死亡人数（15～64岁） （2）非正常死亡人数（65～74岁） （3）癌症患者登记人数
二、公平获得医疗服务 获得可选的手术服务 获得计划生育服务 获得牙医服务 获得健康促进服务 获得社区医疗服务	（1）手术率 （2）13～15岁少女怀孕率 （3）NHS牙医的注册患者人数 （4）癌症的提早发现率 （5）社区护理人员出诊率
三、恰当医疗服务的有效提供 促进健康，预防疾病 恰当的外科手术 初级护理 符合标准	（1）疾病预防和健康促进指标 （2）癌症的提早发现率 （3）不当外科手术率 （4）外科手术率 （5）急性病护理 （6）慢性病护理 （7）初级护理中的精神健康 （8）成本效益 （9）出院率
四、效率 最大限度地利用资源	（1）每日病人人数 （2）诊断时间 （3）单位成本 （4）一般药品使用率
英国国民健康保险制度的病人/职业经验 可获得性 协调和沟通 等候时间	（1）急诊病人等候2小时以上人数 （2）在入院当日或次日因非医疗原因被取消手术的病人人数 （3）被拖延出院时间的75岁以上患者人数 （4）第一次预约失约的门诊患者人数 （5）接受转诊证明13周后接待的门诊病人人数 （6）做出住院决定后3个月内入院的病人
五、NHS医疗服务的效果 成功降低风险水平 成功降低疾病、残疾和治疗复杂程度 成功提高患者机能和提高患者生活水平 成功减少过早死亡	（1）13～15岁少女怀孕率 （2）5岁儿童龋齿、掉牙和补牙人数 （3）可避免的疾病 （4）负面作用，治疗导致的并发症 （5）75岁以上患者的紧急住院手续 （6）精神病患者出院后再次紧急住院人数 （7）婴儿死亡率 （8）乳腺癌及子宫癌患者存活率 （9）可避免死亡的患者人数 （10）住院期间过早死亡的患者人数

六、乳腺癌治疗范例 NHS成功率降低疾病严重程度、伤残和治疗复杂程度	（1）已查明癌症患者人数 （2）已查明癌症患者人数和初次诊断癌症患者人数 （3）可避免的并发症种类（复发、治疗引起的并发症等）
NHS成功恢复患者机能、提高患者生活质量 NHS成功减少过早死亡	（4）使用问卷及其他适当方式调查患者感受 （5）5年存活率 （6）根据年龄和病情确定的5年存活率标准

资料来源：Richard and Daniel，2009

在确定要测量什么时，还应考虑到各利益相关者的利益，也就是要将各利益相关者所关心的问题融入合理而可行的绩效指标当中。为此，需要将成效和影响分解为多项指标，确保这些指标涉及所有利益相关群体的利益，而不应只关注到某一群体的利益。例如，一个培训项目的成效是提高学生的学习效果，那么，直接的利益相关群体自然就是学生。但是，要开发一个衡量学习成效的指标，我们不但要考虑到学生的利益，还应该关注教师和家长所关心的问题，例如学生入学率以及学习资料等。此外，其他问题可能还包括合格教师的数量、家长对女孩上学就读重要性的认识、合理的教材等。所以，选择绩效指标是一个复杂的过程，需要考虑并协调不同利益相关者的利益诉求。在这里，至少应该有一些指标能够直接衡量预期的成效。比如要提高学生的学习效果，至少应当针对学生制定一个绩效指标，学生的考试成绩就可作为这样一个特定的指标。

一个规划良好的项目不仅规定项目实施结束时的长远性目标，还会规定监控进程的短期性的目标。为此，选择绩效指标就不但需要结果指标，还需要引导性指标。引导性指标使我们能够确定所选择的实施战略是否是有效的，其进程是否趋向于实现理想的成果。例如，接受高等教育人数的增加在短期内不会实现，于是降低了辍学率并提高了入学率就可以作为其引导性的指标。再如，一个森林开发项目的成果——可持续的木材生产——在15～20年后才会见成效，因此，在这里我们也需要一个合适的引导性的指标——项目实施各阶段植树的存活率。

第三步：确定数据来源与收集方法。 "测量是关于寻找或收集数据的行为。"①因此，每项绩效指标都应有相应的数据来源与收集方法。哈维·哈特里认为："只有确定了数据来源与收集方法，绩效指标的开发才可能完成。"②数据来源与方法不仅反映了绩效指标的基本性质，而且常常揭示了一个指标的特定涵义。

例如，如果通过顾客调查测量一项服务的及时性，那么指标就可能是"对服务及时性评价满意的顾客百分比"。但是，如果数据来源是项目的记录，那么该项指标就可能是"服务超过了回应标准的服务申请的百分比"。

数据来源表明每项指标的状态信息从何处可以获得，哪些人或组织提供该信息，以及怎样收集该信息等。没有了数据来源，绩效指标就无法为我们收集和提供所需的绩效信息。因此，确定数据来源是指标开发的一个不可或缺的环节。指标数据来源可以是直接的或间接的。直接的数据是由内部机构直接收集，可以通过行政、预算、个人信息资料、调查、访谈、直接观察等方式来获得。间接的数据是由外部的机构收集，可以通过政府或非政府机构的行政记录（书面或电子版），对目标客户、项目官员、服务提供商的访谈和调查，训练有素的观察员报告，专项的机械测量和测试等方式获得。

使用直接数据和间接数据各有利弊。直接数据通常能够提供有效、可靠的信息，但是它往往需要花费较高的成本；间接的数据更具成本效益，但是由于它是其他的机构根据他们的目标或议程采集的，因此，在使用间接数据的过程中常常会出现数据是否有效可靠的问题。所以，使用间接数据必须要谨慎，并需要了解外部机构是怎么获取这些数据，如何定义变量，又是如何保证数据的准确性的。数据如有缺失，还应分析数据的缺失程度。

明确了数据来源，其次就是确定数据的收集方法，即要确定通过哪些方法和手段来收集信息。图4-2列举了一些可行的数据采集方法。数据采集应考虑到成本、准确、可靠和及时等因素。例如，规范化的数据采集方式通常更准确、成本更高、耗时更长。如果数据需例行提供给管理决策层，应采取准确度稍低，成本低的非规范化数据采集方式。③但不管选择什么方法，收集到的信息都可能会存在着偏差。为了增加收集数据的准确性，通常需要使用

---

① 詹姆斯·麦克戴维、劳拉·霍索恩. 项目评价与绩效测量：实践入门[M]. 李凌艳，等译. 北京：教育科学出版社，2011：第110页.

② Harry Hatry. *Performance Measurement*, p. 74.

③ 库赛克、瑞斯特. 十步法：以结果为导向的监测与评价体系[M]. 梁素萍，韦兵项，译. 北京：中国财政经济出版社，2011：第94-95页.

三角验证法，以收集更多的信息，并进行相互验证。当然，这种三角验证法并不是唯一的三角验证法。除此以外，人们还经常使用另外的两种三角验证法：评价人员三角验证法和来源三角验证法。

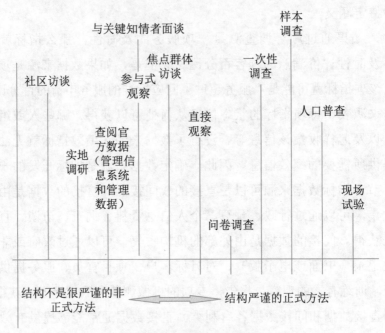

图4-2 数据采集方法

第四步：与关键的利益相关者交流并达成共识。绩效指标的主要目的是为关键的利益相关者——信息的需求者提供定期和有效的绩效数据。因此，建立一个科学的指标体系，并不完全是一个技术的问题。它必须对信息需求者（利用信息处理其利益问题的人）有用才会有意义。[1]这意味着，绩效指标的开发需要执行机构、部门专家、测量专业人士，特别是信息的需求者（即顾客）的共同参与。顾客参与有助于使指标的开发和设计与顾客关心的问题更为切合。因此，选择和开发恰当的绩效指标，评价人员首先需要确定什么问题（信息）对评价的主要客户（信息的需求者）来说是最重要的；然后，与之进行交流并达成共识。唯有如此，绩效评价的结果才会被关键的利益相关者——信息需求者认可并应用，从而实现绩效评价的价值。

第五步：通过实践不断地修改和改进指标。建立一个好的、适用的指标体系，不可能一次完成，它需要通过多次的评价试验（实践）。戴维·奥斯本说："获得合适的绩效评估系统是一个持续调整的演进过程。"[2]伯特·佩

---

① Vinod Thomas & Xubei Luo, *Multilateral Banks and the Development Process：Vital Links in the Results Chain*, p. 6.
② 同上书，第244页。

兰也说："指标应该是动态的而不是静态的,这意味着指标开发不是一次性的,我们必须经常地进行检查以便改进它。"[1]库赛克和雷斯特则强调了指标开发中进行试点的重要性。他们说:"在对数据来源、收集分析方法和报告方式进行试点之前,在任何一个政府或组织全面推行某个绩效指标体系是存在很大风险的。"又说,"通过试点可以知道哪些可行,哪些不可行。它能在大问题出现之前提前发现小问题。试点可以提醒管理者哪些指标的数据不存在,哪些数据过于昂贵、耗时或获得的过程过于复杂。"[2]可见,绩效指标的开发不可能毕其功于一役,需要在实践的基础上不断修改和改进。

▶ 4.4 财政部预算评审中心的政策绩效评价指标体系

4.4.1 评审中心政策绩效评价指标体系的特点

2018年12月,为了指导和规范评审中心的政策绩效评价工作,财政部预算评审中心参照财政部预算司《财政支出绩效评价管理暂行办法》和《项目支出绩效评价共性指标体系框架》(参见表2-1),制定了一个财政支出政策绩效评价指标体系框架(参见表4-8)。[3]该指标体系框架具有以下几个特点:

其一,指标体系的构成包括:评价指标、指标解释、指标权重、评价标准和评分规则。其中,评价指标又包括一级指标、二级指标和三级指标。按照《重点绩效评价操作规程》(以下简称《操作规程》)的规定,一级指标、二级指标为共性指标,适用于所有的评价对象,三级指标是个性指标(指标解释实际是四级指标,也可算是个性指标),由评价人员商同评价专家、业务司局和相关单位确定。换言之,个性指标要针对不同评价对象的特点而设定。

其二,指标框架以"政策的制定、实施、效果、公平性、示范和可持续性"作为一级指标(评价维度),并规定,重点政策绩效评价要从政策决策科学性、目标的相关性、执行的效率性、执行效益性、公平性、示范性等方面综合衡量政策效果。这表明,该指标体系实施的是一种对财政支出政策的全过程评价(与前述《操作指南》的绩效评价框架不同)。对政策的全过程

---

① Jonathan D. Breul and Carl Moravitz Edited, *Integrating Performance and Budgets*, NY: Rowman & Littlefield Publishers, Inc. 2007, p. 148.

② 库赛克、瑞斯特. 十步法:以结果为导向的监测与评价体系[M]. 梁素萍、韦兵项, 译. 北京:中国财政经济出版社, 2011:第95-96页.

③ 见《财政部预算评审中心存在评审工作规范》(2018)之《重点绩效评价操作规程》附件4-2。

进行评价，符合现阶段我国的财政支出政策管理要求。

其三，从指标权重设计上来看，指标体系中结果类的指标（包括政策效果性、政策公平性、政策示范和可持续性）占60%以上。根据《重点绩效评价操作规程》的规定，绩效评价以绩和效为评价重点，原则上产出、效果指标的分值应大于其他指标分值。这一规定与中共中央2018年34号文关于"更加注重结果导向、强调成本效益、硬化责任约束"的要求一致。不足的是，《重点绩效评价操作规程》没有"强调成本效益"。

其四，效果指标依然参照财政部预算司《项目支出绩效评价共性指标体系框架》，采用了经济影响、社会影响、环境影响和相关方的满意度等四个指标（《共性指标体系框架》原来使用的是经济效益、社会效益、环境效益和服务对象满意度）。从近年来的绩效评价实践来看，这些指标的设置不尽合理，因为大多数的政府部门追求的往往只是社会效益，并不包括经济效益和生态效益，例如教育部门、公安部门和统计部门等。

其五，指标体系框架中所有指标均缺少数据的来源与收集方法。哈维·哈特里认为："只有确定了数据来源与收集方法，绩效指标的开发才可能完成。"[①]所以，每个绩效指标都应有其相应的数据来源与收集方法。《操作规程》虽然也明确规定，绩效评价指标体系通常包括评价指标、指标解释、指标权重、评分标准、数据来源等，但是，该指标体系框架中仍然没有列示指标数据来源。缺少数据来源与收集方法，就意味着这一指标体系仍然不够科学和完整。

其六，指标体系中多数评价指标含义不够具体、明确和可操作化。从技术方面来说，绩效指标是关于如何获得项目绩效或结果而对绩效维度进行操作化界定的一种说明。因此，为了便于进行操作，SMART原则要求绩效指标必须明确、具体，也就是要准确而无歧义。在政策评价指标体系框架中，一个显而易见的问题就是评价指标含义多显得比较模糊。例如，关于"组织管理"和"资金管理"的几个三级指标"组织机构的健全性""管理制度的有效性""资金使用的规范性"等指标均歧义较多，难以准确把握，这样必然造成评价结果的不准确或不客观。

综上所述，评审中心的政策绩效评价指标体系虽有许多可取性，但是它仍然不够完善。为此，下面我们将根据美国学者彼得·罗希的研究和《操作规程》提出的具体要求，讨论如何进一步地改进和完善这一政策评价指标体系。

---

① Harry Hatry. *Performance Measurement*. p. 74.

表4-8 ××政策绩效评价指标体系框架及评分标准

一级指标	分值	二级指标	分值	三级指标	分值	指标解释	指标说明	评价标准及评分规则
政策制定	20	政策决策		政策依据充分性		反映政策设定依据是否充分	①是否依据国家法律法规、国民经济和社会发展总体规划、国家行业规划；②是否符合政府与市场划分要求；③是否符合中央与地方财政事权与支出责任划分；④是否与其他政策存在交叉重复	具备一个得分要素，增加指标分值的25%
				决策程序规范性		反映政策决策程序是否明确、规范	①决策流程是否明确、规范；②决策责任主体是否可追溯	具备一个得分要素，增加指标分值的50%
				政策目标科学性		反映政策目标是否清晰、可实现	①政策目标是否能够满足现实需求；②政策目标是否可实现、可完成	具备一个得分要素，增加指标分值的50%
				绩效指标明确性		反映政策绩效目标涉及的绩效指标选取是否细化、可衡量	①绩效指标是否细化、量化；②绩效指标的目标值是否合理	具备一个得分要素，增加指标分值的50%
		政策调整		政策调整及时性		反映政策是否随着社会经济发展和外部环境变化及时调整完善政策。	①是否能够及时调整；②调整方向是否能够满足现实需求	具备一个得分要素，增加指标分值的50%
		资金分配		分配办法健全性		反映中央和地方资金制定规范的资金管理办法，并明确资金分配方式方法	①中央财政资金分配办法是否健全；②地方财政资金分配办法是否健全	具备一个得分要素，增加指标分值的50%
				分配因素科学性		反映政策资金分配因素和权重系数设置是否科学、合理	①资金分配因素设置是否科学、合理；②资金分配各因素所占权重系数是否科学、合理	具备一个得分要素，增加指标分值的50%

续表

一级指标	分值	二级指标	分值	三级指标	分值	指标解释	指标说明	评价标准及评分规则
政策制定	20	资金分配		分配结果相符性		反映中央和地方是否严格按照资金管理办法分配资金	①中央财政资金分配结果是否与管理办法相符；②地方财政资金分配结果是否与管理办法相符	具备一个得分要素，增加指标分值的50%
		组织管理		组织机构健全性		反映负责政策执行的各部门职责分工是否明确、组织机构是否健全、中央和地方协作机制是否完善。	①各部门职责分工是否明确、具体；②相关组织机构是否健全；③过程管理是否规范、是否存在违法违规行为	具备①②得分要素，分别增加指标分值的30%，具备③增加指标分值的40%
				管理制度有效性		反映政策实施所需管理制度是否建立，并按照制度要求落实	①是否制定保证政策实施的必要的管理制度；②是否按照制度落实管理要求；③过程管理是否规范、是否存在违法违规行为	具备①②得分要素，分别增加指标分值的50%，如③存在问题，根据情况扣减相应分值
政策实施	20	资金管理		资金使用规范性		反映资金使用是否符合规定要求	①是否按照规定将资金及时拨付到位；②资金使用是否符合规定要求；③是否存在挤占、挪用、截留情况；④是否存在其他违法违规行为	具备①②得分要素，分别增加指标分值的50%，如出现③④该项不得分
				资金使用有效性		反映资金使用情况是否能够根据实际情况合理安排，提高资金使用效益	①是否能够根据实际需求使用资金；②是否采取了提高资金使用效益的有效措施	具备①②得分要素，分别增加指标分值的50%
				监督机制完善性		反映资金使用情况是否有相应的监督检查程序，是否能够按照规定向社会公开	①是否采取相应的监督检查措施；②是否建立了相应绩效考核机制；③是否能够按照规定向社会公开	具备①得分要素，增加指标分值的50%，具备②③得分要素，分别增加指标分值的25%

续表

一级指标	分值	二级指标	分值	三级指标	分值	指标解释	指标说明	评价标准及评分规则
政策实施	20	产出结果		根据具体情况设置		反映政策产出的实现程度		可参照赋分值细化，也根据具体情况调整设定评分标准
		经济影响		根据具体情况设置		反映政策实施带来的经济影响，适用于相关经济政策		可参照赋分值细化，也根据具体情况调整设定评分标准
		社会影响		根据具体情况设置		反映政策实施带来的社会影响，适用于相关社会公共服务政策		可参照赋分值细化，也根据具体情况调整设定评分标准
政策效果	40	环境影响		根据具体情况设置		反映政策实施带来的环境影响，适用于相关环境政策		可参照赋分值细化，也根据具体情况调整设定评分标准
		相关方满意度		主管部门满意度		反映政策主管部门对政策执行效果的满意程度		可参照赋分值细化，也根据具体情况调整设定评分标准
				服务对象满意度		反映政策服务对象对政策执行效果的满意程度		可参照赋分值细化，也根据具体情况调整设定评分标准
政策公平性	10	政策效果普惠性		根据具体情况设置		反映政策在实施过程中是否具有公共性、无差异性、非排他性；是否损害特定群体利益或将其排除在受益范围之外		可参照赋分值细化，也根据具体情况调整设定评分标准
政策示范及可持续性	10	政策示范性		根据具体情况设置		反映政策对后续类似政策的借鉴程度		可参照赋分值细化，也根据具体情况调整设定评分标准
		政策持续性		根据具体情况设置		反映政策与后期发展规划、方向的一致性		可参照赋分值细化，也根据具体情况调整设定评分标准
总体评价	100							

资料来源：《财政部预算评审中心财政评审业务工作规范》（试行），2018

4.4.2　评审中心政策绩效评价指标体系的改进与完善

如上所述，财政部预算评审中心现行的政策绩效评价指标体系是一个对政策管理全过程的评价。下面，我们在这一指标体系框架下，按照政策或项目评价的一般逻辑，研究和讨论如何进一步改进和完善这一指标体系。首先，讨论一般概念与方法框架下的评价问题设计；其次，阐述评审中心《操作规程》关于绩效评价内容和评价指标体系的相关要求；最后，提出改进和完善政策绩效评价指标的若干建议。这些建议将主要聚焦于其中的二级和三级指标。

1. 一般概念与方法框架下的评价问题

政策或项目评价是一个信息汇集和解释的过程。在这个过程中，评价者要试图解决有关政策或项目实施和效果的一系列问题。所以，评价指标体系设计的一个十分重要的内容便是确定关键的评价问题。在确定了关键的评价问题之后，才选择和确定具体的评价指标及其后续评价要素。[①]在此，我们之所以重点讨论关键评价问题，是因为"它为绩效评价和评价设计的选择指明了方向"（琳达、雷，2009），是指标开发的基础与关键。根据彼得·罗希的研究，一般概念与方法框架下的评价问题主要包括：

- 需求评价：主要分析政策（项目）运作所需的社会条件及需求程度等问题。
- 结果链评价：主要分析政策（项目）的概念化和设计等问题。
- 过程评价：主要分析政策（项目）的实施及服务送达等问题。
- 效果评价：主要分析政策（项目）的成效和影响等问题。
- 效率评价：主要分析政策（项目）的成本-收益和成本-效果等问题。

这些关键评价问题按照我国的习惯用语，就是绩效评价指标体系的二级指标。在绩效评价工作中，评价问题往往要求得十分具体和详尽。为此，需要将上述五类关键评价问题转化为若干更为具体的、便于回答的子问题（这些子问题也可以称为三级指标）。例如，针对上述五类问题，可分别提出以下的子问题[②]：

（1）项目需求问题（需求评价）：

- 问题的本质与范围是什么？

---

① 按照我国的习惯用语，关键评价问题就是二级指标，关键评价问题下的各个子问题就是三级指标。

② 彼得·罗希，等.评估：方法与技术[M].7版.重庆：重庆大学出版社，2007：第54-55页.

- 需求人群的特征是什么？
- 人群的需求是什么？
- 需要什么样的服务？
- 所需服务的规模多大，何时需要？
- 为将服务提供给目标人群，应安排怎样的送达渠道？

（2）项目设计问题（结果链评价）：

- 应该为什么样的客户提供服务？
- 提供什么样的服务？
- 对服务而言，最好的送达渠道是什么？
- 项目怎样才能确定、重新招募和保证既有对象的数量？
- 应该如何组织项目？
- 对于项目而言，什么样的资源是必需而又合适的？

（3）项目操作和服务送达问题（过程评价）：

- 达到行政性和服务性目标了吗？
- 目标人群得到了既定服务了吗？
- 是否存在需要此类服务，但服务还未涉及的人员？
- 在服务过程中，是否针对足够数量的客户完成了服务项目？
- 客户对服务满意吗？
- 行政的、组织的以及个体的功能是否得到了充分发挥？

（4）项目成效问题（成效评价）：

- 需要达到的目标和目的是否已达到？
- 服务对参与者是否有有利的效果？
- 服务对参与者是否有负面的效果？
- 服务对某些参与者的影响是否比其他人的要大？
- 服务企图改善的问题或是情况是否有所改善？

（5）项目成本和效率问题（效率评价）：

- 资源是否被充分利用？
- 与收益最大化比较，成本是否合理？
- 是否还有其他的方法能帮助降低成本并获得同样的结果？

显而易见，彼得·罗希构建的这一全过程评价框架是需求导向的。专栏4-3即是该评价框架的一个具体案例。

专栏4-3　邻里课余活动项目的评价问题

在邻近的一个经济较为落后的地区，课余活动项目借助当地的一所小学为该区内一些无人照顾的孩子（latchkey children）在3：00到6：00之间提供免费的课后义务教育。这个项目的目标在于，为这些孩子们提供安全的、具有监督意义的学习环境，从而通过这种补课活动来提高他们的学习质量。以下是有关这个项目应该涉及的评估问题，仅以此作为例子，以供参考。

开展项目是否有必要?

问题：距该校方圆1.5英里的区域之内，有多少这样无人照顾的孩子？无人照顾的孩子的含义是，到了学习年龄但是在学习期间至少一个星期中就有一次没有成年人监护的孩子。

标准：在确定的区域内，应该至少有100名这样的孩子。而项目计划招收的孩子只有60名，这样可以充分保证每天进入项目的孩子能够达到足够的数量，因为种种原因，一些符合条件的孩子也许不一定进入项目。

问题：项目规定的、被包括进来的此类孩子的比例如何？

标准：进入项目的孩子中，至少有75%的应该完全符合项目条件。这是行政性目标，即在认识到其他孩子也有兴趣的情况下，进入项目的孩子主要应该是"无人照顾的孩子"。

项目设计的情况如何?

问题：计划中的教育活动对于这些孩子而言是否是最好的，是否能最有效地提高他们的学习效率？

标准：在对此类教育进行研究时，应该有指标说明这样的项目会有什么样的产出。同时，这些活动也应该得到相关年级有教育经验老师的认可。

问题：项目工作人员的数量是否足够？

标准：项目职员与学生的比率应该超过国家为正式儿童教育所规定的比率。

项目是否得到了有效执行?

问题：儿童参与的比例为多少？

标准：儿童的参与必须按照时间表的安排来活动，除非有家长的申请才能缺席。

问题：项目是否为学校的作业以及相关任务提供了正常的支持？

标准：孩子们必须在每天下午有平均45分钟的时间在有监督的情况下完成作业，还得阅读，这是每个参加的孩子必须完成的。

项目是否有既定的目的？

问题：参加的孩子对学校的态度是否有所改观？

标准：在整个学年里，必须有80%的学生对学校的态度有所改观。有资料显示，类似的孩子对学校的态度每况愈下；该项目的目的就是扭转这种局势，即使态度的改变并不大。

问题：孩子们进行了有规律的学习之后，他们的学业是否有所进步？

标准：孩子们在学业上所取得的平均成绩必须比没有参加该项目的孩子优秀。

项目的成本-效益比如何？

问题：在不计正常学年教育开销的情况下，每一个孩子参加此类项目的开销是多少？

标准：此开销应该和本州其他学区开展同样项目的相似或更少。

问题：除项目主管之外，如果项目工作人员是由社区志愿者而不是付酬的辅导专职人员组成，那么该项目是否能花销得更少而达到同样的效果？

标准：志愿者基础上的项目年开销，包括成员的组建、培训和志愿者的支持服务项目，将至少比目前开展的干预少花费20%的资金，而绩效并不降低。

资料来源：彼得·罗希，《评估：方法与技术》（第七版），2007

2. 评审中心《操作规程》关于绩效评价的内容、原则和指标的相关要求

财政部预算评审中心2018年制定的《重点绩效评价操作规程》对财政支出绩效评价的内容、原则和评价指标提出了一系列的要求，这些要求概括起来主要有五项：

其一，注重目标引领。根据《操作规程》的规定，绩效评价的内容应包括：绩效目标的设定情况，资金投入和使用情况，绩效目标的实现程度及效果，为实现绩效目标制定的制度、采取的措施等。可以看出，财政绩效评价的内容主要聚焦于绩效目标实现程度，围绕绩效目标的设定、绩效运行监控和绩效完成程度全流程展开，突出地体现了绩效目标的导向原则（即目标引领原则）。按照目标引领原则，财政绩效评价要重点关注绩效内容的完整性、明确性，绩效指标值的实现程度，绩效标准与预算规模的匹配性。

其二，侧重政策导向。《操作规程》提出，绩效评价应侧重政策绩效导向，评价过程中不仅要关注项目的完成情况，还要注重政策性，对政策科学性、合理性、有效性、实施必要性等进行评价，提出调整建议。要将绩效评价中社会关注度高、对经济社会发展有重要影响、关系重大民生领域的政策，以及问题易发多发的项目，作为绩效评价的重点，从政策角度思考财政支出绩效和存在的问题。预算是政府活动和公共政策的集中反映，因此，开展财政绩效评价必然要注重政策分析。

其三，坚持系统评价。《操作规程》提出，财政绩效评价不仅要关注年度的实施情况，还要对资金的实施情况进行系统的评价。对于资金分配涉及项目单位或地方较多的，坚持"点面结合"，选择资金占比比较高的单位和省份开展现场调研，以保证评价结果的说服力。可以看出，这一原则强调要对资金的分配和使用情况进行全面评价。由于资金的管理主要是为实现绩效目标而服务的，因此，为了更好地坚持资金的系统评价原则，评价人员应当把这一评价与对绩效目标的实现情况评价紧密结合起来。

其四，恪守科学和客观。《操作规程》规定，绩效评价应当遵循科学的评价程序，设置科学的绩效评价指标和评价标准，运用科学、可行的评价方法，协调和组织受益群体、实施单位、责任主体、组织主体、地方政府等共同参与，采用定量和定性分析相结合的方式开展。评价人员应当坚持中立立场，从实际出发，以事实为依据，法规绩效标准为准绳，客观公正地开展绩效评价工作，以确保绩效评价结果的真实性、客观性和公正性。

其五，指标选取原则。对于评价指标的选择和确定，《操作规程》提出了五个重要的原则：（1）相关性原则。绩效评价指标选取应当与绩效目标有直接的联系，能够恰当反映绩效目标的实现情况。（2）重要性原则。评价指标选取优先使用最具代表性、最能反映绩效评价要求的核心指标。（3）可比性原则。对同类项目要设定共性的评价指标，以便评价结果可以相互比较。（4）系统性原则。要求将定量指标与定性指标相结合，系统反映项目支出所产生的社会效益、经济效益、环境效益和可持续影响。（5）经济性原则。评价指标要通俗易懂，简便易行，数据获得应当考虑现实条件和可操作性，并且符合成本-效益原则。

3. 评审中心政策评价指标体系的完善建议

按照评审中心的《操作规程》要求，遵循上述彼得·罗希的项目评价逻辑，我们将评审中心政策绩效评价指标体系的二级指标及相关的三级指标修改如下：

（1）政策制定维度（20%）

该评价维度主要关注绩效目标的设定情况、实施方案和预算的编制情况，其评价指标主要包括：

A. 绩效目标合理性，即分析绩效目标是否符合国家战略，是否满足地方需要。其中，对于后者需要着重进行需求分析。

B. 绩效目标的明确性，即分析绩效目标是否具体明确，可衡量，可考核，同时还要分析和明确政策目标人群。

C. 实施方案合理性，即分析政策或项目方案是否与绩效目标相匹配。在此，需要进行结果链评价或项目理论评价。

D. 资金分配合理性，即分析是否与绩效目标相匹配，是否具有成本效益性。

（2）政策实施维度（20%）

该评价维度主要关注绩效运行的情况和资金使用的情况，其评价指标主要包括：

A. 业务或项目管理（包括项目组织机构与管理制度的健全性，实施方案的执行情况）。

B. 资金或财务管理（包括资金到位率与执行率，财务管理制度的健全性，资金使用的合规性等）。

C. 产出完成情况（包括产出的数量、质量、时效性及资金效率）。

（3）政策效果维度（40%）

该评价维度主要关注绩效目标的实现情况，其评价指标主要包括如下：

A. 预期效果或绩效目标的实现情况。

B. 实际的受益人群是否是目标人群？目标人群的需求是否得到满足？

C. 政策的实施带来了哪些非预期的效果（包括正、负两方面）？

D. 服务对象满意度（主要为服务对象对项目实施效果的评价）。

（4）政策公平性维度（10%）

该评价维度主要关注政策效果是否具有普惠性，其评价指标主要包括：

A. 受益者群体是否有公开的渠道获取有关政策的信息？

B. 不同子群体（特别是弱势群体）是否能够获得相同的（潜在）政策收益？

（5）政策可持续性维度（10%）

该评价维度主要关注政策的活动和收益随着时间的推移是否具有可持续性，其评价指标主要包括：

A. 政策活动的收益在财政资助结束后的持续性（主要分析政策在制度环境与财务方面是否可持续）。

B. 政策能够长期、持续地获取收益的可能性（或政策的净收益流具有随时间变化的风险弹性）。

4. 创新战略研究院的科研产出与影响力指标

在评审中心政策绩效评价指标体系中，效果类指标占比达40%，但是其二级指标的设置却不尽合理（见4.4.1小节的分析）。我们认为，效果类指标主要揭示绩效目标的实现情况（大多表现为社会效益）。为了更为清楚地阐明这一点，我们以中国科协创新战略研究院开发的科研产出与影响力指标为例来进行具体说明。

2015年，中国科协创新战略研究启动了中国科学技术与工程指标项目，经过两年多的努力，完成了《关于中国的科技创新投入产出、科学技术与工程发展状况的指标分析报告》。在该报告中，创新战略研究院开发了一个中国科学技术与工程指标体系（表4-9）。该指标体系从科技人力资源、科技与工程高等教育、研发（R&D）经费投入、科研产出与影响力、科技基础条件资源、高技术产业、公民科学素质与对科技的态度等方面，系统反映了中国科学技术与工程发展状况。也就是说，该指标体系包含了八个维度。在投入方面，主要包括科技活动的人力和资本投入，其中，人力投入为科技人力资源和体现科技人力资源储备、素质情况的科技与工程相关方面的各阶段教育情况。在产出与效果方面，主要包括科学技术与工程的学术产出，产出的学术、社会和经济影响力，以及科学技术与工程的产业化——高技术产业发展情况的主要指标。其他要素指标包括基础设施条件、公民的科学素质，以及对科技的态度等反映创新体软硬环境的指标。其中，产出与效果维度——科研产出和影响力维度包括4个一级指标和41个具体指标。[1]下面，对科研产出

---

① 这里的一级指标和具体指标在评审中心的评价指标体系中则分别为二级指标和三级指标。

和影响力评价维度的含义及其一级指标和具体指标做进一步分析和说明。

科技产出是指科学研究和技术创新活动所产生的各种形式的成果，主要形式包括科技论文和专利。其中，科技论文主要是作为衡量学术研究产出的指标，体现知识创新方面的成果；专利通常作为测度技术创新产出的指标，反映技术发明的成果。在这两种科技活动直接产出成果的基础上，还加入了两个间接影响的评价维度，分别是学术影响力和经济效应。其中，学术影响力评价国内外学术界对中国学者学术水平的评价和认可度；经济效应主要评价科学研究和技术创新活动对经济社会发展的促进作用，具体表现为全社会技术进步对经济增长的贡献程度和中国的自主创新能力等。[①]科研产出和影响力指标通过对国内外科学与工程领域的论文和专利进行分析，对中国的科研能力、创新能力进行测度，与目标国家进行对比分析；并通过对科学家在国际上获得著名科技奖励的情况和中国科技人员在国际标准化组织的任职分析，展示国家科技能力及其在国际上的影响力。以下是对其三级指标的详细解释。

国内和国际科技论文——国内科技论文，是指我国科技工作者在国内期刊上发表的论文，本研究核算范围为2006—2015年《中国科技论文与引文数据库》收录的国内期刊论文。国际科技论文为科睿唯安（原汤森路透）Incites平台中收录在SCI数据库的论文。

高被引论文——按领域和出版年统计的引文数据排名前1%的论文。

热点论文——按领域出版年统计的引文数据排名前1‰的论文。

横向合作论文——包含了一位或多位组织机构类型标记为"企业"的作者的出版物。

专利申请量和授权量——专利申请量是指专利机构受理技术发明申请专利的数量，专利授权量指由专利机构授予专利权的专利数量。

有效专利——专利申请被授权后，仍处于有效状态的专利。

职务发明专利——执行本单位的任务或者主要是利用本单位的物质技术条件所完成的发明专利。

PCT专利——PCT是指专利合约，该条约规定，一项国际专利申请在申请文件中指定的每个签字国都具有与本国申请同等的效力。

三方专利——在欧洲专利局和日本专利局都提出了事前并已在美国专利

---

① 中国科协创新战略研究院. 中国科学技术与工程指标[M]. 北京：清华大学出版社，2018：第145页.

商标局获得发明专利权的同一项发明专利。

技术依存度——一国的技术创新对国外技术的依赖程度。一般通过测算科学技术经费中技术引进经费的占比，度量一国的对外的技术依存度。

科技进步贡献率——广义技术进步对经济增长的贡献份额，它反映在经济增长中投资、劳动和科技三大要素作用的相对关系。其基本含义是扣除了资本和劳动后科技等因素对经济增长的贡献份额。①

表4-9　中国科学技术与工程指标

维　　度	一级指标	二级指标	三级指标
科技人力资源	按资格为主测算	—	1. 科技人力资源总量
			2. 各学历层次科技人员占比
			3. 各学科科技人员占比
	从职业角度分析	专业技术人员	4. 专业技术人员总量
			5. 不同科技领域专业技术人员占比
		R&D人员	6. R&D人员全时当量
			7. 各部门R&D人员占比
			8. 各活动类型R&D人员占比
		高等教育专任教师	9. 高等教育专任教师数
			10. 各学历层次专任教师占比
			11. 各类职称专任教师占比
科学与工程的高等教育	高等教育机构概况	—	12. 高等教育机构总数
			13. 高等教育经费收入
			14. 高等教育经费支出
			15. 普通高等学校生均教育经费支出
	科学与工程高等教育	专科层次	16. 招生人数
			17. 不同学科招生占比
			18. 招生性别比例
			19. 不同培养渠道招生占比
			20. 在校生人数
			21. 不同学科在校生占比
			22. 在校生性别比例
			23. 在校生培养渠道结构
			24. 毕业生人数

---

① 中国科协创新战略研究院. 中国科学技术与工程指标[M]. 北京：清华大学出版社，2018：第349-350页.

续表

维　度	一级指标	二级指标	三级指标
科学与工程的高等教育	科学与工程高等教育	专科层次	25. 毕业生学科结构
			26. 毕业生培养渠道结构
			27. 招生人数
			28. 不同学科招生占比
			29. 招生性别比例
			30. 不同培养渠道招生占比
			31. 在校生人数
			32. 不同学科在校生占比
			33. 在校生性别比例
			34. 在校生培养渠道结构
			35. 毕业生人数
			36. 毕业生学科结构
			37. 毕业生培养渠道结构
		研究生层次	38. 招生人数
			39. 不同学科招生占比
			40. 招生性别比例
			41. 不同培养渠道招生占比
			42. 在校生人数
			43. 不同学科在校生占比
			44. 在校生性别比例
			45. 在校生培养渠道结构
			46. 毕业生人数
			47. 毕业生学科结构
			48. 毕业生培养渠道结构
	国际交流	来华留学生	49. 接收留学生数量
			50. 留学生在不同层次高等教育学生中所占比例
			51. 各学科留学生占比
			52. 不同来源地留学生占比
			53. 不同经费来源的留学生占比
			54. 不同目的地省份的留学生占比
			55. 不同学历层次的留学生占比

维　度	一级指标	二级指标	三级指标
科学与工程的高等教育	国际交流	出国留学生	56. 出国留学生数量
			57. 学成归国人员数量
			58. 高等教育领域留学生按目的国分布
			59. 留学生净流量
中小学数学和科学教育	学生的数学和科学学业成就	—	60. 学生的数学学业成就
			61. 学生的科学学业成就
	数学和科学教师	数学学科	62. 不同学段教师数量
			63. 不同学段数学学科男女教师比例
			64. 不同学段数学学科少数民族教师占比
			65. 不同学段数学学科本科以上学历教师占比
		科学学科	66. 不同学段科学教师数量
			67. 不同学段科学男女教师比例
			68. 不同学段科学少数民族教师占比
			69. 不同学段科学本科以上学历教师占比
	科学教育基础设施和条件	实验室	70. 实验仪器达标率
			71. 实验室生均使用面积
			72. 生均实验设备资产值
		教学用计算机	73. 每百名学生平均拥有的教学用计算机数
	校外科学教育	博物馆中的科学教育	74. 全国科技馆数量
			75. 科技馆展教辅导员数量
			76. 展教辅导员本科及以上学历占比
			77. 学生观众数量及占全部观众的比重
			78. 开展馆校合作的科技馆数量
			79. 开展馆校合作的学校数量
		科技竞赛中的科学教育	80. 科技竞赛数量
			81. 科技竞赛参赛人数
		科技教育出版物	82. 科技教育类图书发行量
			83. 科技教育类图书在少儿图书中所占比例
			84. 不同学科科技教育类图书比例
			85. 不同年龄段科技教育类图书比例

维　度	一级指标	二级指标	三级指标
研究与发展经费投入	总量	—	86. R&D经费投入
			87. R&D经费投入强度
	结构	经费用途结构	88. 基础研究投入占比
			89. 应用研究投入占比
			90. 试验发展投入占比
		经费来源结构	91. 政府资金占比
			92. 企业资金占比
			93. 国外资金占比
		执行部门结构	94. 政府执行占比
			95. 企业执行占比
			96. 高等院校占比
	研发经费流向	—	97. 企业资金流向政府科研机构比例
			98. 企业资金流向高等院校比例
			99. 政府资金流向企业比例
			100. 政府资金流向高等院校比例
			101. 企业执行研发经费中来自政府资金的比例
			102. 高等院校执行经费中来自政府资金的比例
科研产出与效益	科技与工程学科论文	国内论文	103. 论文总量
			104. 论文数量年增长率
			105. 不同学科论文占比
			106. 不同机构发表论文占比
		国际论文	107. SCI论文数
			108. 论文数量全球百分比
			109. 论文数量年增长率
			110. 不同学科论文占比
			111. 不同机构发表论文占比
			112. 论文被引总频次
			113. 被引频次全球百分比
			114. 篇均被引频次
			115. 高被引论文数量
			116. 高被引论文全球百分比
			117. 热点论文数量
			118. 热点论文全球百分比

维　度	一级指标	二级指标	三级指标
科研产出与效益	科技与工程学科论文	国际论文	119. 国际合作论文数量
			120. 国际合作论文占比
			121. 横向合作论文数量
			122. 横向合作论文占比
	专利	本国专利	123. 专利申请量
			124. 专利授权量
			125. 专利授权量占申请量的比例
			126. 有效专利数量
			127. 不同技术领域专利占比
			128. 职务发明专利中不同机构占比
		国外专利	129. PCT专利申请量
			130. 三方专利申请量
	学术影响力	国际科技奖项	131. 全球不同领域国际科技奖项的总人次
			132. 各国获国际科际奖项总人次
			133. 各国获国际科技奖项人数占世界总人数的比例
		国际标准化组织技术委员会任职	134. 在国际标准化组织(ISO)技术委员会秘书处任职数量
			135. 在ISO技术委员会成员国任职数量
			136. 在ISO分技术委员会秘书处的任职数量
			137. 在ISO分技术委员会成员国任职数量
			138. 不同学科领域任职比例
		学会人员在国际民间科技组织中任职	139. 学会人员在国际民间科技组织中任职的总数
			140. 学会人员在国际民间科技组织中担任主席职务的人数
			141. 不同学科领域任职比例
	经济效应	—	142. 技术依存度
			143. 全要素生产率对经济增长的贡献
国家科技基础条件资源	大型科学仪器设备	仪器规模	144. 原值50万元及以上的大型科研仪器数量
			145. 原值500万元以上的大型科研仪器数量
		购置资金来源	146. 中央财政购置大型科研仪器总额
			147. 主体科技计划项目资金占比
		国产化情况	148. 国产化率
			149. 各类型大型科研仪器的国产化率

续表

维　度	一级指标	二级指标	三级指标
国家科技基础条件资源	大型科学仪器设备	开放共享水平	150. 实现开放共享的大型科研仪器的数量
			151. 对外开放率
		设备为企业服务情况	152. 企业研发使用占总服务机时的比重
		开放共享载体	153. 国家大型科学仪器中心数量
			154. 国家级分析测试中心数量
			155. 大型科研仪器共享网数量
	重大科研基础设施	—	156. 设施投资额
			157. 设施建设数量
			158. 不同主管部门科研基础设施占比
	科学数据	—	159. 科学数据资源量
			160. 科学数据中心数量
高技术产业	高技术产品制造业	总量	161. 高技术产业主营业务收入额
		结构	162. 内资企业主营业务收入占比
			163. 三资企业主营业务收入占比
		占制造业比重	164. 高技术产业主营业务收入占制造业的比重
			165. 部分国家高技术产业出口占制造业的比重
		技术创新	166. 高技术产业R&D经费支出
			167. 大中型高技术产业有效发明专利拥有量
	高技术产品贸易	总量	168. 高技术产品进出口总额
			169. 占商品进出口总额的比重
		技术领域结构	170. 不同技术领域高技术产品进口额占比
			171. 不同技术领域高技术产品出口额占比
		出口贸易方式结构	172. 进料加工贸易占比
			173. 来料加工装配贸易占比
			174. 一般贸易占比
		出口企业性质结构	175. 外商独资企业占比
			176. 中外合资企业占比
			177. 国有企业占比
		贸易伙伴	178. 中国进口前十大贸易伙伴占比
			179. 中国出口前十大贸易伙伴占比

续表

维 度	一级指标	二级指标	三级指标
高技术产业	中国技术贸易	—	180. 技术合同数
			181. 技术合同交易额
			182. 输出技术合同成交额
			183. 吸纳技术合同成交额
公民的科学素质及对科学技术的态度	公民科学素质	总体水平	184. 中国具备科学素质的公民比例
		各地区水平	185. 东中两部地区公民科学素质水平
			186. 各省份公民科学素质水平
		群体特征	187. 按城乡分类的公民科学素质水平
			188. 不同年龄段公民的科学素质水平
			189. 不同性别公民的科学素质水平
			190. 不同受教育程度公民的科学素质水平
	公民的科技信息来源	公民获取科技信息的主要渠道	191. 通过不同渠道获取科技信息的公民占比
			192. 公民对互联网渠道传播科技信息的信任程度
		公民利用科普场馆情况	193. 过去一年公民参观过各类科普场馆的比例
			194. 公民因"本地没有"而未参观过科技类场馆的比例
		公民参加科普活动的情况	195. 过去一年公民参加或知晓各类科普活动的比例
		公民参与公共科技事务的程度	196. 经常或有时参与各类公共科技事务的公民占比
	公民对科学技术的态度	公民对科技信息的感兴趣程度	197. 对科技类新闻话题感兴趣的公民占比
			198. 具备科学素质的公民中对科技类新闻话题感兴趣的占比
		公民对科学技术的看法	199. 支持科技事业发展并对科学技术的应用充满期望的公民占比
			200. 具备科学素质的公民中支持科技事业发展并对科学技术的应用充满期望的占比
			201. 支持转基因技术应用的公民占比
			202. 具备科学素质的公民中对转基因技术应用持支持态度的占比
		公民对科学技术职业声望的看法	203. 科学家、教师、医生和工程师等科学技术类职业在公民心目中的声望

资料来源：中国科协创新战略研究院. 中国科学技术与工程指标[M]. 北京：清华大学出版社，2018：第7-12页.

本章小结

1. 绩效评价矩阵是一个帮助评价设计的组织工具。开发绩效评价矩阵的目的在于，组织好评价目的和内容，并且保证评价内容（或评价问题）与合适的评价指标及相应的数据收集和分析方法相匹配。

2. 绩效评价矩阵不仅包含评价维度、问题、指标等要素，而且包含着后续的数据来源、数据收集和数据分析方法。所以，绩效评价矩阵比传统绩效评价指标体系更为科学和完整，是传统绩效评价指标体系的一个升级版。

3.《操作指南》规定财政支出政策绩效评价包括五个评价维度：相关性、效果性、效率、公平和可持续性。其中，相关性的评价关注的主要是财政支出政策的制定和设计问题，而效果性、效率、公平和可持续性的评价关注的都是财政支出政策实施的结果问题。所以，上述绩效评价矩阵体现了结果为导向的评价理念。

4. 绩效指标的开发也需要遵循一定的步骤。一般而言，绩效指标的开发应包含以下几个基本步骤：（1）明确组织的使命与目标；（2）确定基本的评价指标；（3）强调指标的数据的来源与收集方法；（4）与关键的利益相关者交流并达成共识；（5）通过实践不断修改和改进绩效指标。

5. 全过程的评价框架下，关键的评价问题通常包括：（1）需求评价，主要分析项目运作所需的社会条件及需求程度等问题；（2）结果链（即逻辑框架）评价，主要分析政策或项目的概念化和设计等问题；（3）过程评价，主要分析政策或项目的实施以及服务送达等问题；（4）效果评价，主要分析政策或项目的成效和影响等问题；（5）效率评价，主要分析项目的成本-收益和成本-效果等问题。

6. 财政部预算评审中心的政策绩效评价指标体系包含以下五个评价维度：（1）政策制定维度，主要关注政策绩效目标的设定情况、项目实施方案和预算的编制情况；（2）政策实施维度，主要关注绩效运行的情况和资金使用情况；（3）政策效果维度，主要关注绩效目标的实现情况；（4）政策公平性维度，主要关注政策效果是否具有普惠性；（5）政策可持续性维度，主要关注政策活动和收益随着时间的推移是否具有可持续性。

复习与思考

1. 为什么绩效评价矩阵比传统的绩效评价指标体系更为优越？

2. 如何开发恰当的绩效指标？

3. 给出以下变量的基本定义和操作性定义：

（1）项目支出；（2）健康服务；（3）收入分配；

（4）生活质量；（5）能源消耗；（6）受降雨机会的均等性；

（7）污染；（8）国家安全；（9）对市政服务的满意度。

4. 台儿庄战役结束之后，1938年4月10日英国《新闻记事报》发表了这样一段评论："中国胜利之真实价值，不能以收复土地面积大小来表示，而应以日本所消耗之时日与弹药来估量。因为这种消耗，对日本是非常不利的……我们依据这种显示标准来评论中日两国的战事，那么中国是无日不在胜利中。"（王树增，《抗日战争》第一卷，第437~438页）这里的评价指标你认为选择得正确吗？

5. 国家统计年鉴、地方统计年鉴以及部委的行业统计年鉴等二手资料能否提供政策绩效评价所需要的全部数据资料？为什么？

6. 如何理解相关性、效果性、效率性、公平性和可持续性的含义及其相互关系？相关性是否应该去掉？效果性和效率评价维度的顺序能否变换？为什么？

7. "相关性、效果性、效率性、公平性和可持续性"和"政策制定、政策实施、政策效果、政策公平性和可持续性"两个评价框架哪一个更适合于我国现阶段的政策绩效评价？为什么？

8. 表4-10为哈尔滨青年宫整体维修改造项目的一个绩效评价指标体系，请对该指标体系进行分析并回答以下问题：

（1）该指标体系缺少哪些重要的评价要素？

（2）该指标体系的指标是否都符合SMART标准？

（3）该指标体系中每一个指标的评价标准是否明确？

表4-10 哈尔滨青年营整体维修改造项目绩效评价指标体系

一级指标	分值	二级指标	分值	三级指标	分值	四级指标	评分依据
项目决策	10	绩效目标	5	目标内容	2	目标明确性与合理性	目标明确合理，得2分 其他情况专家酌情评分
					2	目标是否细化	目标分解细化清晰，得2分 其他情况专家酌情评分
					1	目标是否量化	目标量化与实际相符，得1分 其他情况专家酌情评分
		决策过程	5	决策依据	2	项目是否与哈尔滨总体规划、发展战略、经济发展水平相符	相符，得2分 不相符，依据实际情况酌情评分
					1	项目是否进行了充分的可行性研究	项目进行了充分可行性研究，得1分 其他情况，专家酌情评分
				决策程序	1	项目是否按照规定的程序申请设立	①项目是否按照规定的程序申请设立（"是"得0.5分；"否"得0分；资料不完整酌情得分） ②所提交的文件、材料是否符合相关要求（"是"得0.5分；"否"得0分；资料不完整，酌情得分）
					1	事前是否已经过必要的审批程序	事前是否已经过必要的审批程序（"是"得1分；"否"得0分）
项目管理	10	项目资金	5	资金使用	3	是否存在支出依据不合规、虚列项目支出的情况；是否存在截留、挤占、挪用项目资金情况；是否存在超标准开支情况	①虚列（套取），扣3分 ②支出依据不合规或差错每笔扣0.5分 ③截留、挪用，扣2分 ④超标准开支，扣1~2分
				资金到位时效	1	资金是否及时到位；若未及时到位，是否影响项目进度	①及时到位（1分） ②未及时到位但未影响项目进度（1分） ③未及时到位并影响项目进度（0分）
				资金执行率	1	实际使用资金与计划使用资金的比率，用以反映和考核项目执行情况	①100%执行（1分） ②未100%执行（0分）
		项目实施	5	组织机构	2	机构是否健全，分工是否明确	机构健全（1分）、分工明确（1分）
				管理制度	3	是否建立健全项目管理制度；是否严格执行相关项目管理制度	①建立项目管理制度（2分） ②严格执行相关项目管理制度（1分）

续表

一级指标	分值	二级指标	分值	三级指标	分值	四级指标	评分依据
项目绩效	40	项目产出	5	产出数量	2	主楼及创业孵化基地加固、修缮、改造面积/场区道路恢复面积/翻建围墙长度按设计施工图样：加固及修缮面积9 585.69m²，创业孵化基地改造1 567.13m²，场区道路恢复面积6 765m²，围墙569.5m	①按设计施工图样（2分）②未按设计施工图纸，根据偏差情况酌情评分
					2	舞台灯光、音响、监控、视频、会议系统质量保修期内没有发生质量事故，未发现潜在质量缺陷，运行良好	①质量保修期内没有发生质量事故（1分）②未发现潜在质量缺陷，运行良好（1分）③系统运行出现质量缺陷或质量事故，每个缺陷/事故扣0.5分
					1	新增剧场座椅按设计施工图样1 020个；使用舒适，没有质量问题	①按设计施工图纸（0.3分）；使用舒适（0.4分）没有质量问题（0.4分）②未按设计施工图纸，根据偏差情况酌情评分③使用情况依据问卷调查百分比评分④出现质量问题座椅占全部座椅总数1个百分点扣0.1分
					2	工程验收合格率、工程验收合格工程金额数除以工程结算总金额	按"工程验收合格工程结算总额"计算得分，100%得满分，少1%扣0.1分
					3	项目实施的实际产出率（项目实施的实际产出数与计划产出数的比率，用以反映和考核项目产出数量目标的实现程度）	按照"项目实施的实际产出数与计划产出数的比率×分值"计算得分（最多3分）
				产出质量	8	运营管理（运营管理制度是否健全，以及制度执行情况）	"管理制度健全性"共3分：①管理制度健全（3分）②管理制度不健全，根据实际情况酌情评分"制度执行有效性"共5分：①执行情况很好（5分）②执行情况良好（4分）③执行情况一般（3分）④执行情况较差、未执行，根据实际情况酌情评分
			25				

续表

一级指标	分值	二级指标	分值	三级指标	分值	四级指标	评分依据
项目绩效		项目产出	40	产出质量	25	设施维护［以设施维护（响应时间、维修时间）为评价标准，通过收集相关数据，察看设施设备管理现状，开展对比分析，评价设施维护情况］	①响应时间：剧场舞台设备/污水提升泵不超过30分钟，电气设备/生活供水不超过10分钟得4分，超过一次扣0.5分；②维修时间：舞台机械系统/多媒体显示系统7~15天，电影系统/会议系统10~20天，内部通信系统10~30天，背景音乐及应急广播系统1~2个月，高清实时录播系统1~3个月，演出扩声系统3~6个月，灯光系统7~6个月不超过得4分，超过一次扣0.5分
					8	环保检测，装修结束后，是否进行环保检测并且合格	①进行了环保检测并且合格得4分②进行了环保检测但施工材料环保不合格扣评分③进行了环保检测但不合格得分
					4		
				产出时效	5	项目完成及时率（整个工程，包括主楼及创业孵化基地加固、修缮、改造、装饰、采暖、给排水、电气、消防、剧场灯光音响设备以及室外庭院工程是否按计划时间完成）	①按时完成目标任务（5分）②未按时完成任务每延期1个月扣1分③其他情况酌情得分
					5		
				产出成本	5	预算控制（工程款是否按工程进度/计划支付，是否超预算）	①工程款按计划/工程进度支付，未超预算（5分）②未按计划支付，超预算1个百分点扣0.5分
					5		
		项目效果	40	经济效益	8	剧场收入、场租费	2017年5月—2018年5月剧场收入较改造前同期增长≥30%（4分），20%≤增长<30%（3分），10%≤增长<20%（2分），5%≤增长<10%（1分），0<增长<5%（0.5分），未增长（0分）
					4	培训收入、收取活动费	2017年5月—2018年5月培训收入、收取活动费较改造前同期增长≥30%（4分），20%≤增长<30%（3分），10%≤增长<20%（2分），5%≤增长<10%（0.5分），0<增长<5%（1分），未增长（0分）
					4		

续表

一级指标	分值	二级指标	分值	三级指标	分值	四级指标	分值	评分依据
项目绩效	40	项目效果		社会服务效益	14	剧场接待各类演出活动、会议讲座场数（按项目实施后计划年使用频率、利用率提高完成）	4	按年使用频率、利用率提高得分： ①提高≥10%，得2分 ②提高≥20%，得3分 ③提高≥30%，得4分 ④提高<1%，得0分
						专业艺体培训教室使用次数（按项目实施后计划年使用频率、利用率提高前提高完成）	4	按年使用频率、利用率提高得分： ①提高≥10%，得2分 ②提高≥20%，得3分 ③提高≥30%，得4分 ④提高<1%，得0分
						三楼多功能厅举办讲座活动（场数）提升素质，丰富精神文明建设（按项目实施后计划年讲座场数、实际较项目实施前提高完成情况）	4	按实际较项目实施前提高得分： ①提高≥10%，得2分 ②提高≥20%，得3分 ③提高≥30%，得4分 ④提高<1%，得0分
						社会评价（获得市级荣誉）	2	每获得一项市级及以上荣誉1分（2分）
				可持续影响力	8	青年宫注重发挥剧场文化艺术性、功能性、特别是增强青少年创业创新服务功能，真正打造成为本市青少年创业创新基地	8	①剧场有长期工作规划且目执行（1~4分）；未按长期工作规划执行目无合理理由（0分）②有青少年创业创新长期规划且执行（1~4分）；未按长期工作规划执行目无合理理由（0分）
				服务对象满意度	10	项目预期服务对象对项目实施后的满意程度	10	按照满意度占比计算得分（"非常满意"份数/总份数×分值）

① 琳达、雷：《通向结果之路》（2011年中文版），第110页。

② 历史效应和成熟效应应是两种常见的内部有效性威胁。历史效应，就史效应，就是与干预无关的事件对结果的影响。成熟效应，年龄增长或成长对结果产生的效应。随着时间的推移，人们变得更为成熟，趋来越精明，也积累了经验。作为时间推移的结果，变化自然发生。这种效应不论在个体还是在整体中都会发生。

③ Jonathan D. Breul and Carl Moravitz Edited, *Integrating Performance and Budgets*, NY: Rowman & Littlefield Publishers, Inc. 2007, p.148.

第5章

财政支出政策的事前绩效评价

　　评价必须及时，即在决策需要时可以用得上。这就是说，
评价在项目或计划实施的各个阶段都发挥着重要作用，因此不
应仅仅当作一项事后的工作来开展。

——OECD/DAC，2002

2018年9月，中共中央、国务院发布了《中共中央　国务院关于全面实施预算绩效管理的意见》（以下简称《意见》）。该意见指出，"要建立重大政策和项目的事前绩效评估机制"。并指出，"对新增重大政策、项目及转移支付开展事前绩效评估，要重点论证立项必要性、投入经济性、绩效目标合理性、实施方案可行性和筹资合规性等"。这表明，事前绩效评价已正式步入我国最高决策层的政策决策舞台。尽管事前绩效评价在我国各地已开展多年，但是对于如何开展政策事前评价我们仍然缺乏科学、系统性的方法框架。国内的学术文献和实践经验能够给予的指导仍很有限。鉴于此，本章围绕该问题对相关的理论和国际经验做一系统的分析和研究，然后提出我国开展事前绩效评估的思路与方法。

▶ 5.1　事前绩效评价的特点与方法 [①]

事前绩效评价（ex-ante evaluation），又称前瞻性评价（prospective evaluation），试图运用评价工具对初始的规划和设计活动进行评估，以确定对政策方案是否进行支持以及如何支持，旨在帮助决策者做出科学的、合理的资源配置决策，并将评价从单纯的事后监督变为事前控制。

事前评价一般是在项目或政策实施之前进行，主要评价所建议的项目或政策的可能结果，并分析、比较各种政策方案的可行性及相对的优缺点。这一评价是一种带有预测性质的分析和研究。一般而言，它主要对以下两种情况做出预测：一是实施政策会有什么结果；二是不实施这项政策会有什么结果。

进行结果预测需要用到一些特定的技术方法，这些方法主要有：外推预测、理论预测和直觉（判断）预测。**外推预测**带有归纳推理的性质，是一种从特殊的观察陈述到一般结论的推理过程。外推预测的方法主要来自于统计学，尤其以时间序列分析和回归分析为基础。**理论预测**则带有演绎推理的性质，是一种从一般命题或定理推出一系列结论的过程。理论预测在形式上是因果性的，其特别作用是解释和预言，通常都需要运用建立数学模型的方

---

① 本节参考了施青军《政府绩效评价：概念、方法与结果运用》的第9章9.1节、维诺德·托马斯《公共项目与绩效评估：国际经验》第九章及陈振明《公共政策学》（中国人民大学出版社2004年版）第七章的部分内容。

法。与外推、理论预测技术不同，**直觉预测**依据的是判断、直觉、灵感和洞察力，其过程是回溯推理过程，即从一个猜测的事态出发，然后寻找支持这一猜测的数据和假定。在事前评价实践中，直觉预测法较为常用，其具体方法主要有以下四种：

（1）**德尔菲法**。德尔菲这一名称起源于古希腊有关太阳神阿波罗的神话。传说中阿波罗具有预见未来的能力。因此，这种预测的方法被命名为德尔菲法。传统的德尔菲法采用函询调查的形式，向与预测问题有关领域的专家分别提出问题，使专家在彼此不见面的情况下发表意见、交流信息，而后将他们的答复意见加以整理、综合。这样经过多次反复循环，经过技术处理，最后汇总得出一个比较一致的、可靠的预测结果。这种方法有效地避免了专家会议及头脑风暴法中出现的沟通不良、专家易于屈从权威和随大流、人格冲突等弊端，有助于专家更充分地发表己见以及彼此交流和信息反馈。20世纪60 年代之后，一些学者在传统德尔菲法技术基础上加入了价值分析等因素，发展出政策德尔菲法。政策德尔菲法除了保持传统德尔菲法的循环反复和控制反馈两个原则外，修改或改进了其他几项原则，如有选择的匿名、信息灵通的多方面倡导、回答统计的两极化、冲突的建构和电子计算机的辅助等。

（2）**情景分析法**。情景分析法又称为脚本写作法。脚本写作有其不同于其他评价分析方法的特征：一方面，脚本写作以一系列的假设作为基础，而不是以某一假设做基础，这些假设是对未来特定时间内（如3年、5年或8年等）政策或项目及环境的发展趋势或状况的描述或预测；另一方面，由于未来的项目、政策及环境存在着各种不确定因素，而任何脚本只能描述一种可能的前景，因此，在事前评价中，往往要编写几个可能的脚本，而不是单一的脚本。一些脚本规定典型的任务、典型的条件和典型的限制；而另一些脚本则规定独特的、不可能甚至极端的条件（在这些条件下，政策仍可能运行）。一个常见的做法是同时准备三个脚本：无突变的脚本A（假定目前趋势下不会产生重大改变的未来情况的脚本）、备选脚本B和C（条件可能发生大的变化、时间更长、范围更广的脚本）。例如，在欧洲委员会的评价工作中，兰德公司（RAND）评价者通常会评估三项：首选建议、无为的建议和一个更为极端的建议。他们对这三项建议的可能效果进行测试和比较。此类分析的另一个方法是，将首选建议与对未来的各种合理假设进行对比测试。

简而言之，情景分析就是评价者在一系列不同的假设或情景下，评估建议的可能结果。

（3）综合分析法。 综合分析法是20世纪80年代美国审计总署（GAO）开发的一种评价方法。相对于前面的两个方法，这一方法对建议的政策分析更为全面。运用该方法一般需要具备下列三个条件：

● 提出一个新的计划或方法；

● 不知道最有效的方法；

● 相似的方法在过去进行过试验。

假设上述的条件完全具备，该方法的分析步骤如下：首先，确定政策或项目主要用于解决什么问题，并且确定解决问题的逻辑模型，即政策或项目活动如何改善或消除问题的机制。另外，还要考虑开展政策或项目活动所需要的资源或者预期可获得的资源。其次，检查和综合已有的评价或其他研究文献，确定可以获得哪些证据，对政策的可能结果做出分析和判断。这一分析需要对研究所用的数据质量及其相关性进行严格审查，剔除设计或实施不良的研究，以及那些在方法、目标群体或其他条件上与要求不相符、不能提供有用信息建议的研究。最后，对剩余的研究证据进行分析，以评估其对有效回应问题的政策或项目在多大程度上可以形成支持。[①]

（4）交叉影响分析法。 通过考虑事件的相互作用来预测事件发生的概率，它所依据的是条件概率原则，换言之，交叉影响分析法是根据相关事件出现或不出现而做出未来事件出现概率的直觉判断。

通过预测结果，评价人员可以获得有关政策或项目方案的前景及结果方面的信息。为了在各个备选方案之间进行择优或排序，需要对这些方案再做进一步详细的比较。比较的内容主要有四个方面：技术可行性、经济可行性、政治可行性和行政可行性。

第一，**技术可行性**。主要是指被提出的方案或项目能否取得预期的效果，它所关心的主要问题有二：一是现有的技术或方法能否使目标的实现成为可能？二是备选方案在技术上能够在多大程度上实现政策目标？这是任何一项政策或项目都必须首先考虑的问题。

第二，**经济可行性**。它主要有两层含义：一是指一项政策或项目方案的执行能获得经济（财政）资源的充分支持；二是指方案或项目的执行能取得

---

① 维诺德·托马斯、骆许蓓. 公共项目与绩效评估：国际经验[M]. 施青军，译. 北京：中国劳动社会保障出版社，2015：第151页.

比较令人满意的经济效益（具有成本效益性）。显然，一项政策如果执行的成本过高，或者是没有必要的资金支持，那么，即使其技术水平很先进，也无法接受和实施它。

第三，**政治可行性**。政治可行性主要是指，一项政策或项目能够满足所有相关的政治性约束。美国著名学者马杰将政治性约束归纳为三类：第一类是政治资源约束，它是由政治资源可利用所引起的对政策可能性的限制，包括对所提出政策的政治支持程度（指各级领导和群众对政策的反应）、政治和行政技巧的熟练程度（政府领导人的政治手腕和行政能力）。第二类是分配约束，反映在受政策影响的个人和群体中分配利益和成本时所必须考虑的限制。第三类是体制约束，即政治体制和决策程序或规范的限制。

第四，**行政可行性**。也称行政的可操作性。行政可行性涉及的问题主要有：行政管理的系统能否将一个政策方案转变或具体化？执行有多大的授权及控制力？目标群体的配合程度如何？有没有相应的人力物力以保证政策的执行？有没有备选的执行方法？等等。

▶ 5.2　斯蒂格利茨的公共支出政策分析框架

美国著名经济学家约瑟夫·斯蒂格利茨在《公共部门经济学》（第三版）一书中，提出了一个公共支出政策分析的框架（专栏5-1），该框架也可用于财政支出政策事前评估。下面我们根据斯蒂格利茨的论述及相关的研究理论，详述其分析步骤。

专栏5-1　公共支出政策分析的10个步骤

- 确认政策或项目的必要性，它是政府项目需求的源泉；
- 确认市场失灵（如果存在），确定讨论中的问题是否关系到收入分配和有益产品的提供；
- 确认解决所考察的问题的可供选择的项目（其他替代项目）；
- 在确定和评估可供选择的项目影响中，注意特定设计特征的重要性；
- 确认私人部门的反应；

- 确认可供选择项目的效率效果；
- 确认可供选择项目的分配效果；
- 确认公平与效率因素的权衡取舍；
- 确认可供选择项目在何种程度上可以达到公共政策目标；
- 确认政治过程怎么影响公共项目的设计和实施。

资料来源：斯蒂格利茨，2005

5.2.1　政策（项目）的必要性

公共支出政策分析通常从调查政策或项目产生的历史与环境开始。例如，1935年美国通过社会保障法案时，其正处于大萧条时期。那时，很少有雇主给雇员提供充足的养老金。私人年金（从退休到死亡每年给个人固定收入，不管他们的寿命多长的一种保单）市场还未发展起来，许多人不能为退休生活进行足够的储蓄，许多有储蓄的人发现其储蓄已不翼而飞。正是这种特殊的历史和环境，促使了社会保障法案的出台（政策必要性）。

进行政策必要性分析，一般都需要进行社会需求分析，即对政策问题的性质和服务的目标人群的特点、需求等进行描述。下面的专栏5-2提供了一个需求分析的基本步骤。

专栏5-2　需求分析的基本步骤

- 使用者和使用的识别。评价的使用者是那些以结论为基础办事的人和那些受分析影响的人。知晓需求分析的效用能够帮助研究者集中关注他们所思考的问题和解决方案。
- 目标人群和服务环境的描述。地理分布、交通、目标人群的人口统计特征（包括承受力）、资格限定和提供服务的能力都是重要的。各种社会指标经常用来直接或间接地描述目标人群。详细记录可以利用的服务资源清单，能够发现在各种服务与补充的以及竞争的项目之间的差距。
- 需求识别。这里描述的是目标人群中存在的问题和可能的解决方案。识别中应包括以下信息：对结果的预期，目前成果，解决方案的效力、可行性，解决方法的利用。通常使用多种方法，如各种社会指标、调查、公共论坛和观察等。

- 需求评价。一旦问题和解决方案被确认，就需要运用定量和定性结合的方法，将其综合起来分析以提出建议、指导行动。
- 交换意见。最后，需求分析的结论必须在决策者、使用者和其他相关对象之间进行交流。

资料来源：Jack Mckillip, 1998

5.2.2 市场失灵

公共政策分析的第二步是，将政策必要性、需求的来源与市场失灵联系起来，以判断该问题是否属于市场失灵，从而决定是否需要政府干预。分清是否存在市场失灵，在确定政府行动的适当范围方面是一个基本的步骤。

5.2.3 选择政府干预形式

如果政策问题属于市场失灵，政府可能就会采用多种干预解决问题。政府行动的三种主要类型是：公共生产；用税收和补贴鼓励或阻止特定的私人生产活动；旨在保证企业以合意的形式行动的政府管制下的私人生产。

如果决定由政府生产，那么紧接着必须决定产出如何配置。政府可以按照市场价格给产品定价；可以按照生产成本给产品定价，例如电力；可以按照比生产成本低得多的价格给产品定价，例如高等教育；可以免费地提供产品，例如中小学教育；也可以某种对应于可以观察到的需要或利益的方式配置产品或服务；等等。

如果决定是私人生产，那么政府就需决定是否：（1）直接签订商品合同，但保留分配的责任；（2）给生产者提供财政补贴，以便一些利益可通过较低的价格传递给消费者；（3）给消费者提供财政补贴。如果某种形式的补贴是可取的，那么政府必须决定它是否应当通过税收制度或直接的拨款进行提供。如果提供补贴，那么还要决定相关的条件——例如资格标准应当如何确定（即资格标准制定的严格程度）。

5.2.4 特定设计特征的重要性

项目的详细条款，例如资格标准的具体规定，在决定政府项目的效率和公平中经常举足轻重。过于狭窄的定义会导致许多有需要的人无法得到补助；而过于宽泛的一套资格标准又会导致许多不需要获得补助的人获得补助，这会引起纳税人的反对。

资格标准还可能产生以下的效应，因为个人可以改变他们的行为以使自己符合条件，从而得到较大的利益。例如，给低收入者的食品券。为了计算人们可以用于食品支付的收入数量，住房支出通常可以从个人扣税后的实得工资中减去，但是这可能改变人们的行为：在住房上多花费的个人会得到更多的食品券。旨在鼓励穷人有更好营养的食品券项目，可能（由于所设计的具体方式）鼓励了更多的住房支出。

5.2.5　私人部门对政府项目的反应

私人部门常常会对政府政策或项目做出反应，该反应可能抵消政策或项目所假定的许多利益。例如，当政府提高社会保障津贴时，老年人的福利可能在长期内不会以全部对应的数量提高：个人可能减少自己的退休储蓄，子女也可能给父母提供更少的支持。这样，公共支出可能"挤出"私人支出，从而侵蚀了政府项目的影响力。我们通常所说的"挤出效应"，是指政府财政支出会通过税收机制减少私人部门可支配收入。而这里的"挤出效应"则指的是，政府旨在增加社会福利的某些支出可以减少公众的支出，从而使得公众实际可支配收入趋于增加。

计算全部的私人部门反应常常是政府项目分析中最困难和最有争议的一个方面。例如，在何种程度上，政府提供给低收入住宅建造者的补贴可以导致较高的利润，从而使整个建筑行业受益？在何种程度上，行业内的竞争投标会使这些利润丧失，降低价格和增加供给，从而使预期的受益者受益？答案取决于人们对住宅和建筑市场的看法。建筑行业是如何竞争的？如果它是竞争性的，供给弹性是多少？需求弹性是多少？所以，对私人部门需求和供给的反应程度的分析，因而也是对价格和数量效应的分析，必须要注意这些边际激励。

5.2.6　效率影响

除了上述的"挤出效应"之外，政府的公共支出还会产生"收入效应"和"替代效应"。假如政府给某些个人以补贴，借以改善他们的境遇，但不改变任何商品的价格，这时就会产生公共支出的收入效应。假如政府的某项支出导致了商品价格的下降，那么就会产生替代效应。例如当政府对教育进行补贴时，人们的教育支出便会随着学校收费的下降而减少，从而可以产生结余，并用于其他商品购买，这样就产生了替代效应。在许多情况下，一项公共支出往往是既有收入效应，又有替代效应，并且在这两种效应之中，替代效应往往造成低效率。[①]其主要原因是，替代效应与边际激励的数量有关，而公共政策的低效率则与替代效应的数量有关。

5.2.7 分配效应

财政支出政策最初是为了让一部分人受益，但是该项政策实行的结果，却往往是应该受益的人没有受益，而那些不该受益的人却受益了。就是说，项目的受益者经常与预期的不同。这种现象经济学上叫作"利益转移"。因为财政支出存在利益转移的问题，所以有必要对财政支出政策的分配效应（利益归宿）加以研究。

对分配效应的研究，可以从以下几个角度来进行：

（1）时间角度。例如一项老年人的社会保险政策，不仅会影响到现在的老年人，而且也会影响到现在的年轻人，即未来的老年人。如果政府的有关老年人社会保险的支出过高，那么未来的老年人就会放弃储蓄，甚至不再努力工作。之所以会产生这样的分配效应，一方面是因为政府过高的养老保险支出会增加现在的年轻人的税收负担，迫使他们以闲暇来替代工作；另一方面是因为政府过高的养老保险支出减少了未来老年人的生活风险，以致可以大幅度减少应付老年生活风险的储备。但是，一旦政府有关老年人社会保险的公共政策过少，那么又会使现在的老年人失去生活保障，从而产生严重的社会问题。

（2）空间角度。例如，政府的一项取暖的支出政策对低收入者来说肯定是一种福音。但是，这项公共支出却很有可能在不同地域的低收入者之间发生争论。这是因为生活在阳光地带的低收入者会由于得不到这笔补助，而且还要为此承担部分税收而反对这一政策。

（3）结构角度。一项政府支出政策所产生的后果对于穷人来说若是收益超过其成本（即税收负担），那么该后果就具有累进效应。反之，如果该项政策所产生的后果对于穷人来说是收益低于成本，那么该后果就具有累退效应。例如，政府支持高等教育，经常被视为是有利于穷人的孩子上大学，

---

① 华民. 公共经济学教程[M]. 上海：复旦大学出版社，2000：第154页.

从而被视为有正的分配影响。但实际上，中产阶级或是较上层的中产阶级的孩子更可能享受高等教育。这样，一般补贴——如对所有学生减少学费——不成比例地会使中等收入和上等收入家庭的孩子受益。实际上，根据一些计算，他们的受益超过了他们缴纳的税收份额——高等教育财政补贴因而是累退的。这与目标补贴——例如给低收入家庭孩子奖学金形成了鲜明的对比。

公共交通补贴是另一个例子。谁会从新地铁系统中受益？乍一看答案似乎很明显：地铁的乘客。但是这可能不准确。房子或公寓靠近地铁的人会发现他们的房子或公寓极为受欢迎，对这些住宅的需求增加会反映在房东索取的租金中以及住宅和公寓的市场价值之中。没有房子，经常乘坐地铁人的处境，一方面会因为较好的地铁服务而得到改善，另一方面也会因较高的租金而恶化。两种效应很可能相互抵消，真正的受益者是地铁沿线的房东。地铁的例子说明了一个一般原理：政府项目的利益经常资本化在与获得这些利益（靠近地铁站）相关的稀缺资产的价值中。当那些从政府的项目中受益的人不同于项目设计时所要帮助的人时，就说明利益被转移，或者是利益的实际归宿不同于预期的归宿。

通过上面的分析可以看出，政府的一项公共支出的实际受益者是不确定的，所以，要看一项公共支出政策究竟是谁得益，不能仅仅从这项支出政策的目标上来加以分析，重要的是要看谁是最终得益者，而要得知谁是最终得益者，就要分析政府支出会引起市场供求关系发生怎样的变化，以及这种变化所导致的最终结果会是什么。换句话说，就是要分析政府财政支出所导致的分配效应（即利益归宿）。另外，还要分析政策的挤出效应、收入效应和替代效应。由于这些政策效应的存在，财政支出政策的结果是不确定的，换言之，预定的目标既可能实现，也可能没有实现（专栏5-3）。

专栏5-3　公共政策（项目）的结果

- 政府项目可能"挤出"私人行动，与此相当，私人行动可能在很大程度上抵消公共行动，导致小的净效应。
- 政府项目会带来"收入效应"和"替代效应"，替代效应与边际激励的数量有关。

- 公共项目的低效率与替代效应的数量有关。
- 项目的归宿描述了谁真正从项目受益或者受损。实际归宿常常不同于表面的或预期的归宿。
- 项目的利益可能被资本化，在这种情况下，实际受益者是在项目开始（或宣布）时拥有资本化资产的人。

资料来源：斯蒂格利茨，1999

5.2.8 公平-效率的权衡取舍

因为"平等"的含义比较模糊，经济学家一般更为关注辨识政策的影响。他们对任何政策的分析都从寻找帕累托改善、准帕累托改善开始：政策的改变会使得一些人或一些集团处境改善，同时不会或几乎不会使任何人处境恶化。例如，大多数经济学家认为，在长期中租金控制不能使承租人受益，因为住宅供给会停滞。有更好的方式可以帮助低收入者得到住房。福利政策在福利接受者中造成了一种依赖感，这不是帮助受益者的好办法。如果纳税人投资稍多一点的钱用于培训和教育，从长期看，受益者的处境会得到改善，而用于支持福利人口的税收负担也可能下降。其他基于市场的解决污染问题的方法，例如，罚款和可交易的污染许可证与污染管制制度相比，能以更低的成本达到较高的减污水平，也就是使环境和经济都受益。

遗憾的是，虽然这类帕累托改善或准帕累托改善的范围很广，但在许多公共支出政策中，效率和公平目标（在分配收入和穷人受益）之间还要进行权衡取舍。设计更加累进的支出政策是可能的，但必须付出一定的成本。社会保障利益的增加从特定的分配目标的角度来看是可取的，但是增加的利益可能会导致较早的退休，而且为它们融资的较高税收可能会减少工作激励。较高的失业补偿可以增加最穷的一些人的收入，但是失业保险可能使一些人不再想找另一份工作。

在评估政府项目的特定条款时，会经常碰到公平-效率的权衡取舍。如决定对过桥收取通行费，意味着从桥受益的人（即使用桥的人）要承担成本，对于许多人来说，从公平来看，这是合意的，让没有在桥上行驶的人支付是不公平的。但这是有金钱和时间的效率成本的：通行费收取者的工资和驾车者的时间。而且，如果一些驾车者不使用桥（当桥低于容量时），还会有桥未被充分使用的效率损失。

5.2.9　公共政策目标

除了关注效率和公平，还需要对政策的目标进行全面的分析。

政策目标是决策者凭借一定政策手段所要取得的东西，它是政策的出发点和归宿点。目标涉及"是什么"和"应该是什么"的问题，对不同政策目标的澄清和认定是政策分析（评价）者所要解决的一个中心问题。辨明政策目标非常重要，但在实际的分析工作中却是一个相当困难的任务。人们通常假定，政策目标是给定的，即认为政策的制定者在处理某个特定的政策问题时，他对自己所要达到的目标是一清二楚的，因而，分析者的任务是根据这一既定的目标去寻找、比较和选择相关的备选方案。然而，现实的公共政策过程并非如此。在大多数情况下，决策者并不清楚政策所要达到的目标。为此，政策分析者的一个重要的任务，就是要使决策目标及取得目标的方案明晰起来。

举例来说，假如国家的基础教育（中小学教育）的长远目标有：增加学生的知识和技能，提高学生的智力，灌输社会所保持的价值观和伦理道德规范，改善学生的人格特征，改变社会的结构，促进社会经济发展等等。显然，这些目标必须在不同的时期中达成。有些目标是直接的，有些是间接的，甚至要在下一代才能实现（如造就受良好教育的母亲，对于下一代的更好教育是有作用的）；有些目标是无形的，不能加以量化地测量的，有些甚至难以从质上加以具体的说明，另一些则是直接冲突或要求使用同一种资源的。例如，加强教育既能够保持社会稳定，又可以促进社会变迁；既能满足和实现社会的需要，又能满足和实现个人的愿望和需要。此外，在一些人或群体眼里的利益或优点（如改变社会结构），可能被另一些人或群体视为成本或缺点。除非确定特定的政策产出（如铺设公路的里程、享受福利待遇的人数，犯罪率的百分比、污染的程度等）或多或少是"好的"，否则，我们就无法评估任何一项政策。

从某种意义上说，当决策者规划政策目标时，实际上就隐含着它所要采取的行动过程。分析者的任务就是要使政策目标及取得目标的方案明晰起来。为了给方案的选择提供合理的基础，必须首先弄清楚要达到什么样的目的。除非明确政策所要取得的是什么目标，否则，关于备选方案、成本、利益一类的信息就没有太大的价值。在弄清楚应该做什么时，知道什么样的事情可以做到显然是相当重要的。[①]

----

① 陈振明. 公共政策学[M]. 北京：中国人民大学出版社，2004：第116页.

5.2.10　政治过程

到此为止，我们的注意力主要集中在公共支出的经济分析方面，在分析中还没有将体制背景考虑进去。但要分析公共支出的效果，我们不仅要分析公共支出政策本身，还要分析与之相关的管理体制，特别是预算管理体制。

公共支出管理涉及四个既相互区别又有联系的理论问题。第一个问题被人们称为"公共悲剧"。各部门和各地方都对申请财政支出拨款怀有迫切的心情，他们将预算看成共用的资源，索取无须花费成本，或只须花费很少的成本。第二个问题是信息上的不对称性以及高交易成本，这将阻碍政府制定有效的政策规划，因为在文明社会中个人和各种群体的偏好是政府权力的基础。第三个问题产生于信息的不对称以及政府个部门之间（如中央各部与其下属部门）激励上的不协调，这将会阻碍按社会的需要来配置资源和使用资源。第四个问题产生于反常的激励。上述每个问题都会造成不希望的结果，体制安排可以在某种程度上有助于解决这些问题，从而改进支出配置和效果。①

进行体制背景分析，就是要分析解决上述四个问题。比如，对于第一个问题——"公共悲剧"问题，可以提供这样的方法来减轻：将预算置于一个前后一贯的、有约束力的中期宏观经济框架中，这样可以使人们从较长的时期来考虑问题，将眼前利益和未来利益结合起来。对支出规定一个正式的限度，让部长们去自己决定本部门的支出总额。这一方法使个人和利益集团在各自决策时，把因财政支出引起的宏观经济不稳定而造成的成本考虑在内。对于第二个问题，一个好的制度安排有助于减少这种交易成本，使政府可以较好地了解公众的支出偏好，这包括：（1）揭示公众对产出结果的组合或预算优先性需求和偏好的机制；（2）使公众能及时地获得信息，增加预算制定过程支出配置以及实际执行的配置与结果的透明度；（3）对政府支出实施结果奖励和处罚机制。对于第三个问题，中央各部门必须平衡宏观经济的各种约束，同时又要给下级部门一定的自主权，并利用下级部门的监管信息来贯彻执行支出项目。中期支出规划可以构成一种制度机制，来平衡资源配置中宏观和微观之间的矛盾。中期支出规划可以在总资源约束的条件下，根据总体上的优先性为下级部门提供支出的配置，然后让他们在各自资源的约束条件下将各部门目标、项目以及单位成本综合起来考虑，以实现产出目

---

① 桑贾伊·普拉丹. 公共支出分析的基本方法[M]. 蒋洪，译. 北京：中国财政经济出版社，2000：第171页.

标。与此同时，为了能够取得合意的结果，下级部门需要有一种激励机制来使得支出配置具有较好的成本-效果性；各单位和机构在技术上有效使用资源也需要有激励措施。因此，下级部门、单位和机构应对预算资源的配置和使用负责。确立这种责任机制应包括财务会计责任、货币价值的审计、事后评价以及与主管人员的合同为基础的绩效评价等。[①]

对于这一公共支出政策分析框架（即上述的10个分析步骤），斯蒂格利茨指出，它不是简单的可以用于所有问题的方案，而是一个需要考虑的事项的清单。对于特定的政府项目来说，某些因素可能比其他因素更重要。他认为，进行公共支出政策分析，我们最需要解决的问题如下：[②]

- 为什么有政府项目？（必要性分析）
- 为什么政府项目采取了它所采取的形式？（干预形式的选择）
- 政府项目如何影响私人部门？（挤出效应分析）
- 政府项目的结果是谁受益、谁受损？得大于失吗？（利益归宿分析）
- 有比现在的政府项目（帕累托）更优的其他项目吗（也就是说，某些人的境况得到改善，但其他任何人的境况没有恶化）？有分配结果不同，但同时也能达到最初目标的其他项目吗？引入其他这些项目的障碍是什么？（效率与公平分析，即收入效应、替代效应和扶贫效应分析）

可以看出，公共支出政策的分析框架主要是一个经济学的分析，并且是一个定性分析框架。在许多的情况下，政府想要的不只是定性分析，还需要定量的分析。就是说，需要了解的不仅仅是政府行动的理由，还需要了解具体政府行动（项目、政策）的收益是否超过成本，也就是要进行社会成本-收益分析或成本-效果分析。对于政策的事前绩效评估来说，社会成本-收益分析或成本-效果分析是极为重要的。进行社会成本-收益分析或者成本-效果分析通常的判断标准是，如果项目的总收益超过总成本（净收益最大），或者收益-成本比超过1，那么项目可行。关于社会成本-收益的分析方法，下文还有更为详细的阐述。

① 桑贾伊·普拉丹. 公共支出分析的基本方法[M]. 蒋洪，译. 北京：中国财政经济出版社，2000；第172-176页.
② 斯蒂格利茨. 公共部门经济学[M]. 3版. 郭庆旺，译. 北京：中国人民大学出版社，2013；第207页.

5.3　英国和美国的事前绩效评价实践

5.3.1　英国《绿皮书》中的预评估[①]

在英国，政策的事前评价通常称作预评估。2003年，英国财政部发布了政府《绿皮书》——《中央政府预评估与评价指南》，其目的在于对政策的预评估（appraisal）与评价（evaluation）[②]进行指导和规范。2018年，英国财政部对该《绿皮书》进行了修订。新版《绿皮书》在2003年版的基础上，增加了英国近年来在预评估和评价方面的重要进展，并将监测和评价纳入了政策运行的全过程（包括执行前、执行中和执行后）。另外，在强调传统成本-效益分析的同时，更为强调对政策提案的交付计划的稳健性进行评估，此外，还充分考虑了政府监管对商业的影响。新版《绿皮书》用大量篇幅介绍了有关预评估的主要思路与做法，其主要内容包括：预评估如何融入政府决策过程；干预的缘由分析；生成备选方案和长列表的评估；短列表评估；监测和评价。

1. 预评估与政府决策过程

预评估是英国政府决策过程的一部分。《绿皮书》阐述了预评估如何融入政府决策的过程，内容主要包括政策周期、五案例模型等。

（1）预评估与政策周期。《绿皮书》提出了政策制定的循环周期，政策的制定过程因机构而异，一般都会包含政策测试，旨在考察政策的制定和推行，提高决策的科学性。根据政策制定的循环周期，首先需要在政策制定之前进行干预的缘由分析（rationale），以说明进行干预的必要性，在干预的必要性得到确认后，再确定政策的SMART目标，然后根据政策目标制定备选方案，进行方案预评估（appraisal）。接下来为监测（monitoring）和评价（evaluation），主要目的是改进政策执行并为今后的干预提供依据。最后，将评价的结果反馈（feedback）给决策制定者，旨在为政策的制定提供决策依据。政策制定的循环周期一般包含六个要素：缘由（rationale）、目标确立（objectives）、预评估（appraisal）、监测（monitoring）、结果评价

---

① 参见HM Trearsury: *The Green Book: Central government Guidance on Appraisal and Evaluation*, 2018。

② 根据《绿皮书》术语表，appraisal（预评估）是指在决策之前确定目标、审查各种备选方案和权衡相关的成本、利益、风险及不确定性的过程；evaluation（评价）是对干预的设计、实施和结果进行的系统评估。

（evaluation）和反馈（feedback），简称为ROAMEF，如图5-1所示。

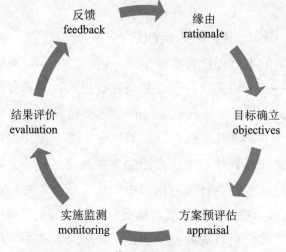

图5-1 英国政策周期示意图

（2）预评估和五案例分析。 英国财政部《业务案例指南》（HM Treasury business case guidance）提供了为财政支出提案准备业务案例的框架。该框架通过五个相互依赖的维度考察提案，实现高水平的政策循环。这五个维度即五案例模型（the five case model），其内容包括：战略维度、经济维度、业务维度、财务维度和管理维度，每个维度都需要回答一些问题。

表5-1 五案例模型

战略维度	变革的理由是什么，包括干预的理由？目前的情况是什么？该怎么办？预期的结果是什么？这些措施如何与更广泛的政府政策和目标相适应？
经济维度	干预对社会的净价值（社会价值）与"照常经营"相比是多少？风险和成本是什么以及如何最好地管理它们？哪个备选方案反映了社会最佳净值？
业务维度	一个现实可信的业务交易能达成吗？谁来管理哪些风险？
财务维度	就资本和收入的总成本而言，该提案对公共部门预算有何影响？
管理维度	是否有切实可靠的交付计划？如何提交提案？

资料来源：英国财政部《绿皮书》——《中央政府预评估与评价指南》，2018。

2. 干预的缘由分析

（1）预评估的原则。预评估是为达到政府目标而对拟采用的备选方案的成本、效益和风险的评估过程。它通过为决策提供客观证据，帮助决策者了解各选项的潜在影响和总体影响。经济评价主要是基于福利经济学的原理，即政府如何改善社会福利或福祉，在《绿皮书》中它被称为社会价值。

（2）"正常运营状态"。在预评估过程开始时，明确为什么需要改变是很重要的。应明确干预的基本理由，认清现状或"照常进行的业务"，为有效干预提供基础。照常进行的业务是当前安排的延续，就好像考虑中的干预不会得到实施一样。这并不意味着什么都不做，尽管它通常被称为"什么也不做"选项，其意则是继续进行但不做任何更改。必须要弄清楚不作为的后果是什么（即使不太可能被接受），因为它提供了相关的反事实来比较备选方案。

（3）干预的理由。评估的第一步是提供干预的理由。这可以建立在确保市场有效运作的基础上，例如确保企业对污染负责，或者实现分配目标，例如促进公平的受教育机会。另外，这可能涉及提供通常不由市场机制提供的商品，例如国防。应使用明确的干预理由来确定政府希望通过干预实现的目标或结果。干预的理由可基于战略目标、对现有政策的改进、市场失灵或政府希望实现的分配目标。为支持进行干预提供一个有用的理论基础，有必要确定正在解决的具体的市场失灵，而不是用一般术语描述。还需要对政策进行评估，以确保政府的行动和干预本身不会导致不正当的激励或产生道德风险。了解行动和干预对个人、企业和市场的影响很重要。这在评估任何形式的公私合作或与私营部门的战略合作安排时尤其重要。了解公共和私人参与者之间转移的风险至关重要，合同则旨在确保私营部门合作伙伴能够管理这些风险，并为此承担责任。

（4）确立SMART目标。一个明确的目标对于成功的政策、方案和项目来说都至关重要。应从一开始就确定目标，或在提出变更理由时确定目标（是《英国财政部业务案例指南》战略层面的一部分）。缺乏明确的目标可能会限制有效的评估、规划、监控和评价。目标的设立应遵循以下SMART原则：具体的、可测量、可实现的、现实的、有时间范围的。其次应建立最多5个或6个SMART目标。更重要的是，干预很可能不够集中，而且可能无法实现。通常，SMART目标表示为干预旨在产生的结果变化（服务或政策变化的后果），在某些情况下，还表示预期产出（如提供服务的水平或质量）。作为更广泛方案的一部分，项目目标可能需要描述为产出。

这些目标可以描述为增加现有的服务水平、提供新的服务或改变服务效率和效力。在以降低成本或提高效率为目标的情况下，SMART目标还需要包括对所提供服务质量的潜在影响。业务需求是组织需要对自己的运营进行更改，以交付满足SMART目标所需的产出。SMART目标应该是客观可观察的和可测量的，因此它们适合于监测和评价。

3. 生成备选方案和长列表的评估

（1）根据SMART目标生成长列表备选方案。下一步是考虑如何最好地实现政策目标。可能的选项包括政府直接提供、市场创造、监管、税收变化或公共信息倡议。还有各种各样的交付和筹资的备选方案。在评估过程开始时列出一个备选方案长列表，确保考虑到各种各样的可能性。应通过利益相关方磋商或参与、从以往干预措施中吸取的教训、国际最佳实践和更广泛的证据基础来获悉这一点。从一组狭窄的备选方案或预先确定的解决方案开始，可能会错过探索更新颖、更创新的解决方案的机会，这些解决方案可能提供更好的社会价值。

在构造长列表时，不应立即将选项完全指定为端到端解决方案。相反，它们应该通过考虑"战略选项过滤框架"来构建，包括①范围：提供服务的范围。交付内容和地点，包括地理覆盖范围、接收者人数、服务质量、时间限制和任何其他相关因素。②解决方案：如何完成。考虑到现有技术和最佳实践，如何交付成果，包括：创造新市场；引入新的或修订的监管安排；使用基于行为心理学和经济学观点的"推动技术"；赠款和补贴；公共信息倡议；新的或变更的服务条款。③提供：哪个组织最适合提供服务或产品。例如，公共部门直接拨款、公私合作（PPP）、非营利性私营机构、私营部门供应商。④实施：何时、以何种形式实施。例如，这将是初步试点、分阶段实施还是"大爆炸"方法？是否根据地理、年龄、现有安排到期或其他因素推出？是否应考虑和测试一系列推出选项？⑤融资：将产生多少成本，以及如何融资。这可能与交付选项相互影响。

在适当评估以前或类似的干预措施、国际证据和福祉证据的情况下，应利用它们来设计基于有效措施的备选方案，以避免重复过去的错误。涉及按结果支付、绩效目标或奖金系统的选项需要谨慎，以避免博弈造成意外后果。在某些情况下，公私合作（PPP）可能是一种适当的选择。市场创造可用于实现目标。要评估这一点，需要准确地了解当前市场供给的障碍，需要了解市场或潜在市场。还必须考虑到干预可能导致的潜在博弈和行为变化。

（2）长列表评估（形成短列表）。一旦制定了一份长列表备选方案，就可以在进行详细的经济分析之前，将其筛选为一套可行的短列表备选方案。可行性可以从符合更广泛政策目标的战略、潜在的资金价值、可负担性和可实现性的角度来评估。还应该考虑依赖关系和约束（如法律框架）。

对于支出决策，可以通过评估它们满足"关键成功因素（CSF）"的程度来筛选长列表，这些成功因素包括：①战略契合。选项满足预定目标的程度如何，以及与更广泛的组织或公共部门目标的契合程度如何？②潜在的货币价值。该选项是否可能在成本、收益和风险方面实现社会价值？③供应商能力或能力。如果需要采购，是否有供应商可以提供所需的服务？④潜在的可承受性。如何为选项融资，以及在现有预算内是否可承受？⑤潜在的可实现性。考虑到组织能力和可用的技能，交付选项的可能性有多大？

与评估长列表相关和影响备选方案可行性的其他因素主要包括：①约束（如法律和道德）；②依赖性（如基础设施）；③不可评估和不可量化的因素（考虑这些因素可能需要使用结构化技术，如多标准决策分析）；④考虑可能发生的附带影响和意外后果，并将其纳入短列表分析阶段。

在长列表阶段和整个评估过程中，需要进行均等性分析。2010年《平等法》建立的公共部门平等义务（PSED）要求公共部门机构适当考虑促进平等。平等问题的考虑必须影响公共机构做出的决定，决策者应了解干预对具有法案所确定特征的群体或个人的潜在影响。此外，自2014年以来，还要求考虑决定对家庭的影响。

（3）制定短列表。通过构建和评估长名单备选方案，筛选和制定短列表备选方案。短列表应包括"首选前进道路"（最有可能实现SMART目标的选择组合6）、"正常运营基准"；满足最低核心要求以实现所确定目标的可行"最低限度"选择，以及至少一个可行的替代选择。

4. 短列表评估

对短列表备选方案的分析是经济评估（economic appraisal）的核心。此时需要估计干预的预期成本和收益，并进行成本和收益之间的比较。这被称为社会成本-收益分析（CBA），或在适当情况下称为社会成本-效果分析（CEA），比较具有相同或类似产出的备选方法的成本。

（1）评估相关成本和收益。社会CBA要求对与没有干预的情况下继续进行本应进行的工作相关的所有影响（社会、经济、环境、金融等）都进行评估，在绿皮书中称为"正常运营"。相关的成本和收益是英国社会整体的成本和收益，而不仅仅是公共部门或发起机构的成本和收益。它们包括企业、家庭、个人和非营利部门的成本和收益。评估所有受影响群体的成本和效益非常重要，因为一种相对低成本的公共部门选择，例如一项新规定，可能会给企业或家庭带来重大成本。应尽可能对备选方案的成本或收益进行估价并尽可能将其货币化，以便提供一个共同的衡量标准。这通常是通过评估反映商品或服务的最佳替代用途的价值，即机会成本价值来实现的。市场价格通常是对成本和收益进行估价的起点。有些成本和收益可能没有市场价格，或市场价格不能充分反映社会成本或收益，如环境价值。在这种情况下，可以使用估值技术和一系列特定的标准值。在不可能或无法相应地将成本和收益货币化的情况下，仍应将它们作为评估的一部分进行记录和呈现。成本和收益应在干预和资产的整个生命周期内计算。对于许多干预，10年的时间范围是合适的。在涉及如建筑物和基础设施的重要资产的情况下，合适的时间范围则可能长达60年。对于可能在60年后产生重大成本或收益的干预措施，如核废料储存，应在开始时商定一个适当的评估期。

（2）分配分析。当干预具有再分配目标，或者可能对不同群体、不同类型的企业、英国的部分地区或权力下放管理产生重大影响时，分配分析是必要的。分配分析可以包括基于地理区域概念的区域、州和地方分析。

（3）乐观偏见，风险和敏感性分析。在进行评估时，亦须考虑以下内容：①乐观偏见。经证实，评估者对主要项目参数（包括资本成本、营运成本、项目持续时间和效益）过于乐观。过于乐观的估计可能锁定无法交付的目标，因此对此进行调整至关重要。《绿皮书》建议对乐观偏见进行具体调整。成本估计增加了一个固定的百分比，以反映先前类似干预措施估计不足的证据。调整应基于一个组织自身乐观主义偏见的历史水平的证据基础。如果没有此功能，则提供一般的价值。②风险。这些是在设计、规划和实施干预时出现的具体不确定性。风险成本是在预期可能性的基础上，对风险的具体化、规避风险、分担风险和减轻风险的成本进行估计。政策制定者需要确保这些风险得到充分理解和管理，包括低概率但高影响的事件。③敏感性分析研究预期干预结果对主要输入变量的潜在变化的敏感性。在适当的情况下，切换值可以作为灵敏度分析的一部分进行估计。这些是投入变量需要更改的值，以便使某个选项不再可行。

（4）折现。折现用于比较不同时期的成本和收益，它将成本和收益转换为现值。它是基于时间偏好的概念，一般来说，人们更喜欢现在而不是以后接受商品和服务。如果项目A和项目B的成本和收益相同，但是项目A提前一年交付收益，则时间优先意味着项目A的价值更高。在政府评估中，使用

3.5%的社会时间偏好率来折现成本和效益。

（5）识别首选项。选择首选选项比较每一个短列表方案，以及它们相对于"正常运营"的优势，可以确定提供社会价值的最佳方案。折现福利减去成本的总价值提供了干预的净现值（NPSV）。NPSV和收益成本比（收益除以相关成本）以及风险和任何其他相关考虑因素，如不可货币化的成本和效益，有助于确定首选方案。

（6）呈现评价结果。评价结果应以总结形式提出结果，并辅以更详细的表格和书面分析。摘要应包括关键措施，如净现值（NPSV）、效益成本比（BCR）、风险和重大的未货币化成本和效益或其他无法量化的因素。它应清楚地说明评价的时间范围的选择以及这种选择的理由；列出与量化分析结果同时使用的主要假设，并就任何未量化的数值提供陈述。在进行社会成本效益分析的同时，应当明确影响较大的假设；提供清晰的参考资料和证据，并附有资料来源的链接。应该对首选方案进行敏感性分析，其他方案可能也需要进行敏感性分析；在可能的情况下，应尽量以绝对数字量化业务，并在评估结果的旁边列出有关期权的递增效应。

5. 监测和评价

监测是政策执行期间和执行后的数据收集。这些数据可以反馈到执行、当前决策和评估过程中，以改进未来的决策。它需要收集实施之前的数据作为基线。评价是对干预措施的设计、实施和结果的系统评价。所有提案的监测和评价应作为建议的备选方案的组成部分加以规划、计算费用和提供。这有助于确保它们将得到系统的执行。将监测和评价结合起来可以明确可吸取的教训来指导未来的干预措施的设计和实施。事前监测和评价，整合现有的证据基础并建立基准线；事中监测和评价，允许新出现的证据对干预、实施和运营交付的持续调整产生影响；事后监测和评价，主要评估结果和经验教训。

5.3.2　美国的政策规定绩效分析[①]

2003年9月，美国政府为了推进绩效预算的改革，制定和颁布了《政策规定绩效分析》。根据美国第12866号总统令，各政府部门在废除或修改已有政策或制定新政策时都应进行政策绩效分析，其目的就是预测和评价公共政策实施效果。

---

① 本节分析主要参考财政部财政科学研究所编译. 美国政府绩效评价体系[M]. 北京：经济科学出版社，2004：第368-406页.

政策规定绩效分析有三个基本要素：（1）陈述政策的必要性；（2）评估备选方案；（3）定量和定性地分析所有方案的成本效益。

1. 陈述政策的必要性

根据《政策规定绩效分析》，上报政策草案时，必须阐明拟实施政策的必要性。如果所拟政策规定源于其他法令，则需说明本政策的权限、可执行程度及可用的执法工具。第12866号总统令要求"联邦执法只颁布符合法律要求、有助于解释或推广法律的政策，或有迫切需要的政策，例如，保护或提高公众健康和安全、环境及人民福利的工作就需要政策规定，只依靠私人市场必然失败"。还要求"各部门应报告所遇到的问题（如私有市场或公共部门的失灵）及问题的严重程度"。因此，报告应该说明法案的实施是否会导致严重的市场失灵，是否能够满足某些公众需求，例如，促进政府工作进程或提高分配公平程度或私有化程度等。若政策用于纠正市场失灵，应该从量与质的角度来描述这种失灵。说明政府干预的出发点是好心而非恶意、政策的社会目的及可行性。虽然无法量化无形价值，政策规定绩效分析应该尽量列出无形资产的价值和减少无形价值可能引起的争议。

基于现实生活中出现的问题以及问题的严重性进行政策的立项，是公共政策制定的前提。政策出台的必要性可以用以下的逻辑来解释，即如果不出台新的政策，可能会造成各种经济、社会问题，而政策出台正好解决了这些问题。美国联邦政府管理与预算办公室（OMB）就是用以下几个指标来衡量政策的必要性：①项目目的是否清楚；②项目的设计是否为了解决特定的事件、问题、需求；③该项目设计对于解决特定的事件、问题、需求是否有重要的影响；④在解决特定的事件、问题、需求时，该项目是否具有独一无二的作用；⑤对解决国家事件、问题、需求等，该项目设计是否最为理想。

2. 评估备选方案

一旦认为中央级政策规定最优，接下来需要考虑其他选择。这种选择需要职业判断，需要平衡全面性与可行性。

（1）**法律权限**。如果在现行法律框架下制定更详细的政策，需要考虑政府机构的法律权限及政策规定的特定要求。

（2）**生效日**。时间对政策规定的收益有重大的影响，不同的生效日期会产生不同的收益。推迟生效的日期可能使未来收益产生重大损失。对需要提前一年或更多来制定生产计划的行业而言，不同生效日期会有不同的成本，有缓冲期的政策比立即生效的政策成本低得多。

（3）**执行手段**。为了提供最有效的激励，各级政府的执行手段各有不同，包括现场监测、定期报告和未达到要求的惩罚等。不同的监测与报告手段的成本效益不同，应该确定一个最优组合。例如，随机监测费用更低，效果却与持续监测近似。

（4）**严格程度**。通常政策越严格，成本效益越高（虽然随着严格程度加大，边际成本增加而边际收益减少）。不同严格程度下不同群体中，严格程度与损益大小和分布的关系不一样。

（5）**企业规模**。依照预计成本与收益的不同，对不同规模的企业应该有不同的要求。企业大小不同，损益的考虑标准也不一样，如果需要大量固定成本，小企业会不胜负荷。反之，对行业龙头企业强行摊派、加重高效率企业的负担只能降低总体效率。

（6）**地域差别**。若损益的地域差别过大，就应考虑把政策规定细化，以适应不同地域的要求。

（7）**结果重于手段**。结果比手段更重要，注重结果而不对执行方法吹毛求疵，可以使公共支出的各方采用灵活、经济的方式达到政策要求的目标。

（8）**市场导向优于行政干预**。市场导向指以经济利益为诱因，其方法包括收费、罚款、津贴、市场准入或驱逐，债权或财产权的改变（包括保险人与被保险人各方利益的政策规定）及提供债券、保险或担保等。市场导向的一个例子是超标废气排泄，超标部分由ABT（即污染指标可以均摊、存储和交易）控制。由于不同的生产线、设施与工厂达标的成本不同，ABT能极大地降低成本，提高收益。在地方空气质量允许的情况下（例如不出现污染集中的"热点"），ABT项目是实施单位变大，无须像以往那样花费大量成本逐个单位进行检查。

（9）**信息透明化优于政策指令**。对信息不足或不对称引起的市场失灵，应该尽量补救。提高信息透明度的措施包括：政府建立标准化测试与评估系统（使用这个系统可以强制也可以自愿），强制披露（可通过广告、公告或信息披露）和政府提供信息（如政府公告、热线电话、公共广播等）。充分提供产品信息能使消费者有更多选择。相比之下，强制产品标准则没有这个优势。

信息化的好坏可以用收益与成本来衡量。信息化的某些方面已被忽略，如强制披露的成本不仅包括收集信息的成本，还包括公布信息所丧失的净收益，忽略或误解的信息带来不良后果，及强制披露而导致某种产品或服务过度投资等。

充分衡量各种信息化手段的损益后，采用能达到立法效果而又最少负面影响的信息化措施。为纠正信息化市场失灵，政府只需要建立非强制使用的标准化检测与评估系统就行了，测评结果自然能够被公众所接受。

3. 政策绩效的分析

政策规定绩效分析的基本方法是成本效益分析。若能以货币计量损益，成本效益分析能为决策者选择最优效率的方案，即产生最大的社会净收益的方案（配置成本忽略不计）。即使经济效益不是政策规定唯一或最重要的目标，成本效益分析也能为决策者和公众提供极其有用的信息。但是，不是所有损益都能够以货币计量，这时最有效率的方案就不一定是最大量化净收益的方案，而需要运用职业判断来决定不能量化的成本与收益在总体分析中的重要性。如果不能量化部分很重要，用"保本"分析来评估其重要性。"保本分析"也称"盈亏临界点分析"。它会回答这个问题："净利润为零之前不能量化的收益有多少（或成本有多大）？"

成本-收益分析法（cost-benefit analysis，CBA）和成本-效果分析法（cost-effectiveness analysis，CEA）为确认和评价政策绩效提供了系统的框架。CBA方法适用于所有损益都能够以货币来计量的政策，例如对政府的公共资本投资项目进行评估。对于不能以货币计量的损益，应尽量运用物理单位来计量。如果还不行，则可运用定性分析来确认该损益。

CEA方法主要应用于收益无法货币化的政策分析。由于政策作用效果的多样性和复杂性，相对于CBA，CEA的适用面可能更广一些。在CEA的基础上，还发展了一种加权成本-效果分析法。这种方法是将多种效果按一定权重转化为单一的效果指数（如增加健康的程度），以对政策进行评估。

（1）成本和收益（效果）的估计。 成本和收益（效果）的估计是使用这两种方法进行政策评估的前提。在确定具体的成本和收益时，经常使用的一个概念就是机会成本。计量机会成本有两个重要的指标，一个是愿意支付（willing to pay，WTP），另一个是愿意接受（willing to accept，WTA）。WTP是指个人为某项收益而愿意付出多少，它通过实验的方式来测定人们对于某种商品或者服务偏好的价值；WTA则是指个人为得到某项福利而愿意接受的补偿。WTP 和WTA 两种方法都是以有市场价格为前提的，所以对于市场价格的充分研究和理解可以获得人们的偏好。

在估计成本收益时，应该注意：第一，政策绩效分析中不应只看到政策的直接损益，还应注意重要的附属收益和风险。附属收益是指政策主要目的以外取得的正面效应，附属风险指由一项政策引起（但未计入该公共政策的直接成本）的经济、健康、安全或环境的负面效应。第二，计量标准的一致性。成本计量需要包括所有相关社会成本，公共的和私人的。成本-效果比率的分子是净成本（即政策的毛成本或总成本减去节约的成本）。第三，如果只有部分收益能够用货币计量，大部分效果无法用货币量化，则可从总成本中减去能够货币化的收益得到净成本（这时净成本可能为负，即货币化收益大于成本）。第四，考虑政策对不同人群的公平性，有助于决策者综合考虑公平与效率。

（2）选择适当的贴现率。 公共政策不仅会在当期产生损益，也会在未来若干年内产生损益，就需要采用贴现的方法将其转化为现期的损益。当且仅当损益折为现值后才能相加决定净收益的价值。根据贴现系数公式可知，贴现率越高，给定未来年份成本收益值的情况下，其现值越低，这可能会使一些有效的公共政策或公共工程因为现值过低而不能通过可行性分析，同时，过高的贴现率会刺激人们更早而不是推迟消费资源，影响到代际平衡问题，也会影响到资源在公共部门之间、公共部门与私人部门之间的配置，所以选择适当的贴现率非常重要。美国管理及预算办公室（OMB）第A-94 号文件建议政策绩效分析的贴现率为7%。7%是美国私有资本的平均税前回报率，可视为资本的机会成本，也是私人部门中受公共政策影响而改变用途的资本的贴现率。经过认真研究和广泛调查，1992 年，OMB 修改了第A-94 号文件。最近研究表明，平均资本报酬率依然接近于1992 年估计的7%。同时，OMB还建议在进行公共政策绩效分析时使用3%的贴现率，这主要是考虑到通货膨胀以及个人消费的因素。OMB 认为，公共政策并不只是影响资本分配，还会影响到个人消费，而对有关个人消费的公共政策（如提高商品和服务价格的公共政策）应该采用较低的贴现率。常用的方法称为"时间偏好的社会贴现率"，即将未来消费流量折为现值的"社会"贴现率。可以用储户对将来消费的平均贴现率来衡量社会对消费时间的偏好，从而合理地估计政府长期债务的实际报酬。20世纪70 年代以来，这个报酬率以税前为基础，平均为

3%。这个3%的数值是通过以下计算得来的：10年期国债的收益率为8.15%，同时该期间消费价格指数（CPI）年均增长率是5%，意味着10年间的平均收益是3.15%。鉴于此，OMB建议在进行公共政策分析时应同时采用3%和7%来估算净收益。同时如果不能确定机会成本的大小，应该在采用3%和7%的同时，用更高的贴现率做敏感性分析。

（3）**获得民众偏好的方法**。利用市场数据获得民众偏好是一种非常直接的方式。政策制定者可以直接利用市场交易的各种价格来反映人们的偏好。在供给保持不变时，需求上升价格就会自然地上升，这传递出来的信号是人们对此类商品或服务的偏好在增强。价格正向地、直接地反映了市场的需求状态。但由于市场不完全或政府干预，有时市场价格不能反映商品或服务的真实价值，这时就需要利用各种手段来还价格以本来的面目，即使用"影子价格"。获得人们偏好的另一种直接的方法就是设计调查问卷。在设计或评价调查偏好的问卷时应当注意：①清楚、完全、客观地描述待评估的商品或服务，并反复测试问卷。②支付意愿的问题，应该考虑被调查人的收入水平、可供选择的替代品以及别的消费方式。③调动被调查者的积极性。④调查的内容易于统计分析、能够覆盖目标人群并能用概率表示，从而得到整体的加权平均数。⑤采取措施尽量提高调查表回收率。过低的反馈率表示存在误差，不能形成普遍性的结论，应该做进一步的分析研究。⑥具体的调查方式，如面对面、电话、邮件、电脑、互联网或多种方式组合，应由问题的性质、问卷的长短与复杂性等决定。⑦提供下列信息：目标人群、选样方法及在目标人群的覆盖率。选样方法包括分层选样、分组选样等。⑧分析搜集数据时透明、适当并正确运用统计与计量方法。

由上可以看出，对于公共政策绩效的预测和评估，可以保证政策在出台时的最优性，可以向民众说明公共政策的选择集，同时也可以说明选择某一政策并执行其的根据和成本收益。这些都为公共政策实现其政策目标提供了前提和保证。

▶ 5.4 我国开展事前绩效评估的思路与方法

《中共中央 国务院关于全面实施预算绩效管理的意见》（以下简称《意见》）提出，要建立重大政策和项目的事前绩效评估（评价）机制。根据《意见》，事前绩效评估需要重点论证的是立项必要性、投入经济性、绩效目标合理性、实施方案可行性和筹资合规性等五个方面的内容。[①]其主要目的是，弄清楚项目到底有没有必要做，通过什么方式做得最好。下面，我们依据前述事前绩效评价的基本理论，结合我国实际和《意见》提出的"五性"要求，分析和阐述我国开展事前绩效评估的基本思路与方法（在此，我们对上述"五性"的顺序稍做了调整）。

5.4.1 项目立项的必要性评估

项目立项必要性评估是事前绩效评估的第一步，其重点是项目的需求评估（需求分析）。进行需求评估的主要目的是，确定是否真的存在实施项目的需求，如果确实存在这种需求，那么什么样项目服务最适合满足这种需求。其基本的任务包括：界定社会问题的精确概念，评估社会问题存在的范围，定义和识别项目干预对象，准确描述项目干预对象所需范围的性质。如果在项目开始时，根本不存在什么问题或项目提供的服务与社会问题实际上无关，那么，项目就没有立项必要。进行需求评估，评价者通常要分析和利用现有的统计资料或者进行深入的社会调查。

除了需求评估之外，项目立项的必要性评估还要对以下事项进行分析：项目的立项依据是否充分、项目的需求或问题是否是市场失效、项目与部门职责和宏观政策的衔接性是否紧密，以及与其他项目是否存在交叉重复等。这里市场失效的分析，就是将政策必要性、需求的来源与市场失灵联系起来，以判断该问题是否属于市场失灵，从而决定是否需要政府干预。

5.4.2 绩效目标合理性的评估

事前绩效评估的第二步是对绩效目标的合理性进行评估。项目绩效目标是判断项目实施是否成功，以及预算配置是否恰当的主要依据。因此，开展事前绩效评估，必须要看是否有明确的、可计量的绩效目标，以及绩效目标的设置是否科学、合理。如果项目没有明确的绩效目标，或者绩效目标的设置有误，那么该项目就不应支持。

---

① 2021年10月，北京市财政局发布了《北京市市级财政支出事前绩效评估管理办法》（京财绩效〔2021〕1837号）。《办法》明确规定：政策事前评估重点评估政策必要性、可行性、效益性，兼顾政策效率性和经济性，并对其分别规定了不同的权重。从权重上看，其评估的重点是"必要性"（30分）和"效益性"（25分），其余均为15分。从内容上看，此处的"五性"与中发〔2018〕34号文中规定的"五性"实际大同小异。由于京财绩效〔2021〕1837号文针对的是北京市，而中发〔2018〕34号文针对的是全国，故在此，我们主要讨论中发〔2018〕34号文的事前评估思路与方法。

绩效目标的评估一般建立在需求评估的基础上。公共政策或项目活动通常用于解决某些社会问题、满足某种社会需要，或通过满足某种公共利益来改善一些不理想的社会状况。这样产生的积极影响构成了公共政策的绩效目标。财政部在《中央部门预算绩效目标管理办法》（2015）中指出，"绩效目标是指财政预算资金计划在一定期限内达到的预期产出和效果"。这表明，绩效目标反映的是预算资金的预期产出（output）和效果（outcome）。项目产出与效果均代表了项目的结果（result），但它们却是两个不同层面的概念。"产出"指的是预算资金在一定期限内预期提供的公共产品和服务的情况；"效果"则指的是产出带给目标受众或服务对象的实际利益，它反映了公众或顾客的某种社会需要的满足。亚洲开发银行（2006）认为，效果是项目规划的关键支撑，它描述了在项目实施结束时项目要完成的任务以及借此要解决的发展问题。因此，相对于"政策产出"来说，"政策效果"更为重要，因为它反映了绩效目标的本质内容，体现了预算为民服务的基本理念。为此，事前绩效目标评估的重点就是政策的预期效果。具体来说，其关注的主要问题如下：

- 政策要解决的社会问题是什么？与解决这些社会问题相对应，项目的主要目标（绩效目标）是什么？该目标的时间框架是什么？目标受众是哪些人和组织？

- 为了实现主要的绩效目标，所需要的政策产出是什么？用什么指标来衡量上述的政策产出和政策效果？指标的数据来源是哪些？

- 政策的绩效目标能否实现？或者说，政策所面临的主要的挑战与障碍有哪些？社区或利益群体中哪些条件有利于绩效目标的实现？

在我国，进行绩效目标评估，一般都需要借助于审核项目的绩效目标申报表（参见表5-2）。根据财政部印发的《中央部门预算绩效目标管理办法》（2015），对绩效目标合理性的分析应包括以下内容：①完整性审核。绩效目标的内容是否完整，绩效目标是否明确、清晰。②相关性审核。绩效目标的设定与部门职能、事业发展规划是否相关，是否对绩效目标设定了相关的绩效指标，绩效指标是否细化、量化。③适当性审核。资金的规模与绩效目标是否匹配，在既定资金规模下，绩效目标是否过高或过低；或者要完成既定绩效目标，资金规模是否过大或过小。④可行性审核。绩效目标是否经过充分论证和合理测算；所采取的措施是否切实可行，并能确保绩效目标如期实现；综合考虑成本效益，是否有必要安排财政资金。

表5-2　项目支出绩效目标申报表（××年度）

项目名称							
主管部门及代码					实施单位		
项目属性					项目期		
项目资金（万元）		中期资金总额			年度资金总额：		
		其中：财政拨款			其中：财政拨款		
		其他资金			其他资金		
总体目标	中期目标（20××年—20××+n年）				年度目标		
	目标1： 目标2： 目标3：				目标1： 目标2： 目标3：		
绩效指标	一级指标	二级指标	三级指标	指标值	二级指标	三级指标	指标值
	产出指标	数量指标	指标1：		数量指标	指标1：	
			指标2：			指标2：	
			…			…	
		质量指标	指标1：		质量指标	指标1：	
			指标2：			指标2：	
			…			…	
		时效指标	指标1：		时效指标	指标1：	
			指标2：			指标2：	
			…			…	
		成本指标	指标1：		成本指标	指标1：	
			指标2：			指标2：	
			…			…	
		…			…		
	效益指标	经济效益指标	指标1：		经济效益指标	指标1：	
			指标2：			指标2：	
			…			…	
		社会效益指标	指标1：		社会效益指标	指标1：	
			指标2：			指标2：	
			…			…	
		生态效益指标	指标1：		生态效益指标	指标1：	
			指标2：			指标2：	
			…			…	

绩效指标	效益指标	可持续影响指标	指标1:		可持续影响指标	指标1:	
			指标2:			指标2:	
			...			...	
		...					
	满意度指标	服务对象满意度指标	指标1:		服务对象满意度指标	指标1:	
			指标2:			指标2:	
			...			...	
		...					

资料来源：财政部预算司《中央部门预算编制指南》（2019），第500-501页。

5.4.3　实施方案可行性的评估

事前绩效评估的第三步是项目实施方案可行性的评估。实施方案可行性评估的内容一般包括：项目实施方案、项目可行性研究及项目预算表。

在政策绩效目标评估之后，就需要分析和评估实现目标的计划与方案，即分析项目是否具有一个有条理且可靠的实施计划，也就是要依据绩效目标评估项目实施的方案是否科学、合理、可行。一般而言，一个良好的政策（项目）实施方案具有以下特点：能最大限度地实现政策（绩效）目标；能最少地付出政策代价（成本最低）；能对多种风险具有最大的应变性；能在政策实施中产生最小的负面效应。

政策实施需要资源，特别是需要预算资金。这里特别强调资金或成本因素，是因为实施政策所付出的代价高低，集中反映了政策方案可行性的大小。项目实施方案中如果预算金额太高，即使从目标分析看是很好的，但其可行性仍然存疑。因此，必须要对项目的预算进行具体的分析和计量，评估项目预算编制是否符合相关规定，依据是否充分，费用测算标准是否合理等。另外，还要评估实施方案是否具有应变性。政策执行过程中，不可能一帆风顺，总会遇到意外或反常的情况。能否承受外界条件的突然变化，基本不改变政策实施的总进程，这是检验项目实施方案应变性的主要标志。总之，要把项目的需要和可能结合起来，综合评估项目实施方案。

在国际上，进行政策或项目实施方案的评估，一般都需要借助于分析和评估项目的逻辑模型（或结果链）。项目逻辑模型（见图3-3和图3-4）是一种概念体系，也就是关于为实现政策目标应该做些什么的设想，是政策或项目正确执行的基础。如果项目的逻辑模型是明确合理的，就会明确地界定项目的功能和影响，阐述项目的活动以及作为该活动的预期结果。一个好的项目逻辑模型能够使我们知道怎样做才能达到项目目标，哪些事情是项目必须做的。相反，一个差的项目逻辑模型就算执行没有问题，也不能产生预期的结果。所以，在项目实施方案可行性评估中，我们也可以借鉴项目逻辑模型这一工具和方法，通过评估项目逻辑模型（结果链）的优劣，评价项目实施方案的可行性。这种评估具有重要的意义，因为如果项目建立在含混或错误的概念基础上，那么项目获取预期结果的希望或可能性就很小。

如果要评估项目的逻辑模型，评价者必须在分析和评估前，通过一定的方法提炼并描述项目逻辑模型。这些方法包括研读项目文件、访谈项目人员和其他项目方及观测项目行动。特别重要的是，要清晰地组织和具体地陈述项目目标和项目活动如何带来项目的预期结果。有很多方法可以用来评估项目的逻辑模型。对项目逻辑模型最重要的评估依赖于对项目的具体干预与项目预期目标的比较。仔细检查逻辑模型的各个环节及其联系（投入、活动、产出和成效）就会发现项目是否提供了一个改善社会问题的合理计划。评估项目逻辑模型的一个补充方法是，通过项目方和其他的知情者评判项目逻辑模型是否明确可行，建构恰当。这项工作常常还可以通过评价者对项目逻辑模型的关键假设的直接观察完成。

5.4.4 投入经济性的评价

事前绩效评估的第四步是投入经济性（成本效益性）评价。投入经济性评价是一种经济评价，它通过将项目成本与效果联系起来进行比较，帮助决策者进行项目选择和资源配置。投入经济性评价一般需要回答以下问题：

- 项目（政策）的真实成本是什么？
- 取得的结果能否证明资源的投入是正当的？
- 目前的选择是否是实现预定结果最有效的方式，换言之，能否通过其他方式以更低的成本获得同样的结果？
- 多余的资源该如何使用？

为了回答这些问题，人们经常需要运用以下三大经济评价方法：成本-效益分析（CBA）及其两大变式成本-效果分析（CEA）和成本-效用（CUA）分析。在这些方法中，项目成本均可量化为货币，但是对收益的量化存在着差异。其中，成本-效益分析（CBA）将成本与收益均量化为货币，计算是否存在社会净收益；成本-效果分析（CEA）将成本与单一的非货币化产出

（产出单位）进行比较；成本-效用分析（CUA）则与一个包含多种结果的非货币化的指标（例如"质量调整寿命年"）进行比较。由于成本-效益分析（CBA）要求将全部社会收益货币化，因此，在某些重要的收益难以货币化时，人们往往采用成本-效果分析（CEA）和成本-效用（CUA）分析。例如在预防老年人摔倒的项目中，可以采用成本-效果分析（CEA）基于每防止一次摔倒的成本对其进行评价。

如果条件允许采用成本-效益分析（CBA），那么评估中常用的成本与收益比较方法有：净现值法、内部收益率法和收益-成本法。净现值（NPV）的计算公式如下：

$$NPV = \frac{B_1 - C_1}{(1+r)} + \frac{B_2 - C_2}{(1+r)^2} + \frac{B_3 - C_3}{(1+r)^3} + \cdots + \frac{B_n - C_n}{(1+r)^n} = \sum_{i=1}^{n} \left(\frac{B_i - C_i}{(1+r)^i} \right)$$

其中，NPV代表净现值；B代表收益；C代表成本；r代表资金成本（贴现率）；n为项目寿命年限。

如果NPV为正值，说明项目有效益，因而是可以接受的；如果NPV为负值，说明项目没有效益，因而是不可以接受的。NPV越大，表明项目的效益就越好。

内部收益率法则主要计算净现值为零时贴现率是多少。也就是说，当项目的净现金效益量的总现值与净现金投资量相等时，贴现率应当是多少。这个贴现率称为内部收益率（IRR）。如果内部收益率大于金融市场上的预期资金成本（IRR>r），项目是可取的；否则，就是不可取的。也可以采用收益-成本法来比较。如果项目的总收益超过总成本，或者收益-成本比率超过1（内部贴现率大于市场利率），那么，项目可行。如果政府必须从一批项目中做出选择，那么应该选择净收益最高的项目，而不是收益-成本比率最高的项目。因为一个非常小的项目具有小的收益以及更小的成本，能够产生非常高的收益-成本比率，但是得到的净收益相对很小。

成本-效益分析为项目选择提供了一个通用的衡量尺度，可帮助我们在资源使用的备选方案中进行优化选择。但是，运用该方法也有明显的局限性。由于要确定量化项目所有的（或大部分）成本和收益总是不容易的。无论是在技术上还是实践上，这都是一个难度很大的问题。因此，事前评估中人们更为常用的是成本-效果分析（CEA）和成本-效用分析（CUA）。

5.4.5 筹资合规性的评估

项目筹资合规性的评估虽然不属于事前绩效评估的重点，但是，它是效益性评估的基础和前提。由于许多的公共政策或项目资金除了来源于财政预算资金，还可能来源于金融部门和社会的资金，此时，我们需要对这些筹资的合规性进行必要的考察和分析。

总之，政策事前绩效评估的主要目的是，弄清楚政策到底有没有必要做，通过什么方式做得最好，绩效目标是不是科学合理，资金预算是不是做得实。其重点是，评估项目该做还是不该做，主要解决的是财政支持与否的问题。事前绩效评估的基本方法是成本-效益分析（CBA）方法及其两大变式成本-效果分析和成本-效用分析（CUA）。由于成本-效益分析方法要求量化所有的成本和收益，因此，在事前绩效评估实践中，人们更为常用的是成本-效果分析和成本-效用分析。

本章小结

1. 事前绩效评价，又称前瞻性评价（prospective evaluation），试图运用评价工具对初始的规划和设计活动进行评估，以确定对政策方案是否进行支持以及如何支持，旨在帮助决策者做出科学的、合理的资源配置决策，并将评价从单纯的事后监督变为事前控制。

2. 政府支出可能产生"挤出效应"。其含义是，政府旨在增加社会福利的某些支出可以减少公众的支出，从而使得公众实际可支配收入趋于增加。除了"挤出效应"之外，政府支出还可能产生"收入效应"和"替代效应"。假如政府给某些个人以补贴，借以改善他们的境遇，但不改变任何商品的价格，这时就会产生公共支出的收入效应；假如政府某项支出导致了商品价格的下降，就会产生替代效应。在许多情况下，一项公共支出往往是既有收入效应，又有替代效应，并且在这两种效应之中，替代效应往往造成低效率。

3. 项目的归宿描述了谁真正从项目受益或者受损。项目实际的归宿常常不同于表面的或预期的归宿。这种现象经济学上叫作"利益转移"。因为财政支出存在利益转移的问题，所以有必要对财政支出政策的分配效应（利益归宿）加以研究。

4. 英国《绿皮书》提出了政策制定的循环周期。根据政策制定的循环周期，首先需要在政策制定前进行干预缘由分析（rationale），以说明进行干预的必要性，在干预的必要性得到确认后，再确定政策的SMART目标（objectives），然后是根据政策目标制定备选方案，进行方案预评估（appraisal）。接下来为监测（monitoring）和评价（evaluation），主要目的是改进政策执行并为今后的干预提供依据。最后，将评价的结果反馈（feedback）给决策制定者，旨在为政策制定提供决策依据。

5. 事前绩效评估的基本方法是成本-效益分析（CBA）。但是，由于该方法要求量化项目所有的（或大部分）成本和收益。无论是在技术上还是实践上，这都是一个难度很大的问题。因此，在事前绩效评价实践中，人们更为常用的是成本-效果分析（CEA）和成本-效用分析（CUA）。成本-效果分析将成本与单一的非货币化产出（产出单位）进行比较；成本-效用分析则与一个包含多种结果的非货币化的指标（例如"质量调整寿命年"）进行比较。

复习与思考

1. 什么是事前绩效评估？其主要的特点和作用是什么？

2. 请举例说明何为情景分析法，其主要的特点是什么？

3. 什么是财政支出的"挤出效应"？开展财政支出政策的事前绩效评估，为什么要分析"挤出效应"？

4. 关于转移支付的方式，经济学家历来赞成一般性收入补贴，而不赞成把收入用于特定用途的选择性补贴。这是因为一般性补贴对接受人更有价值，由于它不关于收入用途的选择，从而可以避免产生替代效应。从事前绩效评估角度来看，你是否赞同这一观点？

5. 什么是财政支出的"分配效应"？为什么财政支出的"分配效应"往往是扭曲的？（就是导致政策结果与预期目标不一致）

6. 成本-效益分析方法（CBA）、成本-效果分析（CEA）和成本-效用分析（CUA）有何本质不同？请各举一例。

7. 请比较《北京市市级财政支出事前绩效评估管理办法》提出的事前绩效评估方法与英国《绿皮书》中的政策预评估方法有何不同，你认为哪一个事前评估方法更为科学？

第6章

财政支出政策的事中和事后评价

形成性评价（事中评价）与对项目实施情况的分析有关，旨在为项目管理者和其他利益相关者提供意见，建议并进一步改善项目的有效性。而总结性评价（事后评价）主要关注的是项目是否达到了其预期的目标。

——迈克尔·斯克莱文，1967

　　《中共中央　国务院关于全面实施预算绩效管理的意见》提出，"对预算执行情况开展绩效评价"，并指出，"支出方面，要重点关注预算资金配置效率、使用效益，特别是重大政策和项目实施效果"。对预算执行情况的评价，特别是对财政支出政策实施的评价包括两个方面：其一是事中评价（过程评价），其二是事后评价（结果评价）。事中评价，也称过程评价或形成性评价，绝大多数在政策的实施阶段进行，注重于政策（或项目）的执行和改进。事后评价，也称为结果评价或总结性评价，一般在政策结束后进行，强调评价政策（项目）的结果和影响，旨在总结政策（项目）的经验或教训，为未来政策（或项目）的建设提供经验和决策参考。两种绩效评价，分别司职于政策（项目）管理的不同阶段，发挥着不同的作用。

　　然而，在我国财政支出政策绩效评价实践中，大多数情况下则是将二者混在一起，并未做明确区分。[①]严格来说，这一做法并不科学。加拿大绩效评价专家詹姆斯·麦克戴维认为，形成性评价的预期用途是，提供建议以改善项目的有效性；总结性评价（事后评价）则意图解决更为复杂的问题，例如，是否应削减在该项目上的资金？或是否应该重新分配资金，将其用于其他方面？项目是否应继续运作下去？等等。他还说，"一旦一个项目被归入形成性评价，其评价的过程就和总结性评价过程大不相同。而且项目管理者对这两种评价的反应也是大不相同的。"[②]所以，在政策评价实践中，我们应当对二者进行明确区分。为了阐明二者的特点与差异，本章对这两种评价的目的、特点和作用，以及相应的评价问题、评价指标与评价方法等进行分析和讨论。

▶6.1　财政支出政策事中评价

6.1.1　事中评价的特点与作用[③]

事中评价是为了改善政策绩效，通常在政策或项目实施阶段进行的绩效

---

① 参见本书第4章4.4节"财政部预算评审中心的政策绩效评价指标体系"。该指标体系就是既关注过程，又关注结果。

② 詹姆斯·麦克戴维，劳拉·霍索恩. 项目评价与绩效测量：实践入门[M]. 北京：教育科学出版社，2011：第18页.

③ 本节参考了施青军《政府绩效评价：概念、方法与结果运用》第9章的相关内容。

评价活动。作为一种独立的评价活动，事中评价具有以下特点：首先，评价目的。事中评价的目的是为政策（项目）提供评价信息，用于改进政策（项目）绩效。其次，评价组织。事中评价是通过委托第三方，为了实现过程改进而设计并执行的评价活动，评价结果反馈于项目方，以帮助项目绩效的提高。[①]最后，评价本质。事中评价是一个产生知识的（knowledge-generating）、发展的、过程性的评价，主要用来支持政策（或项目）的改进。第四，评价的内容。事中评价侧重于实施的细节，例如各项活动是否已按照计划实施或尚未实施？计划与实际实施之间存在哪些偏差？成本在何种程度上是适当的，并与计划成本接近的？员工的资格和能力如何？都具备哪些财力、设备、人力？获得哪些政治支持？在实施阶段出现了哪些未预见的结果？实施阶段是长期的还是短期的？等等。这里强调的主要是对实施过程的研究。管理人员可以根据这些信息来确定它们是否需要进行中期的修正，以达成预期的成效。[②]

可以看出，事中评价最大的特点就是提供政府决策和管理所需要的"即时"的信息，所以它实际上是一种实时评价（real-time evaluation）。在国际上，实时评价是一种新的评价方式，主要是从2000年开始发展起来，其评价的内容主要为：项目或者政策设计的现实性和实用性、项目或政策如何更好地瞄准预期的目标受益者、项目执行的方法等。开展这一评价意义十分重大。彼得·罗希认为，"很多情况下，许多项目往往不能按照预先设计实施和执行。由于政治冲突，项目管理可能很粗糙或者不得不做出妥协。有时候，要么没有可用的项目人员，要么没有可用的项目设备；有时候，项目成员因为缺乏动力或经验，不能执行项目。经常出现的情况还有：项目设计有问题，进而为随意解释留下很大的空间；或者没有很好地给项目工作人员转达项目的基本意图，使得项目活动一次次地拖延。还有，在项目所预想的参与者方面出现问题，要么参与数量不够，要么不能积极识别参与者，或者参与者不合作。"[③]所以，从管理的角度来讲，事中评价（过程评价）提供的反馈是必不可少的。

---

① 这一特点表明，事中评价（过程评价）与绩效监控（通常由管理者来实施）是两个不同的公共管理活动。关于政策的绩效监控分析，参见3.3节。

② 库赛克、瑞斯特. 十步法：以结果为导向的监测与评价体系[M]. 梁素萍，韦兵项，译. 北京：中国财政经济出版社，2011：第133页.

③ 彼得·罗希，等. 评估：方法与技术[M]. 7版. 重庆：重庆大学出版社，2007：第41页.

绩效评价是一个对政府行为和结果的信息反馈系统。为了有效地促进和完善政府决策和管理，评价信息不仅要求是客观的和可靠的，而且要求必须是及时的。换言之，评价信息必须要在决策和管理需要的时候提供。正如古谚语里所说，时机虽然不是一切，但它几乎就是一切。如果评价信息的提供与决策者的应用之间间隔太长，那么信息就可能被遗忘或者过时。在决策之后才提供信息，是对资源的浪费。事后评价（总结性评价）提供的主要是一种"过去"的信息。因此，它不能提供决策和管理所需要的"即时"的信息。过程性评价则能够克服事后评价的缺陷，对决策和管理提供即时的信息反馈，促进政策（或项目）的绩效改善。特别是过程评价（事中评价）往往能揭示出结果链中的一些重要的和经常被忽略的环节，为政策（项目）制定者提供一些应当注意的关键事项，帮助他们改进政策（或项目）的绩效。具体来说，事中评价的作用主要体现在以下四个方面：

第一，促进政策或项目的改进与完善。如上所述，事中评价即评估项目实际实施的过程和效果，主要用来支持政策（或项目）的改进。因此，其主要职能就是通过检查政策（项目）的过程与实施，促进政策（项目）的绩效改进。例如金融危机时期，美国政府问责办公室（GAO）对美国的《复兴和再投资法案》——2009年实施的一揽子经济刺激方案进行了事中评价。该评价报告指出了一揽子经济刺激方案需要改正的地方，许多的建议很快付诸实施。英国国家审计办公室也在一系列报告中检查其金融危机的应对问题，至少是在最初阶段主要关注了执行的问题。在我国，国务院也组织开展了多次的全国性事中评价。2014年6月，国务院委托国家行政学院等机构对部分出台政策措施的落实情况进行了第三方评估（即事中评价）。2015年7月，国务院办公厅再次组织开展了第三方评估。此次评价旨在全面了解党中央、国务院"稳增长、促改革、调结构、惠民生"一系列重大政策措施（如"推进简政放权、放管结合、优化服务""实施精准扶贫、精准脱贫"）的贯彻落实情况。为了确保第三方评估取得更好效果，国务院办公厅进一步吸纳了更加广泛的专业力量参与，通过竞争性遴选，确定委托中国科学院、国务院发展研究中心、国家行政学院、中国科协、全国工商联、中国国际经济交流中心、北京大学、中国（海南）改革发展研究院等独立第三方开展评估。

第二，有助于及时地终止一些无效的政策或项目，使人们避免犯代价很大的错误，并防止遭受实际的损害。例如美国的防止药物滥用教育项目，其目的在于阻止年轻人使用被控制的药物。该项目被认为是有效的，最后被全国75%的学区采用。但是通过评价发现，它并不是有效的，而是浪费了财政资源和学校时间。再如美国震慑从善项目（Scared Straight），其目的是通过带领高危青年访问监狱，并听取罪犯们讲述他们犯罪的经历来减少青少犯罪。但是通过事中评价表明，这个有着良好意图的项目却导致了项目的参与者的青少年犯罪比率比未参与者的更高。由于事中评价提供了有效的证据，美国政府及时终止了上述两个项目。①

第三，支持有效政策（项目）的继续和扩大。许多正在实施的政策（项目）能否继续和扩大，往往存在很多争议或不确定性。政策的事中评价通过检查政策（项目）的相关性、效率、效果以及风险管理等，可以给有效的政策或项目以强有力的支持。如墨西哥的有附带条件的转移支付项目——普罗雷萨（Progresa）即是一个例子。通过事中的评价，发现该项目前期在教育、卫生、劳动力供给和消费方面都有着积极的影响。这些积极的结果不仅帮助说服了管理者保持了该项目，而且还使该项目扩大到了新的领域，并给予了项目最初覆盖区域更多的孩子参与资格。②

第四，可对政策为什么有效或者无效提供一个清晰的解释。对于事后评价和影响评价来说，事中评价（或过程评价）是不可缺少的。事中评价的重点在于获得有助于改善政策的信息，这些信息可以帮助事后评价分析和了解一项政策为什么有效或者无效（可能是执行失败或是设计的失败）。也就是说，过程评价与事后评价（包括影响评价）实际是一种互补关系。③美国学者彼得·罗希认为，不包括过程评价的影响评价，通常是不可取的……想当然地认为项目按计划执行，是不明智的。因此，充分的影响评价一般需要过程评价辅助，用以确认项目所提供服务的质量和数量。④而这些服务的质量和数量可帮助我们分析和了解一项政策（项目）为什么有效或者无效。

总之，事中评价的主要作用就是为政府决策和管理提供及时的信息反馈。在一个不确定性的世界中，事中评价可根据现有的最佳证据，为政策或项目提供一些重要的、及时的信息。依据这些重要的信息，对项目或政策过

---

① 维诺德·托马斯、骆许蓓. 公共项目与绩效评估：国际经验[M]. 施青军，译. 北京：中国劳动社会保障出版社，2015：第147页.

② 同上书，第148页。

③ The Magenta Book of HM Treasury: *Guidance for Evaluation*（2011），p. 81.

④ 彼得·罗希，等. 评估：方法与技术[M]. 7版，重庆：重庆大学出版社，2007：第125页.

程甚至是做微小的修正，都可以产生很大影响。如果我们只是固守传统的事后评价，那么我们就可能会失去学习和达到更好结果的机会。

6.1.2 评价问题与评价方法

1. 评价问题

财政支出政策评价是一个信息汇集和解释的过程。在该过程中，评价者试图要回答有关政策实施和效果的评价问题。彼得·罗希说，"一套合适的评价问题是整个评价过程的核心"。[1]所以，开展财政支出政策评价，一个极为重要的步骤（或任务）就是要确定要回答的评价问题。评价问题主要取决于评价目的及政策的特点。如上所述，事中评价的主要目的在于，了解政策实施或服务提供的过程，并分析和确定影响（促进或阻碍）政策效果实现的主要因素。基于这一目的，事中评价通常需要研究和回答以下的问题[2]：

- 多少人正在接受服务？
- 那些正在接受服务的人是预期的目标人群吗？
- 他们正在接受服务的数量、类型和质量如何？
- 是否存在没有接受服务的目标人群或接受服务但又不是目标人群？
- 目标人群意识到项目的存在了吗？
- 项目功能得到充分执行了吗？
- 项目人员的数量与能力都足够吗？
- 项目组织得好吗？人员能很好地彼此合作、一起工作吗？
- 项目与其他项目、必须与之互动的机构能有效地协调吗？
- 项目资源、人员和基金足够维持重要的项目功能吗？
- 项目资源得到了有效的和充分的使用吗？
- 项目与其他管理委员会、基金机构和高层管理者设置的要求一致吗？
- 项目与生效的专业和法律标准相符吗？
- 某些项目场所或现场的项目绩效是否明显比其他要好或坏？
- 参与者对其余项目人员之间的互动及互动程序和方式满意吗？
- 参与者对其接受的服务满意吗？
- 参与者在接受服务之后具有恰当的行为吗？

在英国财政部2011年《红皮书：评价指南》中，对于过程评价（事中评

---

① 彼得·罗希，等.评估：方法与技术[M].7版，重庆：重庆大学出版社，2007：第47页。
② 同上书，第121-122页。

价）关注的问题也列出了类似的十几个问题：[1]

- 政策是如何实行的？
- 政策是在何种背景下实行的？
- 在政策实行后，参与者和工作人员认为哪些方面取得了成效？为什么？具体表现是什么？
- 政策实行后，他们感到更好了还是更糟了？为什么？
- 推动或者妨碍预期结果实现的可能的因素是什么？如何克服和控制这些妨碍因素？
- 是哪些方面导致了观察结果？
- 政策完全按照预订的计划实施了吗？
- 在不同的地点，政策实施一致吗？是否某些地方变量降低了政策效果？
- 政策的投入和产出目标是否达到？（如果实际与期望之间有差异，应当采取必要的措施进行调查）
- 连接政策和效果的逻辑模型（即结果链）能支持政策实践吗？
- 政策受众和工作人员对于政策干预是否理解？
- 政策受众和工作人员有哪些实际感受？认为哪些方面比较有价值？不同人群之间的认识差异是什么？
- 在政策开展中，政策受众和工作人员的互动有哪些？
- 哪些人没有参与，或者中途退出了？为什么？
- 政策的风险管理措施是否有效？
- 政策的开展是否符合预算要求？是否还有未预见的问题和潜在的成本？
- 政策如何进行调整或改进？

上述10多个评价问题中，关键的是两类问题：项目操作和服务送达的问题，具体来说，即：①达到行政性和服务性目标了吗？②目标人群得到既定服务了吗？③是否存在需要服务，但是服务还未涉及的人群？④是否针对足够数量的服务对象完成了服务项目？⑤服务对象对所提供的服务满意吗？⑥组织的以及个体的功能是否得到了充分发挥？[2]

这六个问题是针对一般情况而言的。对不同的政策或项目，具体问题的

---

[1] The Magenta Book of HM Treasury: *Guidance for Evaluation*（2011），p. 82.

[2] 彼得·罗希，等.评估：方法与技术[M]. 7版.重庆：重庆大学出版社，2007：第54页.

选择会有所不同。但是，优秀的评价问题必须紧扣评价的目的与政策（项目）实质，使其能够完全揭示政策（项目）的本质，并且围绕着重要利益相关方所关心的问题展开。为确保评价能够直接切入项目决策者和各利益相关方最关心的问题，在进行评价设计时，通常需要与各利益相关方进行交流和商议。其次，评价者对政策的分析也十分重要。实现这个目标的一个十分有效的方法，就是分析政策（项目）结果链。通过结果链分析，可有效地选择和确定需要的关键评价问题（参见图6-1）。①

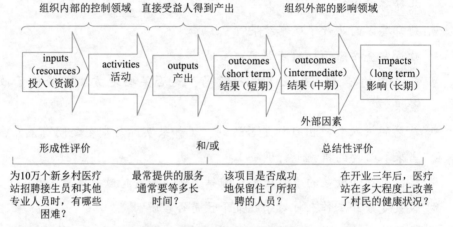

图6-1 利用结果链设计评价问题

如前所述，事中评价的问题范围涉及结果链中投入、活动、产出、（短期）成效各个阶段。②所以，事中评价可以在政策实施的任何一个时间点（包括政策的实施完成）进行。对相对较新的政策（或项目）而言，事中评价的主要目的是探讨在新政策（或项目）中如何很好地运作和服务，以为政策（或项目）管理者和主办方提供有用的反馈。对于实施时间较长的政策而言，其关心的问题往往是，项目是如何被组织的、服务质量如何，或者到达目标人群的成功性等。这就是说，项目的新或旧（取决于项目设立时间的长短）、评价时间点的选择也会对评价问题的确定产生影响。

在我国财政支出政策绩效评价指标体系（表4-8）中，有大量的对于政策过程的评价，这些评价主要是从组织管理、资金管理和产出结果三个方面进行。其组织管理关注的内容主要是组织机构的健全性和管理制度的有效性；资金管理关注的内容主要是资金使用规范性、资金使用有效性和监督机制完

---

① 参见施青军.政府绩效评价：概念、方法与结果运用[M].北京：北京大学出版社，2016：第134页。
② 参见本书1.3.2小节。

善性；产出结果关注的内容主要是政策产出的实现程度。对比上述过程评价关注的主要内容（项目操作问题和服务送达问题），可以发现，我国现行政策评价指标体系中关注的"政策实施"内容都是政策管理的一般性问题，与财政支出政策实施的具体关联度不是很大。也就是说，它们并未分析"政策实施或服务提供的过程，并分析和确定影响（促进或阻碍）政策效果实现的主要因素"。这与上述政策事中（过程）评价的初衷也不尽相符。

2. 评价方法

明确了评价问题，接下来要选择需要的研究技能和方法收集数据来回答这些问题。收集事中评价数据的方法很多，主要包括：访谈（面访和电话访谈）、焦点小组或座谈、调查问卷、观察或参与、咨询、单位记录与文件分析、统计分析和案例分析等。专栏6-1列出了一些常用方法的主要特点。

专栏6-1　过程评价中的常用研究方法

- **访谈方法**。访谈能够提供政策参与人员对政策的态度、意见、经验等丰富的信息，这些信息可增强评价者对政策实际运行情况的深度了解。通过描述影响和制约他们的因素，可以使他们明确地表达和说明自己的观点、决定与行为。访谈既可以是结构化的，也可以是半结构化或非结构化的。访谈包括面访和电话访谈。被访谈者往往因政策而异，但一般都包括政策实施者、政策受众和对政策有兴趣的利益相关方。

- **小组座谈**。能够收集各成员对于政策的态度、意见、感受、经历等信息，从而可以获得多个对政策的看法和建议。座谈数据的质量可能会受成员相互之间的影响。座谈人员可以是政策管理人员，也可以是政策受众。在小组座谈中，评价者往往是一个组织者，提出一些关键议题或问题以供讨论。小组座谈可以将一对一的面谈与其他方法结合起来。对于那些怯于一对一面谈的人来说，座谈的方法特别适用。

- **观察或参与方法**。在政策实施中，观察或参与的方法可使评价者对政策实际运行获得直接的感受。观察数据往往由评价者在观察的同时进行记录，或者依惯例予以录存。

- **调查方法**。问卷调查能够提供人们对政策的态度、意见、经历的结构化的，并且常常是量化的数据。评价者可以在政策的周期内做多次调查，借以描述变量的变化。这意味着，调查可以在一个或多个的时间点收集受政策影响的人、组织和地区的统计数据。调查的数据能否推广到整体，取决于调查采用的方法。调查可以多种方式进行，如面对面调查、电话调查、互联网调查和邮寄调查等，每一种方法在回应率、成本上各有优劣。问卷调查大多数用于收集定量的数据，但是也可以包含一些定性数据。在设计调查问卷时，重要的是考虑参与者的样本和回答问题的分析方法。这些方法都应当在评价设计时一并考虑。

- **咨询方法**。咨询研究的方法和其他定量研究方法的界限并非泾渭分明。在某些问题有争议或是需要慎重时，通常需要采用咨询研究的方法。当分析人员和政策制定者不但要了解人们的观点与行为，而且要提出或评判问题的解决方法和战略的时候，通常需要采用这类方法。广泛的公民参与方法，包括会议法、网上互动、居民小组和陪审团、民意调查和参与式评价等，也可能采用。咨询研究一般需要与多个较小的团体加强联系，提出物有所值和有代表性的问题。然而，实施良好的咨询研究既可能彰显和解释差异，也可能使参与者达成一致。因此，评价者需要在咨询和可能出现的风险之间进行审慎的权衡。

- **统计数据分析**。许多的定量数据来源可提供关于政策实施的统计数据，这些数据对于过程评价来说都非常有用。例如，定量数据即可以用于计算接受政策干预人员的数量、特征及初始的成本信息。

- **文件分析**。对于相关的政策文件的利用和分析可以提供许多的政策数据，包括政策参与者对政策的直接评论。这些文件可能包含计算机记录、案例卷宗、证明信件、日志和图片等。这些文件数据可以运用适当的内容分析技术收集和分析。

- **民族志**。民族志是人类学家在进行社会研究时常采用的方法。它对一种文化、一个团体或社会及其社会规则、文化和社会赖以建立的习俗和模式提供详尽的叙述。民族志能够体现一个团体或社会的文化知识，也可调查其相互作用的方式，以便了解团体的价值、做事方式和结构。民族志以一种尽可能自然的方式研究社会团体及活动。观察、倾听、记忆和详细记录是民族研究者或参与-观察研究的一项重要的技术。除这些优点外，它还能够提供一线机构运行的可靠证据，确定政策期望运营的社会和文化环境以及可以充当政策产品之王的人员。

资料来源：The Magenta Book of HM Treasury，2011

下面以一个毒品法院项目为例，详述开展过程评价采用的步骤与方法。[①]

步骤1，与项目管理者厘清他们对什么信息真正感兴趣。过程（事中）评价会提供类似信息。对于所有关键的利益相关者来说，清楚地明白不同的评价能得出什么信息是很重要的。

步骤2，开发一个数据收集计划来指导过程评价。下面的专栏6-2列出的一些问题可以指导方法的开发，如使用广泛的文献综述。文献综述包括广泛搜索关于过程评价的出版文献和关于毒品法院项目的文献，还有关于毒品法院项目评估的文献。

步骤3，确定要面访哪些人，这包括项目的主要利益相关者。确定过程评价中要面访的主要利益相关者时，需要和项目管理者协商。项目管理者通常是确定项目相关人的最佳人选。在这种情况下，鉴定人、服务对象、员工、警官、监狱员工、律师和治疗人员都是重要的利益相关者。他们对于项目的感受都非常重要。服务对象也是重要的需要交流的利益相关者，然而，同一时间里大约有100名受众接受服务。由于受资金和时间的限制，联系所有的服务对象是不可能的。因此可以随机抽取部分（大约20%）进行访谈。

步骤4，开发过程管理工具。在步骤3收集的数据的基础上，开发了以下8个不同的工具：（a）面访管理者；（b）面访鉴定人；（c）对法律的执行和修改的问卷调查；（d）对提供治疗者的问卷调查；（e）对检举人的问卷调查；（f）对辩护律师的问卷调查；（g）对范围对象的问卷调查；（h）对员工的问卷调查。开发的工具结合了定性和定量的问题，并且提供了很大的灵活性来调查或评论定量的问题。

---

① 戴维·罗伊斯. 公共项目评估导论[M]. 3版. 王军霞，涂晓芳，译. 北京：中国人民大学出版社，2007：第108-109页.

　　步骤5，面访。过程评价包括对毒品法院项目的管理部门的人员进行6个小时的面访；对毒品法院项目的5个审判员分别进行一个小时的面访；对22个随机挑选的服务对象进行面访或者是发放调查问卷；发放问卷给所有的药品审查人员（*n*=7）、19个社区提供治疗者、6个随机选择的辩护律师代表、4个检察官代表、1个当地唤醒和假释办公室的代表。总共有代表10个不同的部门的69个人为毒品法院项目提供过程评估方面的信息。

　　步骤6，检查项目文件和记录。

　　步骤7，信息的分析和整合。反馈结果要进行整合，并且像专栏6-2列出的主题那样汇报给专门的部门。定性的回答需要和主题整合在一起，整篇报告使用特殊的被访问者的措辞强调其评论。定量回答像注释的那样汇报（比如，服务对象特征数据），或用平均值分析（比如，服务对象满意度数据）。结论部分整合在所有回答者的回答中发现的主要问题。

　　步骤8，完成报告。该步骤要重复上面的某些步骤，包括项目主要管理者的校对和批注。项目管理者参与最终报告的起草阶段是非常重要的。例如，关于项目的某些信息在项目开始时是很难详细的，而管理者又非常想要把这些信息解释清楚。有趣的是，关于毒品法院项目，绝大多数的评估是正面的，但是也有负面评估。可以理解，评价者在陈述报告初稿时有一点儿紧张。评价者希望评价结果尽可能准确，他们也会担心项目管理者会强制他们修改评价结果。然而，管理者也可能愿意接受负面的结果，并且会认为结果很准确、很公正。这样的话，评价的发现就与项目管理者对项目的印象相一致，与他们所期望的结果相一致。过程评价的程序在这个团体的毒品法院项目中非常奏效，并且正在用于其他州的毒品法院项目。

专栏6-2　过程评估中有用的问题和数据来源

一般的问题	潜在数据收集源或方法举例
为什么将此项目引进社区或组织？项目要满足什么需求？项目启动和维持的政策机制是什么？	文献综述；查看当地或国家立法，现存的当地、州、国家的数据；管理者面访；主要社区领导面访
哪些个人和组织参与了实施？现在包括哪些组织？未来计划包括哪些组织？为确保这些组织参与项目，需要做些什么？	管理者面访；董事会成员面访；主要社区领导面访；项目文件

续表

一般的问题	潜在数据收集源或方法举例
项目中都有哪些合作？合作关系随着时间如何变化？	管理者面访；员工面访；董事会成员面访；项目文件；面访合作机构
项目的规范、假设、习惯做法、传统和特征是什么？换言之，项目的文化是什么？项目的基本原则是什么？	管理者面访；员工面访；案主面访；董事会成员面访；项目文件；合作机构面访；核心团队；观察法
什么是项目？项目由什么组成？项目从开始以来有过什么变化？为什么？未来打算有什么变化？为什么？	员工面访；服务对象面访；管理者面访；项目文件；观察；核心团队
项目成员的人口统计学特征如何？项目真正为它想要服务的人群服务了吗？如果没有，为什么？为了接近目标人群，计划有什么变化？怎样招募案主？案主对项目满意度如何？	案例记录；项目文件；面访服务的对象或问卷调查；员工和管理者面访
员工是哪些人？员工的工作效率有多高？员工的培训是怎样的？员工满意度有多高？员工多长时间参加一次会议？员工的任务和职责是什么？	管理者面访；员工调查问卷；项目文件；服务对象面试
扩展项目或者其他地方要做类似项目时，在设计方面还有哪些需要改进的？	管理者面访；董事会成员面访
计划进行什么样的产出评估活动？所关心的主要产出变量是什么？	管理者面访；董事会成员面访；主要社区领导面访；合作机构面访。
项目的成本和费用有哪些？项目开始以来，资助方面有什么变化？未来有什么筹款计划？	管理者面访；董事会成员面访

资料来源：戴维·罗伊斯，2007

▶ 6.2 财政支出政策事后评价

6.2.1 事后评价的特点与作用

世界银行前行长罗伯特·麦克纳马拉曾说过："独立评价部门的主要任务是，审查过去的贷款业务及建立的中心目标，检查完工项目的实际收益与预评时的预期收益是否相符，如果不相符，分析其原因何在。"这表明，传统绩效评价的主体是事后评价。事后评价，也称为总结性评价（summative evaluation），注重于评价政策活动的结果和影响，其关心的主要问题包括：

相关性、绩效、影响、可持续性、外部效用以及经验教训等。OECD/DAC认为，总结性评价是在干预结束后实施的研究，主要评价政策预期目标的实现程度，其主要目的是确定政策成功或失败的原因，并得出结论，以为未来的政策提供经验和决策参考。它既可以在干预活动完成之后马上进行，也可以在干预完成较长时间之后进行。①按照这一定义，财政支出政策绩效评价也主要是事后评价。

开展事后评价的作用主要有二：一是通过对经验与教训的反馈来改进未来的政策和项目；二是提供"问责"的基础，包括向投资者、利益相关者和公众提供政府绩效信息。②前者旨在帮助人们做出有关继续、复制、扩大规模或终止某一政策的决策；后者旨在支持和促进政府问责。

（1）为政策的延续、革新或终结提供决策依据。一个完整的政策过程，除了科学的制定和有效的执行外，还需要对政策执行以后的效果进行评价，以便确定政策的价值和发现政策存在的问题，从而决定政策的延续、革新或终结。通过这种事后评价，可以提供关于政策绩效的客观信息，这些信息可用来为政策的延续、革新或终结提供依据。具体来说：①通过事后评价，如果发现政策所指向的问题还未得到解决，其政策环境也未发生大的变化，那么该项政策就需要继续。②如果发现政策在执行过程中，遇到了新情况、新变化，原来的政策已明显不适应新的形势，那么，就需要对原有政策进行调整或革新，以适应新的变化。③如果发现政策目标已经实现，原有政策的存在已经没有意义，那么该政策就应终止；或者是政策环境或问题本身发生了非常大的变化，原有政策已明显不能解决，甚至会使问题变得更为严重，而且进行调整已无济于事，这时就需要终结旧政策，代之以新的、更为有效的政策。可见，无论是政策的延续、调整还是终结，都要或应当建立在绩效评价的基础上。

（2）支持和加强政府的问责。事后评价可以通过揭示政策目标的实现程度，来增强政策透明度，并为支持政府的问责关系——例如，政府与议会的问责关系，政府与公众的问责关系，以及政府与捐助者的问责关系——提供必要证据。政府问责的内容主要有二：其一是制度问责，专注于强调制度规则，以防止政府官员腐败和违法；其二是绩效问责，专注于强调工作结果，

---

① 《经济合作组织关于以结果为导向的管理的关键术语》，引自库赛克、瑞斯特. 十步法：以结果为导向的监测与评价体系[M]. 梁素萍，韦兵项，译. 北京：中国财政经济出版社，2011：第257页和第269页.
② 《OECD/DAC发展评价网络评价发展合作关键规范和标准概述》（第22段）。

旨在提高政府行为效率和效果。很显然，事后评价的主要作用是支持和加强政府绩效问责。正如托马斯和骆许蓓所言，"事后评价主要关注的是，发展机构对于管理当局的承诺实现情况及其资金的使用情况，所以它对实施绩效问责特别地有用"。[①]事实上，事后评价与绩效问责具有内在的关联性。这种关联性表现在，绩效问责不仅是事后评价的一个重要环节，而且是事后评价结果应用的一个具体的体现。

6.2.2 评价维度与评价逻辑

OECD/DAC认为，总结性评价（事后评价）主要评价政策预期目标的实现程度，其主要目的是确定政策成功或失败的原因，并得出结论，以为未来的政策提供经验和决策参考。在前文（第1章）中，我们提出，财政支出政策绩效评价是一种结果为导向的评价，它主要关注财政支出政策的实施结果，关注政策产出（output）、成效（outcome）和影响（impact）的实现。这一评价旨在回答以下基本问题：

- 政策实施后，是否实现了（或者可能实现）预期的政策目标？其实现的程度和范围如何？
- 政策对社会经济和生活带来了（或可能带来）哪些影响？正面和负面的影响各是什么？
- 财政支出与政策效果是否相称？政策是否为满足一系列特定需求所能采取的最具成本效益性和可持续性的方案？
- 如果政策的实施效果不理想，那么阻碍政策效率和效果实现的主要因素是什么？
- 政策的未来走向如何？是继续、调整或是终止？如需调整，如何调整？

这表明，财政支出政策绩效评价主要是一种事后评价。作为事后评价，它主要关注政策预期目标的实现程度，同时还关注政策的环境影响、社会影响（对妇女、弱势群体的影响，公平问题）及各种负面的效果等。正是基于此，《财政支出政策绩效评价操作指南》（2017）提出，财政支出政策绩效评价一般应包括五个评价维度，即相关性、效果性、效率性、公平性和可持续性。其绩效评价的逻辑为：政策是否符合社会需要与国家战略（相关性）——目标达成度（效果性）——目标达成效率（效率性）——目标达成

---

① Vinod Thomas & Xubei Luo. *Multilateral Banks and the Development Process: Vital Links in the Results Chain*.p.120.

公平性（公平性）——效果的可持续性（可持续性）（见图6-2）。五个评价维度中，除了相关性关注的是政策设计之外，其余四个关注的都是政策实施效果（这里的效果是"广义的"）。

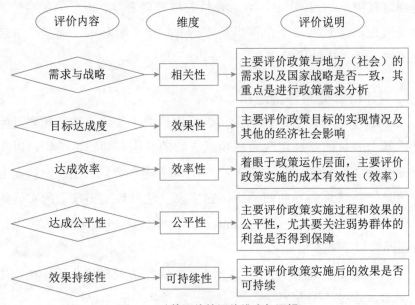

图6-2　政策评价的评价维度与逻辑

1. 相关性

相关性主要分析政策的目标和设计与国家（或地区）在某一特定的部门面临的问题与挑战，以及受益者的要求或需要的一致性（匹配性）。具体内容包括：

一是分析政策目标与社会需求的一致性，即分析政策目标与受益地区（或目标人群）的发展（实际）需求是否一致或匹配。开展政策评价的基本理由是为现存的社会问题提供解决方案。所以，政策评价的**首要任务就是，评估政策目标地区（目标人群）的实际问题与需求，分析政策目标和受益地区（目标人群）的实际问题和需求是否一致**。在绩效评价领域，该项分析通常被称为需求分析。进行需求分析时，如果发现根本不存在什么问题或政策提供的服务与社会问题实际上无关，那么就可以由此断定政策不能有效地解决问题，从而不会带来预期的政策效果。

二是政策目标与国家的发展战略是否相一致（匹配）。如果需求分析表明，政策目标与地方发展（实际）需求相一致，那么还要**分析政策目标与国家（或地方）战略重点是否相一致**。因为只有政策目标与国家（或地方）战略重点相一致，政策才可能得到政府财政的明确支持，从而才可能得到真正有效的实施。正如詹姆斯·安德森所说，"公共政策实施的有效性很大程度上依赖于政府对其的资金支持"。[①] 所以，该项分析对于政策的效果评价来说也至关重要。

三是分析政策设计与政策目标的一致性，亦即**分析政策的设计（活动和产出）是否能合理有效地实现政策目标（预期成效和影响）**。进行该项分析，国际上通行的做法是分析和评估政策结果链（或项目理论）。好的政策结果链使我们知道要怎样才能达到政策目标，哪些事情是政策必须做的。相反，较差的政策结果链或项目理论就算执行没有问题，也不能产生预期的结果。可见，评价政策结果链的优劣，是相关性评价的一个很重要的方面，它可以告诉我们该项**政策是否有清晰的逻辑，是否提供了合理的解决社会问题的方案。**

2. 效果性

效果性评价主要评价政策对政策对象和其致力改善社会状况的效果，是事后评价最重要的评价任务。不论政策在描述目标群体需求，制定完善的实施方案和送达适当的服务上做得如何好，我们都不能据此判定政策的成功，除非政策活动的确带来了既定社会领域的有益变化。因此，**对政策实施效果的评价不仅是事后评价的主要功能，也是评价者承担的最重要的任务之一。**

效果性评价的主要目的是：（1）向利益相关者说明政策或项目的预定目标的实现情况；（2）如果形势发生变化，需要说明政策或项目的预定目标与战略是否进行了调整；（3）说明是否制定了必要的保障措施以减少非预期的负面效果。根据这些目的，首先，效果性评价要分析政策目标的实现程度或是预期可能实现的程度，具体来说，就是**要分析实际的产出及成果与预期产出和成果的差异，并探求导致这种差异的原因。**由于政策可能会有多个目标，因此在分析政策目标实现情况时，应考虑各个目标之间的相对重要性，应着重考察主要的政策目标是否完成或者预期可以完成。其次，要检查政策目标和战略的调整情况。这种调整可能是由于外部环境的变化、技术变化或目标群体的变化等。最后，**需要检查政策或项目的各种非预期结果，包括正面的和负面的结果。**比如，交通运输的目标是支持经济增长，但是也会对社会和环境带来许多负面影响，这些负面的影响也必须考虑。

需要注意的是，无论是检查政策预期目标的实现情况，还是分析非预期

---

① 詹姆斯·安德森. 公共政策制定[M]. 5版. 谢明，等，译. 北京：中国人民大学出版社，2009：第194页.

结果的实现情况，都应当有充足的、可靠的证据。为此，首先，证据的来源应多元化（triangulation），不应只有一个来源。其次，需要重点收集政策绩效监测数据。政策绩效监测运用定量或定性的指标对政策的投入、产出、成效和影响进行监测，可以为评价人员判断项目预期目标的实现程度提供主要的依据。在监测分析中，如果发现预期目标没有实现或者没有完全实现，还需要分析原因所在。进行原因分析，除了需要考虑投入因素（如预算、人员等），还需要考虑其他可能的影响因素，如项目地点、法律规定和治理结构等的变化（专栏6-3）。

专栏6-3　效果：DfID对支持世界粮食计划署在孟加拉国救灾努力的评价

2000年9月，孟加拉国西南部六个地区的水灾严重影响到270万人。DfID（英国国际发展署）对世界粮食计划署提供了支持，提供了包括配给量充分的大米、豆类和食用油在内的三批食品。在第一次食品分配中，26万人得到了食品援助；在第二批和第三批食品分配中，42万人得到了食品援助。DfID的评价报告（DfID，2001）从配给的规模、食品种类和分配日程等方面，对援助项目的目标是否达成作了全面的分析。

评价同时采用了定量和定性方法。在项目覆盖的所有村庄中，随机选取2 644户家庭，收集了定量数据。选取了六个具有代表性的受洪灾影响的村庄，对其生计系统、生活现状和生活前景等在内的状况进行评估，获取了相关定性数据。在第一次定性评估结束大约五个星期后，另一支小规模的评价团队进行了调研，了解社区民众对食物配给相关计划的感受和行为，内容包括食物分配是否及时、食品类别是否符合需要以及食用方式等。在分析中综合运用了定量数据和定性数据。

评价报告包含了效果性评价的主要要素，包括：

● 对干预目标形成的分析，包括对逻辑框架的分析。

● 受益人选择标准的评估，包括主要利益相关者对这些标准的看法。

● 对执行机制的分析，包括社区参与程度。

● 根据性别和社会经济状况对受益人分组，对针对目标群体实施援助的准确性进行估计。

● 对所提供的资源（配给规模和食品种类）进行评估，包括提供特定规模和种类的原因（这一点也可以在相关性标准下评估）。

● 审查食品分配流程是否恰当。

● 分析受益人对干预的看法。

资料来源：琳达、雷，2009

3. 效率性

为了有效地使用资源，对资源使用的效率进行评价也极为重要。政策的目标和设计如何，取得的成效如何，对于利益相关方而言虽然都是不可缺少的信息。然而，几乎在所有情况下，**决策者还需要知道，与成本相比较，政策的成效如何**。事实上，政策是否给人留下深刻的印象，正如大多数日常生活判断或正式的决策过程一样，在决定是否应该扩展、继续或终止政策时，效率分析（如成本-收益分析、成本-效果分析）也是一个很重要的内容。

与效果性不同，效率不是反映我们取得了什么，而是主要反映了预期的成效是如何达到的。效率包括两类：技术效率和配置效率。前者主要关注各项投入是否得到充分、有效的利用（是否存在资源浪费），后者主要关注各项投入是否达到最佳组合和比例（是否存在资源配置失衡）。

政策绩效评价关注的一般是单个具体的政策，因此通常使用的都是技术效率。评价技术效率时，**一般是先计算受评政策所生产的产品或所提供服务的平均（单位）成本，然后将其与能够提供同样产出和服务的其他替代政策相比较，以判断受评政策是否最有效**。当政策的实施时间跨度较长而需要考虑货币的时间价值时，一般需要计算政策的内部收益率，再将其与其他替代政策的内部收益率相比较，来判断受评政策提供产品和服务的方式是否最有效。

然而，平均（单位）成本和内部收益率法的局限性也显而易见。它们可以广泛用于评价投入（成本）和产出（收益）都可以准确计量的政策，如公共工程项目等，但是很难用于评价可以产生（即无法用货币来计量成本和收益的）社会效益的政策。此时，需要采用成本—效果分析的方法来评价效率，即评价与能带来相同或类似产出的不同方案相比，政策方案是否成本最低。如果现实中存在成本更低的替代方案，则可以认为政策的效率不高。

4. 公平性

一项既定的政策可能既有效果，又有效率，但是它仍有可能因为导致成本和收益的不公平分配而失败。比如，那些最需要的人群并没有得到与他们的人数成比例的服务，最没有支付能力的人却要超出比例地分担成本，或最得意者并没有支付成本。因此，政策评价在关注政策的效果性和效率性之外，还应关注政策的公平性。**公平性衡量了效果和努力在社会不同群体中的分配**。具体来说，公平性主要应关注四个方面的问题：

第一，对于出资方和管理方而言，各相关主体是否拥有同等的渠道和机会来获取信息、咨询服务及管理决策？

第二，受益者群体是否有公开的渠道来获取有关政策的信息（即知晓性问题），并有对政策的设计方案提出意见和建议的渠道？

第三，政策的效果（如服务的数量或货币化的收益）或努力（如货币成本）是否被公平或公正地分配？

第四，对于给定的受益者群体，其不同的子群体是否有权利获得相同或类似的（潜在）政策收益？特别是弱势群体（包括少数民族、贫困户等）是否能够获得相同或类似的政策收益？

5. 可持续性

一项有效的政策不但要具有效果和效率，其活动的收益还应该随着时间的推移具有可持续性。因此，政策评价除了关注政策的效果、效率和公平性等问题，还需要关注效果的可持续性。**可持续性主要分析政策的活动和收益随着时间的推移是否具有可持续性**。换句话说，可持续性主要分析项目结束后，其积极变化（积极成效）能持续多久？可持续性包括两层含义：

一是政策活动的收益在财政支出资助结束后的持续性。它强调政策在制度环境与财务方面都必须可持续。如果政策的相关性、合法性、财务能力和管理的有效性等不能保障，则其活动的收益一般很难具有可持续性。

二是政策能够长期、持续地获取收益的可能性，或政策的净收益流具有随时间变化的风险弹性。具有风险弹性意味着，政策面对着各种风险（比如市场价格的不利变化、技术变革等）仍能够实现或保持预期的收益。

在上述5个评价维度中，相关性、效果性和效率是政策事后评价的重点和必备内容，此三者的内容及关系可以用那格拉詹和范黑克兰的项目开放式系统模型（见图6-3）来进行描述。该图的基础是一个逻辑框架图：投入被转换为项目活动或流程，进而产生出结果。项目在环境中运作，在该环境中产生相应的结果，环境又为项目提供机遇和限制。从图6.3可以看出，目标驱动整个项目遵循以下进程：它们通过效果性（2）与实际结果相联系，观察结果是否与预期目标相符？效果性（1）是结果的归因问题，分析项目是否引发了或产生了该观察结果？成本–效果将投入与实际结果联系在一起，充分性将实际产出与需求联系起来，分析项目的目标是否充分，能否满足需求？相关性则将需求与目标联系在一起，可分析项目目标是否在解决最先出现的问题。此外，它还可以分析项目的逻辑关系，即分析项目投入、活动、产出以及成效之间的相互关系是否适当。

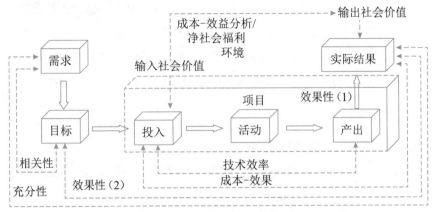

图6-3 项目评价关键点的开放式系统模型

转引自詹姆斯·麦克戴维《项目评价与绩效测量：实践入门》第17页。

6.2.3 评价指标开发示例

为了实施乡村振兴战略，农业农村部制定了一系列具体的政策，农机深松整地补助政策就是其中一个重要政策。所谓农机深松整地，是指以打破犁底层为目的，通过拖拉机牵引松土机械，在不打乱原有土层结构的情况下松动土壤的一种机械化整地技术。实施农机深松整地作业，可以打破坚硬的犁底层，加深耕层，还可以降低土壤容重，提高土壤通透性，从而增强土壤蓄水保墒和抗旱防涝能力，有利于作物生长发育和提高产量。为加快推动农机深松整地技术的推广应用，国家财政从2018年始，每年拨付20亿元，用于推进农机深松整地政策的实施。该项政策迄今已实施三年。

为了全面了解农机深松整地补助政策的实施成效，2021年9月，农业农村部计划财务司委托（农业农村部）所属工程建设服务中心对农机深松整地补助政策2018年至2020年三年来的实施情况进行绩效评价。评价目的主要有三：一是客观反映重点政策任务绩效目标实现程度；二是客观反映政策任务实施成效和存在的问题；三是提出完善政策任务建议，不断优化专项转移支付资金配置。基于这一评价目的，"工程中心"依据《全国农机深松整地作业实施规划（2016—2020年）》、《农业农村部办公厅关于做好2018年农机深松整地工作的通知》（农办机〔2018〕13号）、《深松机作业质量（NY/T 2845—2015）》等相关文件，开发了以相关性、效果性、效率性、公平性、可持续性和满意度6个维度为核心的评价指标体系（表6-1）。可以看出，该指标体系与上述5个维度的指标框架基本一致，遵循的是同一评价逻辑。具体来说，其评价的基本逻辑如下：（1）分析政策目标与国家战略以及地方需求是否一致（相关性）；（2）分析政策目标是否达成以及目标达成度（效果性）；（3）分析目标的达成是否具有成本效益性（效率性）；（4）分析目标达成是否公平（公平性）；（5）分析政策效果是否可持续（可持续性）；（6）分析政策受众满意度（满意度）。六个级次的评价相互依存，前一级次评价均构成后一级次评价的基础。

6.2.4　事后评价的评价程序与方法

如上所述，财政支出政策绩效评价的主要任务是，研究和回答有关财政支出政策的效果性和效率性的问题，其主要目的是"辅助政府决策"。[①]这就表明，财政支出政策绩效评价主要是一种事后评价。所以，本书第3章中阐述的财政支出政策绩效评价程序与方法，包括评价前期准备（主要包括构建逻辑框架、开发绩效监控框架）、绩效评价设计（包括开发绩效评价矩阵和编制绩效评价实施方案，绩效评价矩阵内容主要在第4章）、绩效评价实施（主要是数据收集和数据分析的工具与方法）、绩效评价报告以及评价结果应用（内容主要在第8章），同样适用于事后评价。为避免重复，这里不再赘述。在此，需要强调的是，财政支出政策绩效评价在性质上属于一种特殊的应用研究——评价研究。作为评价研究，其主要的特点是，重视实证主义的研究设计、重视对过程与结果的监测、重视应用统计抽样技术收集证据，同时也重视对收集资料进行分析和解释。因此，简单的打分方法并不可取。

另外，第7章中阐述的影响评价，其基本目标是对某项干预活动的净效果进行估计，也就是说，估计在没有其他过程和事件的影响下干预的纯粹效果。[②]它与本章的事后评价既有密切的联系，又不完全相同。事后评价是各国普遍开展的一种绩效评价，而影响评价由于其复杂性（需要进行归因分析），人们通常只是选择少量的政策和项目来进行，因此其开展的范围比较有限。

---

① 参见本书1.1.3小节和1.2.2小节。
② 彼得·罗希，等.评估：方法与技术[M].7版.重庆：重庆大学出版社，2007：第43页.

表6-1 农机深松整地绩效评估指标体系

评价维度	分值	评价问题	分值	评价指标	分值	评价要点	评分标准及评分规则	评分依据
相关性	20	绩效目标与农户的耕地深松需求是否匹配?	6	绩效目标明确性	2	项目绩效目标是否明确,是否有相应的绩效指标及目标值	明确得满分,不明确得0分	
				深松需求明确性	2	了解耕地深松的现实和潜在需求是否明确,潜在需求当地适宜深松的耕地面积是否明确,每年需要深松地深松间隔年限标准的耕地面积现实需求=潜在需求÷间隔年限	明确得满分,不明确得0分	
				绩效目标与深松需求一致性	2	了解绩效目标与耕地深松需求是否一致,一致的程度如何	一致得满分,不一致得0分	
		实施方案与绩效目标是否相匹配?	4	实施方案明确性	2	实施方案是否明确,重点了解:①耕地深松补助对象选择条件是否明确;②预算分配有无标准,是否合理	具备①②,各增加分值50%	
				实施方案是否最优	2	实施方案是否为实现绩效目标的最佳次优选择,重点了解:①实现该绩效目标还有其他方案;②选择方案是什么	具备①②,各增加分值50%。若不具备①,该指标不得分	
		预算安排与绩效目标是否匹配?	10	资金分配占比	5	了解实际安排用于农机深松整地务的中央财政资金情况。计算公式为:实际拨付到县用于农机深松整地任务的中央财政资金/下达到省的中央财政资金×100%	按比例计算分值	
				补助标准合理性	5	补助标准制定是否合理,中央补助部分占总成本的比例	大于等于预期成本比例得满分,小于预期成本比例酌情扣分	

续表

评价维度	分值	评价问题	分值	评价指标	分值	评价要点	评分标准及评分规则	评分依据
效果性	30	政策是否实现预定绩效目标?	15	深松作业面积	5	当年完成深松作业面积数据来源于深松作业监管平台,查看抽查县上报数据与监管平台数据是否一致	按完成比例计算分值	
				深松作业质量	5	深松的深度是否达到当地深松标准,且不低于国家规定的25cm	查看核验意见	
					5	不漏耕,并且符合国标要求	查看核验意见	
		政策是否实现了预期效果?	15	土地深松带来亩均增产情况	7	问卷座谈实际种粮农民,土地深松前后亩均增产情况	有增产得满分,无增产的情况扣分	
				土地深松带来耕地质量提升情况	8	评价耕地深松带来耕地质量的变化情况:①土壤耕层结构,重点了解土壤容重及空隙度增加情况;②土壤水保墒能力,重点了解田间蓄水量和作物耐旱时间增加情况;数据获取困难的,也可用已深松耕地与未深松耕地指标代替数据	符合①②,各增加50%分值	
效率性	20	政策资源投入是否经济有效?	20	单位面积产出成本纵向变化	5	与年单位面积产出成本是否增加或减少(全部成本/深松整地面积)注:单位面积产出成本可用亩均深松整地收费标准数据代替	成本减少或持平,得满分;成本增加,不得分	
				单位面积产出成本横向比较	5	评价深松整地亩均成本变化情况(全部成本/深松整地面积)与(同等条件)抽查县平均成本比,单位面积产出成本是增加还是降低 注:单位面积产出成本可用亩均深松整地收费标准数据代替	与抽查县平均成本比较,高于不得分,等于或低于的得满分	

续表

评价维度	分值	评价问题	分值	评价指标	分值	评价要点	评分标准及评分规则	评分依据
效率性	20	政策资源投入是否经济有效？	20	单位产量成本纵向比较	5	评价深松整地单位产量成本的变化情况（全部成本/深松整地产量）与往年比，当年单位产量成本是否增加或减少	成本减小或持平，得满分；成本增加，不得分	
				单位产量成本横向比较	5	评价单位产量深松整地成本变化情况（全部成本/深松耕地产量）与（同等条件）抽查县比，单位产量成本是高还是低	与抽查县平均成本比较，高于不得分，等于或低于的得满分	
公平性	10	相关主体是否都能够方便地获取政策信息？	5	政策知晓度	5	了解政策透明程度，宣传是否到位。拥有深松作业能力的合作社、家庭农场等农业经营主体是否都易于或方便知悉政策信息	通过问卷和座谈结果计算分值	
		弱势群体政策受益情况	5	政策受益度	5	了解领取范围内各主体，特别是弱势群体受益的政策受益情况同时了解弱势群体未申领到补助的主体数量，特别是弱势群体未能领到补助的深层原因	通过问卷和座谈结果计算分值	
可持续性	10	政策的实施计划是否具有可持续性？	5	制度保障	5	有无制订长期的深松作业规划	有规划或计划得满分，没有不得分	
		实施计划执行是否具有可持续性？	5	制度执行	5	是否按深松作业规划实施，确保适宜深耕作业地块全覆盖	按计划执行得满分，未按计划执行不得分	
满意度	10	相关主体对政策的满意度	10	农业经营主体满意度	5	深松作业实施主体（承担农机深松作业任务的农业生产服务组织及个人等）满意度调查，通过问卷与重点走访（3~5个类型主体）结合	通过问卷和座谈结果计算分值	
				政策受众满意度	5	接受深松作业的实际种粮农民满意度	通过问卷和座谈结果计算分值	
合计	100		100		100			

▶6.3 国际金融组织贷款在建和完工项目的评价指标设计

国际金融组织贷款是一种准财政资金，因为其贷款的偿还是财政做担保的。国际金融组织贷款项目的管理（包括评价）通常都是按照国际金融组织规定的要求进行管理（包括评价）。为了探索我国自主开展国际金融组织贷款项目绩效评价工作的有效模式，财政部国际司于2010年组织和编写了《国际金融组织贷款项目绩效评价操作指南》，建立了以相关性、效率、效果、可持续性四项评价准则（维度）为核心的绩效评价框架。该评价框架主要针对的是完工项目，也就是其适用的对象主要是国际金融组织贷款的完工项目。2015年，财政部国际司修订和完善了《国际金融组织贷款项目绩效评价操作指南》。新《指南》一个最大变化就是，把在建项目纳入了其绩效评价的范围，建立了一个包括完工和在建项目在内的统一的绩效评价框架。该评价框架仍然以相关性、效果、效率、可持续性四项评价准则为核心，但是关键的评价问题及其权重分别完工项目和在建项目做了不同的设计（见表6-2）。其中，完工项目设计了11个关键评价问题，在建项目设计了9个关键评价问题。由于关键评价问题发生变化，因此，其评价指标也发生了相应的改变。在该评价框架中，评价准则和评价问题构成其评价共性指标，评价指标则构成为个性指标，需要由评价人员根据项目的特点进行开发。

表6-2 完工项目和在建项目的关键评价问题及权重

评价准则	完工项目		在建项目	
	关键评价问题	权重	关键评价问题	权重
相关性	1.1 项目目标和内容设计是否符合当前国家、行业和所在区域的发展战略和政策重点？	50%	1.1 项目目标和内容设计是否符合当前国家、行业和所在区域的发展战略和政策重点？	50%
	1.2 项目提供的产品和服务能否解决国家、行业和所在区域经济社会发展中的实际问题和需求？	50%	1.2 项目提供的产品和服务是否针对当前国家、行业和所在区域经济社会发展的实际问题和需求？	50%
效率	2.1 项目是否按计划进度实施并完工，并实现了所有预期产出？	40%	2.1 项目是否按计划进度实施，并实现了相应的阶段性产出？	50%
	2.2 项目预算是否按计划投入和使用？	20%	2.2 项目预算是否按计划投入和使用？	20%
	2.3 项目管理及内部控制是否到位并确保项目有效实施？	30%	2.3 项目管理及内部控制是否到位并确保项目有效实施？	30%
	2.4 项目是否达到了预期的内部经济收益率或做到了成本有效性？	10%		

续表

评价准则	完工项目		在建项目	
	关键评价问题	权重	关键评价问题	权重
效果	3.1 项目是否实现了绩效目标？	60%	3.1 项目是否实现了阶段性绩效目标？	60%
	3.2 项目实际受益群体是否是项目的目标受益群体？	40%	3.2 项目实际受益群体是否是项目的目标受益群体？	40%
可持续性	4.1 项目财务是否具有可持续性？	30%	4.1 项目财务是否具有可持续性？	50%
	4.2 项目后期运营是否具有可持续性？	50%	4.2 项目实施是否具有可持续性？	50%
	4.3 项目绩效是否具有可持续性？	20%		

资料来源：财政部国际司《国际金融组织贷款项目绩效评价操作指南》（2015）。

国际金融组织贷款项目（包含在建和完工项目）绩效评价与财政支出政策绩效评价（包含事中和事后评价）在绩效评价框架的构成上基本相同。[①]所以，国际金融组织贷款项目绩效评价指标的开发可为财政支出政策绩效评价提供参考和借鉴。

6.3.1 相关性指标的开发

根据《指南》（2015），相关性主要评价项目目标与中国国家和地方发展政策和需求、国际金融组织对中国的援助政策以及受益群体的需求的相符程度。表6-3和表6-4为其指标开发示例。专栏6-4简单介绍了世界银行贷款宁波水环境治理项目。专栏6-5介绍了世界银行贷款APL三期项目。

表6-3 相关性评价指标开发（完工项目）
——以世界银行贷款宁波水环境治理项目为例

准　则	关键评价问题	评 价 指 标
相关性	1.1 项目目标和内容设计是否符合当前国家、行业和所在区域的发展战略和政策重点？	1.1.1 项目评价时，项目目标与中国在供水领域推进区域供水一体化，提高城乡饮用水水质方面战略和政策的吻合度
		1.1.2 项目评价时，项目目标与中国在推进污水治理，整治乡镇水环境方面战略和政策的吻合度
		1.1.3 项目评价时，项目目标与宁波市推进区域供水一体化，提高城乡饮用水水质方面战略和政策的吻合度

---

① 两者的差异主要有三：其一，评价维度（准则）的数量不同，前者为四个，后者则是五个；其二，评价维度的排序不同，前者的排序是先"效果"后"效率"，后者的排序则是先"效率"后"效果"；其三，前者"效率"包含许多过程分析。

续表

准　则	关键评价问题	评价指标
相关性		1.1.4 项目评价时，项目目标与宁波市推进污水治理，整治乡镇水环境方面战略和政策的吻合度
	1.2 项目提供的产品和服务能否解决国家、行业和所在区域经济社会发展中的实际问题和需求？	1.2.1 项目评价时，项目产出是否针对宁波市推进中心城区供水一体化及提高城乡饮用水水质方面的实际需求
		1.2.2 项目评价时，项目产出是否针对慈溪县县域污水治理的实际需求

专栏6-4　世界银行贷款宁波水环境治理项目简介

宁波水环境治理项目是由世界银行提供贷款建设的项目，目标是应对宁波面临的两大水危机：经常性缺水和水质低。为提高城市饮用水的水质，实行优水优用，调整供水网络体系，实施大网分质供水，实现城乡供水一体化，统一治理县域水环境，宁波市向世界银行申请实施该项目。

该项目总投资为2.91亿美元，其中利用世行贷款1.3亿美元。项目的目标主要有两个：一是提高来自宁波高质可靠水源的生活用水的百分比；二是提高慈溪市市政污水和工业污水处理率。该项目包括三个子项目：宁波供水子项目、慈溪污水子项目，以及能力建设和技术援助项目。项目于2005年2月开工，2010年12月完工。

资料来源：《国际金融组织贷款城建环保项目绩效评价典型案例汇编》（2011）

表6-4　相关性评价指标开发（在建项目）
——以世界银行贷款APL三期项目为例

准　则	关键评价问题	评价指标
相关性	1.1 项目目标和内容设计是否符合当前国家、行业和所在区域的发展战略和政策重点？	项目目标与中国城市环境综合治理发展战略和政策重点的相符程度
		项目与国民经济规划、水利、城建环保规划中优先发展重点相符程度
	1.2 项目提供的产品和服务是否针对当前国家、行业和所在区域经济社会发展的实际问题和需求？	项目与当前上海市城市发展对原水需求的相符程度
		项目与上海市希望改善原水水质的需求相符程度
		项目与解决当前行业发展实际问题的相符程度

专栏6-5　世界银行贷款APL三期项目简介

　　APL三期项目是由世界银行提供贷款建设的项目，目标是协助上海市通过在水务及污水行业的战略性重点投资和选择性机构改革，改善其中心城区和区（县）的资源和环境可持续性。APL项目旨在建设一个环境友好型和可持续性的城市，改善上海的供水能力和污水管理从而提高居民的生活质量，实现国家和上海市的环境计划。项目实施后，城市的污水收集和处理能力将有所提高，供水能力将有所加强，城市环境将有所改善。其中，APL三期将继续深化环境工作，改善城市综合环境质量，主要关注上海市郊区的整体原水供水和排水系统，并为城市郊区环境服务建立一个可持续的财务系统。

　　APL三期项目包括三部分内容：南汇支线工程、白龙港南线工程、郊区融资工具DFV项目。

　　APL三期项目计划总投资约30亿元人民币，其中世行贷款2亿元美元。项目于2009年9月签订贷款协定，计划于2015年6月关账。

资料来源：《国际金融组织贷款城建环保项目绩效评价典型案例汇编》（2012）

6.3.2　效率性指标的开发

　　在国际金融组织贷款项目绩效评价框架中，对"效率"的评价是最重要的内容，包括对项目活动、项目资金落实与使用、项目产出以及项目管理情况的评价等。可以看出，这些指标主要体现了过程管理的内容，并未反映项目效果与所费成本之间的对比关系（也就是缺成本-收益分析或成本-效果分析）。下面的表6-5和表6-6为其指标开发示例。

表6-5　效率评价指标开发（完工项目）
——以世界银行贷款宁波水环境治理项目为例

准　则	关键评价问题		评　价　指　标
效率	2.1 项目是否按计划进度实施并完工，并实现了所有预期产出？	2.1.1 项目是否按计划的时间周期实施并完工	开工时间吻合度
			完工时间吻合度
		2.1.2 项目是否实现了预期产出	供水子项目完成率
			污水子项目完成率
			移民计划实现度
			机构加强与培训子项目产出的实现度
			技术援助项目完成率

准　则	关键评价问题	评 价 指 标	
	2.2 项目预算是否按计划投入和使用？	2.2.1 预算执行吻合度	宁波供水项目实际资金使用与预算的吻合度
			慈溪污水项目实际资金使用与预算的吻合度
		2.2.2 资金到位率	贷款资金到位率（%）
			配套资金到位率（%）
		2.2.3 资金使用合法合规性	项目违规资金总额占项目资金总额的比重（%）
	2.3 项目管理及内部控制是否到位并确保项目有效实施？	2.3.1 是否有专门的项目管理办公室	
		2.3.2 是否制定了相关的管理办法和实施细则	
		2.3.3 是否有相应的人事管理制度	
		2.3.4 是否有有效的信息收集渠道	
	2.4 项目是否达到了预期的内部经济收益率？	2.4.1 项目实际经济内部收益率与预期经济内部收益率的相符程度	

表6-6　效率评价指标开发（在建项目）
——以世界银行贷款APL三期项目为例

准则	关键评价问题	评 价 指 标	
效率	2.1 项目是否按计划进度实施，并实现了相应的阶段性产出？	2.1.1 项目是否按计划的时间周期实施并完工？	项目开工的及时性
			项目预期和实际的实施周期相符程度
		2.1.2 项目是否实现了所有预期产出	项目移民安置工作的实施情况与预计进度的相符程度
			项目环境评价的实施情况与预计进度的相符程度
			项目招标采购的实施情况与预计进度的相符程度
			项目工程建设的实施情况与预计进度的相符程度
	2.2 项目预算是否按计划投入和使用？	2.2.1 外方资金到位率	
		2.2.2 配套资金到位率	
		2.2.3 资金按计划使用率	
	2.3 项目管理及内部控制是否到位并确保项目有效实施？	2.3.1 是否有专门的项目管理办公室	
		2.3.2 是否制定了相关的管理办法和实施细则	
		2.3.3 是否有相应的人事管理制度	
		2.3.4 是否有有效的信息收集渠道	

6.3.3 效果性指标的开发

《指南》（2015）指出，在开发效果性评价指标之前，要明确项目的绩效目标，项目提供的产品或服务是什么，项目的目标群体是谁。绩效目标应以项目设计文件中确定的绩效目标为准，并以此开发评价指标。其指标开发示例见表6-7和表6-8。

表6-7　效果性评价指标开发（完工项目）
——以世界银行贷款宁波水环境治理项目为例

准则	关键评价问题	评 价 指 标	
效果	3.1 项目是否实现了绩效目标？	3.1.1 供水子项目预期目标完成率	宁波市中心城区高质量和可靠的水源供水的百分比从10%增加到75%
			实际替换小水厂供水量占项目设计时计划替换小水厂供水量的比例（%）
			出厂水水质综合合格率（%）
			管网水水质综合合格率（%）
			宁波市自来水总公司供水能力提高比率
			供水子项目实施单位成本回收率
		3.1.2 污水子项目目标完成率	污水子项目中心城区企业接入市政管网比率
			污水子项目慈溪乡镇污水管网接入率
			污水子项目东厂和北厂污水处理率
			污水子项目东厂和北厂出水水质达标率
			污水处理费收费率
			污水子项目项目实施单位成本回收率
	3.2 项目实际受益群体是否是项目的目标受益群体？	3.2.1 项目受益分配优度	供水子项目受益覆盖率（%）
			污水子项目受益覆盖率（%）
		3.2.2 项目受益群体满意度（%）	供水子项目受益群体满意度（%）
			污水子项目受益群体满意度（%）

表6-8　效果性评价指标开发（在建项目）
——以世界银行贷款APL三期项目为例

准则	关键评价问题	评 价 指 标
效果	3.1 项目是否实现了阶段性绩效目标？	项目绩效目标当前实现程度
		预期项目完工时能否实现计划成果
	3.2 项目实际受益群体是否是项目的目标受益群体？	项目对受益群体的瞄准度
		实际受益群体数量是否达到预计目标
		项目受益群体满意度

6.3.4 可持续性指标的开发

根据《指南》（2015），可持续性评价指标开发应从资金来源、还款机制等几个方面考察其财务可持续性，从管理部门和人员的可持续性、政策制度的保障能力、经济社会环境的变化等方面考察其实施运转的可持续性，最后从实物产出、服务供给、经济效益、社会效益、环境效益等方面考察其绩效的可持续性。其指标开发示例见表6-9和表6-10。

表6-9 可持续性评价指标开发（完工项目）
——以世界银行贷款宁波水环境治理项目为例

准　则	关键评价问题	评 价 指 标	
可持续性	4.1 项目财务是否具有可持续性？	4.1.1 运营和维护经费能否持续满足需要	供水项目市自来水水费调整幅度
			污水项目市污水处理费调整幅度
		4.1.2 能否按时偿还贷款	省级到期还款率（%）
			地（市）、县（区）到期还款率（%）
			项目单位到期还款率（%）
			财政资金垫付率（%）
			还款准备金充足率（%）
	4.2 项目后期运营是否具有可持续性？	4.2.1 机构可持续性	负责项目完工后运行管理工作的机构及制度存在与否
		4.2.2 人力资源可持续性	负责项目完工后运行管理工作的人员存在与否
		4.2.3 政策、机制安排可持续性	环境改善、污染控制政策的可持续性
			供水政策的可持续性
			公共事业价格政策及机构改革的可持续性
	4.3 项目绩效是否具有可持续性？	4.3.1 产出有效利用率	正常使用率
			项目运转负荷是否达到设计生产能力
		4.3.2 项目产出能否得到及时维护	项目产出运行和维护的资金充足与否
			项目产出运行和维护的保障制度存在与否
		4.3.3 生产安全保障程度	安全生产保障制度存在与否
			安全事故率

表6-10 可持续性评价指标开发（在建项目）
——以世界银行贷款APL三期项目为例

准 则	关键评价问题	评 价 指 标	
可持续性	4.1 项目财务是否具有可持续性	4.1.1 项目资金是否能满足项目实施的需要	
		4.1.2 项目是否能按时偿还贷款	各级还款协议签署和还贷责任落实情况
			还贷资金落实可能性
			地方财政还贷准备金的储备情况
	4.2 项目实施是否具有可持续性	4.2.1 当前经济社会环境是否存在阻碍项目实施的因素	
		4.2.2 项目政策可持续性	
		4.2.3 项目运行机构可持续性	

本章小结

1. 事中评价（过程评价）绝大多数在政策的实施阶段进行，注重于政策（项目）的执行和改进。事后评价，一般在政策结束后进行，强调评价政策（项目）的结果和影响，旨在总结政策（项目）的经验或教训，为未来政策的建设提供经验和决策参考。

2. 事中评价不同于绩效运行监控（监测），它一般是由第三方开展的一种独立的绩效评价活动。

3. 事后评价的主要目的或作用有二：一是通过对经验与教训的反馈来改进未来的政策和项目；二是提供"问责"的基础，包括向投资者、利益相关者和公众提供政府绩效信息。

4. 财政支出政策绩效评价主要是一种事后评价。作为事后评价，一般包括五个评价维度：相关性、效果性、效率性、公平性和可持续性。其评价的逻辑为：政策是否符合社会需要与国家战略（相关性）—目标达成度（效果性）—目标达成效率（效率性）—目标达成公平性（公平性）—效果的可持续性（可持续性）。

5. 影响评价与事后评价既有密切的联系，又不完全相同。影响评价由于其复杂性（需要进行归因分析），人们通常只是选择少量的政策和项目来进行，因此其开展的范围比较有限。

6. 国际金融组织贷款在建项目绩效评价实质上是一种事中绩效评价，而国际金融组织贷款完工项目绩效评价实质上是一种事后绩效评价。

复习与思考

1. 事中评价和事后评价有何区别？

2. 在国际评价机构的评价维度（准则）中，通常的排列顺序为先"效果"后"效率"；但在财政部国际司"四性准则"中，其顺序为先"效率"后"效果"。那么，你认为在财政支出政策绩效评价中，"效率"和"效果"究竟应该孰为先？

3. 在国际金融组织贷款项目绩效评价框架中，对"效率"的评价内容包括对项目活动、项目资金落实与使用、项目产出以及项目管理情况的评价等。你是否认同这一观点？它与我们通常的效率定义是否相一致？

4. 什么是绩效评价的逻辑？试论述财政支出政策事后评价的基本逻辑。

5. 下面的表6-10是财政部预算评审中心针对2015年农机购置补贴资金评价开发的一个绩效评价框架，请运用所学理论对之进行分析，看看该绩效评价框架存在哪些优点与不足，并对不足之处进行改进和完善。

表6-10　2015年度农机购置补贴资金绩效评价框架

维度	关键问题	指标	证据	证据来源	证据收集方法
相关性	政策目标是否符合国家的农业发展战略？	政策目标与国家农业发展战略的吻合度	绩效目标；国家农业发展"十二五"规划；全国农业机械化"十二五"发展规划；其他政策文件	农机补贴资金管理办法；国家规划文件	案卷研究；互联网检索
	政策的目标受益群体是否适当？	补贴农机的品目范围与当地农机需求的吻合度	对全省补贴机型与当地农业种植结构对比分析	各省购机补贴信息系统	实地调研
效率性	政策实施是否完成预期的产出？	补贴农机机具台套数比上年增加数	2014年年末补贴农机机具台套数；2015年年末补贴农机机具台套数	各省年度农机购置补贴资金使用方案；各省市县年末统计	案卷研究；访谈
		重点补贴机具金额占总补贴金额的比率	2015年重点补贴机具补贴金额（万元）；2015年总补贴金额（万元）	各省年度农机购置补贴资金使用方案；各省市县年末统计	案卷研究；访谈
		中央财政补贴资金的到位率	中央财政补贴资金的拨付金额（万元）；实际到位的金额（万元）	预算计划；年度财政支出决算	案卷研究；访谈

续表

维度	关键问题	指 标	证 据	证据来源	证据收集方法
效率性	中央补贴资金是否按计划投入和合法合规使用？	补贴资金结算率	年度金额；年末结算金额	预算计划；年度财政支出决算	案卷研究；访谈
		补贴金额在农机花费中的占比增长率	年度农机销售总金额；年度农机补贴总金额；上年农机销售总金额；上年农机补贴总金额	各级财政部门的农业处/科/股的统计数据	案卷研究；访谈
		该年违规资金总额占补贴资金总额的比重	检察机关立案	检察机关	案卷研究；调研
	管理环节是否便民高效？	补贴资金从申请到发放的时间缩短率	今年补贴申请工作流程及时间规定与上年相比	政府工作流程文件	案卷研究；访谈
		补贴资金从申请到发放环节的减少率	今年补贴申请工作流程及时间规定比上年	政府工作流程文件	案卷研究；访谈
效果性	政策是否实现了政策绩效目标？	农业综合机械化水平按目标完成率（包括耕、种、收环节）	年初农业部下达的预期目标；年末实际完成	各省年度农机购置补贴资金使用方案；各省市县年末统计	案卷研究；访谈
		农机作业面积比上年增加	年度农机作业总面积；上年农机作业总面积	农业统计数据	案卷研究；调研
		主要农作物总产值比上年增长率	年度主要农作物总产值；上年主要农作物总产值	地区农业统计数据	案卷研究；调研
	目标群体受益情况如何？	受益农户数量增长	年度受益农户数量；上年受益农户数量	各级财政部门的农业处/科/股的统计数据	案卷研究；访谈
		受益农户的亩产比上年增加率	上年受益农户的亩产量；本年亩产量	受益农户调查	问卷调查；调研
		受益农户的收入比上年增加率	上年受益农户收入；本年的收入	受益农户调查	问卷调查；调研
公平性	政策信息是否公开透明？	补贴机具资质的确认是否公开？	补贴机具资质从申报到确认的各个环节在媒体上公开	实地调研	访谈；调研
		县级农机化部门网上开通信息公开栏的比例	开通农机补贴信息公开专栏的县的数量占该省所辖县的比例	实地调研	访谈；调研

续表

维度	关键问题	指 标	证 据	证据来源	证据收集方法
可持续性	购机需求的存续性	购机需求的持续存在	我国农机在关键环节、应用领域的潜力；我国农业生产人口下降对农机作业需求的上升	访谈	访谈；调研
	购机需求满足度	购机需求资金满足率	2017年至2020年满足农机需求所需资金量	访谈，案卷分析	访谈；调研；案卷研究

资料来源：财政部预算评审中心. 中国财政支出支出政策绩效评价体系研究》[M]. 北京：经济科学出版社，2017.

第 7 章

基于因果分析的政策影响评价①

影响评价的基本目标是对某项干预活动的净效果进行估计，也就是说，估计在没有其他过程和事件的影响下干预的纯粹效果。

——彼得·罗希，2004

① 本章主要参考了施青军的《政府绩效评价：概念、方法与结果运用》第10章（陈祁晖撰写）、查尔斯·韦兰《公共政策导论》第13章、彼得·罗希《评估：方法与技术》第8章和第9章，以及Howard Whited "An introduction to the use of randommised control trials to evaluate development intervertions"（2011）等文献的相关内容。

政策评价的中心问题是回答政策是否有效。[①]这一问题实际包含两个问题：其一，观察的结果是否和预期的结果一致？其二，观察的结果是否由被评政策所导致？要准确回答这两个问题（特别是第二个问题），国际上一般的做法是开展影响评价（impact evaluation）。影响评价即旨在回答一项政策是否有效。它尝试找出已经发生的变化及其原因，就是说，该评价将分析记录中的哪些影响是由于政策活动本身产生的，以及哪些影响是由其他因素产生的，目的是为了对记录中的变化进行归因。影响评价的"最佳方法"是随机实验方法。由于许多的公共政策出于逻辑和伦理原因不能进行随机实验，因此评价者必须采用其他的方法（如准实验方法）衡量政策干预的影响。与前述的几种评价（事前、事中和事后的评价）相比，影响评价显然是一种难度更高的评价。

在国际上，随着结果为导向管理方式的推进，越来越多的人要求论证政策取得的成效，从而导致了对影响评价的更大的需求（见专栏7-1）。目前，国际上已有许多的国家（如英国和美国）和机构[如世界银行、西班牙—世界银行影响评价信托基金、国际粮食政策研究所、3IE（International Initiative for Impact Evaluation）等]，正致力于开展影响评价工作及相关研究。同时，不断有新的机构加入到这一行列中来。例如，隶属美国麻省理工学院经济系的Abdul Latif Jameel贫困行动实验室已成为国际减贫影响评价领域的"领头羊"之一。美国奥巴马政府自2011年始每年拨款1亿美元支持政府机构开展影响评价。[②]英国政府也在《红皮书》中强调开展政策影响评价的重要性。反观我国，这种严谨的、基于因果分析的影响评价却不多见。本章我们主要结合国际上的影响评价实践，分析和讨论影响评价的基本原理与国际上常用的几种影响评价方法，主要包括随机控制实验设计、回归断点设计、时间序列分析、倍差法（双重差分法）、多元回归分析以及匹配法等。

[①] 参见1.1.2节。

[②] Talbot, Colin, " Performance in Government: The Evolving System of Performance and Evaluation Measurement, Monitoring, and Management in the United Kingdom," No.24/November 2010,World Bank IEG Working Paper, http://ieg.worldbankgroup.org.

专栏7-1　国际上对影响评价的需求

国际上对"影响评价"的需求主要来自于以下诸方面：

- 2002年蒙特利尔会议（the 2002 Monterey Conference），会议呼吁发展机构更多地采用结果导向的管理。
- 2005年巴黎谅解备忘录（the 2005 Paris Accords），鼓励多边捐赠机构共同合作以促进影响评价。
- 减贫行动实验室（the Poverty Action Lab），促进随机实验方法的使用，并向发展中国家提供这些设计的培训。
- 全球发展中心（the Center for Global Development）强烈呼吁采用更为严谨的评价设计（2006）。

资料来源：琳达·伊玛斯、雷·瑞斯特，《通向结果之路》，2009

▶7.1　影响评价的概念与特征

政府制定政策和实施干预项目的主要目的是改变潜在受益群体的某种状况，达到某个目标，或获得某种收益。例如，实施减贫项目是为了提高贫困地区居民的收入水平和生活质量；对贫困地区的学龄儿童进行营养方面的干预是为了提高他们的身体素质，降低疾病（如贫血）的发生率，进而提高他们的学业成绩，等等。而影响评价的目的正是为了判明政策实施引起的目标群体或社会条件的这些变化，即要确定政策是否在实践意义上产生了预期的效果。换句话说，影响评价的基本目标是要对某项干预活动的净效果进行估计，也就是说，估计在没有其他过程和事件的影响下干预的纯粹效果。[①]

传统的政策管理实践中，管理者和政策制定者往往把政策评价工作的重心放在控制和衡量政策的投入（input）和产出（output）上。例如，传统的绩效评价工作（performance evaluation）[②]试图回答：实施对贫困儿童的营养和健康的干预项目需要购置多少营养品，雇用多少医生和营养师？对贫困人口

---

① 彼得·罗希，等. 评估：方法与技术[M]. 7版. 重庆：重庆大学出版社，2007：第43页.
② 绩效评价的基本方法和框架可参见财政部国际司编《国际金融组织贷款项目绩效评价操作指南》（经济科学出版社 2010年版）和财政部预算评审中心编著的《财政支出政策绩效评价操作指南》（经济科学出版社 2017年版）。

的就业技能开展培训需要雇用多少讲师和技术员、需要印制多少培训教材？这些资源是否按时按量安排到位？现实的项目受益群体是否与项目设计时的目标潜在受益群体相一致？等等。但这类评价往往不十分关注政策是否最终带来了潜在受益群体长远福利的提高。诚然，传统绩效评价工作往往会发现项目潜在受益者的福利水平在项目实施过程中发生了某种改变，例如儿童入学率提高了，但是这并不能充分地回答：我们所观察到的变化是否能归因于我们所实施的项目（政策）？因此，为了更加科学、完整地把握和了解项目的运营情况及实施效果，提高项目管理水平，我们需要运用一些新的方法来认识受益群体在哪些方面的变化是由待评价项目带来的，度量这些（由项目所带来的）变化的大小，并研究其在不同个体间的分布特征。

影响评价（impact evaluation）就是为了满足这一目的而发展出来的一套定量的分析和评价方法。区别于传统的，侧重项目本身运营管理情况的绩效评价工作，影响评价更为注重结果，特别关注待评估项目为潜在受益群体所带来的变化（即项目所产生的影响），更为强调归因分析（atrribution analysis）。为了识别待评估项目与受益者群体某个福利指标（如入学率）之间的因果关系，影响评价往往需要构造与受益者群体（即实验组）在统计特征上非常类似，但没有受到项目干预的对照组[①]，并通过实验组和对照组之间的对比，来识别并度量项目对实验组所产生的影响。本章将主要介绍国际上常用的几种影响评价的方法，包括：随机控制实验（randomized controlled trials）、工具变量法（instrumental variable）、回归断点设计法（regression discontinuity design）、倍差法（difference-in-differences）、（倾向性分值）匹配法（propensity score matching）及多元回归分析等，并介绍使用这些方法所需要的条件，这些方法对数据的要求以及在所需条件满足时这些方法的使用步骤。需要指出的是，随机实验的逻辑是所有的影响评价设计和数据分析的基础，因而需要我们着重地认真学习和掌握。

关于影响评价方法，需要强调以下几点：

第一，影响评价方法是一系列定量分析方法的集合，并非一种像传统绩效评价方法那样可以用一套统一的操作指南作为指导来开展工作的评价方法。由于不同的项目在其所涉及领域（如属于基础设施投资项目，还是农

---

① 构造对照组的方法因具体项目条件而异，有时可以将项目地区未受项目干预的群体作为对照组，有时需要用一定的统计方法来"生成"一个合适的对照组。具体见下文分析。

业科技推广项目）、项目的干预对象（如针对在校学生，还是针对学前儿童）、干预方式（如以个人为单位，还是以社区为单位）、项目地区的自然和经济条件（如村庄空间分布、交通的便达性等）、数据的可得性（如基线数据是否可得，是个体层面数据还是社区层面数据）等方面往往存在很大的差异，一般情况下并不存在对所有不同类型项目都适用的一套一成不变的影响评价方法。因此，影响评价方法的选择往往需要紧密结合待评估项目的特点来进行。

第二，精心设计的（特别是与待评价的政策或项目设计相结合的）影响评价方案可以大大提高影响评价工作的效率。例如，墨西哥PROGRESA项目的成功经验得以在拉丁美洲和东南亚地区广为推广的关键之一，便是其精心设计的影响评价方案。早在1997年PROGRESA项目设计之初，管理者便把后续的影响评价考虑在内，不仅在项目实施之前对项目地区开展了大规模的基线数据收集工作，还考虑当地实际情况采用分期、分阶段干预的方法，既保证项目干预的公平性（这有利于干预项目的顺利开展），又保证优质评价数据的可得性（有利于后期影响评价工作的顺利开展）。相比较而言，很多干预项目由于缺乏高质量的基线数据，最终导致影响评价工作无法开展。为此，一个好的影响评价设计需要与政策设计同步进行。

第三，影响评价工作对数据的要求较高，特别是高质量基线数据的可得性对影响评价结果的可靠性影响很大。与传统的绩效评价工作不同，大规模的定量抽样数据（区别于定性访谈数据），是顺利开展影响评价工作的客观基础。尽管并非每种常用的影响评价方法都要求使用基线数据，然而一旦有基线数据的支持，评价结果的可靠性会大大加强。此外，基线数据有助于我们认识和理解潜在受益群体的重要社会学、经济学和人口学特征，便于我们理解干预项目的受益瞄准度，揭示项目产生影响的潜在渠道，进而理解和解释影响评价工作的结果和所发现的问题。

◉ 7.2 影响评价的意义与作用

由于影响评价试图衡量特定项目或政策对潜在受益群体的福利所带来的改变，即要在项目或政策与受益人群福利之间进行因果推断，因此，严格的影响评价可以提供关于政策或项目实施结果的可靠信息，提高决策水平，优化资源配置。具体来说，影响评价的作用主要体现在以下几个方面。

首先，影响评价可以帮助管理者了解政策的效果，为政策的制定、延续、调整和终止提供说服力更强的科学证据。在实施政策管理时，管理者往往需要知晓政策在实现预定目标方面是否有效？因为只有了解了这一问题，管理者才能据以判定一项政策是否成功或者失败，从而决定政策的延续、调整或终止。影响评价提供了关于现行政策的实施结果的可靠信息，可帮助公共决策者评估公共政策或项目的价值，并找出政策必须改变的领域，因而是决策者决定政策去向的一个极为重要的依据。

其次，影响评价可以帮助决策者在不同政策或项目之间进行选择，优化政策资源的配置。政府的政策资源是有限的，但是政府部门却要同时执行多项政策。那么究竟哪项政策该投入多少资源？或者说政策资源要怎样配置才最为合理呢？这就体现了影响评价的重要性。由于影响评价可以帮助识别项目与群众福利之间的因果关系并度量影响的大小，那么管理者就可以在不同项目之间进行比较，选择其中产生效益较大的项目和放弃那些低效的项目。此外，将项目影响的信息与各种干预活动的成本信息相结合，管理者还可以对不同的政策或项目进行成本-收益分析，从而选择其中具有成本经济的项目。

第三，影响评价可以帮助决策者更深入地理解受益人群的行为及其决定因素，为更有针对性地制定政策提供充分依据。近期在发展中国家贫困地区所开展的影响评价研究表明，有相当部分潜在受益者并不愿意接受项目的干预。例如，在印度的Udaipur地区，很多为幼儿提供免疫服务的项目收效甚微，因为很多家长不愿意让他们的孩子接受免疫。后续的研究发现，当地居民不愿接受疫苗的原因是医疗知识的缺乏，以及对传统巫医的迷信。因此，后续的政策项目不仅为当地儿童提供服务，而且为他们及其家庭普及医学知识并提供经济激励，使政策收到了预期的效果。这些现象使得关注扶贫领域的经济学家和政策制定者开始重新思考贫困人群的行为及其影响因素，以便提高扶贫项目的设计水平和执行效率。

第四，加强公共责任制。通过公开公共政策的结果和影响，影响评价可增加透明度和明确责任制。

7.3 影响评价难题和选择偏误

上文述及，影响评价旨在回答一项政策在实现其预定的目标方面是否有效。换言之，影响评价试图回答："受评项目P对于潜在受益者的状态或行为Y产生了什么样的（因果）影响？"例如，当我们对西部地区的一个减贫项目进行影响评价时，会提出以下问题：该项目对该地区农村居民的生产性投资产生了多大影响？该项目对该地区农村居民的食品消费结构产生了怎样的影响？该项目对该地区农村儿童的入学率产生了怎样的影响？等等。

在回答这一问题时，我们需要清楚地界定何谓"项目所产生的（因果）影响（以下简称'项目影响'）"。同时，项目所产生的影响往往因人而异，因此，除了清楚地界定"项目的影响"之外，还需要清楚地界定"项目影响"指的是对"谁"的影响。

7.3.1 相关关系和因果关系

在正式定义"项目影响"之前，我们有必要先对"因果关系"这一概念进行讨论。如果观察到一位贫困居民在参加了某就业培训活动后打工收入增加了，我们能否从这个观察推断出就业培训提高了该居民的打工收入这一结论？显然，要回答上述问题，我们需要考虑并排除项目P之外其他因素对结果Y的影响。例如，该居民在参加就业培训时，是否同时在参加其他的培训？另外，该地区未参与培训的居民打工收入是否也（由于地区经济发展）增加了？该居民打工收入的提高可能是由于这些因素，而非受评项目带来的。事实上，我们观察到的很多相关关系不一定代表着某种因果关系（专栏7-2）。只有在排除了其他因素的影响之后，我们才有可能识别一个变量（P）和另一个变量（Y）之间的某种因果关系。[①]换言之，我们需要将P对Y的影响从一系列干扰因素的影响中分立出来。但是困难在于，需要排除的因素往往不可观测。因此，我们需要借助一些方法来"控制"或"排除"这些因素对Y的影响。在介绍这些方法之前，需要建立一个用以指导我们如何运用这些方法的理论框架。

---

① 因果关系可以从另一个角度来理解，即，如果某一项目P对我们关心的结果Y产生了某种因果影响，那么在不存在项目P的情况下，我们不应该看到Y的这种变化，因为在此情况下，我们看到的变化必然是由于其他因素引起的。

专栏7-2　与因果关系相关的几个重要概念

- 因果关系（causality）。A导致了B的变化。例如，给儿童注射小儿麻痹症疫苗可以预防这种疾病。

- 相关性（correlation）。A和B相互关联，但A并不必然导致B。例如经济在减税后恢复，但是减税可能促成也可能没有促成经济复苏。

- 反向因果关系（reverse causality）。B导致了A，而不是反过来。心脏病死亡率在心血管病医生最集中的区域里最高。显然，心脏病专家没有导致更多的死亡，而是因为他们搬到了最需要其服务的地方。

- 遗漏变量（omitted variable）。C同时导致了A和B。例如，一个家庭拥有的汽车越多（A），这个家庭的孩子在考试中的得分最高（B）。遗漏变量（C）是家庭的受教育水平。

- 偶然性（coincidence）。A和B由于偶然性仅仅在某个时期一起变化，但是在未来不会有所关联。A和B实际没有相关性、因果关系和其他关系。

资料来源：查尔斯·韦兰，《公共政策导论》第335页，2014

7.3.2　潜在结果、反事实和因果推断

为方便讨论，我们定义P为一个二值变量，以表征某潜在的受益个体[1]对受评项目（如就业培训）的参与情况：

$P=0$：个体未受到干预；

$P=1$：个体受到了干预。　　　　　　　　　　　　　　　　　　　（7-1）

同时，用变量Y来指代某种可被P所潜在影响的结果或状态（如打工收入）。对于任何个体而言，Y在理论上存在两种潜在的取值，分别对应两种不同的项目参与状态：

$Y_0 = [Y \mid P=0]$：某个体在未受到干预状态下Y的取值；

$Y_1 = [Y \mid P=1]$：同一个体在受到干预状态下Y的取值。　　　（7-2）

值得强调的是，Y_0和Y_1指的是同一个体在同一时点上不同状态下的潜在结

---

[1]　"个体"可以指个人（如个体居民或学生）或社区（如学校、班级等）。

果（potential outcome）。①诚然，现实中任何个体都不可能在同一时点处于两种不同的状态，但是在理论上，我们完全可以定义这两种状态下Y的潜在取值。

自然地，P对结果Y所产生的影响（即P所带来的Y的变化）可以定义为Y_1和Y_0之间的差别。即，我们把项目P对Y产生的影响定义为②

$$\Delta = Y_1 - Y_0 \tag{7-3}$$

然而，运用式（7-3）的困难是，对于任何个体而言，我们都不可能同时观测到其Y_0和Y_1值（尽管这两者对任何个体而言，理论上同时存在）：对于项目参与者而言，我们只能观测到其Y_1而非Y_0；而对于未参与项目者而言，我们只能观测到其Y_0而非Y_1。这一现象使得式（7-3）所定义的项目影响（Δ）对任何个体而言都不可被直接观测或计算。此即所谓的**评价难题**。

评价难题引出了反事实结果这一重要概念。对项目参与者而言，Y_1可被观测，是其事实结果；Y_0为其反事实结果，也即"同一时点上，项目参与者在没有参与项目的状态下，被观察到的结果"。由于项目影响是$\Delta=Y_1-Y_0$，影响评价对Δ的估算实际上是通过估算反事实来实现的。影响评价实践常常寻找或构造一个与项目的参与者在统计特征上很相似的对照组来估算反事实。

下面将介绍几种不同的统计学方法，并说明如何使用这些方法来估算反事实。

7.3.3 影响评价所涉及的一些重要参数

实际上，大部分时候我们只能估算出某些潜在受益个体Δ的平均值，而非每个个体的Δ值，因此，几乎所有影响评价工作都集中于估算项目对某个群体的某种平均影响上。我们称这些**平均影响**是影响评价试图估算的参数。为方便对这些参数的讨论，考虑以下例子：项目P是一个旨在提高某地贫困居民消费水平Y的项目。假设该地区常驻的所有1 000户贫困农户都具有参与项目P的资格，而且项目允许农户自主选择是否参与项目。结果是500户参与了该项目，另外500户没有参与该项目。

上述例子涉及以下几个重要的参数：

---

① 一种常见的错误理解是，把Y_0理解为项目开始之前的结果，而把Y_1理解为项目结束后的结果。
② 这一定义很好地"控制"了其他因素对结果Y的影响，因为对于同一个个体而言，所有其他因素对Y的影响在式（7-3）中的差分中相互抵消了。

1. 项目干预产生的总平均影响

项目对所有1 000户农户产生的总平均影响为

$$\text{ATE} = E[Y_1 - Y_0] = E[\Delta] \tag{7-4}$$

其中，符号$E[\ ]$代表"取期望值"或"求平均值"的数学操作；参数ATE常被称为"平均干预影响"（average treatment effect）。

本例中项目地区全部1 000户农户Δ的均值即是ATE。但是，一个自然的问题是，对于那500户没有参与的农户而言，项目的影响不应该是零吗？估算项目影响时为何要包括这500户农户？

有几点值得说明。

首先，ATE所度量的是，如果全部1 000户农户都参与了项目，那么平均而言，项目P会对他们的Y带来多大的影响。因此，ATE在考虑把同类项目推广到其他类似地区时具有重要的参考价值。

其次，这里的ATE是直接从潜在结果Y_1和Y_0推导而来的待估参数，见式（7-4），而非实际观测值。即便对未参与项目的500户农户而言，每家每户也都存在Y_1和Y_0这两个潜在结果，因而只要Y_1和Y_0的取值存在差别，这500户农户的$\Delta = Y_1 - Y_0$的均值就不一定为零。

最后，在允许农户自主选择是否参与项目的情况下，项目参与者的Δ均值与未参与项目者的Δ均值很可能不相等，因此，包含未参与项目者与不包含未参与项目者对Δ均值的估算可能是有差别的。下面这个参数就只考虑项目对参加者的Y所产生的影响。

2. 项目对参与者的平均影响

项目对参与了项目的500农户的平均影响定义为

$$\text{ATT} = E[Y_1 - Y_0 \mid P = 1] = E[\Delta \mid P = 1] \tag{7-5}$$

其中，符号$E[Y|X]$是"给定X时Y的条件期望值"[①]；参数ATT被称为参与者平均项目影响（average treatment effect on the treated）。

本例中项目对参与了该项目的500户农户所产生的平均影响即是ATT。这一参数度量的是项目对参与者实际产生的平均影响，因此，它往往是影响评价工作试图估算的核心参数。

---

① 符号$E[Y|X]$是"给定X时Y的期望值"，例如$E[$月收入|受教育程度 = 高中$]$表示的是受教育程度为高中的人的平均月收入。

3. 选择偏误

对其定义式（7-5）稍作变形，可以来讨论影响评价中另一个重要的概念——选择偏误（selection bias）。当接受处理的参与者与进行比较的非参与者在某些重要方面存在着显著的不同时，一般会产生选择偏误。

将式（7-5）展开，可得：

$$E[Y_1 - Y_0 \mid P = 1] = E[Y_1 \mid P = 1] - E[Y_0 \mid P = 1] \qquad (7-6)$$

其中，$E[Y_0 \mid P = 1]$即项目参与者的反向事实。

所谓反向事实，是项目没有实施的情况下而发生的情况（"what would have happened if the policy had never been implemented"），因为对项目参加者（$P=1$）而言Y_0不可被观测。

一个常见（但不一定正确）的做法是拿项目参与者Y的均值与未参与项目者Y的均值进行比较。这一比较产生了以下估计量（estimator）：

$$\Delta^N = E[Y_1 \mid P=1] - E[Y_0 \mid P=0]$$

$$= E[Y_1 \mid P=1] - E[Y_0 \mid P=1] + E[Y_0 \mid P=1] - E[Y_0 \mid P=0]$$

$$= \text{ATT} + E[Y_0 \mid P=1] - E[Y_0 \mid P=0]$$

$$= \text{ATT} + \text{选择偏误} \qquad (7-7)$$

上式右边由加上并减去$E[Y_0 \mid P = 1]$得来，式中第3行右半部分$E[Y_0 \mid P=1]-E[Y_0 \mid P = 0]$即是所谓的"选择偏误"。[①]从定义上看，选择偏误是项目参与者与未参与者在Y_0上的平均区别，即这两组人在不受项目影响状态下Y值的区别。从式（7-7）可以清楚地看出，如果选择偏误$E[Y_0 \mid P=1]-E[Y_0 \mid P=0]$不为零，那么用估计量$\Delta N$估算出来的值将不等于ATT，其误差正好是选择偏误的大小。因此，式（7-7）提供了理解影响评价的另一个角度[区别于式（7-3）]，即影响评价的任务是运用统计方法来消除选择偏误。

仍考虑上述的扶贫项目。假设农户知道自己的Y_0和Y_1，其取值如表7-1所示（但如前所述，现实中这两者不能同时被观测）。进一步假设农户基于以下的模型考虑其项目参与决策：

$$P=1，如果 Y_0 < Y_1;$$

$$P=0，如果 Y_0 \geqslant Y_1。 \qquad (7-8)$$

即：当某农户计算出其参与项目所得收益为正时，将参与项目；相反，

---

① 选择偏误（也称作选择偏差）：由于总体中接受干预的子集和没有接受干预的子集之间存在的系统性特征差异而引起项目结果证据或数据失真。

如果该农户计算出其参与项目所得收益为负或为零时，将不参与该项目。

假设作为研究者，我们也能观测到所有农户的Y_0和Y_1值（现实中，我们仅能够观测到表7-1中加黑体的数字，但为了方便讨论，我们假设可以观测到表中所有数字）。在该假设下，我们可以计算ATE和ATT。

按定义：

ATE$=E[Y_1-Y_0]=[(740-760)+(720-680)]/2=10$；

ATT$=E[Y_1-Y_0|P=1]=720-680=40$；

应注意到，对这几个参数的计算都用到了一些不可观测的数值，得以算出这些数值是因为我们假设可以同时观测到所有人的Y_0和Y_1值。为方便比较，如果采用式（7-8）中的估计量$\Delta^N=E[Y_1|P=1]-E[Y_0|P=0]$（需要注意，该式中$E[Y_1|P=1]$及$E[Y_0|P=0]$均可观测），有

$$\Delta^N=E[Y_1|P=1]-E[Y_0|P=0]=720-760=-40$$

该估计量隐含地假设$E[Y_0|P=1]=E[Y_0|P=0]$，即参与项目和未参与项目的农户在不存在项目状态下的平均消费水平Y类似。但表（7-1）表明这两者并不相等。实际上，式（7-9）所示的项目参与决策模型表示，恰恰是这两者的不同导致了两组人采取了不同的参与决策，即：只有能从项目中获得正收益的农户才会选择参与项目。

表7-1 受评项目涉及农户的潜在结果

	不参与（$P=0$）	参与（$P=1$）	均值
不参与项目状态下的月收入（Y_0）	760	680	720
参与项目状态下的月收入（Y_1）	740	720	730
样本量	500	500	

▶ 7.4 常用的几种影响评价方法

影响评价的基本挑战在于，确定某一特定项目或政策会产生怎样的结果。如前所述，影响评价的"最佳方法"是随机实验设计。随机实验设计要求评价样本总体必须随机分成至少两个小组，而且总体中的每个样本被分到实验组和对照组的机会是均等的。由于许多的政策出于逻辑和伦理原因不能进行随机实验，因此研究者必须采用其他的方法（如准实验设计方法）衡量政策干预的影响。这里需要注意的是，所有的影响评价设计方法的基础都建

立在随机实验的逻辑之上。这一逻辑的主要特征是，研究中的目标对象（即实验组和对照组）是随机分配的；而在准实验设计中，分组任务则是通过非随机方式完成的。正是由于这一原因，准实验设计的方法都存在着选择偏差（专栏7-3），因而需要注意尽可能地减少选择偏差。

专栏7-3　随机分配与选择偏差

随机过程是为了保证在干预措施实施前，干预组和对照组的所有特征就平均水平来说在统计上是相等的。随机实验解决了在创建实验对照组时由于计划的入选者随机地拒绝接受该计划或者干预措施而引起的选择偏差。随机分配并没有排除选择偏差，相反，它只是平衡了参与者（实验组）和非参与者（对照组）之间的偏差，从而能够在计算影响期望值的过程中产生抵消作用。这样，干预之后两个小组的任何平均水平差异都可以归因于该项干预。

资料来源：世界银行，2008

下面，我们主要介绍国际上常用的几种影响评价的方法，包括：随机控制实验（randomized controlled trials）、工具变量法（instrumental variable）、回归断点设计法（regression discontinuity design）、倍差法（difference-in-differences）、（倾向性分值）匹配法（propensity score matching）、时间序列分析（time-series analysis）以及多元回归分析（multivariate regression analysis）等。

7.4.1　随机控制实验法（Ⅰ）：理想情形

前文提到，选择偏差$E[Y_0 | P=1] - E[Y_0 | P=0]$是项目参与者和未参与者在不受干预状态下存在的一种系统性的差别。随机控制实验（randomized controlled trial，简称RCT）方法[1]通过将潜在受益个体随机分成实验组和对照组来消除选择偏差。由于该方法在很大程度上模仿了自然科学里的实验室实验，使用该方法所获得的证据有着很高的可信度。

---

[1] 这一方法有时也称"随机评价"(randomized evaluation)或"社会实验"(social experiment)。

1. 用随机分组消除选择偏差

随机控制实验通过人为地对潜在受益者（或评价样本）进行随机分组来构造在不受干预状态下不存在系统性差别的两个组，从而消除选择偏差。具体而言，该方法将待评价样本随机分成两组[①]：一组接受干预（实验组，$P=1$），另一组则不接受干预（对照组，$P=0$），进而比较项目实施后两组之间在结果Y的差别。随机分组保证了实验组和对照组之间各种变量（包括可观测和不可观测的变量，包括Y_0）在统计意义上非常相似，特别是保证了$E[Y_0|P=1]=E[Y_0|P=0]$。这一方法使得两组人之间唯一区别，是实验组参与了项目而对照组没有参与。在这种情况下，我们可以认为两个组Y之间的差别确实是由项目的干预P（而非其他因素）带来的。

图7-1展示了这一思路。假设一个项目的受评样本包含了1 000个家庭中的居民，其中，女性占45%，大学学历者占20%，70%的人是农村户口，等等。如果我们从这1 000户中随机地抽取500户作为实验组，而将剩余的500户作为对照组，那么分组的随机性保证了在实验组的500户居民中，女性大约占45%，大学学历者大约占20%，大约70%的人是农村户口，等等。可以想象，对照组500户居民中，女性也大约占45%，大学学历者也大约占20%，农村户口大约占70%，等等。换言之，随机抽样和分组保证了受评样本的基本统计特征（至少在均值意义上）可以很好地被"保存"到实验组和对照组中。

值得注意的是，随机分组只能保证两个组之间在统计意义上，特别是在各变量的均值上类似，并不能保证实验组和对照组在每个个体的个体特征上都类似。假如我们只从评价样本的1 000户里随机抽取一户居民到实验组，随机抽取另一户到对照组，那么由于抽样的随机性，被分配到实验组的那户居民可能是年收入不超过1万元的贫困户，而被分配到对照组的农户则可能是年收入超过10万元的小康家庭。尽管实际上该项目可能大幅度提高了实验组家庭的收入水平，但如果该家庭的年收入在受到了干预的状态下仍不超过10万元的话，简单地对比这两户的收入水平会得出"扶贫项目对家庭收入产生了负面影响"的错误结论。导致这一错误结论的最主要原因是，在样本很小的情况下，即便实验组和对照组是通过随机分组产生的，两个小组中的单个个体也不一定可比。而在样本量足够大的情况下，大数定律保证了样本的平均

[①] 随机分组方法包括抽签、抛币等。例如，可以让待评价样本中的每一个人抛币，图案朝上的人分配到干预（实验）组，文字朝上的人分配到控制（对照）组。当然也可利用计算机产生随机数，由随机数字大小来决定谁被分配到干预（实验）组，谁被分配到控制（对照）组。

特征可以很好地反映总体的平均特征。直观地理解，两个组个体之间的随机差异在求平均的过程相互抵消掉了。这也从另一个角度说明了为何影响评价往往只能针对一组群体（而非单个个体）进行。

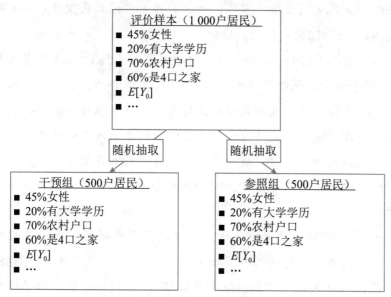

图7-1 随机分组示意图

2. 参数估算

按定义，$\Delta = Y_1 - Y_0$。因此，在理想条件下（即符合三个条件：受评样本足够大；实验组和对照组的分配严格随机；受评样本中所有个体都严格服从分配）采用随机控制试验时，有

$$\text{ATE} = E[\Delta] = E[Y_1 - Y_0] = E[Y_1] - E[Y_0]$$
$$= E[Y|P=1] - E[Y|P=0] \qquad (7\text{-}9)$$

式（7-9）最后一个等号表示，我们可以用实验组 Y 的均值 $E[Y|P=1]$ 来估算 $E[Y_1]$，同时可用对照组 Y 的均值 $E[Y|P=0]$ 来估算 $E[Y_0]$。同理，对于项目对受干预者的平均影响ATT，有

$$\text{ATT} = E[\Delta|P=1] = E[Y_1 - Y_0|P=1]$$
$$= E[Y_1|P=1] - E[Y_0|P=1]$$
$$= E[Y_1|P=1] - E[Y_0|P=0]$$
$$= E[Y|P=1] - E[Y|P=0] \qquad (7\text{-}10)$$

式（7-10）最后一个等号表示，我们可以用实验组 Y 的均值 $E[Y|P=1]$ 来估算 $E[Y_1|P=1]$，同时可用对照组 Y 的均值 $E[Y|P=0]$ 来估算 $E[Y_0|P=0]$。

专栏7-4　条件现金转移支付项目

　　墨西哥政府在1997年开展的PROGRESA条件现金转移支付项目要求干预组中0~5岁儿童的母亲必须保证她们的孩子定期到医院体检；同时，孕妇必须到医院进行5次定期的产检护理。项目采取了滚动开发的方法开展活动。在第一阶段（1997—1999年），项目从墨西哥505个国家级贫困村中随机选择320个作为干预组，将剩下的185个贫困村作为控制组，在第一阶段不对其进行干预。这一滚动式设计使得有关人员可以使用随机控制试验对第一阶段的活动进行影响评价，并将其结果用于决定是否开展第二阶段的活动。由于很多研究显示，该项目在第一阶段对潜在受益者产生了很多正面的影响，项目在第二阶段（2000—2003年）被推广到在第一阶段作为控制组的185个贫困村。

　　Gertler（2004）对该项目所产生健康影响的研究显示，与控制组相比，干预组的新生儿患病概率下降了25.3%，1~1.5岁儿童的身高要高出1厘米，而1~4岁的儿童贫血的概率要低25.5%。随机过程是为了保证在干预措施实施前，干预组和对照组的所有特征就平均水平来说在统计上是相等的。随机实验解决了在创建实验对照组时由于计划的入选者随机地拒绝接受该计划或者干预措施而引起的选择偏差。随机分配并没有排除选择偏差，相反，它只是平衡了参与者（实验组）和非参与者（对照组）之间的偏差，从而能够在计算影响期望值的过程中产生抵消作用。这样，干预之后两个小组的任何平均水平差异都可以归因于该项干预。

资料来源：世界银行，2014

7.4.2　随机控制实验（Ⅱ）：存在不服从分配的情形

　　上节所讨论的随机实验可以视为在理想条件下开展的随机实验方法。该方法需要三个条件：（1）待评估样本量足够大；（2）实验组和对照组的分组是随机的；（3）待评估样本中的个体服从项目分配，被分配到实验组的个体都接受了干预，而被分配到对照组的个体均没有受到干预。但现实中，并非每个随机控制试验都可以在理想条件下实施。尽管我们能够通过一些技术手段来保证足够大的样本量及分组的随机性，但是往往无法保证待评估样本中的个体能全部服从项目分配。毕竟，我们无法强制性地"控制"潜在受益者的项目参与决策。以下考虑存在不服从分配者的情况下，如何来估算项目所产生的影响。一个重要的研究结论是，在这种情况下，我们一般无法估算出项目的ATE、ATT或者ATU，而只能估算出项目对"服从分配者"——那些被分配到实验组则接受干预，被分配到对照组则不接受干预的个体——所产生的影响。[①]这种影响被称为"局部平均干预影响（local average treatment effect，简称 LATE）"。对于这种影响的估算，可以通过工具变量（instrumental variable，简称IV）法来实现。

1. 随机控制试验中的不同类型个体

考虑一个存在不服从分配者的随机控制试验，为便于区别待评估样本中个体的项目参与状态P，我们用字母T来代表其分组情况。待评估样本中一部分个体被随机分配到实验组（$T=1$），另一部分被随机分配到对照组（$T=0$）。注意，这些个体中存在不服从分配者，例如，实验组里有些个体可能由于某种原因而不接受干预，我们称之为"从不参与者"（never-takers），即$T=1$但$P=0$者（如表7-2中第3行所示）；对照组里，有些个体尽管不具备项目参与资格，但他们仍设法（例如，通过"走后门"的方式）参加了项目（即接受了干预），我们称之为"总是参与者"（always-takers），即$T=0$但$P=1$者（如表7-2中第 1 行所示）。我们将"从不参与者"和"总是参与者"统称为"不服从分配者（non-compliers）"，即$T \neq P$者。

还有一部分个体，我们称之为"服从分配者"（compliers），即$T=1$且$P=1$和$T=0$且$P=0$者（或统称$T=P$者，如表7-2中第2行所示）。服从分配者会严格遵守项目的分组安排，如果被分配到实验组则接受干预，被分配到对照组他们则不接受干预（例如，有"后门"可走也可不走）。表7-2表示了在某个随机控制试验中这三类个体的一个假想的分布。该表假设，样本个体中有70%是"服从分配者"，有20%是"从不参与者"，同时还有10%是"总是参与者"。需要强调的是，项目的随机分组T保证了这三类个体在实验组和对照组中的比例分布是一致的[②]，也即在两个组中，分别有70%的"服从分配者"，20%的"永不参与者"和10%的"总是参与者"。我们还可以使用表7-2中所包含的数据来分析项目对这三类个体分别产生的影响。

---

① 注意：这里并不是说在存在不服从分配者的情况下，项目对不服从分配者不产生影响，而是说，即便项目对他们产生了影响，我们也很难把这部分影响估算出来。

② 比例是均值的一个特例。

表7-2　一次随机试验中的不同个体类别

个体类别	（1）实验组 $T=1$	（2）对照组 $T=0$	（3）可观测差别$\Delta=$（1）－（2）
（1）总是参与者（10%）	$P=1$：$Y=Y_1$	$P=1$：$Y=Y_1$	0
（2）服从分配者（被分配到干预组则参与；被分配到控制照组则不参与）（70%）	$P=1$：$Y=Y_1$	$P=0$：$Y=Y_0$	$\Delta=Y_1-Y_0$
（3）从不参与者（20%）	$P=0$：$Y=Y_0$	$P=0$：$Y=Y_0$	0

2. 参数估算：意愿干预影响

（1）简单横断面估算

现在，考虑项目所产生的影响。首先考虑一下一种直观（但不一定合理）的估算方法：

$$\Delta N=E[Y\,|\,P=1]-E[Y\,|\,P=0]$$

此即前面的 ΔN 估计量，即比较 $P=1$ 和 $P=0$ 两组人在 Y 均值上的差别。与理想条件下的随机控制试验不同，这里 $P=1$ 的个体不仅包含了实验组中的"总是参与者"和"服从分配者"，而且包含了对照组中的"总是参与者"；$P=0$ 的个体不仅包含了对照组中的"服从分配者"和"从不参与者"，还包含了实验组中的"从不参与者"。直观地看，这一估算方式的不合理之处在于，$P=1$ 组中的"总是参与者"和 $P=0$ 组中的"从不参与者"不一定可比，尽管这两组中的"服从分配者"（由于分组 T 的随机性）是可比的。这一点可以用一点数学，结合表7-1的例子，更严格地进行表示：

$$\Delta N=E[Y\,|\,P=1]-E[Y\,|\,P=0]$$
$$=\{\text{Prob}（P=1；T=1）\times E[Y\,|\,P=1；T=1]+$$
$$\text{Prob}（P=1；T=0）\times E[Y\,|\,P=1；T=0]\}-$$
$$\{\text{Prob}（P=0；T=1）\times E[Y\,|\,P=0；T=1]+$$
$$\text{Prob}（P=0；T=0）\times E[Y\,|\,P=0；T=0]\}$$
$$=\{（10\%+70\%）\times E[Y\,|\,P=1；T=1]+$$
$$10\%\times E[Y\,|\,P=1；T=0]\}-$$
$$\{20\%\times E[Y\,|\,P=0；T=1]+$$
$$（20\%+70\%）\times E[Y\,|\,P=0；T=0]\}$$
$$=\{（70\%）\times\{E[Y\,|\,P=1；T=1]-E[Y\,|\,P=0；T=0]\}+$$

$$10\% \times \{E[Y \mid P=1;\ T=0]+E[Y \mid P=1;\ T=1]\}-$$
$$20\% \times \{E[Y \mid P=0;\ T=1]+E[Y \mid P=0;\ T=0]\}$$

上式最后一个等式的等号右边表示，ΔN既包含了项目对评估样本中那70%的"服从分配者"所产生影响的合理估算（第一项）；也包含了不合理成分——第二项和第三项将评估样本中那20%的从不参与者的Y作为评估样本中那10%的总是参与者Y的反事实结果。

（2）意愿干预影响

再来考虑一种更为合理的估算方法。在能够保证随机分组（但并不保证所有个体都是服从分配者）的情况下，我们可以估算以下参数：

$$\text{ITT}=E[Y \mid T=1]-E[Y \mid T=0] \tag{7-11}$$

该参数称为"意愿干预影响"（intention-to-treat effect，简称ITT），该参数度量的是实验组和对照组之间在变量Y均值上的简单差别。应当注意，不管存不存在"不服从分配者"，（只要能够保证随机分组）我们总是可以准确估算ITT参数。在不存在"不服从分配者"的情况下，我们有$T=P$，因此ITT=ATE=ATT=ATU，从而上文中关于参数估计的所有讨论结果都成立。

但是，当存在"不服从分配者"时，ITT会过低地估计项目所产生的影响。这一点可以从表7-2看出。先看"总是参与者"。实验组里那20%"总是参与者"或多或少受到了项目的影响，但我们无法确切地知道这些影响的大小，因为我们没有相应的对照组来估算它们的反事实结果。根本原因在于，与实验组一样，对照组里同样也存在20%的"总是参与者"，他们也受到项目的影响；而且由于随机分组，他们受到的影响在理论上和实验组中"总是参与者"所受到的影响一样大。因而，项目对"总是参与者"的影响在式（7-11）（$E[Y \mid T=1]-E[Y \mid T=0]$）中相互抵消掉了，如表7-2中第（1）行第（3）列所示。总之，尽管项目对"总是参与者"或多或少地产生了某些影响，我们[用ITT公式（7-11）]对这一影响的估算值永远是0（注意：估算值为0不代表实际值为0）。同理可知，用式（7-11）所估算出来的项目对"永不参与者"的（平均）影响也是0。

然而，对于"服从分配者"，我们是可以估算出项目对其产生的真实影响的。这是因为，只有被分配到实验组的"服从分配者"受到了项目的影响，而分配到对照组的"服从分配者"并没有受到项目的影响。从概念上讲，后者（Y的均值）可以作为前者（Y的均值）的反事实估计。因此，式

（7-11）的算法可以准确地估算出"服从分配者"受到的影响。然而，值得注意的是，评估样本里只有70%是"服从分配者"，因此式（7-11）估算出来的只是评估样本中这70%的个体所受到的项目影响。

3. 工具变量法：局部平均干预Y影响

（1）局部平均干预影响

从上面讨论可知，如果我们知道评估样本中谁是"服从分配者"，谁是"从不参与者"，而谁是"总是参与者"，那么我们可以把"服从分配者"从评估样本挑出来进行影响评价。然而困难在于，我们往往无法知道这三者的确切分布，因为实验组中也存在"总是参与者"，而对照组中也存在"从不参与者"。幸运的是，我们至少可以估算出这三者在两个组中的比例分布，从而把项目对"服从分配者"的影响从两个组结果变量Y间的差异（ITT）中"还原"出来。注意到，对照组（$T=0$）中任何参与了项目的个体必然是"总是参加者"，而实验组（$T=1$）中没有参与项目的个体必然是"从不参与者"，据此我们可以用项目的分配规则T和个体的项目参与决策P来估算出"服从分配者"所占的比例。这里，项目的分配规则T即是我们所使用的工具变量（instrumental variable，简称IV）。

具体而言，如果用"分配到实验组中的个体，参与项目的比例（"总是参加者"和"服从分配者"）"减去"分配到对照组中的个体，参与项目的比例（"总是参加者"）"，我们就得到了"服从分配者"在样本中的比例。有了这一比例，我们便可以把实验组和对照组在结果变量Y均值上的简单差异（即ITT）除以"服从分配者"所占的比例（即60%），从而"还原"出项目对"服从分配者"产生的影响。项目的分配机制T在这个过程中扮演了很重要的角色，因为它帮助我们估算出了"服从分配者"在样本中所占的比例，使我们可以把项目对他们的影响从（$E[Y|T=1]-E[Y|T=0]$）中"还原"出来。[①]

采用数学表达，项目对"服从分配者"的影响可以计算如下：

---

① 我们可以从另一个角度，将"局部平均干预影响"的计算过程看作是，利用项目分配机制T与项目参与变量P之间的相关关系，排除不可观测变量对P的影响。上面提到，干预组和对照组结果变量间的简单差异（ITT）是对项目影响的一个有偏估计，这是因为当项目存在"不服从分配者"时，个体参与项目的决策不再是随机的，而可能受到某些不可观测因素的影响。而我们把注意力集中在"服从分配者"时，我们把参与决策受不可观测因素影响的个体（"不服从分配者"）排除在外，从而也排除了P与不可观测因素之间的相关关系。换言之，对"服从分配者"而言，谁参与和谁不参与项目是随机决定（即由项目分配机制T决定）的。因此，我们可以准确地估算项目对"服从分配者"的影响。

$$\Delta^{\text{LATE}} = \frac{E[Y \mid T=1] - E[Y \mid T=0]}{E[P \mid T=1] - E[P \mid T=0]} \qquad (7\text{-}12)$$

其中，分子为实验组和对照组结果变量Y间的差异（即ITT），而分母则是用项目分配规则T和项目参与变量P来估算"服从分配者"的比例，$E[P \mid T=1] - E[P \mid T=0]$即"分配到干预组中的个体参与项目的比例（"总是参加者"和"服从分配者"的比例）"减去"分配到对照组中的个体参与项目的比例（"总是参加者"的比例）"。由于我们只能估算出项目对"服从分配者"的影响，因而这一影响也称为"局部平均干预影响"（LATE）。

（2）统计回归模型

事实上，我们可以用下述的统计回归方程来估算评估样本中的"服从分配者"比例：

$$P = \gamma_0 + \gamma_1 T + \eta \qquad \text{（第一阶段回归模型）}$$

其中，η表示不可观测因素对项目参与决策P的影响。上式在一般化的工具变量法中被称为"第一阶段回归模型"。把上式回归后对P的拟合值$\hat{P}$代入下式中变量P的位置，

$$Y = \beta_0 + \beta_1 P + \varepsilon, \qquad \text{（第二阶段回归模型）}$$

然后进行回归，对系数β_1的估计便是项目对"服从分配者"的影响LATE。上式一般称为"第二阶段回归模型"。由于T是随机决定的，T与误差项ε不相关，而$\hat{P}$是T的一个简单线性函数，因此也和ε不相关。因此，上式对β_1的估计是无偏的。实际操作中，可以且应该使用统计软件，例如Stata，来同时实现第一阶段和第二阶段的回归分析。

专栏7-5　哥伦比亚学校代金券项目

Angrist等人（2002）评估了哥伦比亚的一个学费代金券项目（PACES项目）的影响，该成果发表在《美国经济评论》上。他们的研究既估算了项目的ITT参数，又使用了工具变量法来估算项目的LATE。

该研究的研究对象是，哥伦比亚政府在1991年年末实施的PACES项目，该项目为超过125 000名学生提供了学费代金券，并以抽签的形式发放代金券。代金券的价值在就读当地私立中学所需花费的一半以上。Angrist等人试图借助抽签这一代金券分配机制来估算学费代金券对学生学业成

就带来的影响。然而他们发现，只有大约90%的代金券获得者使用了项目提供的代金券或者其他任何类型的奖学金代金券，而有24%没有抽中代金券的人通过其他渠道获得了奖学金代金券。由于存在不服从项目分配的情况，代金券获得者和未获得者之间的结果变量的简单差别（即计算$ITT = E[Y|T=1] - E[Y|T=0]$）并不能准确地估算代金券的使用对学生学业所产生的影响。因此，Angrist等人用抽中奖券与否（T）作为奖学金使用情况（P）的工具变量，使用工具变量法对项目项目影响进行估计。

ITT估计值表明获得奖券的人在抽得奖券的3年之后，完成8年级的概率要比未抽得奖券的人高10%。同时，抽中奖券的人在标准化考试中的成绩平均比未抽中奖券的人高出0.2个标准差。相比较而言，用工具变量法获得的结果，即代金券项目对"服从分配者"（即"由于抽中代金券而使用了奖学金的人"）的8年级学业完成率和考试成绩的影响（即LATE），大约比ITT估算值高50%。这一结果不难理解，因为上面我们看到，在这种情况下，LATE等于ITT除以$E[P|T=1] - E[P|T=0]$，而后者总是在0和1之间取值。

资料来源：世界银行，2014

7.4.3 回归断点设计

很多时候出于成本或道德上的考虑，我们无法使用全局的随机控制试验。但在某些条件下，可以通过构造一个局部的随机试验来进行影响评价。研究发现，某些实验存在着严格的资格门槛要求，因此，可以将那些正好有资格接受实验的人的结果，与那些正好低于资格门槛要求无法接受实验的人的结果进行比较。资格门槛是人为规定的，可以是考试成绩或家庭收入，由于那些恰好在门槛上下的人在很多的重要方面都几乎完全相同，研究者可以对它们的结果进行比较，从而为相关干预的效果提供有意义的结论。回归断点设计即建立在该思路之上。

具体来说，很多项目会使用一个连续分布的资格指数（Z）来决定某个体是否具有参加项目的资格。如减贫项目经常根据家庭所拥有的资产价值来构造一个财富指数，以确定项目区家庭的项目参与资格，如只有贫困指数的分值低于某一临界值（C）的家庭才具有项目参与资格。回归断点设计的基本思想是比较资格指数刚刚超过临界值（即刚好获得项目参与资格）的个体——

（局部）干预组——和资格指数差一点就达到该临界值的个体（因而刚好未能获得参与资格）——（局部）对照组——在结果 Y（如贫困家庭的消费水平和学生获得助学金之后的学业成就等）上的区别。如果影响 Y 的其他因素在资格指数临界值的两边是连续变化的，那么当把注意力集中在资格指数临界值附近时，可以认为，除了干预组受到项目干预而对照组没有这一差别之外，这两组个体在各个方面的差别很小。因此，这两组个体在结果变量 Y 上的差别是由项目带来的，这一差别度量的正是项目所产生的影响。

还可以从另一个角度来理解回归断点设计。在资格指数临界值附近时，谁获得资格和谁未能获得资格可以近似地认为是随机决定的，特别是当人们没有十足的把握去操控自己的资格指数时。例如，某门考试成绩在 59～61 分的学生中，谁及格了（成绩≥60 分）和谁不及格（成绩<60 分）在很大程度上是随机决定的。[①] 从这个角度看，我们可以认为回归断点设计是在构造一个局部的随机控制试验。在此试验中，刚刚获得项目参与资格的个体的反事实可以由差一点就获得资格的个体的结果 Y 来估算。这样，两组个体在结果变量上的差别便度量了项目对 Y 产生的影响。

图 7-2 提供了直观的图示。该图示意了一个食物补贴项目的情况。项目旨在对某地贫穷家庭的食物支出进行补贴，但由于资金有限，只能对部分家庭进行补贴。为了确定谁有资格获得现金补贴，项目构造了一个财富指数，用以反映一个家庭的富有（贫困）程度，该指数在 0 到 100 之间取值，数值越大表示越富有。项目规定，财富指数在 50 及以下的家庭能够获得补贴，而大于 50 的家庭则没有资格获得补贴。回归断点设计利用项目参与资格 P 在临界值两边（从 $P=0$ 到 $P=1$）的跳跃来估计项目产生的影响。如图 7-2 所示，在项目实施后，参与项目家庭的食品支出均值线（回归拟合线）在临界值的截距（点 B）高于未参与项目家庭的食品支出均值线的截距（点 A）。

如果其他影响结果 Y 的因素在临界值附近是连续变化的（即没有跳跃），说明财富指数刚好低于临界值的家庭（如财富指数=49）与财富指数刚好高于临界值的家庭（如财富指数=50）在各方面都很相似，唯一的区别是前者获得了补贴，而后者没有。因此，我们可以将后者（"差点贫困"家庭）的结果 Y 作为前者（"刚好贫困"家庭）结果 Y 的反事实，进而估算项目的影

---

① 同时，直观地看，刚刚及格的学生和刚刚不及格的学生在很多方面应该都是类似的。但是如果我们关注成绩在 50 分和 70 分之间的学生时，成绩接近 50 分的学生和成绩接近 70 分的学生可能在很多方面上是不可比的。

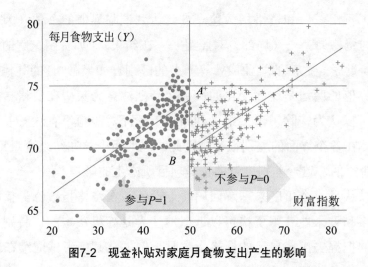

图7-2　现金补贴对家庭月食物支出产生的影响

响。在本例中，两类家庭的食品支出均值线（即回归线）在临界值处的截距之差（A-B）便度量了该补贴项目对家庭食物支出产生的影响：

$$\Delta_{\mathrm{RD}}=E[Y\,|\,P=1]-E[Y\,|\,P=0]|c-\delta<Z<c+\delta$$

其中，δ是个取值很小的正数（如3个到5个财富指数单位）。

从上面的讨论可知，回归断点设计通过比较临界值两边特征非常接近的项目参与组和非参与组在结果变量上的差别来估算项目产生的影响。越靠近临界值，两组个体的特征越相近。如果我们不断逼近临界值，那么临界值两边两组个体的特征将会越来越接近，以至于个体在项目参与组和非参与组之间的分配非常接近于随机试验的设计。需要指出的是，回归断点设计也存在着不足。

首先，分析结果可能对距离临界值较远的个体不适用。由于回归断点设计通过估计临界值两边两个组的差异来评估项目的影响，这种估计结果对离临界值较远的个体并不一定适用，因为离临界值较远的参与者和非参与者的个体特征可能并不相似。因此，回归断点设计无法估算出项目对所有参与者的平均影响。这一特点既可以视为该方法的一个优点，也可看成是一个缺点，这取决于评价的目的。如果评价的初衷是想回答是否要继续执行该项目，那么应该估算项目对所有参与者的平均影响，此时回归断点设计显得不尽如人意。但是，如果决策者想要知道应该缩小还是扩大项目的执行范围，那么回归断点设计能够准确地回答这个问题。

其次，在临界值附近的分析面临可用样本少的困难。回归断点设计对临界值附近局部效果的估算还面临统计有效性的挑战。由于仅对临界值两边狭小领域中的观测值进行评价，可用于统计分析的观察值必然变得很少，而我们往往需要足够的样本容量才能够得出显著的回归分析结果。在实践中，我们会在临界值附近先取一个带宽来对项目产生的影响进行估计，然后取一个不同的带宽进行重新估计，通过比较基于不同带宽的估计结果来分析估计结果是否对带宽敏感。一般而言，带宽越宽则样本中包含的观察值越多，越有可能识别项目所产生的影响。但是，越远离临界值，个体间越缺乏可比性，因而可能需要通过某些特殊的（资格指数）函数形式来获得可靠的影响估计。

最后，分析结果对统计模型的敏感性。使用回归断点设计需要额外注意的一点是估计结果对模型的敏感性。例如，在上面现金补贴例子中，我们假定家庭贫穷指数与他们的日常食物支出呈线性关系。但是，在现实中两者之间的关系可能会更复杂，而且很可能是非线性的。如果我们没有考虑这些复杂的关系，那么可能会把他们误认为是断点。实践中，我们应该采用不同的函数形式进行估计，以检验估计结果是否对资格指数函数形式敏感。

即使存在诸多不足，回归断点设计在临界值附近对项目影响的估计是无偏的。回归断点设计所利用的连续性资格指数已经在很多社会项目中运用。如果项目以资格指数为基础来选择干预对象，我们就不需要特意留出一部分个体作为评估的参照组，而可以使用回归断点设计作为工具来开展影响评价工作。

7.4.4 倍差法

上述方法通过全局或局部随机分组来保证实验组与对照组在统计意义上的对等。另一种方法——倍差法则通过差分的方式消除或减少实验组和对照组之间的（不随时间变化的）系统性差别。一般情况下，该方法要求收集基线数据。为了便于理解，我们用图解的方法来对倍差法（DD）原理进行说明。考虑一个旨在提高潜在受益者日工资（Y）的就业培训项目P。在所有潜在受益者中，有些个体参与了项目（实验组）而有些没有参与（对照组）。如果基线数据可得，那么如图7-3表示，项目实施前，实验组的平均日工资（点A）为$Y_A = 100$元/天，对照组的平均日工资（点B）为$Y_B = 50$元/天。终线数据表示，项目实施之后实验组的平均日工资（点C）为$Y_C = 300$元/天，对照组的平均日工资（点D）为$Y_D = 200$元/天。

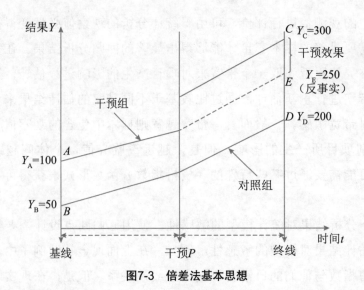

图7-3 倍差法基本思想

在考虑倍差法的估算之前，先来考虑两个常见（但不一定正确）的评价方法。第一种方法是比较实验组的日工资Y在项目实施前后的差别（"前后对比"），即：

$$\Delta_{\text{前后，干预组}} = Y_C - Y_A = 300 - 100 = 200 \text{（元/天）}$$

由于实验组确实受到了项目的干预，这200元中的确包含了项目对干预组工资所产生的影响。但是，这200元中包含的不仅仅是项目所产生的影响。从图中容易看到，尽管对照组没有受到项目的影响，其平均工资水平在项目实施前后也发生了变化，即：

$$\Delta_{\text{前后，对照组}} = Y_C - Y_A = 200 - 50 = 150 \text{（元/天）}$$

但对照组从基线到终线这150元的工资增加并不是由项目所带来的。因此，对于实验组而言，项目实施前后这200元/天的工资增加也不仅仅是由项目带来的，还包含了其他因素的影响。一般而言，除了项目以外，很多社会经济变量，例如价格、收入等都会随时间变化，它们都可能对实验组的工资产生影响，因此，简单地比较实验组工资在项目实施前后的差别，往往将其他因素产生的影响错误地归因于项目的实施。

倍差法设计遵循了随机实验设计的逻辑，但是二者有着明显的不同。图7-4为倍差法设计示意图，图7-5为随机实验设计示意图。由图可以看出，倍差法所估计的政策效果为$(A_2 - A_1) - (B_2 - B_1)$，而随机实验设计所估计的政策效果为$(A_2 - B_2)$。由于随机实验设计通过将潜在受益个体随机分成实验组和对照组来消除选择偏差，因此不需要考虑A_1和B_1之间的差异。

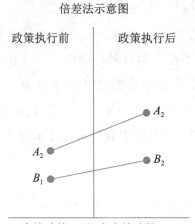

倍差法示意图

政策执行前　政策执行后

- A实施政策；B没有实施政策
- $(A_2-A_1)-(B_2-B_1)$=所估计的政策效果

图7-4　第一种倍差法的政策效果

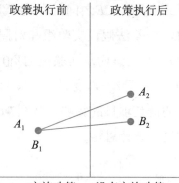

随机实验示意图

政策执行前　政策执行后

- A实施政策；B没有实施政策
- A和B在政策实施前阶段是相同的
- A_2-B_2=所评估的政策效果

图7-5　随机实验的政策效果

第二种方法是比较实验组和对照组在项目实施后的工资差别，即"横截面"比较：

$$\Delta_{横截面}=Y_C-Y_D=300-200=100（元/天）$$

该方法往往在基线数据不可得的情况下使用。由于对照组自始至终没有受到项目的影响，实验组和对照组在终线上的100元/天的工资差别多多少少包含了项目的影响。然而，从图中容易看到，实验组和对照组的日工资率即便在项目实施之前（基线）也存在差别，这意味着，这两组人在未受到项目干预的情况下存在（学历、智力、身体条件等方面）"系统性"差别。因此，这两组人之间在终线上这100元的差别不完全是由项目带来的。

上述两种方法（即"前后"和"横截面"对比）都可能将项目以外其他因素的影响错误地归因于项目，从而过高或过低地估算项目的影响。因此，如果可以将项目以外其他因素的影响消除或减少，我们将可以获得对项目影响更好的估计。倍差法便是按照这一思路设计。倍差法假设，在不存在项目情况下，实验组和对照组Y随时间的变化趋势一致（图7-3）。换言之，在不存在项目的情况下，点B和点D之间的差别（150元/天）既度量了对照组日工资随时间的变化趋势，也很好地度量了实验组日工资随时间的变化趋势。也就是说，在不存在项目情况下，实验组的平均日工资应该在终线时达到E点（注意AE之间的两段直线和BD之间的两段直线是平行的），而非我们所观察的C点（即E点是C点的反事实）。在这一假设下，项目对实验组所产生的影响可以由CE之间的距离度量。也即：

$$\Delta_{DD}=Y_C-Y_E=（Y_C-Y_A）-（Y_D-Y_B）$$

上式表明，CE之间的距离可以由Y_C与Y_A之差减去Y_D与Y_B之差获得。直观地讲，倍差法假设实验组和对照组在不存在项目时，随时间变化的趋势一致，即Y_D-Y_B，进而从实验组的Y值在项目实施前后的差值Y_C-Y_A中减去时间趋势Y_D-Y_B。由于Y_D-Y_B度量了"项目以外其他因素"的影响，Y_C-Y_A与Y_D-Y_B的差度量的恰是项目的影响。从图7-6和图7-7的对比中我们可以更清楚地看出倍差法的这一设计思路。

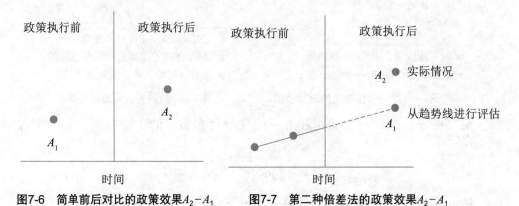

图7-6　简单前后对比的政策效果A_2-A_1　　图7-7　第二种倍差法的政策效果A_2-A_1

专栏7-6　印度尼西亚的学校建设项目

1973年，印尼政府启动了一个名为Sekolah Dasar INPRES的学校建设项目。1973—1979年间，该项目建设了60 000余所小学。同期，7～12岁儿童的入学率从1973年的69%上升到1978年的83%。这与印度尼西亚在1970年代早期不存在大型的资本扩张及入学率的下降形成鲜明的对比。Esther Duflo利用这一政策的变化来对学校建设项目进行影响评价。

对这一项目进行影响评价的困难在于，各地区学校的建设密度并非随机决定。由于建设经费部分由地方承担，较为富裕的地区可能建设更多的学校。同时，政府也可能主动选择在相对贫困的地区建立更多的学校。因而项目区和非项目区的学校可能存在很大的差别，简单比较项目区和非项目区儿童的受教育程度可能反映的是地区发展水平的差异，而非学校建设的作用。

注意到不同区域不同年龄的儿童接受到项目的潜在影响不同，Duflo用倍差法来避开上述问题。注意到，年纪小的儿童受到学校建设的影响要大于年纪大的儿童（如果某儿童在项目建设时已经从学校毕业了，那么该项目对其受教育程度几乎不存在影响）；同时，对于同龄儿童而言，那些生活在项目建设密度大的地区的儿童将受到更大的影响。因此，Duflo比较了两个差别。首先，她分别计算了（1）项目区年纪较大的儿童与年纪较小儿童教育程度上的差别，和（2）非项目区中年纪较大的儿童与年纪较小儿童教育程度上的差别，这一差别消除了本地经济条件等不可观测因素的影响。她进而比较了这一差别在项目区和非项目区之间的差别，这第二个比较的结果便是对学校建设项目所产生影响的倍差法估计。表7-3展示了Duflo的倍差法应用，结果表明，该项目对项目区学龄儿童带来了0.12年的额外教育年限。

表7-3　印度尼西亚学校建设项目对教育年限和工资影响的倍差法分析

	受教育年数		
	项目活动强度		
	高 （1）	低 （2）	差 =（2）-（1）
（A）1974年2～6岁	8.49	9.76	-1.27
（B）1974年12～17岁	8.02	9.40	-1.39

资料来源：世界银行"贫困影响评估"。

资料来源：世界银行，2014

7.4.5　匹配法

当既无法采用实验和准实验方法，也不存在基线数据时，可以用匹配法来进行影响评价。匹配法中最直观、最简单的一种方法是"精确匹配"（exact matching）法。

1. 精确匹配

假设某大学对贫困学生实施的一个助学金项目，项目分两个步骤来决定谁能获得助学金。第一步，只有GPA在3.2以上，且家庭年收入在3万元以下者才有资格申请助学金。第二步，在具有申请资格的学生中，谁最终获得助学金不仅取决于他们的可观测特征X（如成绩、年级和家庭收入等），还取决于一些不可观测的变量，比如评审委员会对申请者的主观评价，助学金基金会最终所能提供的资助名额等。为了估算助学金对学生未来学业成就的影响，精确匹配法假设：给定学生的可观测特征X，谁获得了助学金是随机决定的（注意：这一假设不一定成立）。在此假设下，如果能够找到与助学金获得者在可观测特征完全一致但没有获得助学金的同学，则这两者之间结果变量Y的区别可以被认为是由助学金带来的。

图7-8说明了精确匹配法的原理。在所有16名具有申请资格的学生中，8名获得了助学金（干预组）而8名没有获得（对照组）。在8位获得助学金的学生中，有3位可以与3位未获得助学金的学生进行精确匹配，每对成功匹配的（即颜色相同的）学生在所有可观测特征（性别、年级、GPA和家庭收入）上完全相同。这三对匹配成功的学生中，获得助学金的同学与未获得助学金的同学在结果变量Y（如未来学业成就）上的平均区别就是精确匹配法所估算的项目影响，即：

$$\text{ATT}_{精确匹配} = （E[Y|X, P=1] - E[Y|X, P=0]|X精确匹配）$$

值得注意的是，本例中精确匹配根据学生的四个可观测特征进行逐一配对，只要其中有一个特征不同，精确匹配便无法实现。在这个高度简化的例子里，我们尚且只能对三对学生进行匹配，可想而知，当需要进行匹配的可观测特征更多时，精确匹配会变得非常困难。这一困难即是所谓的"匹配维度"问题。

获得助学金的学生（干预组）				未获得助学金的学生（对照组）			
性别	大学年级	成绩绩点	家庭年收入/万元	性别	大学年级	成绩绩点	家庭年收入/万元
女	2	3.6	2~3	男	3	3.8	>6
女	1	3.8	1~2	女	1	4.0	<1
男	2	3.7	2~3	男	1	3.5	2~3
女	1	3.5	1~2	女	2	3.0	1~2
女	3	3.6	<1	女	2	3.6	2~3
女	1	4.0	<1	男	2	3.7	2~3
女	2	3.6	1~2	女	2	3.7	2~3
男	1	3.4	<1	女	2	3.2	3~4

图7-8　精确匹配的例子（贫困大学生助学金项目）

2. 倾向性分值匹配

另一种匹配方法，倾向性分值匹配法（propensity score matching，简称PSM），则用统计学方法来规避"匹配维度"问题。与精确匹配一样，倾向性分值匹配假设给定可观测的特征*X*，谁获得助学金是随机决定的（注意：这一假设仍然不一定成立）。但与精确匹配不同的是，倾向性分值匹配不是严格按照个体的可观测特征逐一进行配对的，而是通过估算每个个体（给定其可观测特征时）参与项目的概率值（即倾向性分值——往往通过估算一个logit或probit模型来求得），进而选择倾向分值相同或相近的个体进行匹配。统计学家Rosenbaum（1983）证明：如果假设给定个体的一组可观测特征，他们参与项目的决策可视为是随机决定的，那么给定这些可观测特征的某个函数的函数值，个体参与项目的决策仍可视为是随机决定的。这样，倾向性分值匹配可以只通过一个可观测变量（即倾向性分值）对干预组个体和对照组个体进行匹配，从而大大减少实际操作的工作量。

图7-9说明了倾向性分值匹配方法的原理。例如，给定每位学生的倾向性匹配分值，获得助学金的第一位学生可以与未获得助学金的3位同学进行匹配。这位学生与她所匹配的参照组成员在可观测特征上不尽一致（如这位女生的匹配者中有一位是男生），但是他们参与项目的倾向性分值很接近（都在0.65左右）。与精确匹配一样，估算项目所产生的影响的时候，每一对匹配成功的学生中，获得助学金的同学与未获得助学金同学在结果变量*Y*（如未来的学业成就）上的差别的平均值就是用倾向性分值匹配法估算出来的项目的影响：

$$ATT_{PSM}＝（E[Y|Pr（X），P=1]-E[Y|Pr（X），P=0]|Pr（X）匹配）$$

其中，Pr（*X*）是用统计方法（如logit回归）所估算的，给定个体可观测特征*X*的倾向性分值。

获得助学金的学生（干预组）					未获得助学金的学生（对照组）				
性别	年级	成绩绩点	家庭年收入/万元	倾向性分值Pr（X）	性别	年级	成绩绩点	家庭年收入/万元	倾向性分值Pr（X）
女	2	3.5	2～3	0.65	男	3	3.3	>6	0.20
女	1	3.8	1～2	0.95	女	1	3.7	1～2	0.85
男	2	3.7	2～3	0.83	男	1	3.5	2～3	0.63
女	1	3.5	1～2	0.45	女	2	3.0	1～2	0.10
女	3	3.6	<1	0.82	女	2	3.6	2～3	0.67
女	1	4.0	<1	0.99	男	2	3.6	2～3	0.75
女	2	3.6	1～2	0.75	女	2	3.6	4～5	0.61
男	1	3.4	<1	0.48	女	2	3.8	3～4	0.44

图7-9 倾向性分值匹配例子（贫困大学生助学金项目）

专栏7-7　印度自来水工程对儿童健康的影响

Jalan和Ravallion（2003）以印度农村5岁以下的儿童作为研究对象，评价了该国自来水工程对儿童腹泻发生率和持续时间的影响。分析所用的数据来自印度应用经济研究国家委员会在1993到1994年进行的大样本抽样调查。该数据集包含了印度16个州、33 000户农村家庭人群的健康和教育状况。由于信息量和样本量都比较大，这使得研究者可以利用倾向性分值匹配法来评自来水工程对儿童健康产生的影响。该项目评价结果表明，与没有受到自来水工程影响的家庭相比，那些参与了该工程项目的家庭的儿童腹泻发生率要比前者低21个百分点，腹泻持续时间也要比前者低29个百分点。可见，自来水工程确实改善了印度农村的饮水安全状况，对当地儿童的健康成长起到了积极作用。

资料来源：世界银行，2014

7.4.6　时间序列设计

时间序列设计运用纵向数据比较所关注的结果在某一特定干预或实验前后的变化，所以它是一种反身控制（没有比较组的评价设计）。反身控制对于项目效果的估计完全来自于干预对象在两个或者更多时点上的信息，这些时点中至少有一个处于项目开展之前。

事前测试和事后测试是一种常见的时间序列设计，但是这种简单的事前事后设计（其经常表述为$O_1 XO_2$）是一种缺乏说服力的评价设计。它只有一次的事前和事后度量，仅靠这些数据并不能说明干预措施是造成变化的唯一原因。在干预措施确实是引起我们观察到的变化的原因的同时，人们也可能因为被观察而改变自身的行为。此外，在同一时间段内也可能会有其他事情同时发生。所以，这种简单事前事后的设计对项目效果会产生有偏的估计，尤其是当两次测量的时间间隔太长时（比如说一年以上），其评价的效果会更差。因为随着时间的流逝，其他过程更可能使项目的作用模糊化。为此，简单的事前事后设计主要适用于对日常效果的监测，其目的主要是为项目管理者提供信息的反馈，而不是对项目效果进行可靠的估计。

如果可以在项目实施前后的时间跨度内对成效进行多次测量，简单事前事后设计的作用就能够得到加强。在这个时间序列中进行的反复测量，可以使人们有可能描述出当时正在发展的、使事前事后效果评价产生偏差的趋势与因素，并用于修正对项目效果的有偏估计。这就是时间序列设计的基本理念。时间序列设计的这种反身控制设计，包括在整个干预期间多次进行的观察，其形式可以表述为 $O_1 O_2 O_3 X O_4 O_5 O_6 O_7 O_8$（$O_n$ 代表每次的观察）。

当通过采用干预前的观察建立一个较长的时间序列时，就可以针对目标群体建立长期趋势模型，考察干预持续期间甚至更长时间内的趋势，且预测干预后某段时期内是不是有显著差别。运用这种差分自回归滑动平均模型（又被称作"求和自回归滑动平均模型"，Hamilton，1994）的总体时间趋势建模程序，可以通过考察采取趋势和周期性变量用以识别最优统计模型，也可以处理某一时点的取值关联于此前取值的情况（技术上被称作自相关）。[①] 下面的专栏7-8展现了一个使用时间序列数据的例子。

专栏7-8　依据时间序列数据评价提高饮酒年龄的效果

20世纪80年代，美国许多州都将最低年龄从18岁提高到21岁，特别是联邦1984年的《统一饮酒年龄法案》通过之后，这项法案削减了对最低年龄在21岁以下各州的公路建设资助。改变是基于这样的观念：较低的饮酒年龄导致了更多的十几岁青少年酒后驾车，并造成悲剧的增长。然而，对于提高饮酒年龄的效果评价却较为复杂，因为新型汽车安全技术的引入以及公众对酒后驾车危险性的认知，都会使得事故发生率呈现下降趋势。

威斯康星州1984年将最低饮酒年龄提高到19岁，随后1986年又提高到21 岁。为了评估这一变化的影响，菲格利通过年龄分层，考察了18年中每个月酒后驾车造成交通事故的时间序列数据。数据来自威斯康星交通部门，时间跨度为1976—1993年。时间序列统计模型分别针对18岁（1984年以前可以合法饮酒）、19岁和20岁（1986年以前可以合法饮酒）以及21岁以上（始终可以合法饮酒）样本的数据。效果变量是各个年龄组每1 000个持照驾驶者中因饮酒引起的撞车率。

结果表明，对于18岁组而言，将饮酒年龄提高到19岁，使得因饮酒引起的撞车在此前的每1 000人每月平均2.2起的基础上减少了26%。对于19岁和20岁组来说，将饮酒年龄提高到21岁，使得因饮酒引起的撞车在此前的

---

① 彼得·罗希，等.评估：方法与技术[M].7版.邱泽奇，等译.重庆：重庆大学出版社，2007：第201-202页.

每1 000人每月平均1.8起的基础上减少了9%。作为对比，法案变化对于21岁以上组而言，效果只有2.5%，并且在统计上并不显著。

评价者的结论是，威斯康星州提高饮酒年龄法案的实施具有迅速且确切的效果，较之于法案实施前的评价状况而言，十几岁的年轻人酒后驾车事故数量有了实质性减少。

资料来源：彼得·罗希，2007

7.4.7 多元回归分析

多元回归分析也是一种开展影响评价的重要工具。如果回归分析正确，评价者便可以控制其他可能混淆分析的变量，从而分离出某一特定变量和所关注结果之间的关系。回归分析的质量取决于能否保证所观察到的关系确实存在因果关系——处理变量导致了所观察到的结果的变动。

回归分析容易产生两个问题。

第一，因果关系可能是反向存在的（或者甚至可能在两个方向上都成立）。例如，假设评价者关心某一特定地区的犯罪率和街上警察数量之间的关系。如果将犯罪率作为因变量，用人均警察数作为自变量进行简单回归分析的话，这样做可能会忽略一个重要的混淆因素：社区增加街上警力往往是为了应对犯罪率的上升。回归系数可能很容易（且错误地）暗示街上警察越多，犯罪也越多。显然，警察并不会导致犯罪；他们是来应对犯罪的——但是仅靠统计关系并不能区分出这两种不同解释之间的差别。

第二，如果观察到了在所关注的结果和某个干预之间存在某种联系，但是这种联系实际上是由某个未观察到的变量，或者与干预有关的变量而非干预本身导致的，回归分析可能会提供一种误导性的解释。如果用符号表示，回归分析可能错误地显示A导致了B，而实际上是被忽略的变量C同时导致了A和B。

◉ 7.5 内部有效性和外部有效性

在选择影响评价方法的时候，对评价结果的可用性存在两种考量。首先，我们是否成功地识别了项目P和结果Y之间的因果关系？其次，我们所识别的因果关系是否能对其他条件下类似项目的可能影响提供一个可靠的估计？影响评价一般用内部有效性（internal validity）和外部有效性（external validity）来分别描述这两种考量。但在实践中，内、外部有效性之间往往存在着某种消长关系。这种消长关系主要受到两方面因素的影响：第一，我们在多大程度上可以控制个体的项目参与资格；第二，被研究的个体及其环境在多大程度上接近真实世界。

7.5.1　内部有效性

当评价者能够充分说明某项影响评价工作中揭示的，受评项目 P 和结果变量 Y 之间的相关性代表了一种因果关系时，我们便认为这项影响评价工作有很强的内部有效性，即我们可以很有把握地认为是项目 P，而非其他因素带来了结果 Y 上的变化。通过前文的分析我们可以看到，当评价人员能够构造一个好的对照组来估算干预组的反事实结果时，该研究往往具有很强的内部有效性。为了保证强的内部有效性，评价人员可能希望去人为地控制干预项目的环境和干预措施，例如在实验室里进行随机试验以获得实验数据（experimental data）。而一般的观测性数据（observational data），如入户调研，往往是在不受评价者控制的环境里产生的，基于这些数据所得出的结果往往不具备很强的内部有效性。

专栏7-9　Head Start项目的内部有效性

Head Start是一个由美国联邦政府资助的项目，其目标人群是美国6岁以下的来自弱势群体家庭的儿童。该项目对这些儿童提供了教育、营养和健康服务。1969年，美国政府雇用了Westinghouse Learning 公司来评价该项目对儿童学业产生的影响。该公司对比了在1965—1968年间参与该项目的近2 000名儿童和2 000名未参加项目的儿童的学业成绩，发现Head Start对儿童学习的影响"极其微弱"。例如，该研究发现Head Start的暑期活动对儿童的学业未产生任何正的影响，而对于参加了一整年活动的儿童而言，研究发现Head Start只对一二年级的儿童有影响，而且影响很小。根据这些报告，尼克松总统宣布在进行下一步研究之前将不再增加对任何联邦扶贫项目投资。后来，很多学者质疑了Westinghouse Learning公司的评价结果。例如，1982年，Magidson和Sorbon重新分析了Head Start项目的数据，发现

Westinghouse Learning公司所选取的对照组在社会经济地位上超过了干预组，也即，至少在社会经济地位这一因素上，干预组和对照组存在着显著的系统性差别。因此，1969年Westinghouse Learning公司的影响评价具有很弱的内部有效性。2010年，Head Start项目又开展了新的一轮全国性的随机干预试验，结果发现该项目对弱势儿童的学业带来了很显著的正面影响。

资料来源：世界银行，2014

7.5.2 外部有效性

如果从某个研究中所找到的因果关系可以被推广到其他的人群、地点或者时点上，我们说该研究具有很强的外部有效性。Roe 和Just（2009）总结出了可能影响研究外部有效性的几点因素：

（1）与研究环境中特定因素的交互作用：有时在实验室中被控制住的因素在现实环境中无法被控制住，因而产生了干扰作用。在这种情况下，实验室研究得出的结论可能无法推广到现实中去。

（2）干预措施或结果缺乏变化：在可控环境里，干预措施和结果存在的范围有限，比如我们往往在一个固定的时间段后才能观察到实验的结果。那么，现实中，如果干预措施所发生的时间、强度和规模发生了变化，其产生的作用也可能与实验室结果不一致。

（3）被研究群体和总体之间存在系统性区别：如果被研究的群体对于我们所关心的总体来说不具有代表性，那么从被研究群体得出的结论很难被推广到总体人群上。例如，从某地大学生数据中得出的结论可能无法代表整个当地人口的情况。

专栏7-10　激素替代疗法研究的外部有效性

美国妇女健康协会（Women's Health Initiative）在2002年发表了一项关于激素替代疗法（hormone replacement therapy）的研究，该研究着眼于了解激素替代疗法对于妇女更年期症状的影响。研究发现，激素替代疗法增加了参与这项研究的妇女罹患心脏病和中风的危险。但美国内分泌协会（Endocrine Society）批评了这项研究，指出该研究所采用的样本对于适用激素替代疗法的总体人群而言并不具有代表性：前者平均年龄为63岁，而后者一般是50岁出头的妇女。内分泌协会进而回顾了很多关于50岁出头妇女的激素替代疗法的研究，发现相对于没有接受激素替代疗法，接受了该疗法的妇女的死亡率下降了30%～40%。美国内分泌协会的批评说明了美国妇女健康协会这一研究缺乏外部有效性。

资料来源：世界银行，2014

7.5.3 内部有效性与外部有效性之间的权衡

内外部有效性之间经常存在消长关系，当某项研究具有很强的内部有效性时，该项目的外部有效性往往有限，反之亦然。下面分别讨论不同类型研究所面临的这种权衡。

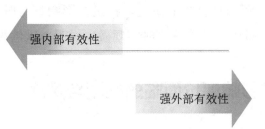

图7-10 不同类型项目内外部有效性的权衡

实验室实验（lab experiment）。这种实验在高度可控的环境下进行，研究者可以控制除了干预措施之外的所有因素。正因为控制住了其他因素，这种实验的结果往往具有很强的内部有效性。但是，因为实验室环境往往与现实环境存在差异，在讨论外部有效性时我们需要清楚地考虑在多大的程度上这些结果可能在现实条件下获得。

野外实验（field experiment）。有时研究者（特别是在进行随机可控试验时）会在"野外"，即一个"真实世界"环境下控制研究项目所涉及的干预措施。在一个适当选取的样本中，一部分个体被随机地选择来接受干预措施，另一部分个体则被选为对照组。这样的随机分组使得研究者可以跟在实验室实验中一样清楚地识别干预措施的作用，但比实验室实验更加困难的是如何控制环境因素及人的行为对项目结果的影响。例如，可能有人不愿意遵守实验的计划。另一方面，由于野外实验在自然环境下进行，其结果一般比起实验室实验具有更强的外部有效性。

自然实验（natural experiment）。自然实验是指研究者要寻找某种自然发生的"外生"因素使样本中某些人受到"冲击"（如使用倍差法时利用的政策变革），这种冲击像实验干预一样使得样本中的一部分人受到了干预。这种外生的冲击往往来自于某种突然实施的政策。由于这类情况发生在真实世界中，自然实验往往具有很强的外部有效性。其内部有效性的高低程度取决于外生冲击的本质（如规模、范围、持续性等）。

观测型研究（observational studies）。有时研究者完全不参与项目干预阶段，而只是从观测到的数据进行分析。当研究者用"观测数据"来试图估算一个项目的影响时，必须清楚地说明使用了何种策略来识别该项目的影响。由于这种策略不一定可行，这类研究的内部有效性往往受到限制。但是由于观测数据所记录的信息完全不受研究者的干预，同时往往来自一个较大的具有代表性的样本，用观测数据得到的结果往往具有较强的外部有效性。

总之，无论是哪一种类型的研究，在进行影响评价时我们都需要综合考虑其内部和外部有效性，并在评价时客观做出说明，以供决策参考。

▶7.6　开展影响评价面临的问题与挑战 [①]

由于影响评价试图衡量特定项目或政策对潜在受益群体的福利所带来的改变，即要在项目或政策与受益人群福利之间进行因果推断，因此，影响评价是一种最为严谨的（rigorous）绩效评价。上述所有的影响评价方法都存在着一些内在的问题。如果发现了不足之处并加以适当处理，这些问题都是可以得到解决的。但解决这些问题，需要专门的知识和技能，因此解决这些问题通常都是委托外部的专家。然而，问题的存在并不意味着影响评价没有价值。影响评价即使不能提供我们所需要的确切答案，它仍然可以为政府政策及项目的设计和实施提供有用的价值。这一点也是毋庸置疑的。

7.6.1　面临的困难和风险

因果关系带来的问题在社会科学中是普遍存在的。由于不大可能控制所有相关变量，找到确定因果关系的结论性证据也往往是不可能的。即使实

---

① 本节部分内容参考了Richard Allen & Daniel Tommasi 的《公共开支管理——供转型经济国家参考的资料》（章彤译），北京：中国财政经济出版社2009年版，第342-343页。

验研究设计有可能在实际中得到运用，它也很困难，而且比较昂贵和耗时。即使最终得以采用，离开实验条件而得出的结果也常常是不确定的。也就是说，项目与观察结果之间的因果关系往往无法得到明确的证明，主要的原因就在于令人棘手的指标和归因问题。另一个主要的困难是，影响评价究竟是集中于项目所正式确认的目标（如政府政策声明中确定的目标），还是全面考虑项目的所有影响。后一种方法可以更详尽地勾勒出项目的成果，但是极为复杂和耗时。设立一个评价项目的适当时段虽然困难，却十分重要。因为相关效果的出现需要足够的时间，但如果受评项目在评价报告完成和评价结果得到应用前就发生了变化，那评价信息的有用性就会降低。

如果影响评价被用于未来决策，那么评价的外部效度问题就变得非常重要。在迅速变化的环境下，在未来的政策行动中应用过去事件的评价结论时，必须要检查适用的条件。当环境发生改变时，问题的性质也可能变化。相应地，解决这些问题的方式可能也需要进行改变。在新的环境下复制过去的项目，即使这一项目过去非常成功，也不能保证它能够继续成功。这表明，如果新的需求和挑战出现，过去成功的项目在将来也不一定能够带来预期的结果。

7.6.2　成功开展影响评价的条件

首先，应在对所有相关问题进行全面考虑后，再做出影响评价的决定。评价者应尽可能准确地了解所有重要的问题，并在时间和资金允许的范围内尽可能地对这些问题进行研究。为了能够顺利地开展影响评价，最好是在政策和项目设计时，就做出影响评价的规划和安排。就是说，一个好的影响评价设计往往需要与政策设计同步进行。

其次，影响评价的设计也要注意外部效度。如果为了追求评价的深度而忽略了广度，得出的结论可能在小范围内是准确的，但是缺乏必要的普遍性（外部效度）。如果评价的目的是为了帮助进行决策，选择合适的评价方法的标准就是要确保能够得到有用的信息。这意味着，评价人员对评价结果应用的决策环境必须要有所了解。

再次，在选择和确定影响评价的方法时，要注意把诸如可行性、可负担性和道德因素等最基本的因素考虑在内。只要某种评价方法在时间期限内可以有效实施且不会带来负面影响，这种方法就是可行的。可负担性指的是开展影响评价的成本问题。在特定环境下，采用最合适的某种评价方法可能很昂贵，此时需要考虑评价的成本问题。在影响评价中，客观性至关重要。评价者要随时让读者明白作出此结论的依据是什么，以及做了怎样的假设。在收集、分析和说明评价的信息和数据时，要保证只要别人运用同样的研究方法并做同样的假设就会得出相似的结论。

最后，注意与各利益相关方保持沟通。对于政策敏感区域的评价或具体政策目标的提出，政治家们常常抱一种迟疑态度。管理人员也常常由于害怕受到指责而对一些评价不积极。这就要求评价者在进行影响评价研究时与决策者和利益相关方进行沟通。在确定关键问题和规划影响评价时，必须征求利益相关方的意见，因为通常是由他们向评价者提供数据，而且这些利益相关方在理解评价结果和采纳建议时也起着关键的作用。但是，利益相关方有时也感到影响评价会威胁到他们的利益。一旦他们极力反对，就有可能破坏或阻碍评价活动。

本章小结

1. 影响评价旨在回答一项政策在实现其预定的目标方面是否有效。它尝试找出已经发生的变化及其原因，就是说，该评价将分析记录中的哪些影响是由于政策本身产生的，以及哪些影响是由其他因素产生的，目的是对记录中的变化进行归因。

2. 影响评价的"最佳方法"是随机实验的方法。随机实验的主要优势在于，通过保证实验组（干预组）和对照组（控制组）统计上的对等性来对项目干预进行评价，从而分离出项目干预的效果。除了接受的项目干预之外，严格意义上的对等群体在成员构成、观察期间的经历以及对所研究项目的倾向上都是一致的。

3. 随机实验设计的基本特点可以概括如下：一个大容量符合条件的代表性群体确定接受某种政策干预，实验采用随机方法选择哪些人接受干预，哪些人不接受干预。虽然实验组和对照组中的个人永远不可能完全相同，但是我们还是可以假定只要容量够大，重要的个人差异最终能够在两个组中取得平衡，也就是对两组群体的随机分配最终将消除任何潜在的选择效应。

4. 尽管随机实验很严密，但对某些影响评价来说仍可能是不合适或不可行的。当运用于项目实施的早期阶段时，或干预以实验不易捕捉的方式变化时，随机实验的结果可能并不明朗。另外，如果项目各方认为拒绝给控制组

（对照组）提供项目服务是不公平或不道德的，也可能不允许进行随机选择。

5. 当随机实验不可行时，评价者可以使用准实验设计来进行影响评价，例如回归断点设计法、倍差法、（倾向性分值）匹配法、时间序列分析以及多元回归分析等。但是必须努力减少可能产生的偏差，并且充分地意识到准实验设计的局限所在。

6. 在准实验设计中，实验组和对照组是由随机分配之外的方法建构的。准实验设计背后的逻辑与随机实验基本相同，除了在研究之初，实验组和对照组不是对等的之外。在没有干预的情况下，两组之间的差别如果导致不同的效果，在对于项目效果的评价中就会包含偏差。因此，在准实验设计中，必须采用恰当的方法调整在项目净效果评价中产生的偏差。

7. 当有可能以目标对象在需求、价值之类的某种量度上的测量为基础来决定被分入实验组或者对照组时，较之其他准实验设计，运用回归断点设计来评估项目效果，会更少受到偏差的影响。

8. 倍差法是将一个实验组的纵向数据和一个类似的、未经处理的、非随机组的纵向数据进行比较（这种方法将非对等控制组和时间序列分析结合在一起）。其重要的前提假设是，由于分析中用到的两个组除了是否接受实验之外几乎都相同，两组之间随着时间产生的任何显著的结果差异都可以归结于被评价的项目或政策。

9. 在匹配设计中，通过将项目参与者与未参与者（可以是个人或集体）配对来建构项目组。为了避免源自设计的项目效果评价偏差，两组对象据以配对的变量必须尽可能地包含所有的与效果强相关的因素。

10. 上述所有影响评价的方法都存在一些内在的问题。如果发现了不足之处并加以适当处理，这些问题都是可以得到解决的。但解决这些问题，需要专门的知识和技能。由于不大可能控制所有相关变量，找到确定的因果关系的证据也往往是不可能的。即使是实验研究设计有可能在实际中得到运用，它也很困难，而且比较昂贵和耗时。即使最终得以采用，离开实验的条件而得出的结果也常常是不确定的。也就是说，项目与观察结果之间的因果关系往往无法得到明确的证明，主要的原因就在于令人棘手的指标和归因问题。然而，问题的存在并不意味着影响评价没有价值。影响评价即使不能提供所需要的确切的答案，它仍可以为政府政策及项目的设计和实施提供有用的价值。

复习与思考

1. 我国现阶段开展的政策评价和项目评价是影响评价吗？

2. 开展影响评价的重要意义是什么？在我国有无必要开展影响评价？

3. 什么是评价难题和选择偏差？选择偏差是如何产生的？

4. 何为随机控制实验？开展随机实验的基本条件是什么？

5. 随机实验设计和准实验设计各有什么优缺点？

6. 什么是倍差法？实施倍差法都有哪些条件？

7. 何为反身控制？哪一种设计属于反身控制？

8. 回归断点设计的基本特点是什么？如何在影响评价中正确地应用回归断点设计？

9. 何为倾向性分值匹配设计？如何在影响评价中正确应用倾向性分值匹配设计？

10. 在影响评价中，如何正确地应用多元回归分析？

11. 何为内部有效性和外部有效性？如何在影响评价中正确处理内部有效性和外部有效性之间的关系？

12. 一些政策评价者提出，由于实施实验设计或者准实验设计是限制的，那种认为政策评价中应以实验为范式来检验实验项目评价中的因果关系的观点是有误导性的。你如何看待这一观点？

第8章

绩效评价报告与结果运用

评价汇报不仅仅是撰写完成一份报告，重要的是要将评价结果反馈给评价的各利益相关方，并将评价结果运用于新的政策决策之中。

——The Magenta Book of HM Treasury，2011

绩效评价报告是绩效评价结果的一种总结与汇报，其主要目的是"传递信息"，即告知各利益相关方通过收集、分析和解释绩效评价信息得出的评价发现和结论。正如英国财政部《红皮书》（2011）所言，"评价汇报不仅仅是撰写完成一份报告，重要的是要将评价结果反馈给评价的各利益相关方，并将评价结果运用于新的政策决策之中"。[①]因此，一个完整的绩效评价报告应当包括两个过程：一是绩效评价报告的撰写，二是评价结果的反馈和应用。

本章我们将围绕这两个方面讨论以下五个问题：绩效评价报告的目的与要求；政策绩效评价报告的内容与构成；绩效评价报告的撰写；绩效评价结果的反馈与应用；建立评价结果与预算决策的挂钩机制。

▶ 8.1　绩效评价报告的目的与要求

绩效评价活动过程中经过调研，数据的收集以及分析工作之后，需要将绩效评价结果以绩效评价报告的形式展现给利益相关方。为此，评价报告应当根据信息使用者的特点，选择其能够清晰理解的表达方式进行，以便报告（信息）使用者能够充分有效地使用绩效评价报告中的信息。撰写一份好的绩效评价报告，首先，应了解信息（或报告）使用者以及他们希望信息以什么形式进行表达，他们的利益、期望及偏好的交流方式等。其次，评价报告应当完整而简明，并突出重点。也就是要求评价报告包含所有为实现评价目的所必须收集的证据和论点，以及对这些证据和论点进行详细充分的说明，同时能突出重点，对与报告的中心思想和评价目的紧密相关的问题，或者问题金额较大、后果较为严重的问题，要在评价报告中进行重点分析、评价和反映。报告的数据应以简洁、明晰的方式呈现，并且只应当呈现其中最重要的数据，因为大量的"数据转储"只会起到反作用。

此外，绩效评价报告撰写还应当符合以下要求（参见专栏8-1）：

（1）客观公正。评价报告应保持价值中立，客观、公正地评价政策实施的绩效，全面、客观地反映被评价对象的成绩与不足，并能够反映所有利益

---

① The Magenta Book of HM Treasury: *Guidance for Evaluation*（2011），10. 34, p. 134.

相关方的观点。换句话说，评价报告不应该给人以误导，应防止夸大或过分地强调绩效中的成果或缺陷。在语气上，应当平和、客观和中立，以便被评价单位和有关各方都能够接受评价的结果，并能够积极采纳评价建议。

（2）证据充分。应在充分、可靠的证据基础上形成准确客观的评价意见，并且所有评价发现和结论都得到完整、准确的表述，引用的证据必须来源可靠、准确无误、清晰明了、口径统一。因为报告中的任何不可靠、不正确之处都会导致使用者对整个报告可靠性的怀疑，从而降低评价报告的有效性。为此，报告往往需要具有多个数据来源，以便能相互印证。

（3）逻辑清晰。绩效评价报告应当结构合理，内容之间应前后一致，评价结果应与评价目的相呼应，评价结论和评价建议是对已提出评价事实和论点的合乎逻辑的推断，相互间具有明确的逻辑关系，能够使报告的使用者理解和认可评价发现问题的有效性、评价结论的合理性，以及评价建议的可行性。简言之，就是要求撰写的评价报告必须逻辑清晰，具有（很）强的说服力。

（4）分析透彻。绩效评价报告要真实反映绩效评价对象的全貌，对评价结果要进行全面透彻分析，总结取得的经验，反映存在的问题，并提出具体可行的建议。并且，这一系列分析都必须要有政策高度。另外，绩效报告应当包括负面成效的解释（如有可能）并指出将采取或计划采取哪些应对措施解决问题。害怕提供负面信息将不利于报告结果及其使用。

专栏8-1　绩效评价报告的目的与要求

评价报告的目的是与读者进行沟通。为此，请注意以下几点：

- 在撰写报告的过程中要时刻明确自己的目的与读者的需求。尽可能了解读者，并以最能满足他们需求的形式撰写报告。
- 使用的词汇应当简洁、生动、积极、常见和关注文化差异。
- 尽可能不要使用缩略语和首字母缩写。
- 根据实际需要控制报告背景介绍的长度并使之条理清楚。如有必要，多余的内容可作为报告的附件。
- 提供充分的有关评价设计和方法的信息，增强读者对报告的可信度。同时了解其局限性。要提醒读者，以某些方式来解读报告也许是不正确的。同样，具体细节可作为附件。

● 撰写一个执行摘要。

● 将报告的正文部分分为若干章节，分别对重要的主题进行介绍或回答关于评价工作的关键问题。

● 每一章节首先列出关键问题，接着再讨论次要问题。每一段话的开头就阐明本段所要讨论的问题。

● 用证据来为结论和建议提供支持。

● 将相关技术信息——包括评价设计矩阵以及各种普查工具——纳入附件中。

● 请没有接触过任何相关材料的人来校读报告初稿，请他们指出有遗漏或不清楚的地方。

● 如果可能，请一位具备相关专业知识和熟悉评价方法的外部专家来审阅报告的最终稿，并提出必要的修改建议。如果同行审议不可行，那么可请一位没有参与评价工作的同事来审阅报告。

资料来源：琳达、瑞斯特，2011

▶ 8.2 绩效评价报告的构成与内容

8.2.1 绩效评价报告的基本要素

不同政策的绩效评价报告，在报告的具体内容上尽管千差万别，但在基本结构上一般都是大同小异。也就是说，所有绩效评价报告均应包含一些基本的内容或要素。根据世界银行IEG为OECD/DAC编写的《全球和区域伙伴项目评价手册》，绩效评价报告一般应包含以下的基本内容或要素：[①]

● 评价目的

● 评价对象与范围（确切的评价对象）

● 评价设计与实施方式，包括利益相关方的参与程度

● 评价方法、评价问题、评价发现和评价结论

● 评价建议

● 经验教训

[①] 参见World Bank/IEG: *Sourcebook for Evaluating Global and Regional Partnership Programs,* 2007, pp. 103-104. 李志军. 国外公共政策评估手册与范本选编[M]. 北京：中国发展出版社，2015：第13页.

具体来说，绩效评价报告应当：（1）准确描述评价的目的和范围；（2）通过确认评价对象，明确被评价事项并描述评价所涉及的政策阶段或范围；（3）正确描述绩效评价的设计与实施方式、评价方法及其局限性；（4）充分描述相关的评价发现和事实，以使读者能够理解评价者形成评价结论的基础，包括对有关事实的讨论，对所发现情况和评价标准之间差异的分析等；（5）得出评价的结果或结论；（6）总结经验和教训，并针对发现的问题，提出改进建议。

专栏8-2为财政部预算评审中心规定的绩效评价报告基本格式与内容，其内容如下：（1）基本情况（主要介绍评价对象的情况）；（2）评价工作开展情况（主要介绍评价目的、评价的设计与实施、评价方法等）；（3）综合评价结论与指标分析（主要描述评价发现和评价结论）；（4）存在的问题（经验教训）和建议；（5）其他需要说明的事项。可以看出，该报告格式包含了上述有关绩效评价报告的基本内容或要素。

专栏8-2　财政部预算评审中心的绩效评价报告格式与内容

一、基本情况

（一）项目概况

（二）项目绩效目标

二、绩效评价工作开展情况

（一）绩效评价目的

（二）绩效评价原则与方法

（三）绩效评价工作过程

三、综合评价结论及指标分析

（一）评价结论

（二）指标分析

四、存在的问题和建议

五、其他需要说明的事项

资料来源：财政部预算评审中心，2018

8.2.2 《操作指南》的评价报告内容与构成

下面，我们重点介绍《财政支出政策绩效评价操作指南》规定的绩效评价报告内容与构成。这一报告内容与构成不仅包括上述的六个方面的基本内容，而且增加了执行摘要与一些必要的报告附件，这样报告显得更为完整。根据《操作指南》，绩效评价报告一般应当包含以下三个部分：执行摘要、报告正文及附件（参见专栏8-3）。

专栏8-3　《操作指南》的报告构成与内容

A. 执行摘要

B. 报告正文

一、政策描述

（一）政策背景

（二）政策内容

（三）政策实施

二、绩效评价概述

（一）绩效评价目的

（二）绩效评价设计

（三）数据收集与分析方法

（四）评价的局限性

三、评价发现

（一）绩效分析与说明

（二）其他需要说明的事项

四、评价结论

五、经验、教训及建议

（一）成功经验

（二）失败教训

（三）对策建议

C. 附件

（一）评价任务书

（二）政策逻辑框架

（三）绩效评价设计矩阵

（四）绩效评价指标权重与评分标准

（五）调查问卷、访谈提纲等

（六）利益相关方对评价报告的反馈意见

（七）其他

资料来源：财政部预算评审中心，2017

1. 执行摘要

为了使利益相关方能够迅速了解绩效评价结果，财政支出政策绩效评价报告应编写评价的执行摘要，提炼绩效评价报告的主要信息。一个简明的摘要需要提供对评价所有关键要素的概述，同时突出绩效的亮点、结论、建议和经验教训。具体来说，执行摘要应当简明扼要，并且应当包含以下内容：（1）概述；（2）评价发现和评价结论；（3）经验、教训和建议（在此需要注意，摘要的格调应当与报告的主体保持一致）。

在概述部分，首先，需要说明所评价政策的背景、目标、投入情况、活动内容和实施情况，使利益相关方能够了解所评价财政支出政策的基本情况。其次，阐述政策绩效评价的目的、评价方法和实施过程，使利益相关方能够通过绩效评价的实施过程，判断政策绩效评价结果的可靠性。

在评价发现与结论部分，先概要介绍评价的主要发现，并找出对利益相关方最重要的内容，随后列出主要的绩效评价结论。在经验教训和建议部分，将经验、教训和建议以简练的语言逐条列出，帮助利益相关方迅速了解评价报告中可供分享的信息。

下面的专栏8-4为《世界银行贷款中国内河二项目（广东部分）绩效评价报告》的执行摘要。

专栏8-4 《世界银行贷款中国内河二项目（广东部分）绩效评价报告》执行摘要

● 概要

中国内河二项目广东部分（以下简称"项目"）是由世界银行提供

贷款建设的项目，与内河二项目江苏部分合称中国内河二项目。本项目旨在帮助中国解决内河航道所面临的航道通航等级低、船舶通航吨位小、运输效率低等问题，以便提供效率更高、生产能力更大的内河运输服务。内河二项目广东部分于1998年12月启动，2006年3月31日完工，实际总投入12.49亿元人民币，其中向世行申请贷款金额5 000万美元。项目包括西江下游（肇庆—虎跳门）航道整治工程和莲沙容（莲花山—南华）水道航道整治工程2个分项目，共整治航道里程258公里，分别按全年通航3 000t级海轮和1 000t级江海轮航道标准建设。项目的主要内容包括裁弯、炸礁、筑坝、护岸、疏浚、航标、站房码头、设备采购等配套项目。

为全面、客观、公正、科学地评价国际金融组织贷款项目的实施绩效，加强国际金融组织贷款项目的管理与监督，提高项目的实施效果，推动以结果为导向的绩效评价工作，我省按财政部的要求开展项目绩效评价试点工作。本次项目绩效评价根据财政部《国际金融组织项目绩效评价管理暂行办法》和《国际金融组织贷款项目绩效评价操作指南》（以下简称《指南》），对项目的相关性、效果、效率、可持续性四个方面的内容进行评价。通过评价总结项目建设的经验教训，为将来开展相关的内河航运基础建设领域项目提供借鉴和参考；通过评价对项目相关单位的工作开展与完成情况进行总体评定，给出指导性意见，以提高项目科学化、精细化管理水平。同时，通过评价对《指南》的操作性、适用性等进行检验，并在整个评价过程中总结经验和教训，为进一步修改和完善《指南》提出意见和建议。评价的实施主要包括前期准备（评价任务的确定、确定评价任务的组织实施模式、编制评价任务大纲）、评价设计（确定评价指标、证据收集、整理与分析）、评价实施（证据收集、证据分析、形成评价结论、经验教训和建议）、形成总体报告评价结果。

● 评价结论和绩效分析

总体而言，项目被评为"非常成功"。具体分析如下：

1. 本项目实施前后均与世界银行对中国在内河运输交通领域援助战略、中国内河运输交通战略和政策高度相关，应民所需。针对项目涉及内河运输交通发展问题，几乎所有的利益相关者都给予充分的肯定。

2. 本项目完成了预期的产出、综合项目实施周期、资金使用、产出效率及内部经济收益率等方面的评价，项目总体效率较高。

3. 本项目的实施，提高了航道通航等级，改善了通航环境，促进了船舶的大型化，航道的货运量及沿岸港口吞吐量得到快速增长，缓解了当地铁路和公路的交通压力，有效地促进了当地及腹地经济的增长，带动泛珠江三角洲区域的经济发展，发挥了"黄金水道"的作用，打造了低成本、低能耗、绿色环保的新航道，促进社会经济可持续发展，项目效果和社会效益显著。

4. 项目机构、产出的运行与维护保障可靠，政策等方面的可延续性强，贷款能够按时偿还，项目具有良好的可持续性。

● 经验教训和建议

本项目的实施，对广东航道系统在理念、体制、管理、政策等层面产生了积极而深远的影响。

经验

1. 世界银行在项目前期准备阶段对项目可行性进行全面、深入、系统的论证，强调项目管理机构的重要性，关注项目执行对环境、社会等可能产生的综合影响。本项目的成功实施，引领了航道建设项目前期准备的规范化，理顺了项目管理思路，促进了我省航道建设管理理念由事后控制向事前控制的转变。

2. 本项目利用的世界银行贷款是广东省航道建设首次引进外资，改变了广东省航道建设单一的融资平台模式，拓宽了广东省航道建设融资渠道，加快广东省航道开发建设步伐。同时，通过利用世行贷款，促进了国内配套资金的规范化管理，保证了工程的顺利实施。

3. 项目招标在广东省航道建设中首次采用国际（ICB）竞争性招投标方式，选择优质的承包商，为工程高效、顺利的实施打下坚实的基础。通过本项目的实施，引入了世界银行招标采购机制，有力地推动了广东省航道基础设施建设招标采购工作朝着公开化、规范化的方向迈进。世界银行科学、系统管理理念，逐步扩散和推广到使用国内资金支付招标采购和项目管理中，对提升国内项目管理水平，起到了积极作用。

4. 本项目航道整治难度在国内外相当大，项目在实施过程当中进行的诸多航道技术研究，解决了很多技术难题，积累了丰富的航道整治经验。项目的成功实施为珠江三角洲高等级航道网建设从技术上提供了系统的实践经验和理论基础。

5. 西江下游航道、莲沙容水道航标遥测遥控系统被列为交通部数字示范工程，该系统为实现航标管理的现代化、标准化、信息化和智能化奠定了良好的基础，为船舶航行提供了畅通、便捷、安全的通航环境。广东省基于该系统制定了《广东省航标遥测控制系统技术规范》，将逐步在全省的7000多座航标上全面推广应用，发挥其良好的示范效应。

6. 通过世行贷款项目的实施，世行政策的系统效应、累积性影响已经产生，广东省航道系统依托世界银行贷款项目的实施平台，借鉴吸收其管理中的精细化、科学化元素，改进管理方式，提升了航道的综合管理水平，促进了航道事业的可持续发展。

教训

1. 航道建设要经过一段周期运行后才能凸显出它的社会和经济影响，部分地方政府对航道的综合效益认识不够，存在"重路轻水"现象，影响项目实施过程的资金筹措。

2. 尽管本项目已经达到了预期的目标，但在中国及广东省经济飞速发展的十余年，航道发展仍滞后于经济发展的要求，未发挥出内河运输的优势及巨大潜力。

3. 由于我国市场经济发展起步较晚，市场竞争体系还不完善，诚信体制还不健全，世行项目采购中推行的最低评标价授标原则无疑加大了项目实施时业主的管理难度。

建议

1. 建议有关政府部门大力宣传航道，增强地方政府对航道的重视程度，拓宽航道建设资金筹集渠道，加大航道建设资金的投入，通过航道的改善促进当地经济的增长，形成良性的经济循环效果。

2. 建议加强内河航运的发展规划及航道维护力度，为内河航运的可持续发展提供有力的保障，促进经济的可持续发展。

3. 建议世行在推行其规范的招标采购与项目管理体系的同时，结合我国当前实际国情，以经济性和效率性为首要原则，将世行各项政策灵活系统地运用、融合到项目实施管理中，推动项目高效实施。

4. 建议在绩效评价工作中加强对项目管理方面的评价，引导项目实施单位加强管理，推进世界银行先进管理制度的扩散，改善国内管理水平，促进绩效评价工作的推进和落实。

5. 建议强化绩效评价结果的扩散与应用，促使项目管理单位和执行机构提高项目管理水平，扩大绩效评价在决策、执行、应用等各层面的影响范围，发挥绩效评价良好的示范效应。

资料来源：《国际金融组织贷款项目绩效评价典型案例》，2010

2. 报告正文

报告正文是财政支出政策绩效评价报告的主体，一般应包括五个部分：政策描述；绩效评价概述；评价发现（绩效说明）；评价结论；主要经验、教训和评价建议。

第一部分，政策描述。该部分主要对所评价财政支出政策的背景、目标、投入情况、活动内容和实施情况进行简要说明，以便使信息的使用者对被评价政策的作用、期望和现状等有个基本的了解。在进行政策描述时，应当清晰地阐述政策的干预逻辑（结果链或逻辑框架）。另外，报告背景介绍不应该过长，应根据实际需要控制报告背景介绍的长度并使之条理清楚。如确有必要，背景介绍中多余的内容可作为报告的附件。

第二部分，绩效评价概述。该部分的主要目的是，提供有关绩效评价设计和方法的信息，增强读者对评价报告的可信度，同时了解其局限性。为此，该部分主要对绩效评价的目的、评价范围、绩效评价矩阵（或评价指标体系）、评价方法、评价的实施过程，以及评价的局限性等进行说明，以便使利益相关方能够通过该部分来判断绩效评价本身的质量，从而判断绩效评价的结论、经验教训和建议的可靠性。

需要强调的是，进行评价概述时，必须要客观、完整地揭示绩效评价存在的局限性。评价的局限性一般包括（但不限于）以下几方面：（1）评价方法的局限性。评价报告应当对评价方法受到的制约以及这些制约对评价的影响（包括对评价独立性的影响）提供一个公平而完整的说明。（2）抽样样本的局限性。报告应当对抽样样本的局限性进行阐述，例如由于评价经费和时间的限制，采用的主要是重点抽样，选择的样本数量偏小，从而影响到证据的收集和评价质量。（3）评价指标的局限性。例如，指标大多为定性数据；有的评价指标没有收集到相关证据或证据不全、数据质量不高等。（4）评价活动本身的局限。有些项目由于设计得不合理，内容变化太快太多，调整审批不及时，导致绩效评价框架的开发存在争议。（5）部分数据的相关性、

时效性和准确性达不到采信要求。（6）评价人员认为的其他局限性。（参考8.3节案例中的相关描述）

第三部分，评价发现（绩效说明）。该部分是评价报告的重点。评价发现描述的是评价工作中发现的事实，通常描述有没有达到某项准则或要求，并且要有相应的绩效分析与说明。绩效分析与说明应按照《操作指南》的五个评价维度及其评价问题的顺序分别描述，并且应有相应的评价证据支持。对于未能达到评价标准或者绩效较差的，还要分析其原因。绩效分析与说明可以使用图、表等来解释评价发现，但图、表应当简单易懂，一个图、表最好只表达出一个信息。

专栏8-5为"相关性"维度的绩效说明格式，其他维度的格式与此相同。

专栏8-5　绩效说明——相关性

在第一段，结合评级规则给出相关性维度的评价等级。接下来按评价问题的顺序对每个问题进行回答，包括采用了哪些指标、分析结果等。对每个评价问题的回答，均应有相应的评价证据支持。

问题1.1：受评政策的目标和内容设计是否符合当前国家、行业和所在区域的发展战略，并能有效解决实际问题？

指标1

指标2

……

问题1.2：受评政策或项目目标的受益群体定位，及其首要需求的确定，是否适当？

指标1

指标2

……

问题1.3：是否存在其他竞争性方案或者更为有效的可替代的方案？

指标1

指标2

……

对于五个评价维度之外出现的重要情况，可放在其他需要说明的事项进行说明。其他需要说明的事项通常包括：政策已经或可能产生的对社会经济的影响、其他影响政策绩效的重要事项（如同时实施的其他政府政策、社会体制的变革等）以及政策设计存在的问题及其影响等。对于这些重要事项的分析与说明，必须要有充分而切实的证据。

第四部分，评价结论。 评价人员对政策或项目在投资期间的绩效做出总结。评价结论一般包括两部分内容：一是政策的综合绩效等级，二是从各个评价维度（即相关性、效果性、效率性、公平性、可持续性）对政策绩效的总体评价。其中，相关性维度评价根据打分与综合分析情况分为高度相关、相关、部分相关和不相关四个等级；可持续性维度评价根据打分与综合分析情况分为高度可持续、可持续、部分可持续和不可持续四个等级；其他的评价维度与政策综合绩效评级，均根据打分与综合分析情况分为非常满意、满意、部分满意和不满意四个等级。（参见专栏8-6）

专栏8-6　评价结论示例——农机购置补贴政策绩效评价结论

评价结论：

该补贴政策的综合评价等级为"满意"，具体评价结果见表8-1。

表8-1　政策综合绩效评价等级

评价维度	权重	评价分值	加权平均得分	绩效等级
1.相关性	15%	91.80	13.77	相关
2.效果性	20%	95.50	19.10	满意
3.效率性	35%	87.70	30.69	满意
4.公平性	20%	92.08	18.42	满意
5.可持续性	10%	100	10	可持续
综合绩效	100%	—	91.98	满意

1. 相关性

经综合分析与评价，该维度评价等级为"相关"。本政策绩效目标符合国家农业发展战略，有利于保障粮棉油糖等主要农作物生产机械化，但是未能较好地满足个别地区种植结构的个性化需求。

2. 效果性

经综合分析与评价，该维度评价等级为"满意"。该政策的实施实现了预定绩效目标，包括农业综合机械化水平超过"十二五规划"目标、农机作业面积和主要农作物总产值均有增加；目标受益群体受益情况良好，政策导向使购机主体呈现由个体农户向农业合作社等生产经营性主体变化的趋势，使受益农户数量下降，但是受益农户的亩产和收入都有提高。因此，综合来看，政策实施效果满意。

3. 效率性

经过综合分析与评价，该维度评价等级为"满意"。政策完成了预期的产出，显示了政策对调整农机结构和确保粮食安全有促进作用；中央补贴资金到位率高，违规情况非常少，补贴资金结算率比较高，补贴金额在农机销售总价中的占比下降（显示了资金效益在提高）；在政策实施的管理上，补贴资金从申请到结算的时间和经历的环节与上年基本持平。

4. 公平性

经过综合分析与评价，该维度的评价等级为"满意"。各省评价结果均显示，补贴机具资质的确认全部公开、公平；全国县级农机化部门网上开通信息公开的比例为84.16%。总体上看，政策实施达到了公平性要求。

5. 可持续性

经综合分析与评价，该维度的评价等级为"可持续"。根据对农机补贴规划专家的调研，我国农机需求空间巨大，至2020年的购机需求的补贴资金并不足以满足预测的需求。因此，政策对提升我国农业机械化水平仍有推动作用，政策有必要继续存续。

资料来源：财政部预算评审中心，《2015年度农机购置补贴政策绩效评价报告》，

2016

第五部分，经验教训和建议。该部分主要对政策实施取得的主要经验、存在的问题及其原因进行总结，并在此基础上提出相应的改进建议。"经验教训"的定义为"一个基于具体评价结论得出的一般性假设，这个评价结论建立或支持了一个一般性原则，且假定拥有潜在的实用性和其他方面的有益

应用"。①"建议"被定义为"来自规定在未来谁应该做什么这一证据的单个陈述"。②经验教训和建议主要是为有需要的受众（如上级管理部门或有相似项目的部门）提供经验参考。因此，应当简洁而实用，特别是评价建议是可付诸行动的提议，应当清晰并足够具体，明确写出应该做些什么，哪些机构、单位或人负责采取行动，以及应该在何时完成。除此以外，还需要注意的是，经验、教训和建议应该与评价结论在逻辑上相互关联，证据应能支持所提出的评价建议。

经验教训是通过绩效评价总结出来的，可能有助于提高政策成效或有助于开展其他类似政策的信息，旨在为管理部门改进管理和决策提供参考依据。经验教训包括政策在准备、设计、活动安排、组织实施和管理过程中的成功经验和存在问题，其成因及其对政策绩效的影响。评价总结的经验教训必须针对受评政策，并建立在客观证据的基础之上，还应具体、明确，具备参考价值（参见专栏8-7和专栏8-8）。

建议旨在为改进政策设计、完善政策管理、提升政策绩效、优化政策决策提供参考，可以针对受评政策目前存在的问题，也可以着眼于未来政策的选择、设计和管理。改进建议与评价结论和经验教训相对应，必须理由充分，并且要有切实可行的改进措施以及责任主体，如可能，应提出时限建议（参见专栏8-9）。

专栏8-7 经验示例——农机购置补贴政策的实施经验

农机购置补贴市场化改革力度空前，推出补贴产品资质与推广目录脱钩等简政放权措施，营造了更加高效的市场环境。2015年1月27日，农业部、财政部发布《2015—2017年农业机械购置补贴实施指导意见》，持续推进农机购置补贴政策改革，补贴对象范围扩大、补贴机具范围缩小，购机补贴方式、补贴流程以及政策实施有效期等均有所变化，并决定开展补贴产品市场化改革试点和农机新产品补贴试点，政策实施突出市场化，要求选择重点机具敞开补贴，补贴机具资质与支持推广目录脱钩，补贴操作

① 财政部预算评审中心.中国财政支出政策绩效评价体系研究[M].北京：经济科学出版社，2017：第300页.
② 同上书，第300页.

与经销商脱钩。优化了制度设计，提高了政策的指向性和精准性，在着力推进政策实施的针对性、稳定性、普惠性和安全性，切实保障资金安全，确保补贴政策高效安全实施方面走出了坚实的一步。农机购置补贴市场化改革的进一步深入，营造了更加公平高效的市场竞争环境，受到各方高度肯定和广泛欢迎。全年农机购置补贴政策实施更加规范有序。

补贴政策实施总体顺利，成效明显。"缩范围、控定额、促敞开"工作思路得到各省积极响应，补贴范围更加精准，补贴标准更加科学，补贴操作更加规范，日常监管更加严格。概括来说，各地的主要实施经验如下：

1.政策的稳定性有效保障了政策的实施效果

2015年农业部、财政部颁布了《指导意见》，与以往不同，此次颁布的政策更加突出稳定性，一定管三年，稳定了各地区的预期。多个省（市、自治区）的财政与农机主管部门联合制定了《农机购置补贴实施方案（指导意见）》，执行期涵盖3年（2015—2017年）。在3年内，补贴对象、补贴范围、补贴标准、操作流程等保持不变。实行了常态化操作，在保证补贴资金的情况下，农民在任何工作日都可以购置补贴机具；生产企业可以自主确定补贴产品经销商；机具符合相关要求可以按规定程序及时纳入补贴范围。补贴资金使用也逐步向农机大户、家庭农场、农机专业合作社等新型农机经营主体倾斜。这种稳定的政策也有效保障了政策的实施效果。

2.引导和促进了农业的产业化与特色化发展

中央财政加大对保护性耕作、深松整地、秸秆还田等绿色增产技术所需机具的补贴力度，做到应补尽补、敞开补贴，更加注重以绿色生态为导向，充分发挥农机化对农业可持续发展的支撑作用。例如宁夏：通过缩小补贴范围，将80%以上的补贴资金用于补贴重点机具，基本满足了农业生产和农民群众的需求，做到应补尽补，较好地发挥了政策导向和经济杠杆作用。对深松机、根茎类种子播种机、免耕播种机、花生收获机、薯类收获机、果类蔬菜收获机、粮食烘干机和秸秆粉碎还田机8个品目的机具实行补贴，使补贴政策逐步向有限普惠制过渡。例如北京市农业局在制定农机购置补贴工作方案中可以集中使用补贴资金，扶持"菜篮子"等农业产业化重点工程的发展，突出区域发展的特色化，提高补贴资金使用效力。

3. 购机操作流程简化大大提高了政策的实施效率和效果

2015年，全国大部分地区补贴结算实行了"自主购机、分类补贴、县级结算、直补到卡（户）"方式。与以前的补贴结算方式相比，补贴资金由"暗补"改为"明补"，设立了"一站式"服务，简化了补贴办理手续，删去了购机前的申请、审批等繁杂程序。农民购买补贴机具后，只需跑一次农机管理部门，录入购机信息，后续流程都是由农机部门与财政部门对接办理，逐台核实变为抽查核实，核实公示后将补贴款直接打入农户一卡通账户，解决了补贴申请难、办理烦的问题，并在一定程度上解决了过往直接补给经销商造成的政府寻租问题。与此同时，很多县（区）开展申请、审核、兑付、办证一站式服务，将补贴办理服务窗口延伸至乡镇，实现便民服务"零距离"，让群众少折腾，使补贴政策更加接地气。由于补贴资金由"暗补"改为"明补"，不仅有效遏制了套补骗补行为，而且使广大农户增强了补贴实惠的获得感。

4. 多种手段并用加强了农机补贴政策的监管

各地利用报刊媒体、政务网站、农民一点通等形式，建立健全举报奖励制度，发动广大农民群众进行监督。在此基础上，深入开展督导检查、绩效管理考核等工作，进一步规范权力、严守法纪和规范操作。例如山东省针对群众举报，调查取证，约谈了3个农机生产企业，发放了告诫书，责令其限期整改；取消了12个经销商的补贴产品经销资格，全面暂停了微滴灌设备和灌溉首部的补贴申请；暂停了1家喷雾机生产企业一个产品的补贴申请。切实维护了农机购置补贴政策的严肃性。部分地区还运用高科技手段加强监管，例如部分省（直辖市、自治区）建设了GPS定位管理系统，对大型、可移动农机具安装GPS定位仪，加强农机具使用情况监管。

5. 政策信息发布更加公开透明

全国各省（直辖市、自治区）继续加大补贴政策信息公开力度，要求各市、县完善农机购置补贴信息公开专栏，推进信息公开，及时公布方案流程、产品目录、补贴标准、实施进度、资金兑付、补贴对象、经销企业信息以及各级农机部门农机购置补贴政策咨询电话、补贴工作受理电话、举报电话、补贴机具质量投诉电话等，自觉接受社会监督。此外，通过召开新闻发布会、接受媒体访谈、与当地有影响力的报刊合作策划专版（专刊）等形式，及时向社会公布农机购置补贴政策及有关信息。目前部分省

（直辖市、自治区）已建立农机购置补贴信息公开专栏平台，以保障政策信息更加公开透明。

资料来源：财政部预算评审中心《2015年度农机购置补贴政策绩效评价报告》，2016

专栏8-8 问题（教训）示例——农机购置补贴政策存在的问题

1. 中央农机购置补贴政策的保障重点与一些地方的种植业个性化发展需求之间存在较大差异

按照"确保谷物基本自给、口粮绝对安全"的目标要求，2015年中央农机具补贴资金重点调整用于粮棉油糖及饲草料等主要农作物生产关键环节所需机具，着力推进主要农作物生产全程机械化，补贴机具种类和范围也做了相应调整。从中央政府角度来看，调整方向符合中央政策目标要求，但在兼顾地方种植业发展个性化需求方面考虑不足。以北京市为例，随着农业结构的调整，粮食生产所需机具相对较少，设施农业、畜牧水产养殖、农产品加工、保鲜储存、保鲜运输等机具需求量大，这些实际需要的机具大多不在补贴范围之内。又如贵州省自然条件较为恶劣，种植的农作物有限，主要以经济作物为主，补贴目录与当地地方需求有一定的偏差。又如，四川省部分地区种植地形为典型山区，现行补贴目录中的大多数机具不适合山区使用，而当地又无农机生产企业，地方无法增加机具补贴种类，农民购买的适合山区使用的机具又不在补贴范围内，这既不利于山地农业的发展，也不利于山区农民的脱贫致富。

2. 中央补贴资金分配额度与地方的实际需求不尽相符，地方资金不足与结转过多状况并存

按照《2015—2017年机械购置补贴实施指导意见》，中央财政综合考虑各省（区、市）耕地面积、农作物播种面积、主要农产品产量、购机需求意向等因素，确定补贴金额。但在实际分配过程中，仍然存在着"保基数"的问题，没有根据各地区农业机械化水平、农机具数量以及中央补贴目录与实际需求的差异等情况进行相应调整。有的地方为了争取获得中央补贴资金，存在着虚报购机需求等问题。部分地方由于农业结构调整、农机具基本饱和、中央政策导向与地方实际需求存在差距等原因，农机购置补贴资金执行效率一般。还有部分地区资金结转较多，但同时，也有一些省份的补贴资金不能满足农民购机需求，前一年提出的购机补贴申请需要间隔一年之后才可兑现。

3. 地方财政投入总体不足，补贴标准差异较大，存在补贴资金流失风险

《中华人民共和国农业机械化促进法》第二十七条规定："中央财政、省级财政应当分别安排专项资金，对农民和农业生产经营组织购买国家支持推广的先进适用的农业机械给予补贴"。但通过案卷分析、实地调研发现，除了北京、上海等个别地区，目前全国各地农机购置补贴中地方补贴资金相对较少，主要依靠中央财政补贴资金。

不同类型的农机定额补贴标准带来了一定的问题。2015年政策调整之后，小型农机具补贴额度降低，带动农户购机的吸引力不足，而特定大型机具售价高，补贴额不能有效解决购机压力。通用类机型和部分中央统一分档的非通用类机型的补助金额，按照农业部分类分档确定的补贴定额进行补助；其余非通用类农业机械，按各省（直辖市、自治区）分类分档确定的定额补贴标准进行补助。由于各地农机产品售价不同，不同农机产品之间补贴比例差异很大，例如广西容积15m³及以上果蔬烘干机（部通用类，中央定价），中央财政补贴15 000.00元，实际售价20 000.00元，补贴比例达75%。

地区之间补贴标准差异性比较大，存在补贴资金流失风险。例如上海市中央及市级财政补贴资金叠加后，实际补贴额趋近机具价格的50%，加上区县财政补贴后，总补贴额可达机具价格的70%~85%，明显高于全国平均水平，相对于其他欠发达省份来说，在上海申请补贴的农机具套利空间明显，存在补贴机具和资金跨省流失的风险。

4. 部分农机机具质量较差，后期维修成本高且服务效率偏低

一是近年来，补贴产品不断向市场化方向发展，由原来的补贴产品目录选型到进入部级或省级推广目录的产品，再到已获得部级或省级有效推广鉴定证书的产品均可享受补贴。随着补贴产品资质条件逐步放开，进入补贴范围的产品数量逐年增加，但增加的产品不排除有少数技术含量较低，同质化较高的低端产品，质量较差。二是部分地区农机后期维修服务点普遍偏少，服务效率较低，而农业繁忙期间较短，一旦农业机械发生故障需等待几天甚至更长时间，容易错过最佳耕种时间。三是购机人普遍没有自主维修能力，机械出现故障均需要销售单位委派专业的维修人员进行保养维修，而相关支出成本较高，很多购机者采取直接抛弃旧机械采购新机械的方式，农机利用率不高。

5. 农机购置补贴资金管理办法滞后

目前，农机购置补贴项目资金管理办法仍沿用2005年出台的《农机购置补贴专项资金使用管理办法》，近年来农业部、财政部对于农机购置补贴方式、补贴程序、补贴额的确定等要求均发生重大变化，各地在项目实施中主要按照年度项目实施指导意见执行，资金管理办法与年度实施指导意见的规定不一致。

6. 与相关外部政策未有效衔接

一是农机用房不足，用地手续不完善。由于农机停放及维修车间用地不在国土资源部《关于进一步支持设施农业发展的通知》（国土资发〔2015〕127号）所明确的规定的设施农用地范围内，拥有大量大型农机具的合作社难以办理相关建设用地手续，部分大型农机具只能露天停放，影响农机具的使用寿命。二是与实施农机购置补贴全价购机政策相配套的金融扶持政策还有待进一步完善，金融部门对贷款抵押门槛高，农机大户贷款较困难。

资料来源：财政部预算评审中心《2015年度农机购置补贴政策绩效评价报告》，2016

专栏8-9　建议示例——农机购置补贴政策的改进建议

1. 在强化农机购置补贴政策导向作用的同时，应兼顾地方对农机的特色需求

中央农机购置补贴政策应坚持突出重点，加快推进粮棉油糖等主要农作物生产全程机械化，确保我国粮食安全。以此为前提，根据各地实际情况，适当调整资金分配结构，着力加大对主要农作物产区的资金补贴力度，对于已出现资金大量结转的省份，合理减少补贴，促进其努力消化结转资金。同时，考虑通过以奖代补等方式，鼓励地方将特色农业发展所需和小区域适用性强的机具纳入地方财政资金补贴范围并加大投入力度，满足地方特色需求。各地方政府应按照《中华人民共和国农业机械化促进

法》要求，努力增加地方农机购置补贴资金，用于补贴中央目录之外的特色农机产品，满足各地农民的购机需求。地方补贴方式应遵循公平、普惠的原则，对于中央补贴的品目不再进行累加补贴，提高补贴资金的使用效率。

2. 逐步调整和完善补贴范围、标准和方式，进一步发挥市场的主导作用

在过去的十几年间，受农机购置补贴政策的拉动，我国的农机保有量大幅攀升，但农机市场受政策干预的程度较大，政策补贴偏向哪类农机，哪类农机的市场销售情况就会明显"转暖"，反之亦然。对于保有量较大的农机或者机械化水平较高的地区，应逐步降低政策对市场的干预程度，逐步缩减补贴机具范围，降低补贴定额，还"市"于民。通过市场优化资源的配置，将更多的销量流向适应市场需求、质优价廉、售后服务好的企业，呈现"优者愈优，劣者出局"的局面。同时，借鉴国际发达国家经验做法，研究完善金融支农政策，通过对购买补贴机具的农户实行贷款优惠、向农业生产经营组织优先提供贷款等，促进农业的机械化发展。

3. 进一步加强农机购置补贴资金的管理

建议由财政部牵头，对各省（区、市）农机购置补贴资金使用和结转结余情况进行统计分析，在此基础上研究提出处理意见。尽快出台新的《农机购置补贴专项资金管理办法》，加强对农机购置资金拨付、结算、结转等环节的规范管理。

4. 进一步提高农机具供货、售后服务质量

农机具安全生产才能保障农业机械农业生产的使用效率。要规范经销商的供货和售后服务操作。对经销商的确定要有严格的准入制度，坚决淘汰质量不符合标准、不够资质条件、违规操作的经销商。随着农机购置补贴政策的开展，大型农业机械增长较快，这些机械分布在乡镇的各个角落，农业机械的售后服务与农业机械的增长结构脱节，不能满足农民的需求，影响农机购置补贴政策效应的发挥，给购机户造成一定的经济损失。因此建议，首先，在各个乡镇建立"三包"服务站，配备专业服务人员，对农户遇到的技术问题能够就近及时解决，节省维修时间，减少维修成本，增加农户收入。其次，农机管理部门工作人员定期、不定期上门查看或电话抽查补贴机具使用情况，了解购机户对产品质量、售后服务的意见。

5. 加强与相关外部政策的沟通衔接

一是将农机用房（维修车间、停放场）明确纳入设施农用地范围，为

农业机械化发展做好基础保障。二是借鉴国际发达国家经验做法，研究完善金融支农政策，通过对购买补贴机具的农户实行贷款优惠、向农业生产经营组织优先提供贷款等，促进农业的机械化发展。

6. 加强农机购置补贴信息系统建设，实现全程的信息化管理

加强农机补贴政策执行管理过程的信息化建设对于转变政府职能、保障政策落实、提高工作效率和管理水平具有重要意义。目前，农机购置补贴信息管理系统初步在公开政策信息、申请审核等环节实现了信息化操作，但在信息内容、信息共享及数据质量等方面仍有提升的空间。在丰富信息内容方面：一是增加农机使用、更新及报废等存量和流量信息，以满足管理部门信息需求。二是农机购置资金申请需对整机出厂编号或者发动机编号进行核实并编码管理，便于补贴农机具的查询及监督。三是在投诉环节，增加农户农机质量问题投诉、维修解决情况等方面信息，提高投诉效率，建立企业积极改进、农机化监督透明、用户满意的质量安全体系。在信息共享方面：实现全国农机补贴系统联网购，建立起跨部门综合的业务应用系统，与政府各部门的信息系统之间建立必要的网关，使信息能在一定的范围内共享。并着手进行统一的检索技术的开发和应用，使农民、企业与政府工作人员都能快速便捷地介入相关部门的业务应用、组织内容与信息，获得个性化的服务，使合适的人能够在对应的时间获得对应的信息服务，以实现公共服务的目标。在提高数据质量方面，建议农机部门健全完善系统数据质量管理制度，加强对系统信息真实性的监管，保证数据信息的时效性和真实性。

7. 建立统一的农机补贴政策绩效监测体系

一是加强绩效目标管理。在年度实施方案编制的同时，明确资金使用的绩效目标，清晰反映预算资金的预期产出和效果，并对相应的绩效指标予以细化量化描述，连同实施方案一并报国家有关部门备案。二是以绩效目标为核心，建立统一的农机政策绩效数据监测体系。建议国家有关部门针对农机补贴资金，出台政策绩效监测管理办法，建立统一的、以结果为导向的农机政策绩效数据监测体系。

资料来源：财政部预算评审中心《2015年度农机购置补贴政策绩效评价报告》，2016

3. 附件

附件主要是对执行摘要和报告正文的补充，如逻辑框架（结果链）、评价任务大纲、访谈人员的名单、地址和记录、利益相关者对报告的反馈意见以及评价人员的回应、主要参阅的文件记录等。总之，评价人员认为有助于增强评价报告可信度、说明绩效评价报告质量的文件都可以在附件中体现。为了控制报告背景介绍的长度并使之条理清楚，其冗长的内容（如确有必要）也可作为报告的附件。

⊙ 8.3 绩效评价报告的撰写

绩效评价报告的撰写是一个重大的挑战。评价的首要任务是提供可靠的、有用的政策或项目结果。为此，评价者应当在可信和可靠的证据的基础上，公正、客观地评定政策或项目的结果，并且这个结果可归因于该政策或项目。换言之，报告的表述应当遵循一定的逻辑，报告中所有的判断都应当以证据为基础，所有结论都有证据做支撑。读者应该能够把在整体评价、建议和经验教训上的关键点与来自信息收集和分析的证据联系起来。

其次，应使用清晰、简明和精确的语言撰写评价报告。请记住，清晰、简洁的评价报告可以带来更多的读者，因为很少有人有时间来阅读冗长的报告。评价报告的详略取决于，能否有效地告知主要报告使用者从评价中获得的经验和教训，并且提出有效建议以改进政策的决策和管理。在报告写作中，对于不同受众在知识、专业技能和信息需求方面的差异应予以重点考虑。报告应该为具有很少或者没有专业知识的读者所理解。

此外，评价报告在形成初稿后，评价人员要与各利益相关方进行沟通，听取他们的意见和建议。也就是"在正式发布报告之前，应让所有关键各方了解报告的内容。这将有助于避免误差，确保主要内容得到非正式的澄清，避免（日后）产生分歧……"（Valadez，1994）。

为了帮助大家进一步学习报告的写作技巧，下面示例一个完整的评价报告——加拿大的反种族主义行动计划（CAPAR）评估报告。[①] 扫描右方二维码即可阅读评估报告。

加拿大的反种族主义行动计划（CAPAR）评估报告

---

① 李志军. 国外公共政策评估手册与范本选编[M]. 北京：中国发展出版社，2015：第55-90页.

▶ 8.4　绩效评价结果的反馈与应用

绩效评价的价值就在于它的使用。因此，绩效评价报告完成之后，必须要将评价结果反馈给利益相关方，以便他们能充分、有效地利用评价报告所提供的绩效信息。接下来，我们将主要讨论以下两个问题：一是评价结果的反馈与公开；二是绩效评价结果的应用。这两个问题是相互联系的，其中前者是后者的前提与基础。

8.4.1　评价结果的反馈与公开

评价并不是为了知识本身而寻求知识，其目的是为利益相关者做决策提供有用的信息。因此，绩效评价报告完成之后，下一步就是将评价结果传播出去，以与各个利益相关方共享。将评价结果与其他人分享，这是绩效评价工作最重要的组成部分之一，也是有效变革的关键前提。[①]评价结果的传播包括了两层含义：一是评价结果的反馈（传递），二是评价结果的公开。

在我国，财政支出政策绩效评价报告完成后，应当向以下关键的利益相关方进行报送或者向外公开。

- 向全国人大或地方人大报送；
- 向国务院及其相关部门（如审计、监察等部门）或地方政府报送；
- 向上级主管部门与同级财政部门报送；
- 向一线的政策或项目管理者提供；
- 向特定的利益相关方如投资者和政策受众提供；
- 经批准，通过内部研讨会、学术研讨会和评价信息网络等媒体向社会进行公开。

在上述报告反馈的各利益相关方中，人大和政府是两个主要的信息使用者。因此，为了有效地传递评价结果，财政部门和业务（预算）主管部门应对每年的财政支出政策绩效评价报告及时进行汇总、总结，将绩效评价结果的总体情况向人大和同级政府报告；同时，对党和政府关心、社会公众关注、对经济社会发展有重要影响的重大财政支出政策的绩效评价结果，财政部门或业务（预算）部门还应向人大和同级政府进行专题报告。[②]另外，电子政务作为一种现代传播工具正越来越多地被各级政府所采用。在这种环境

---

① 琳达、雷：《通向结果之路》（2011年中文版），第346页。
② 财政部预算评审中心.中国财政支出政策绩效评价体系研究[M].北京：经济科学出版社，2017：第196页.

下，利益相关者能够与政府直接互动，从政府获取信息，甚至还可以在线完成业务办理。因此，对于一些社会广泛关注的评价报告，财政部门和业务主管部门也可以通过其内部和外部网站来进行更为广泛的传播。

8.4.2 绩效评价结果的主要应用

评价结果应用是政策评价落到实处、取得实效的关键，也是政策绩效评价的最终的落脚点。因此，评价结果应用是财政支出政策评价的一个至关重要的环节。如果绩效评价的结果没有付诸应用，那么可以说之前所进行的评价工作也都失去了意义。财政支出政策绩效评价不但提供了有关政策实施情况的重要反馈，而且还提供了有关政策或项目成败的重要信息。这些信息不仅可以帮助决策者改进政策的决策和管理，而且可以展示责任和提高政策的透明度（专栏8-10）。

专栏8-10 绩效信息的主要应用

- 对官员和公众要求提高责任的呼声进行回应；
- 帮助制定和调整预算申请；
- 帮助做出运营资源分配决策；
- 有助于对存在的绩效问题及必要的修正调整进行深入调查；
- 调动员工积极性，从而有利于计划的不断改进；
- 帮助了解和监控受托人的绩效表现；
- 为专门、深入的绩效评价提供数据；
- 有助于更高效地提供服务；
- 对战略规划和其他长期计划提供支持（通过提供基准信息及跟踪后续进展）；
- 有助于加强与公众的沟通，建立公众信任。

资料来源：哈维·哈特里，1999

我国财政支出政策评价结果的应用通常包括以下五个方面：

（1）政策制定与调整。利用绩效评价结果对现有政策是否延续、扩大或终结等前途问题进行决策。在这一过程中，绩效评价可以告知决策者，就效果而言，哪些政策或计划更加成功或不太成功，哪些资源更有价值，从而帮助决策者就政策或项目是否延续、扩大或终结等进行决策。

（2）优化预算决策。将绩效评价结果作为财政部门编制政府各部门以后年度预算以及中长期财政预算的重要依据，建立绩效评价与预算编制相结合的机制，以优化预算决策。这样，绩效评价就可以成为一种有助于政府以其支出实现更大货币价值的工具。

（3）改进和完善管理。财政部门、业务部门以及被评价的单位，对照绩效评价工作中发现的问题，结合绩效评价报告中提出的整改建议，进一步健全规章制度，完善政策管理，加强政策绩效监测与评价体系建设，不断提高政策的管理水平。

（4）支持政府问责。人大和上级政府可以根据绩效评价报告中反映出来的各部门管理问题，落实和加强政府问责制特别是绩效问责制，以促进和提高政策实施的效率和效果。

（5）促进预算公开。一是将绩效评价结果在同级政府部门和涉及绩效评价工作的相关单位中进行公开，并逐步与同级审计部门、纪检监察部门、人事部门等机构等进行实时信息共享，相互利用工作成果，形成部门联动的综合监督合力。二是逐步将政策绩效评价结果，尤其是一些社会关注度高、影响力大的民生政策和重点项目支出绩效情况，按照规定的程序和方式向社会公开，回应社会关切，接受社会监督。[①]

▶ 8.5 建立评价结果与预算决策的挂钩机制

《中共中央 国务院关于全面实施预算绩效管理的意见》明确提出，"强化绩效管理激励约束。各级财政部门要抓紧建立绩效评价结果与预算安排和政策调整挂钩机制，将本级部门整体绩效与部门预算安排挂钩，将下级政府财政运行综合绩效与转移支付分配挂钩"。建立绩效评价结果与预算决策安排的挂钩机制，是评价结果应用的一种方式，其目的就是使绩效评价结果成为预算决策的重要依据，以促进预算决策的科学化，提升财政资源的分配效率。《意见》虽然提出了要使绩效评价结果与预算决策相挂钩，但是如何在实践中加以落实仍然有待于进一步的研究。为此，本节我们就这一问题

① 财政部预算评审中心.中国财政支出政策绩效评价体系研究[M].北京：经济科学出版社，2017：第197页.

进行研究。首先，分析目前我国绩效评价结果与预算决策挂钩的基本做法；其次，对绩效评价结果与预算决策挂钩的国际经验进行总结和分析；最后，在上述基础上，就建立我国的绩效评价结果与预算决策挂钩机制提出政策建议。

8.5.1 目前我国评价结果与预算决策挂钩的基本做法[①]

目前，我国在实践中实施的评价结果与预算决策挂钩的基本做法主要有三种：一是采用因素法分配预算资金（主要是转移支付资金）；二是竞争性的资金分配（主要是专项资金）；三是将预算评审的结果运用于预算决策。

1. 采用因素法分配预算资金

采用因素法分配预算资金，是我国现行评价结果与预算决策挂钩的主要方式之一。因素法在预算资金分配领域的应用，指基于预算资金的使用方向，依据对各方面影响因素的分析，得出财政支出的需求指数，以此来明确财政或预算资金的分配标准。目前我国预算分配的实践中对因素法的应用多集中在财政专项资金分配和均衡性转移支付资金分配两个领域。2015年财政部制定的《中央对地方专项转移支付管理办法》明确将因素法作为专项转移支付资金的分配方法之一，并将因素法作为中央向省级分配专项转移支付资金的主要办法。[②]该办法指出，使用因素法分配专项转移支付资金时，应选取自然、经济、绩效和社会等客观因素，并设置相应的分配权重。在实际的应用中，绩效（即评价结果）只是作为其中的一个影响因素，其权重变化在不同的行业、地区差异很大（0～30%不等）。

采用因素法分配预算资金时，预算决策一般是根据各影响因素及其权重计算出财政支出需求指数。但在因素的选择上，某些预算资金分配中并未明确列入绩效因素。如山西省对财政专项扶贫资金按因素法进行分配时，选取扶贫对象规模、减贫任务、政策性因素、摘帽县和贫困村数作为分配因素。分配因素中的摘帽县个数在一定程度上体现了对产出的考量，但绩效评价结果在预算资金分配中的影响和作用并未显著体现。有些虽然考虑了绩效因素，但其在预算资金分配中的占比各不相同。例如2016年《林业改革发展资金管理办法》中规定对林业改革发展资金采用因素法进行分配，其中除去森

---

① 本节参考了肖洁《绩效评价结果与预算决策挂钩研究》（中央财经大学2019年硕士学位论文）的部分内容。

② 中华人民共和国财政部. 关于印发《中央对地方专项转移支付管理办法》的通知[EB/OL]. http://yss. mof. gov. cn/zhengwuxinxi/zhengceguizhang/201601/t20160129_1660488. html,2015.

林资源管护和国有林场改革两个支出方向，其余资金的支出都按照表8-2中的因素和权重进行分配。其中，绩效的权重为15%，具体内容不仅包括财政部会同国家林业局共同组织开展的绩效评价结果，也包括对财政部下达的区域绩效目标的审核结果。而在2017年1月开始试行的《中央财政水利发展资金使用办法》中，则将绩效因素的权重定为30%（表8-3），其绩效因素内容包括根据国务院最严格水资源管理制度得出的制度考核结果，也包括中央财政水利发展资金预算执行的进度、绩效评价结果以及对其监督检查得出的结果。城镇保障性安居工程专项资金也是运用因素法进行分配[①]，该项资金分配中不仅考虑了绩效评价结果，还结合了财政困难程度系数对各项因素的权重进行了调整。

表8-2　林业改革发展资金因素法分配权重

分配因素	权　重	具体内容
工作任务	50%	以国家林业局会同财政部根据国民经济和社会发展规划纲要、林业发展规划等确定的任务计划为依据
资源状况	25%	以国家林业局清查、调查公布的资源数量为依据
绩效因素	15%	以财政部下达的区域绩效目标审核结果以及会同国家林业局组织开展的绩效评价结果为依据
政策因素	5%	以中央重大林业生态建设政策为依据
财力状况	5%	以不同地区财力状况为依据，适当向革命老区、民族地区、边疆地区和贫困地区倾斜

资料来源：http://www.cfen.com.cn/cjxw/cz/201701/t20170111_2518427.html

表8-3　中央财政水利发展资金因素法分配权重

分配因素	权　重	具体内容
目标任务	50%	以财政部、水利部根据党中央、国务院决策部署，确定的水利发展目标任务为依据，通过相关规划或实施方案明确的分省任务量（或投资额）测算
政策倾斜	20%	以全国贫困县、革命老区县（含中央苏区县）、民族县、边境县个数为依据
绩效因素	30%	以国务院最严格水资源管理制度考核结果，财政部、水利部组织开展的相关绩效评价结果，监督检查结果和预算执行进度等为依据

资料来源：http://www.cfen.com.cn/zyxw/yw/201612/t20161212_2479647.html

---

① 城镇保障性安居工程专项资金计算公式为：分配给某地区的专项资金总额＝〔（经核定的该地区年度租赁补贴户数×该地区财政困难程度系数）÷∑（经核定的各地区年度租赁补贴户数×相应地区财政困难程度系数）×相应权重＋（经核定的该地区年度城市棚户区改造户数×该地区财政困难程度系数）÷∑（经核定的各地区年度城市棚户区改造户数×相应地区财政困难程度系数）×相应权重＋（经核定的该地区上年度绩效评价结果÷∑经核定的各地区上年度绩效评价结果）×相应权重〕×年度专项资金总规模。

2. 竞争性的资金分配

作为承担指定用途,在经济建设等领域发挥重要作用的预算资金,财政专项资金的分配是推进预算决策科学化所必须关注的重点环节之一。因素法在财政专项资金的分配中较为常用,但这一方法着眼于财政专项资金的整体可实现效益,而可能会造成财政专项资金的使用效益低下,并造成财政资金的浪费。广东省财政厅于2003年开始在科技专项资金的分配领域探索竞争性的资金分配,通过招投标的方式在多个竞争者之间采取选拔式的审批方式,形成专项资金的竞争性分配方式,并逐步扩展至其他领域。

2008年4月,广东省财政厅发布了《关于省级财政专项资金试行竞争性分配改革的意见》,该意见明确规定,在"管理权、分配权不变"的原则下,对财政专项资金实行竞争性分配改革,以对申报项目的预期绩效目标及其指标为主要因素,通过公开招标或专家评审的形式进行择优扶持。同时,按照《广东省产业转移竞争性扶持资金绩效管理暂行办法》以及《省级财政专项资金竞争性分配绩效管理暂行办法》,对项目支出进行事前绩效目标备案、事中实施绩效督查和跟踪问效、事后综合绩效评价和绩效问责的全过程绩效管理。其中,绩效问责包括了对绩效差劣的地区和项目单位给予提醒注意或黄牌警告;对问题严重的,给予红牌处罚,并暂停资金拨付或收回未使用的资金等内容。广东省通过这种竞争性的资金分配,建立了其特有的评价结果与预算决策挂钩方式。这一分配改革,通过公开招标竞标和专家评审会议的方式,将资金竞标方预期绩效目标和具体指标等作为重要参考因素,从资金竞标方中进行择优选择,从而进行专项资金的分配决策。实践表明,广东省的这一做法是成功的。

3. 预算评审结果运用于预算决策

将预算评审结果运用于预算决策,也是我国目前绩效评价结果与预算决策挂钩的主要形式。2015年6月,财政部预算司印发《关于加强中央部门预算评审工作的通知》(财预〔2015〕90号),明确提出:预算评审是预算管理的重要组成部分,是提高预算编制质量,优化预算资源配置的重要手段。还提出,将预算评审工作实质性嵌入部门预算管理的流程,更好地发挥预算评审对规范预算编报行为,提高预算编制质量,优化预算资源配置,改进预算管理绩效的重要支撑作用。由此,预算评审成为我国目前评价结果与预算决策挂钩的一个主要形式。

　　根据《财政部关于加强中央部门预算评审工作的通知》（财预〔2015〕90号）的规定，部门预算评审的主要内容包括完整性、必要性、可行性和合理性等方面。其中，完整性主要是审核项目申报程序是否合理，项目申报内容是否全面，项目申报所需资料是否齐全等。必要性主要审核项目立项依据是否充分，与部门职责和宏观政策衔接是否紧密，与其他项目是否存在交叉重复等。可行性主要审核项目立项实施方案设计是否可行，是否具备执行条件等。合理性主要审核项目支出内容是否真实、合规，预算需求和绩效目标设置是否可行合理等。可以看出，在预算评审的"四性"之中，绩效因素并不突出。

　　2018年9月，《中共中央　国务院关于全面实施预算绩效管理的意见》提出，要对新增重大政策、项目及转移支付开展事前绩效评估，重点论证立项必要性、投入经济性、绩效目标合理性、实施方案可行性和筹资合规性等。与预算评审的"四性"相比，事前绩效评估规定的内容更为丰富，它不仅包括必要性、可行性、合理性及合规性，而且包括了"投入经济性"。也就是说，在事前绩效评估中，"绩效"因素较前突出，因而将事前绩效评估的结果与预算决策挂钩更为符合《意见》中"建立绩效评价结果与预算决策挂钩机制"的初衷。

8.5.2　评价结果与预算决策挂钩的国际经验

　　国际上，绩效评价结果与预算决策挂钩的主要做法就是实施绩效预算。绩效预算是一个以预算实施结果为导向来分配资金的预算方式，它通常依据绩效评价结果分配资金预算，[①]对于绩效表现好的组织或项目保留或增加预算，对绩效表现不好的组织或项目则削减或取消预算，以此促进各单位不断提高财政资金的使用效率和效果。换言之，绩效预算就是要把资源分配的增加与绩效的提高紧密结合起来。如美国联邦预算管理局就对绩效良好的联邦部门实施增加预算，对绩效较差的部门削减预算。

　　在实践中，各国实施绩效预算的具体做法并不相同。根据国际货币基金组织专家马尔科·坎贾诺等人（2017）的研究，各国实施绩效预算的具体做法可以归纳为三种类型，即：呈现式的（presentational）绩效预算、告知式的（performance-informed）绩效预算以及直接的（direct）绩效预算（表8-4）。[②]

---

① OECD认为，绩效预算就是将可度量的结果大量运用于预算决策的过程中。它还指出，只有将绩效信息真正运用于预算决策，才是真正建立了绩效预算制度。

② 马尔科·坎贾诺，等. 公共财政管理及其新兴架构[M]. 马蔡琛，译. 大连：东北财经大学出版社，2017：第266-269页.

表8-4　绩效预算的三种模式

绩效预算模式	中文释义	含义
presentational	呈现式的绩效预算	绩效信息存在于预算文件或其他政府文件中； 绩效信息在决策中不具有正式的作用
performance-informed	告知式的绩效预算	资源间接性地涉及未来绩效或既往的绩效； 绩效信息与其他信息一同使用，以便决策过程拥有更多信息
direct	直接的绩效预算	根据取得的绩效以及广义产出，来直接且明确地分配资源。 只在特定的部门和为数不多的OECD国家中使用

资料来源：马尔科·坎贾诺《公共财政管理及其新兴架构》，2017。

呈现式的绩效预算在预算文件或其他政府文件中纳入绩效信息。绩效信息中可能包含绩效指标或绩效评价结果等信息，同时也会将有关的绩效问责机制以及立法者和立法者与公民关于公共政策议题的对话涵盖其中。在呈现式的绩效预算模式下，绩效信息仅作为政府决策者的参考信息，并不是政府分配资金的必要参考依据。

告知式的绩效预算在绩效评价结果与财政资源之间建立间接的联系。绩效信息在预算决策过程中具有十分重要的作用，但并不以机械式的直接联系体现出来。绩效信息并不直接决定财政资源的分配，而是与其他信息一同成为预算决策过程的重要参考。马尔科·坎贾诺（2017）指出，告知式的绩效预算模式是OECD国家应用最为普遍的绩效预算模式。该模式并不意味着绩效信息在资源分配过程中的地位受到削弱，而是要将绩效信息的使用与具体的信息有效性、实践中的政策背景以及宏观的政治和经济环境相联系，再在此基础上实现绩效信息与预算决策和资源分配过程的融合。

在直接的绩效预算中，绩效信息对预算分配起直接的影响作用。政府部门将绩效评价结果（绩效）与预算分配直接相连接，依据取得的项目绩效直接分配财政资源。在直接的绩效预算模式下，财政资金以公式的方式与项目结果建立直接的、明确的联系。马尔科·坎贾诺等（2017）认为，这种公式化的绩效预算系统一般不会在广泛的政府层面上得到应用，而一般只应用于部分部门或某些政策奖励机制中。其原因主要有以下几点：首先，直接的绩效预算模式将预算的安排与项目绩效以一种自动化的机械形式相挂钩，这就要求该模式必须建立在完备的绩效信息系统的基础上，从而获得详细且高质量的绩效信息和成本信息等，而这一要求在实践中通常是难以满足的。其次，直接的绩效预算模式在实践中取得的具体效果，必须与其应用对象的具体项目设计相联系。最后，在直接的绩效预算模式下，财政资金的增减与绩效评价的结果具有直接的关联性，从而可能会引起利益相关者操纵数据的动机。这一模式可能还会导致绩效评价对象只关注与财政激励直接联系的绩效目标，甚至对有关数据和绩效指标加以歪曲。

在绩效预算实践中，各国一般都根据各自的国情，选择适合自己的绩效预算模式，也就是说，它们既可以选择其中的一种模式，也可以选择其中的两种或三种模式。

8.5.3 我国建立评价结果与预算决策挂钩机制的政策建议

建立绩效评价结果与预算决策的挂钩机制，使绩效评价结果成为预算决策的重要依据，强化预算管理的激励和约束，是一项系统工程，具有长期性和渐进性的特点。绩效评价结果与预算决策挂钩不仅涉及技术层面的问题，更与政治、经济、社会公平等许多因素密切相关，并面临着绩效评价报告的质量问题和制度约束等困难。为顺利地推进评价结果与预算决策挂钩机制的建立，我们应立足我国实际，从解决当前存在的主要问题入手，并借鉴国内外的成功经验，积极有效地推进该项工作。

1. 积极推进绩效评价的制度化、规范化建设，切实提高绩效评价的报告质量

推进财政支出政策绩效评价的制度化、规范化建设，一是要建立健全以《操作指南》为核心的财政支出政策绩效评价制度建设；二是要加强绩效评价机构能力和干部队伍建设。做好这些基础性的工作，是提高绩效评价报告质量，推动绩效评价结果运用的基本前提。因为低质量的绩效评价结果和报告，不仅无助于政策决策者和管理者改进决策和管理，而且可能给他们带来干扰和误导。在实地调研中，我们发现许多地方之所以对绩效评价结果的运用不够重视，一个基本的原因，就是绩效评价的报告质量不高，不能很好地辅助政府的预算决策与管理。为此，建立绩效评价结果与预算决策的挂钩机制，我们首先要夯实基础，即从绩效评价的制度建设、能力建设等方面，做好促进绩效评价结果运用的各项基础工作。

2. 建立健全法规体系，为建立绩效评价结果与预算决策挂钩机制提供有效的法律制度保障

绩效评价结果与预算决策挂钩机制的建立，需要法律层面的制度保障。发达国家绩效评价体系的建立都具有明确的法律依据，如美国《政府绩效与结果法》、澳大利亚的《审计总法》、新西兰的《公共财政法》等，都从法律的层面对绩效评价的实施和结果运用加以保障。目前，我国尚未出台针对预算绩效管理的法律，且关于绩效评价结果应用的条款仅存在于各地财政部门的预算绩效管理文件中。法律制度的缺失使得绩效评价结果与预算决策挂钩缺乏全国统一的制度规范。为此，建议财政部研究制定全国绩效评价结果与预算决策挂钩的管理办法，对挂钩的目的、范围、程序、权限、方式等做出规定，以指导和规范全国财政支出绩效评价结果的应用，在条件成熟时，研究建立条例，并择机上升为法律，实现绩效评价结果应用的制度化和规范化。

3. 构建绩效评价结果共享平台

绩效评价信息的及时共享是绩效评价结果得以运用于预算决策的重要保障。政府部门可以构建绩效评价结果的共享平台，在横向和纵向层面上形成绩效评价结果的共享机制。在纵向层面上，绩效评价结果共享平台将有关下级政府财政运行综合绩效的重要信息向转移支付分配部门报告，将项目和政策绩效的表现从财政部门向同级人民政府和同级人大报告，使绩效评价结果能够及时传递至使用者，从而有助于推动绩效评价信息及时运用于预算决策之中；在横向层面上，绩效评价结果共享平台使重要绩效数据得以在财政部门、预算支出部门之间及时传递，使财政部门可以根据预算支出部门的绩效表现编制或调整预算，预算支出部门也得以依据财政部门的意见改进绩效表现。

4. 评价结果与预算决策挂钩方式的选择

绩效评价结果与预算决策挂钩方式的选择，我们可以参考OECD国家绩效预算的三种模式，即呈现式的绩效预算、直接的绩效预算和告知式的绩效预算。其中，在呈现式绩效预算模式下，绩效信息仅是政府决策者的参考，而不作为政府分配资金的必要参考依据，因而其激励约束效用较小；直接的绩效预算模式只适用于某些特殊的领域，而不适用于广泛的政府部门（领域）；告知式的绩效预算模式突出了绩效信息在预算分配过程中的重要作用，又兼具实践过程中的灵活性。因此，在选择我国的绩效评价结果与预算决策挂钩方式时，我们可以主要采用告知式的绩效预算模式，同时在教育、医疗等领域的部分项目资金分配中，也可以尝试性地选取直接的绩效预算模式，再将成熟经验推广至更大范围。

5. 借鉴广东的经验，实行竞争性的资金分配改革

在专项资金的分配领域，借鉴广东省的经验，通过竞争性的资金分配，将财政专项资金的分配与资金的使用效率紧密相连，从而倒逼财政专项资金的使用单位提高资金使用效率。这种竞争性的资金分配方式是一种绩效评价结果与预算决策挂钩的良好实践，在此种方式下，资金的最终分配去向与专家评价的结果紧密相连，预期绩效表现好的竞标方获得资金的使用权，预期绩效表现不佳的竞标方则无法获得该项资金，由此将绩效评价结果与资金分配的决策结合起来。

6. 建立科学的重大政策和项目事前评估机制

《中共中央　国务院关于全面实施预算绩效管理的意见》提出，对新增重大政策、项目及转移支付开展事前绩效评估，要重点论证立项必要性、投入经济性、绩效目标合理性、实施方案可行性和筹资的合规性等。这"五性"之中，最为重要的是以下两项内容：项目需求分析和投入经济性评价。

项目需求分析属于项目立项的必要性评估的内容。需求分析的主要目的在于，确定是否真的存在实施项目的需求，如果确实是存在这种需求，那么，就要分析什么样的项目服务最适合满足这种需求。如果在项目开始时，项目需求根本不存在或者项目提供的服务与社会问题（需求）实际上无关，那么，项目就没有立项的必要。进行需求分析，评估者必须要分析和利用现有的统计资料或者进行深入的社会调查。

投入经济性评价，旨在通过将项目成本与效果联系起来进行比较，帮助决策者进行项目选择和资源配置。开展事前绩效评估，这种投入经济性评价不可或缺。其常用的方法主要有：成本-效益分析（CBA）及其两大变式成本-效果分析（CEA）和成本-效用分析（CUA）。这些方法都属于经济学的基本研究方法，为此，要正确地运用这三种方法，评估人员通常都需要经过经济学方法的学习与训练。

本章小结

1. 经过绩效评价活动中的调研、数据收集和分析等环节之后，绩效评价结果需要以书面的形式向利益相关者展现，从而向利益相关方和信息使用者传递分析和解释绩效评价信息的结论。为使绩效评价报告中的信息得到有效使用，评价报告的具体呈现形式的选择需根据信息使用者的特点加以选择。

2. 绩效评价报告均应当：（1）准确地描述评价的目的和范围；（2）通过确认评价对象，明确被评价事项并描述评价所涉及的政策阶段或范围；（3）正确描述绩效评价的设计与实施方式、评价方法及其局限性；（4）充分描述相关的评价发现和事实，以使读者能够理解评价者形成评价结论的基础，包括对有关事实的讨论，对所发现情况和评价标准之间差异的分析等；（5）得出评价的结果或结论；（6）总结经验教训，并针对发现的问题，提出改进建议。

3. 绩效评价报告的撰写是一个重大的挑战。评价的首要任务是提供可靠的、有用的政策或项目结果。为此，评价人员应当在可信和可靠的证据的基础上，公正、客观地评定政策或项目的结果，并且这个结果可归因于该政策或项目。换言之，报告的表述应当遵循一定的逻辑，报告中所有的判断都应当以证据为基础，所有结论都有证据做支撑。

4. 绩效评价的价值就在于它的使用。因此，绩效评价报告完成之后，必须要将评价结果反馈给利益相关方，以便他们能充分、有效地利用评价报告所提供的绩效信息。

5. 财政支出政策绩效评价不但提供了有关政策实施情况的重要反馈，而且还提供了有关政策或项目成败的重要信息。这些信息不仅可以帮助决策者改进政策的决策和管理，而且可以展示责任和提高政策的透明度。对于我国而言，财政支出政策评价结果的应用主要包括以下几个方面：（1）政策制定与调整；（2）优化预算决策；（3）改进和完善管理；（4）支持政府问责；（5）促进预算公开。

6. 建立绩效评价结果与预算决策的挂钩机制，使绩效评价结果成为预算决策的重要依据，强化预算管理的激励和约束，是一项系统工程，具有长期性和渐进性的特点。绩效评价结果与预算决策挂钩不仅涉及技术层面的问题，更与政治、经济、社会公平等许多因素密切相关，并面临着绩效评价报告的质量问题和制度约束等困难。

复习与思考

1. 世界银行独立评价局前局长托马斯（2012）说："为了使绩效评价能够产生预期的结果，评价的结果应在正确的时间，以正确的方式展示出来，并呈现给正确的观众，同样也应被运用于正确的环境之中。"谈谈你对这段话的理解。

2. 绩效评价报告都有哪些基本要求。

3. 绩效评价报告的内容和构成与绩效评价的目的和报告使用者的需求相适应，因此不存在一种万能的评价报告模式。对于该观点，你是否认同？

4. 大多数OECD成员国的政府都非常强调绩效评价的四种应用——支持基于证据的政策制定（尤其是预算决策）、发展和完善政策、完善管理以及强化问责。凯斯·麦基认为，"这四种应用方式将监测与评价置于良好治理的核心地位，亦即把监测与评价当作经济发展和减少贫困而有效管理公共支出的一个必要条件。"[①]谈谈你对这段话的理解。

5. 什么是呈现式的绩效预算、直接的绩效预算和告知式的绩效预算？为什么不能普遍推行直接的绩效预算？

---

① Keith Mackay, *How to Build M&E Systems to Support Better Government*. p. 89.

第 9 章

政策绩效评价：问题与挑战

要判断一项政策或项目是成功还是失败，我们需要对其目标和结果进行比较。但是这一显而易见的比较在实践中通常是十分困难的，因为政策目标通常是模糊不清或是多元的，并且经常随着时间而改变。

——费斯勒、凯特尔，2013

▶9.1 政策绩效评价：面临的主要难题

　　财政支出政策绩效评价在性质上属于一种特殊的应用研究——评价研究。作为评价研究，它试图对财政支出政策（项目）产生的结果（如效果和效率）进行系统性分析。从数量上准确地衡量财政支出政策的效果通常是不可能的。因此，政策评价只是试图利用可得到的最佳信息做出谨慎判断，尽可能仔细和客观地评估政策的影响。在政策评价实践中，要确定某一政策或项目是否做了其打算做的事，不是一件简单而直截了当的事情。很多因素造成了政策评价有效完成的障碍与问题。这些问题主要包括：政策目标的不确定性、确定因果关系的困难、政策影响的分散性、成本-效益评估的困难、评价数据和经费的缺乏、政府官员的抵制等。

9.1.1　政策目标的不确定性

　　政策评价的一项重要任务，就是衡量政策是否达到预定的目标，这要求政策本身具有明确的、可衡量的目标。正如马克·穆尔所说，"明晰的目标和方法正是政府政策和项目的核心"。[①]但是，事实上，"确定某一政策或项目是否做了其打算做的事，不是一件简单而又直截了当的事情"。[②]因为政府的政策目标通常是模糊不清或者是多元的，并且是经常变化的。所以，当某一政策的目标不明、分散或含糊的时候，确定政策目标的实现程度就成为一件困难且令人沮丧的任务。[③]然而，我们也没有理由就此认为"既然没办法计算，那么就不重要"。事实上，在政策绩效评价中，我们必须要以政策目标为基础和必要前提，因为"如果不知道公共管理工作的目的，我们便不能对特定管理行动做出好坏的判断"。[④]

9.1.2　确定因果关系的困难

　　正式严谨的政策评价要求证明社会变革必须是由政策行动引起的。但是，"采取了行动A，B就产生了"这样一个事实并不一定就意味着某种因果

---

① 　马克·穆尔. 创造公共价值——政府战略管理[M]. 伍满桂译，陈振明校. 北京：商务印书馆，2017：第55页.

② 　詹姆斯·安德森. 公共政策制定[M]. 5版. 北京：中国人民大学出版社，2009：第312页.

③ 　同上书，第313页。

④ 　马克·穆尔. 创造公共价值——政府战略管理[M]. 北京：商务印书馆，2017：第48页.

关系的存在。其他的行为（或变量）可能才是导致B产生的真正原因。正如我们所知道的那样，很常见的感冒痊愈并非因为吃药、打针，而是人体自身恢复能力的结果。①

在政策评价实践中，确定因果关系困难的原因还在于政策资源的混合和政策行为的重叠。政策资源的混合是指，投入不同政策的资源彼此交织在一起，很难分清楚某项资源的支出究竟是属于哪一项政策，或某项政策的总投入到底是多少。政策资源混合使政策成本难以核定，而其"纯效果"更是无从测定。政策行为的重叠是指，针对相同的或相似的政策问题和目标群体，补贴的机构和部门都制定并执行各自的政策。各自不同的政策效果混杂在一起，很难将某项政策的实际效果从总体效果中区分出来。②例如，我国当前对农业（或农民）的各种财政补贴多达10多种（如农机购置补贴、种子补贴等），如果要评估某一农业补贴政策的效果，就非常困难。第7章的影响评价就试图解决这一问题，尽管困难仍然不少，但是它已经为我们开辟了一条成功解决这一问题的道路。

9.1.3 政策效果的多样性和分散性

政策效果（effect）不同于"政策产出"（output）③，它是政府活动（公共政策实施）给社会带来和造成的一系列实际影响（impact），包括直接影响（效果）和间接影响（效果）、正面影响（效果）和负面影响（效果）、短期影响（效果）和长远影响（效果）等许多内容。所谓直接效果，即政策实施对主体所要解决的政策问题及相关人员所产生的作用。所谓间接效果，即政策在实施过程中超乎政策制定者预期的目标以外产生的系列政策副产品。这些作用有些是正面的，有些则是负面的。再如，西方的社会福利政策，该政策虽然有助于救助贫困、维护社会稳定，但它同时也增加了人们对于社会的依赖，这种对福利制度的长期依赖制造了一种依赖性和失败主义者的亚文化，不仅降低了个人的自尊，而且更加剧了无工作或者不工作现象。有些政策在短期可能效果不明显，但是从长期来看，却是有着很重要的积极影响。由于政策效果的多样性和影响的广泛性，给政策评价带来了困难。此外，政策效果的分散性还使某些反对政策评价的人有了借口，同时也为一些人为自

---

① 詹姆斯·安德森. 公共政策制定[M]. 5版. 北京：中国人民大学出版社，2009：第313页.
② 陈振明. 公共政策学[M]. 北京：中国人民大学出版社，2004：第289页.
③ "政策产出"（output）是政府活动的一种度量，如政府花费了多少钱，或者为多少客户提供了服务，而"政策效果"则是政策产出给经济和社会所带来的一系列影响或作用。二者是两码事，不应混为一谈.

己的评价失误找到一些冠冕堂皇的理由。例如，有些人常常利用这一点掩盖自己在工作中的失职。

9.1.4 成本与效益评估的困难

除了评估政策的效果，政策评价还要求对一项政策实际成本加以评估，这种评估可以以实际的货币单位计算或者以其他的单位计算。这意味着在政府预算中不仅要准确地报告一项政策的成本，同时还要搞清楚那些没有反映在政府预算中的政策对社会所产生（带来）的成本代价（包括机会成本）。在实际工作中，情况常常是，政策的成本被政策的制定者们有意地加以隐瞒，同时又对其效益加以人为夸大。尤其在法规条令的制定过程中，成本被有意地从政府方面转移到私人部门。类似的成本转移现象使得政策的评价非常困难。[1]

政策评价涉及的另一个重要的内容，是对政策产生的"纯"效益和"纯"成本之间的平衡进行计算和评价。这既要求对一项政策实际成本加以评估，还要求对其收益加以评估。即使是大家都知道政策的效益和成本，而且这些效益和成本都可以测量（同时所有的人都认同什么是"效益"和"成本"），那么计算纯效益和纯成本之间的比例和平衡仍然是非常困难的。是效益大于成本呢？还是成本大于效益？许多效益（例如挽救生命）和成本（例如失去自由）是无法被换算成货币来计算的，因而对成本效益之间的比例或者平衡的评估也就常常是无法做到的。[2]但是尽管如此，成本效益的分析对于财政支出政策评价来说还是重要的，因为政策评价一方面要关注政策的实施效果，另一方面也要关注政策的实施效率。[3]

9.1.5 评价数据与经费的缺乏

政策评价主要是对政策的实际效果的评价，因此获取政策活动的效果数据非常重要。政策的效果（effect）与政策产出（output）、政策投入（input）等是不同的。换言之，评估政策效果和评估政府机构花费了多少金钱，或者政府机构为多少客户提供了服务，完全是两码事。政策评价要求对政策给社会所带来（造成）的实际变化加以测评。例如，对于社会保障制度的受益者、社会福利制度的享受者、公立学校的学生、劳教场所的囚犯，

---

[1] 托马斯·戴伊. 自上而下的政策制定[M]. 吴忧，译. 北京：中国人民大学出版社，2002：第205页.

[2] 同上书，第206页.

[3] 参见本书1.1.3节和专栏1-7。

以及政府在政策执行方面的开支，政府都制作大量的统计资料。但是，这种"数豆子"似的机械统计很少能够告诉我们老年人的经济状况如何，社会的贫困和艰难状况如何，孩子的阅读和分析技能如何，以及公众的安全状况如何。仅仅是通过数一下一只鸟煽动了几下翅膀，我们是无法知道这只鸟飞了有多远的。①

政策评价是一项复杂、系统的工程，需要投入相当的人力、物力、财力和时间。但是在现实中，政策评价的重要性尚未引起人们足够的重视，难以指望人们从现行政策资源中拿出经费作为评价之用，因而政策评价常常处于经费短缺状态。由于缺乏足够的评价经费，政策评价的质量必然会受到影响。

9.1.6　政府官员的抵制

政策评价实质上是对政府人员行为的一种价值判断。政府机构和人员既可以是政策评价最坚强和最有力的支持者，也可以是最坚强和最有力的反对者，而他们的态度取决于其对政策评价的价值判断倾向的认同程度。②行政机构与负责计划的官员将关注评价可能带来的政治后果。如果机构没有按照他们预期的方式"适当"地产生，甚至更糟糕，或者评价结果是消极的并引起了上级领导的注意，那么，他们的计划、威信或职业生涯就面临危险。结果，负责计划的官员就可能会妨碍或贬低评价研究，拒绝提供数据，或使记录处于不完整状态。政策评价通常意味着变革，而"惰性"正是官僚组织的主要特性之一。组织的惰性和其他表现更为明显的抵制形式都可能会成为政策评价的障碍。③

上述六个方面的问题和困难并非都不能解决，相信随着社会科学研究方法和政策评价理论的不断发展，人们会找到越来越多的方法来解决这些困难。比如下文所论及的大数据技术的发展，就为政策评价开辟了广阔的发展前景。

---

① 托马斯·戴伊. 自上而下的政策制定[M]. 吴忧，译. 北京：中国人民大学出版社，2002：第205页.
② 张国庆. 现代公共政策导论[M]. 北京：北京大学出版社，1997：第200页. 引自陈振明编著《公共政策学》，第290页。
③ 詹姆斯·安德森. 公共政策制定[M]. 5版. 北京：中国人民大学出版社，2009：第316-317页.

▶▶ 9.2 政策绩效评价：不同学派的挑战

9.2.1 弗兰克·费希尔：政策辩论的逻辑①

当代主流的政策评价强调的是对政策效果和效率的研究，它体现的是一种实证研究的逻辑。这种实证研究的逻辑重视经验主义的研究设计、对结果的监测、应用抽样技术收集数据，以及建立具有预测能力的因果关系模型（Lin，1976），但是回避与政策问题相关的党派目标和价值冲突（Amy，1987）。实证研究的支持者们认为，价值问题超出了科学的政策调查的合理领域，而构成政治过程的议事日程。因此，他们在评价研究中倡导一种以全面运用经验主义为基础的技术方法论和"价值中立"。这一政策评价方法在其（为政府服务）研究角色方面赢得主流地位的同时，其实际作用也受到越来越多人的质疑。美国学者弗兰克·费希尔就是其中之一。他在《公共政策评估》一书中通过对公共政策评价和社会科学的深刻反思，提出了一个全新的公共政策评价方法，即将事实和价值结合起来进行评价的多重方法论的框架结构。这一框架结构包括四个层面：项目验证、情景确认、社会论证和社会选择。弗兰克·费希尔把它称为是政策辩论（评价）的逻辑（参见专栏9-1）。

专栏9-1 政策评估逻辑简介：层面、论点和问题

层面：第一顺序评价

技术-分析论点：**项目验证**（结果）

组织问题：按照经验该项目达到既定目标了吗？

相关论点：**情景确认**（目的）

组织问题：项目目的与问题情景有关吗？

层面：第二顺序评价

系统论点：**社会论证**（目标）

组织问题：政策目标对社会整体有方法性或者贡献性价值吗？

意识形态论点：**社会选择**（价值）

---

① 本节内容主要参考弗兰克·费希尔. 公共政策评估[M]. 吴爱明，等译. 北京：中国人民大学出版社，2003.

> 组织问题：（构成社会顺序）组织的基本理念（意识形态）为冲突的解决提供了合理的基础了吗？
>
> 资料来源：弗兰克·费希尔《公共政策评估》，2003

下面，我们按照上述顺序简要介绍弗兰克·费希尔的政策辩论的逻辑。[①]

1. 技术-分析论点：项目验证

项目验证主要对项目的效果与效率进行评价，是传统政策评价的通行工具。其中，效果评价常使用实验研究的方法，目的在于对项目达到特定目标的程度进行定量评估；效率评价多使用成本-效益分析的方法（参见第4章4.2.1小节的效果和效率维度的分析）。项目验证主要讨论三个问题：

- 从经验主义的角度来说，项目达到既定的目标了吗？
- 经验主义的分析揭示了对项目的目标进行补充的次要的或者未曾预料的结果了吗？
- 项目比其他可行的办法更有效率地达成目的了吗？

2. 相关论点：情景确认

从经验主义结果验证来看，第一顺序政策评价导致了确认问题。确认的焦点是特定的项目目标是否与该情景相关。这实际上就是我们前面讨论的需求分析（参见第4章4.2.1小节的相关性维度分析）。情景确认特别依赖定性方法，主要讨论如下三个问题：

- 项目目标与问题情景相关吗？
- 情景中是否出现例外情况？
- 有没有两个或两个以上与问题情景相关的标准？

3. 系统论点：社会论证

在此层面上，政策辩论的逻辑由第一顺序转到第二顺序评估，也就是说，从具体的情景转向作为一个整体的社会系统，其主要任务是表明政策目标为现存的社会安排提供有价值的功能（参见第4章4.2.1小节的相关性维度分析），它常常涉及检验政策背后关于系统功能和价值的假定。社会论证主要围绕以下三个问题展开：

---

① 弗兰克·费希尔（Frank Fischer）. 公共政策评估[M]. 北京：中国人民大学出版社，2003：第17-21页.

- 政策目标对社会整体有方法性或者贡献性价值吗？

- 政策目标会导致意想不到的、具有重要社会后果的问题吗？

- 完成政策目标会导致被评判为公平分配的后果吗？

4. 意识形态论点：社会选择

政策辩论逻辑的第四个也是最后一个推论阶段转向意识形态和价值问题。社会选择寻求建立并且检验作为批评基础的选择，从而对社会系统和他们各自的生活方式做出明智的、得到充分信息的选择。社会选择牵涉对社会和政治标准——尤其是应用政治理论和哲学上的标准——的解释的任务。社会选择提出了如下类型的问题：

- （构成社会顺序）组织的基本理念（意识形态）为冲突的解决提供了合理的基础吗？

- 如果社会无法解决基本的价值矛盾，有无其他社会制度（同样公平地赋予相关利益和需要）可以为冲突提供解决办法？

- 规范思考和经验主义证据支持其所认为可行的另一种意识形态和社会制度的求证和选择吗？

作为方法论框架，这四种互相关联的论点形成了社会科学和政策评价的新方法——政策辩论的逻辑。这里提出的方法超越了实证主义传统的经验主义倾向，其目的在于把经验主义和规范评价系统地整合在一起，解决现代社会科学中最重要和讨论最持久的问题之一，也就是事实和价值的关系问题。[1]

诚然，传统的政策评价主要关注政策（项目）的效果与效率问题，但是，几十年来评价理论与方法的发展，实证主义的政策评价方法已经将以往忽略的与政策问题相关的党派目标和价值冲突问题纳入了评价的视野。OECD/DAC的五个评价准则（相关性、效果性、效率、公平和可持续性）就是一个例证。我们将上述四个层面的评价逻辑与第4章绩效评价矩阵中设计的五个评价维度（相关性、效果性、效率、公平和可持续性）和多个评价问题做一比较，可以发现，除了第四个社会选择所讨论的意识形态论点问题，其他问题如社会需求（问题）分析、宏观政策（战略）分析、政策公平性分析都已纳入到了现代政策评价的框架之内。"相关性"维度分析的主要内容即是需求分析。而意识形态的问题在现有的社会条件下历来都不是政策评价要讨论的问题，它仍然主要是政治领域应该关心的问题。

---

[1] 弗兰克·费希尔（Frank Fischer）. 公共政策评估[M]. 北京：中国人民大学出版社，2003：第11页.

9.2.2　威廉·邓恩：评价主要关注价值

在现代社会科学中，最重要和讨论最持久的问题之一就是事实和价值的关系问题。这一点也反映在"评价"（evaluation）学科之内。现代评价学科创始人之一的迈克尔·斯克里夫恩认为，评价主要关注"事实"。他指出："不要以为评价只是一种意见或感受，更为重要的是，评价来自于事实与逻辑。"[①]所以，这一评价学派属于典型的逻辑实证论。他们对事实和价值进行了严格区分，认为政策评价应关注解释和预测，以区别于伦理和价值分析。还认为，如果分析人员只进行解释和更准确的预测，那么政策分歧就会减少或消失。在基本价值的差异方面花费大量的时间没有意义，因为它们注定只有争论而且难以解决。

与这一观点不同，美国政策学家威廉·邓恩认为，评价主要关注"价值"。他在《公共政策分析导论》一书中这样阐述了评价的含义："一般情况下，评价与估计、估价和评估等词是同义的。这些词都包含这样一种企图，即使用某种价值观念来分析政策运行结果。更为确切地讲，评价提供政策运行所带来的价值方面的信息。某项政策确实有价值，是因为它对既定目标或目的的实现起了作用。在这种情况下，我们就说政策或计划取得了某种意义上的成效，同时也表明政策问题已经被澄清或者得到了缓解。"[②]在这里，价值代表了大量与选择有关的行为的目的。这种观点，即作为目的的价值（如对效率的偏好）中，价值是任何对评价者有益的事物。[③]他接着论述道，评价的特性是促成了本身具有评价性的主张。这里的主要问题不是某个事实（某物是否存在）或某种行为（该做些什么），而是某种价值观念（价值是什么）。因此，评价具有区别于其他政策分析方法的几个特点：

（1）价值中心（value focus）。与监测相比，评价关注对政策（或项目）有用性或价值的判断。评价主要是为了确定一项政策或项目的价值或社会效用，而不是简单地收集预期的政策行为结果方面的信息。由于政策目的和目标的适当性总是遭到质疑，评价还必须包括对目的和目标本身进行评价（第4章4.2.1节中相关性评价的一个主要内容就是这一点。——作者注）。

（2）价值-事实相互依赖（fact-value interdependence）。评价对于事实的依赖与对价值的依赖一样多。宣称某项政策或项目取得了高（或低）水

---

① Michael Scriven, "Evaluating Educational Programs", *The Urban Review*, 9, No, 4 (February, 1969), p. 22.

② 威廉·邓恩. 公共政策分析导论[M]. 2版. 谢明译. 北京：中国人民大学出版社，2002：第435页.

③ 威廉·邓恩. 公共政策分析导论[M]. 4版. 谢明译. 北京：中国人民大学出版社，2011：第241页.

平的绩效，不仅要求政策结果对某些个人、团体或是整个社会是有价值的，而且要求政策结果实际上是为了解决某一特定问题而采取的行为的结果。因此，监测是评价的先决条件（参见专栏9-2）。

专栏9-2　监测与评价（M&E）的定义

监测是指针对特定指标持续而系统地收集数据，为正在进行中的发展干预活动的管理者和主要利益相关者提供信息，帮助他们了解有关进展、目标实现和资金使用等方面的情况。

评价是指系统而客观地评价一个正在实施的或已完成的项目、计划或政策，包括其设计、实施和结果。其目的是确定目标的相关性和相应的完成情况、效率、效果、影响和可持续性。评价应提供可靠有用的信息，使以往经验教训融入援助者和受援者的决策过程当中。

资料来源：OECD，2002

（3）当前和过去的倾向。与建议中产生的倡导性主张相比，评价主张倾向于当前和过去的结果，而不是未来的结果。评价是回溯性的，出现在行为被采取之后（即事后）。尽管也涉及价值前提，但建议是前瞻性的，出现在行为被采取之前（即事前）。

（4）价值的双重性（value duality）。支撑评价主张的价值有双重性质，因为它们可以被当作目的和手段。评价和建议相似，因为一个既定的价值（如健康）可以被当作内在的（本身有价值），也可以被当作外在的（因为它带来其他结果而值得拥有）。价值通常按层级排列，该层级反映了目的和目标的相对重要性和相互依赖性。[①]

基于上述认识，威廉·邓恩认为，"监测主要关注[事实]，而评价主要关注[价值]。监测回答这个问题：政策结果如何和为什么出现？评价回答一个相关但不同的问题：结果有什么价值？"[②]为此，邓恩在《公共政策分析导论》一书中将政策评价划分为三种方式：伪评价、正式评价和决策理论评价。他认为，所谓伪评价，就是"采取描述性的方法来获取关于政策结果可靠而有

---

① 威廉·邓恩. 公共政策分析导论[M]. 4版. 谢明，译. 北京：中国人民大学出版社，2011：第248页.

② 同上书，第240页。

效的信息"，因为它在性质上应属于"监测"。所谓正式评价，则是"采用描述性的方法来获取关于政策结果可靠而有效的信息，这些结果已被正式宣布为政策的目标"。其主要假设是：政策制定者正式宣布的目的和目标是政策价值的恰当尺度。按照这一标准，总结性评价（事后评价）和形成性评价（事中评价）均属于正式评价。所谓决策理论评价，是"采取描述性的方法来获取关于政策结果可靠而有效的信息，对于这些结果，多个利益相关者明确地认为其有价值"。决策理论评价与伪评价、正式评价的关键区别在于：决策理论评价试图将利益相关者潜在的和明显的目的和目标表面化和明确化。这就意味着政策制定者和项目管理者正式宣布的目的和目标仅是其中的一个价值来源，因为政策形成和执行过程中相关利益方（如中低级职员、其他机构人员、客户团队）都参与了衡量绩效所依据的目的和目标的制定。决策理论评价的主要目的之一是，将政策结果信息同利益相关者的价值联系起来。其假设是：利益相关者公开和潜在的目标都是对政策或项目的恰当衡量。[①]

联系第4章关于政策评价维度和评价问题的论述以及第2章2.2.2节关于结果导向与问题导向关系的论述，可以看到，主流的政策评价理论已经吸收了威廉·邓恩的一部分观点。对于"正式评价"的观点认识两者是基本一致的，虽然在价值的看法上仍然存在着差异，但是两种不同的评价理论与方法很明显也体现出了一种相互融合的趋势。威廉·邓恩认为，"大部分社会指标都是与政策相关的、目标锁定的、以变化为导向的、交叉分类的和反映客观和主观社会状况的。"[②]本书第4章4.3节及专栏4-2的指标开发方法与实例也体现了同一观点。另外，在现代绩效评价理论和实践中，越来越强调利益相关者的参与。譬如，世界银行制定的《全球与地区合作伙伴项目评价手册》就把参与性和包容性（participation and inclusion）作为其评价的两个重要原则。[③]

9.2.3 埃贡·古贝：评价是一种价值建构

迈克尔·斯克里夫恩认为，评价主要关注"事实"；威廉·邓恩认为，评价主要关注"价值"；而埃贡·古贝和伊冯娜·林肯则认为，评价是一种"价值建构"。

在《第四代评估》一书中，埃贡·古贝和伊冯娜·林肯将评价的发展划

---

① 威廉·邓恩. 公共政策分析导论[M]. 4版. 谢明, 译. 北京：中国人民大学出版社，2011：第250-254页.

② 同上书，第197页.

③ WB/IEG: *Sourcebook for Evaluating Global and Regional Partnership Programs*, 2007，pp. 21-25（4. Participation and Inclusion）.

分为四个时代（阶段）：第一代评价为测量，评价者的角色是技术性的；第二代评价为描述，其特征是描述某些规定目标的优劣，评价者的角色是描述者；第三代评价为判断，评价者的角色是评判员；第四代评价为响应式的建构主义，评价者的角色是协调员。他们认为，第四代评价大大超越了已经出现的过于注重测量、描述与判断的前几代评价方法，它将评价上升到一个以谈判协调为核心的新高度。这种评价方法超越了纯粹的科学范畴（即仅为活动事实），涵盖了人性的、政治的、社会的、文化的以及其他各种相关的因素。第四代评价是以利益相关者的主张、焦虑和争议作为组织评价焦点决定所需信息的基础的一种评价形式，它主要用于建构主义调查范式的方法论。[①]概括起来说，这一新的评价方法具有以下几个特点[②]：

第一，这种评价方法的基本立场是，评价行为的最后产出并不是对"事情是什么""事情如何进行"以及事物的某种真实状态进行描述，而是提出有意义的解释，即个体或群体行为者为"理解"自身所存在的环境而做的建构。其评价结果并非终极意义上的"事实"，而是由包括评价者（以确保客观公正）以及由于评价而处于风险之中的利益相关者通过互动而实际创造的一种结果。从这种互动过程产生的，是关于案例之真实性的一个或多个建构。

第二，这种评价方法认为，人们借以理解自身环境而形成的建构在很大程度上是受建构者本身价值观的影响。因此，哪些价值观应当得以考量和如何协调这些不同的价值观将成为最重要的问题。很明显，"价值中立"方法论在这种情景下不起作用。

第三，这种评价方法认为，上述的这些建构必然与具体的物质、心理、社会和文化相关联，正是在这些关联当中形成了这类的建构，同时在这类建构中也会提到这些关联。这种关联构成的正是建构者所生活的"环境"，也是建构者努力理解的"环境"。

第四，这种评价方法认为，评价可以各种方式给予或者剥夺利益相关者的特权，因此，与评价的设计与实施过程相关的利益相关者可以选择是否参与评价。如果仅仅是评价者和委托者有权决定调查哪些问题，使用何种手段和数据分析模型，以及做出何种解释等，那么很有可能剥夺其他利益相关者追求合法利益的权利。

---

① 埃贡·古贝、伊冯娜·林肯. 第四代评估[M]. 秦霖，译. 北京：中国人民大学出版社，2008：第24页.
② 同上书，前言.

第五，这种评价方法提出，评价必须具有行为导向性，即要定义一系列的工作流程，激励利益相关者遵循这一程序，并且成立和维持一个自己的委员会来督促执行。为此，要达成一种大多数利益相关者都同意的行动计划。这一行动计划必须在尊重各种价值观的基础上，通过不断地协商谈判使得他们都找到支持这一计划的理由，并积极地去实施该计划。

最后，第四代评价坚持认为，由于评价是涉及许多人的活动（比如委托人、利益相关者、信息提供者以及以其他方式参与评价的人），因此评价者有责任在与上述人员交往时尊重他们的身份，相信他们的诚信，保护他们的隐私。它提倡一种全面的积极参与，要求利益相关者和其他相关者在评价当中处于平等地位，无论是评价方案的设计、实施、解释还是最后的结论阶段，都要求以政治上完全的平等和控制来对待他们。这就意味着所有评价参与人都有权分享彼此的理解，并努力形成一种公认的、符合常理的、信息量更大的、成熟的共同建构。

与传统的（实证主义的）评价过程或程序不同，第四代评价要求评价过程符合以下两个条件：评价由利益相关者的主张、焦虑和争议所组成，它使用建构主义的方法论。具体地来说，第四代评价的评价过程[①]主要包括：

（1）识别在预计评价中处于风险地位的所有利益相关者。

（2）引导每个利益相关者群体得出他们对于评价对象的建构以及他们希望提出的与评价对象相关的主张、焦虑和争议。

（3）提供一种前后关联和一个方法论（解释学辩证性的），借此，不同的建构与不同的主张、焦虑和争议能得以理解、批判和考虑。

（4）从尽可能多的关于建构和与它们相关的主张、焦虑和争议得到共识。

（5）为没有形成或没有完全形成共识的事项准备一个协商日程。

（6）收集和提供协商议程所需要的信息。

（7）组建一个利益相关者代表进行协商的论坛，并且对之加以协调。

（8）设计一个或多个报告，以便与每个利益相关者群体交流有关建构和他们所提出的主张、焦虑和争议（以及与上述群体有关的其他群体所提出的内容）的解决办法。

（9）对那些仍然未解决的建构及其附带的主张、焦虑和争议，重复评价过程。

---

① 埃贡·古贝、伊冯娜·林肯.第四代评估[M].秦霖，译.北京：中国人民大学出版社，2008：第42-43页.

综上所述，第四代评价与传统的（实证主义的）评价从基本理念、评价方法到评价过程截然不同。正如埃贡·古贝和伊冯娜·林肯所说，"按照目前的实证主义与建构主义的定义，这两种信仰体系之间无法协调；我们看不到二者互相适应的任何可能，除非其中一种范式以自身论点的绝对力量彻底推翻另一种范式，或者出现一些起补充作用的范式，再或者能够证明一种范式是另一种范式的一个特例。"①但是，这并不意味着二者不会出现一定的相互融合。我们认为，埃贡·古贝和伊冯娜·林肯描述的第四代评价范式在我国目前实行虽然尚不太可能，但我们可以借鉴其中的某些理念与方法（比如关注各利益相关者的主张、焦虑和争议）完善现有的评价理论与方法，以不断增加广大的利益相关者对我们绩效评价的认同度与满意度。我们应在评价的设计与实施过程中，尽量吸纳相关的利益相关者参与评价。不能仅仅是由评价者和委托者决定调查哪些问题，使用何种手段和数据分析模型，以及做出何种解释等，那样很有可能剥夺其他利益相关者追求合法利益的权利。

▶ 9.3 政策绩效评价：大数据时代的发展

随着互联网、物联网、大数据和云计算等信息通信技术以及智能技术的发展，人类社会进入了"大数据时代"。舍恩伯格在《大数据时代》一书中说："大数据开启了一次重大的时代转型。就像望远镜让我们能够感受宇宙，显微镜让我们能够观测微生物一样，大数据正在改变我们的生活以及理解世界的方式，成为新发明和新服务的源泉，而更多的改变正蓄势待发……"②巴拉巴西在《爆发：大数据时代预见未来的新思维》一书中指出：在大数据时代，人类行为的数据终于可以被系统性地、规模化地掌控了，研究和预测人类行为成为可能，大数据时代产生如此多的电子踪迹让研究每个人、每个集体甚至整个人类的习惯成为可能。③这对以人类集体行为作为研究对象，以数据的搜集与分析为主要特征的政策绩效评价工作来说，无疑会产生重大的影响。2018年9月，《中共中央　国务院关于全面实施预算绩效管理的意见》明确提出，要"创新评估评价方法，立足多维视角和多元数据，依

---

① 埃贡·古贝、伊冯娜·林肯.第四代评估[M].秦霖，译.北京：中国人民大学出版社，2008：前言，第9页。
② 维克托·舍恩伯格、肯尼斯·库克耶.大数据时代：生活、工作与思维的大变革[M].杭州：浙江人民出版社，2013：引言.
③ 艾伯特-拉斯洛.巴拉巴西：《爆发：大数据时代预见未来的新思维》，第13页。

托大数据分析技术，运用成本-效益分析法、比较法、因素分析法、公众评判法、标杆管理法等，提高绩效评估评价结果的客观性和准确性。"这一要求表明，分析和利用大数据将会成为我国政策绩效评价发展的方向。

9.3.1 大数据时代的思维变革

大数据开启了一次重大的时代转型。哈佛大学教授哈里·金认为，"大数据是一场革命，庞大的数据资源使得各个领域开始量化进程，无论学术界、商界还是政府，所有领域都将开始这种进程"。诚然，就像互联网通过计算机添加通信功能而改变了世界，大数据也将改变我们的工作、学习和生活。这一改变源于大数据时代的三个思维转变，这些转变将深刻地改变我们理解和组建社会的方法。

转变之一，在大数据时代，我们可以分析更多的数据，甚至可以处理所有的数据，而不再依赖于随机抽样。19世纪以来，当面临大量数据时，我们习惯于依赖抽样分析。抽样分析是小数据时代（即信息缺乏时代和信息流通受限制的模拟时代）使用的方法。与小数据时代的抽样相比，大数据给我们带来了更高的精确性，也让我们看到了一些以前无法发现的细节。

转变之二，大数据时代，研究的数据如此之多，以至于我们不再热衷于追求精确性。当我们掌握小数据的时候，因为需要分析的数据很少，所以我们必须尽可能精确地量化我们的记录。当我们拥有海量的即时数据时，绝对的精准不再是我们追求的主要目标，只要掌握了大体的方向即可。当然，这样也不是完全放弃了精确度，只是不再沉迷于此。适当地忽略微观层面上的精确度会让我们在宏观层面上拥有更好的洞察力。

转变之三，大数据时代，我们将会放弃对因果关系的追求，取而代之的则是关注相关关系。寻找因果关系，是人类长期以来的习惯。在大数据时代，无须再紧盯事物之间的因果关系，而应该是寻找事物之间的相关关系，这会给我们提供非常新颖且有价值的观点。相关的关系也许不能准确地告知我们某件事情为何会发生，但它会提醒我们这件事情正在发生。也就是说，在大数据时代，我们一般不必要知道现象背后的原因，只要让数据自己发声。[①]

这三个转变揭示了大数据时代思维和认知方式的三个基本特点。舍恩伯格还将这些特点进一步概括如下：一切皆可量化，数据自己发声，整体高于

---

① 维克托·舍恩伯格、肯尼斯·库克耶. 大数据时代：生活、工作与思维的大变革[M]. 杭州：浙江人民出版社，2013：第17-23页.

样本，庞杂优于精确，相关重于因果，协作胜于竞争，共享创造价值。

这些观点尽管还有争议，但是不可否认的是，大数据标志着人类在寻求量化和认识世界的道路上前进了一大步。过去不可计量、存储、分析和共享的很多东西都被数据化了，拥有大量的数据为我们认识和理解世界打开了一扇新的大门。当然，它也为破解前述政策绩效评价的难题（参见9.1节）提供了一把钥匙，换言之，大数据时代的来临将会给政策绩效评价带来一系列创新与发展。

9.3.2 大数据时代的政策绩效评价创新

政策绩效评价与"数据"有着一种天然的联系。一方面，它需要依赖于"数据"（收集数据），另一方面，又需要为政府决策和管理提供"数据"。对于这一点，迈克尔·斯克莱文（Michael Scriven）讲得很清楚。他说，"评价有两个重要的方面：一方面是收集资料（数据），另一方面，是整理和鉴别资料（数据）的相对价值和标准"。[①]在小数据时代，由于受技术条件的限制，人们获取全面的数据相当困难。为此，人们常常通过分析与政策相关的少量数据样本，来探求政策效果以及政策与效果之间的因果关系。所以，我们对政策结果的认识往往是表面的、简单的或者是不全面的。大数据时代的来临将会使政策绩效评价产生彻底变革。这一变革将会给政策绩效评价在以下几方面带来巨大的创新和发展。

（1）收集和利用所有数据。随着大数据技术日益成为日常生活的一部分，我们在政策评价中将会收集和利用所有数据，而不再仅仅是一小部分的数据。过去，由于记录、储存和分析数据的工具不够好，我们只能通过随机抽样收集少量的数据进行分析，并且企图用最少的数据获得最多的信息。如今，感应器、手机导航和各种的社交网络及微博客服务的网站被动地收集了大量数据，并且，计算机可以轻易地对这些数据进行处理。因此，我们现在可以收集和利用过去无法收集到的大量的信息，不管是通过移动电话表现出的关系，还是通过推特（Twitter）信息表现出的感情。更为重要的是，抽样调查将不再是我们收集和分析数据的主要方式。

（2）创新评价的方法。大数据时代，由于人类行为的数据可以被系统性地、规模化地掌控，因此，我们第一次有机会和条件可以收集和使用全面的和系统的数据，获得过去不可能获得的信息和知识。有了这些"数"，我们

---

① 彼得·罗希，等.评估：方法与技术[M].7版.邱泽奇，等译.重庆：重庆大学出版社，2007：第13页。

便可以知道它的"理"，从而据此可以准确、高效地预测和分析政策的效果及效率。不仅预测和确定政策效果不再成为一件困难而令人沮丧的任务，而且我们也将能够准确地衡量政策的全部成本，包括那些没有反映在政府预算中的政策对社会所产生的成本代价（包括机会成本）。这意味着，大数据时代，财政支出政策的成本-效益分析也将变得更加容易和可行。

（3）拓展政策绩效评价的范围。小数据时代，由于技术条件、经费等的限制，许多政府政策与项目无法纳入绩效评价的范围。大数据时代，尤其是各种社交网络、电子商务与移动通信把人类社会带入了一个以"PB"（1 024TB）为单位的结构与非结构数据信息的新时代。在云计算出现之前，传统计算机是无法处理如此大量并且不规则的"非结构数据"的。以云计算为基础的信息储存、分享和挖掘手段，可以便宜、有效地将这些大量、高速、多变化的终端数据储存下来，并随时进行分析与计算。因此，许多的甚至全部的政策与项目都能够纳入绩效评价的范围。

（4）提升政策绩效评价的公民参与水平。参与性和透明性原则是开展政策绩效评价的两个重要原则。小数据时代，这两个原则很难得到真正的实施。大数据时代，由于在网上发布政策的绩效评价结果，将会吸引一大批对这个问题感兴趣的各界人士参与到政府政策制定的过程中来，足够多的眼睛，将会使所有的问题都无所遁形，更多的问题将会被发现，更多的细节将会被讨论，更好的方案将会被激发。此外，通过发布这些数据，一项政策的执行效果能够被量化，各个地区之间很方便进行"事实对比"，新的政策如果有效，很容易在全国范围内被接受、复制并推广，从而会推动形成一种良性的"政策竞争"氛围。

（5）充分发挥政策评价的作用。政策评价的一个主要的作用是辅助公共决策。进入大数据时代，公共决策最重要的依据将是系统的、成片的、动态的数据流，而不是个人经验或长官意志。政策评价作为一个有效的绩效信息反馈系统，能够通过事前、事中和事后的绩效评价为公共决策提供所需要的系统的、成片的和动态的信息，也就是说它可以辅助公共决策。用涂子沛的话来说，就是实行"数据治国"，也就是"用定量分析、实证研究的方法来治理国家"。[①]

2007年，雅虎的首席科学家沃茨博士在《自然》上发表了一篇文章《21

---

① 涂子沛. 大数据（3.0升级版）[M]. 南宁：广西大学出版社，2015：新版自序.

世纪的科学》，他发现，得益于计算机技术和海量数据库的发展，个人在真实世界的活动得到了前所未有的记录，这种记录的粒度很高，频度在不断增加，为社会科学的定量分析提供了极为丰富的数据。由于能测得更准，计算得更加精确，他认为，社会科学将脱下"准科学"的外衣，在21世纪全面迈进科学的殿堂。这就是说，作为一门社会科学，政策绩效评价也将脱下"准科学"的外衣，更为准确、高效地研究政策的效果及效率，从而帮助政府"用定量分析、实证研究的方法来治理国家"。

本章小结

1. 在绩效评价的实践中，很多因素造成了政策评价有效完成的障碍与问题，主要包括：政策目标的不确定性、确定因果关系的困难、政策影响的分散性、成本-效益评估的困难、评价数据和经费的缺乏、政府官员的抵制等。

2. 传统的政策评价主要关注政策（项目）的效果与效率问题，但是，随着几十年来评价理论与方法的发展，实证主义的政策评价方法已经将以往忽略的与政策问题相关的党派目标和价值冲突问题纳入了评价的视野。

3. 威廉·邓恩认为，"监测主要关注[事实]，而评价主要关注[价值]。监测回答这个问题：政策结果如何和为什么出现？评价回答一个相关但不同的问题：结果有什么价值？"这里，价值代表了大量与选择有关的行为的目的。

4. 在《第四代评估》一书中，埃贡·古贝和伊冯娜·林肯提出了第四代评估（评价）的概念。他们认为，第四代评价是以利益相关者的主张、焦虑和争议作为组织评价焦点决定所需信息的基础的一种评价形式，它主要用于建构主义调查范式的方法论。

5. 大数据开启了一次重大的时代转型。大数据时代的来临使得我们第一次有机会和条件可以收集和使用全面的和系统的数据，获得过去不可能获得的信息和知识，从而可以深入探索和了解政策的效果以及政策与效果之间的关系。

复习与思考

1. 弗兰克·费希尔在《公共政策评估》一书中分析了项目验证（实证评估）存在的局限，他认为，"以验证为中心评估的相关问题，不论是政策实验还是成本-效益分析，本质上都仅仅是技术性的问题。其任务是建构易于使用、易于论证的客观上合适的指标和记录措施。然而，这种概念停留在错误的臆断上，认为分析者能够客观地辨别目标或者效益、选择指标和样品，还能够把项目的进展量化并且对之进行测算。在实际中，这些任务的每一种都需要进行规范评判。"这一观点是否正确？请对之进行评论。

2. 马可·穆尔在《创造公共价值》一书中分析了多种界定公共价值的标准，他写道："过去的绝大多数时候，大家都认为公共管理者应该努力以最高效和最有效的方式达成法律所规定的组织目标……乍看起来，这种说法很有说服力。但只要深入想一想，就不难看出，这个标准中有一点很重要的东西被人忽略或想当然地接受了：这一标准认为政治——特别是立法——程序决定了哪些是公共部门应该生产的价值。对以下两类人来说，这个标准毫不奇怪：一是认为政治是产生集体意愿的方法的人；二是认为民主政治是调和个人利益和集体利益的最好中介的人……但对那些不信任政治程序的人来说，他们绝难接受公共价值应由政治决定的观点……他们认为，最低限度而言，政治程序应该能够坚持原则，愿意对政府进行合理限制。它应当具有一定的能力，在考虑要做出何种规定时，应维持最低限度的公平标准。因此，他们提出另一个标准，即在决定公共机构的价值时，应该有一个客观的方法和平台，并将这些客观信息与政治程序做出的决定相比较。"（《创造公共价值：政府战略管理》，第52页）上述界定公共价值的不同观点，你认为哪一种更正确？

3. 什么是一个"好"的电视节目的特征？列出班里同学关于"好"的电视节目的主观性意见。你怎样才能客观地决定一个电视节目是"好"的？

4. 在各国的扶贫工作中，我们常常可以看到下列的现象：贫困家庭的数量（客观指标）可能减少了，人们对生活质量的感受（主观性指标）却没有任何大的变化。在这种情况下，你如何来判断扶贫的实际成效？

5. 传统的政策评价中，数据来源主要有两种：直接的和间接的。直接的数据是由内部机构直接收集，可以通过行政、预算、个人信息资料、调查、访谈、直接观察等方式来获得。间接的数据是由外部的机构收集，可以通过政府或非政府机构的行政记录（书面或电子版），对目标客户、项目官员、服务提供商的访谈和调查，训练有素的观察员报告，专项的机械测量和测试等方式获得。请分析这些数据来源与大数据的数据源有何不同？为什么说大数据为我们认识和理解世界打开了一扇新的大门?

6. 我国目前的政策评价主体主要是政府官员、中介机构和少量专家,缺少公民特别是政策受众的广泛参与。你认为这一政策评价的模式有无问题?它能否真正地揭示政策实施的效果?能否对政策的实施效果做出客观、公正的评价?

7. 在大数据时代,不管是告知与许可、模糊化还是匿名化,这三大隐私保护策略都失效了。如今很多的用户都觉得自己的隐私已经受到了威胁,当大数据变得格外普遍的时候,情况将更加不堪设想。在这种情况下,你认为国家还有没有必要发展和利用大数据?它对于政策评价的影响还是正面的吗?

《英国红皮书：评价指南》节选（英国财政部编）

参考文献

1. [美]詹姆森·E.安德森. 公共政策制定[M]. 5版. 谢明，译. 北京：中国人民大学出版社，2009.

2. [美]威廉·邓恩. 公共政策分析导论[M]. 4版. 谢明，等译. 北京：中国人民大学出版社，2011.

3. [美]马克·穆尔. 创造公共价值——政府战略管理[M]. 伍满桂，译. 北京：中国人民大学出版社，2017.

4. [美]戴维·韦默，[加]艾丹·瓦伊宁. 公共政策分析：理论与实践[M]. 刘伟，译. 北京：中国人民大学出版社，2013.

5. [美]查尔斯·韦兰. 公共政策导论[M]. 魏陆，译. 上海：格致出版社、上海三联书店、上海人民出版社，2014.

6. [美]德博拉·斯通. 政策悖论[M]. 顾建光，译. 北京：中国人民大学出版社，2006.

7. [美]托马斯·戴伊. 自上而下的政策制定[M]. 鞠方安，译. 北京：中国人民大学出版社，2002.

8. [美]杰伊·沙夫里茨等编. 公共政策经典[M]. 北京：北京大学出版社，2008.

9. [美]弗兰克·费希尔. 公共政策评估[M]. 吴爱明，译. 北京：中国人民大学出版社，2003.

10. [加]梁鹤年. 政策规划与评估方法[M]. 北京：中国人民大学出版社，2009.

11. [美]约翰·布赖森. 公共与非盈利组织战略规划[M]. 3版. 孙春霞，译. 北京：北京大学出版社，2010.

12. [美]弗兰克·古德诺. 政治与行政——政府之研究[M]. 丰俊功，译. 北京：北京大学出版社，2012.

13. [英]洛克. 政府论[M]. 下. 上海：商务印书馆，1996.

14. [美]詹姆斯·费斯勒，等. 公共行政学新论：行政过程的政治[M]. 陈振明，等译. 北京：中国人民大学出版社，2013.

15. [美]尼古拉斯·亨利. 公共行政与公共事务[M]. 10版. 孙迎春，译. 北京：中国人民大学出版社，2011.

16. [美]戴维·奥斯本、彼德·普拉斯特里克. 政府工作手册：战略与工具[M]. 谭功荣，译. 北京：中国人民大学出版社，2004.

17. [美]凯瑟琳·纽科默等编. 迎接业绩型政府的挑战[M]. 广州：中山大学出版社，2003.

18. [美]马克·波波维奇. 创建高绩效政府组织[M]. 孔宪遂，译. 北京：中国人民大学出版社，2002.

19. [美]史蒂文·科恩、威廉·埃米克. 新有效的公共管理者[M]. 王巧玲，译. 北京：中国人民大学出版社，2001.

20. [美]詹姆斯·史密斯、曼纽尔·伦敦. 绩效管理：从研究到实践[M]. 汪群，等译. 北京：机械工业出版社，2011.

21. [美]哈维·S. 罗森.财政学[M].8版.郭庆旺，等译.北京：中国人民大学出版社，2011.

22. [美]约瑟夫·斯蒂格利茨.公共部门经济学[M].3版.郭庆旺，等译.北京：中国人民大学出版社，2005.

23. [美]罗杰·米勒、丹尼尔·本杰明，道格拉斯·诺斯.公共问题经济学[M].北京：中国人民大学出版社，2014.

24. [美]加里·贝克尔.人类行为的经济分析[M].王亚宇，译.上海：上海三联书店、上海人民出版社，1999.

25. [美]桑贾伊·普拉丹.公共支出分析的基本方法[M].蒋洪，译.北京：中国财政经济出版社，2000.

26. [美]里查德·阿兰等.公共开支管理[M].章彤，译.北京：中国财政经济出版社，2009.

27. [美]马尔科·坎贾诺等.公共财政管理及其新兴架构[M].马蔡琛，等译.大连：东北财经大学出版社，2017.

28. 世界银行.超越年度预算：中期支出框架的全球经验[M].财政部综合司组，译.北京：中国财政经济出版社，2013.

29. [美]罗伯特·李，等.公共预算体系[M].苟燕楠，译.北京：中国财政经济出版社，2011.

30. [美]杰拉德·米勒，等.绩效基础预算[M].赖启忠，译.北京：中国财政经济出版社，2015.

31. [美]劳伦斯·纽曼.社会研究方法——定性和定量的取向[M].5版.郝大海，译.北京：中国人民大学出版社，2007.

32. [美]苏珊·韦尔奇，等.公共管理中的量化方法：技术与应用[M].3版.王国勤，等译.北京：中国人民大学出版社，2014.

33. [美]伊丽莎白森·奥利沙文，等.公共管理研究方法[M].5版.郝大海，等译.北京：中国人民大学出版社，2003.

34. [美]弗洛伊德·福勒.调查研究方法[M].3版.孙振东，等译.重庆：重庆大学出版社，2015.

35. [美]琳达·G. 莫拉·伊马斯等.通向结果之路：有效发展评价的设计与实施[M].李扣庆，等译.北京：经济科学出版社，2011.

36. [美]乔迪·扎尔·库赛克，雷·C. 瑞斯特.十步法：以结果为导向的监测与评价体系[M].梁素萍，等译.北京：中国财政经济出版社，2011.

37. [印]维诺德·托马斯，骆许蓓.公共项目与绩效评估：国际经验[M].施青军，等译.北京：中国劳动社会保障出版社，2015.

38. [美]彼得·罗希、马克·李普希、霍华德·弗里曼.评估：方法与技术[M].重庆：重庆大学出版社，2007.

39. [美]艾贡·古贝、伊冯娜·林肯.第四代评估[M].秦霖，等译.北京：中国人民大学出版社，2008.

40. [美]西奥多·H. 波伊斯特.公共与非盈利组织绩效考评：方法与应用[M].萧鸣政，等译.北京：中国人民大学出版社，2005.

41. [美]戴维·罗伊斯、布鲁斯·赛义，等.公共项目评估导论[M].3版.王军霞，涂晓芳，译.北京：中国人民大学出版社，2007.

42. [加]詹姆斯·麦克戴维，等.项目评价与绩效测量：实践入门[M].李凌艳，等译.北京：教育科学出版社，2011.

43. [美]阿里·哈拉契米主编. 政府业绩与质量测评——问题与经验[M]. 广州：中山大学出版社，2003.

44. [美]罗伯特·卡普兰、大卫·诺顿. 平衡记分卡——化战略为行动[M]. 刘俊勇，孙薇，译. 广州：广东省出版集团、广东经济出版社，2004.

45. 世界银行专家组. 公共部门的社会问责：理念探讨和模式分析[M]. 宋涛，译. 北京：中国人民大学出版社，2008.

46. 世界银行、哥德堡大学，等. 政策和部门改革的战略环境评价[M]. 李天威，等译. 北京：中国环境出版社，2014.

47. [英]维克托·迈尔-舍恩伯格等. 大数据时代[M]. 盛杨燕，等译. 北京：浙江人民出版社，2013.

48. 毛泽东. 毛泽东选集[M]. 第一、二、三卷. 北京：人民出版社，1991.

49. 习近平. 决胜全面建成小康社会 夺取新时代中国特色社会主义伟大胜利[M]. 北京：人民出版社，2018.

50. 习近平. 习近平谈治国理政[M]. 第一、二卷. 北京：外文出版社，2018.

51. 中共中央、中共中央 国务院关于全面实施预算绩效管理的意见，2018. 9.

52. 中央宣传部. 习近平新时代中国特色社会主义思想三十讲[M]. 北京：学习出版社，2018.

53. 《中共中央关于全面深化改革若干重大问题的决定[M]. 北京：人民出版社，2013.

54. 财政部预算司. 中央部门预算编制指南[M]. 2019年. 北京：中国财经出版社，2018.

55. 财政部预算司. 中国预算绩效管理探索与实践[M]. 北京：经济科学出版社，2013.

56. 财政部国际司. 国际金融组织贷款项目绩效评价操作指南[M]. 北京：经济科学出版社，2010.

57. 财政部国际司编. 国际金融组织贷款项目绩效评价典型案例[M]. 北京：中国财政经济出版社，2010.

58. 财政部预算评审中心. 中国财政支出政策绩效评价体系研究[M]. 北京：经济科学出版社，2017.

59. 财政部预算评审中心. 预算项目支出标准研究与实践[M]. 上、下. 北京：中国财经出版社，2017.

60. 财政部财政科研所. 美国政府绩效评价体系[M]. 北京：经济管理出版社，2004.

61. 中国科协战略研究院. 中国科学技术与工程指标[M]. 北京：清华大学出版社，2018.

62. 陈振明. 公共管理学[M]. 2版. 北京：中国人民大学出版社，2017.

63. 陈振明. 公共政策学[M]. 北京：中国人民大学出版社，2004.

64. 施青军. 政府绩效评价：概念、方法与结果运用[M]. 北京：北京大学出版社，2016.

65. 方振邦、罗海元. 战略性绩效管理[M]. 3版. 北京：中国人民大学出版社，2010.

66. 蔡立辉. 政府绩效评估[M]. 北京：中国人民大学出版社，2012.

67. 付亚和、许玉林. 绩效管理[M]. 2版. 上海：复旦大学出版社，2008.

68. 国务院发展研究中心、世界银行. 中国：推进高效、包容、可持续的城镇化[M]. 北京：中国发展出版社，2014.

69. 中国国际工程咨询公司. 集包铁路三四线后评价报告[D]. 2015.

70. 刘昆. 绩效预算：国外经验与借鉴[M]. 北京：中国财政经济出版社，2007.

71. 刘尚希. 公共风险视角下的公共财政[M]. 北京：经济科学出版社，2010.

72. 楼继伟等. 中国公共财政：推动改革增长 构建和谐社会[M]. 北京：中国财政经济出版

社，2009.

73. 张通. 中国公共支出管理与改革[M]. 北京：经济科学出版社，2010.

74. 马骏. 论转移支付[M]. 北京：中国财政经济出版社，1998.

75. 李志军. 国外公共政策评估手册与范本选编[M]. 北京：中国发展出版社，2015.

76. 陈庆云. 公共政策分析[M]. 2版. 北京：北京大学出版社，2011.

77. 李文彬、郑方辉. 公共部门绩效评价[M]. 武汉：武汉大学出版社，2010.

78. 马蔡琛. 政府预算[M]. 2版. 大连：东北财经大学出版社，2018.

79. 平新乔. 财政原理与比较财政制度[M]. 上海：上海三联书店、上海人民出版社，1997.

80. 审计署外资司编. 国外效益审计简介[M]. 北京：中国时代经济出版社，2003.

81. 世界银行、国务院发展研究中心联合课题组. 2030年的中国：建设现代、和谐、有创造力的社会[M]. 北京：中国财政经济出版社，2013.

82. 夏书章主编. 行政管理学[M]. 第四版. 北京：高等教育出版社、广州：中山大学出版社，2008.

83. 唐钧. 社会稳定风险评估与管理[M]. 北京：北京大学出版社，2015.

84. 徐绍史主编. 加快转变经济发展方式[M]. 北京：人民出版社，2015.

85. 范伯乃等. 西部大开发：政策绩效评估与调整策略研究[M]. 杭州：浙江大学出版社，2011.

86. 张泰峰、Eric Reader: 《公共部门绩效管理[M]. 郑州：郑州大学出版社，2004.

87. 张国庆. 公共行政学[M]. 4版. 北京：北京大学出版社，2017.

88. 卓越. 公共部门绩效评估[M]. 北京：中国人民大学出版社，2004.

89. 周志忍. 行政管理的行与知[M]. 北京：北京大学出版社，2008.

90. 华民. 公共经济学教程[M]. 上海：复旦大学出版社，1996.

91. Asian Development Bank (ADB). *Project Performance Management System - Guidelines for Preparing a Design and Monitoring Framework*，2006.

92. Asian Development Bank (ADB). *Guidelines for Preparing Performance Evaluation Reports for Public Sector Operations,* 2006.

93. African Development Bank (AfDB/EO): *Evaluation Manuel,* 2009.

94. American Red Cross. *Monitoring and Evaluation Planing: Guidelines and Tools.*2008.

95. Australian Office of Development Effectiveness. *Quality of Australian Aid Operational Evaluations.* 2014.

96. Austrian Development Cooperation. *Guidelines for Project and Programme Evaluations.* 2009.

97. Angrist, Joshua, et al.，"Vouchers for Private Schooling in Colombia: Evidence from a Randomized Natural Experiment,"*American Economic Review* , 2002. 92(5).

98. Angrist, Joshua D. and Victor Lavy，"Using Maimonides' Rule To Estimate The Effect Of Class Size On Scholastic Achievement,"*Quarterly Journal of Economics*, 1999. 114(2).

99. Banerjee, A.V., E. Duflo, R. Gleennerster, and D. Kothari，"Improving Immunisation Coverage in Rural India: Clustered Randomised Controlled Immunisaion Campaigns With and Without Incentives,"*British Medical Journal* , 340 (2010).

100. Banerjee, A.V. and E. Duflo., *Poor Economics-A Radical Rethinking of the Way to Fight Global Poverty.* New York: Public affairs, 2011.

101. Breul, Jonathan D. and Carl Moravitz Ed., *Integrating Performance and Budgets*, NY: Rowman & Littlefield Publishers, Inc. 2007.

102. Buddelmeyer, Hielke & Skoufias, Emmanuel, "An Evaluation of the Performance of Regression Discontinuity Design on PROGRESA," IZA Discussion Papers 827, Institute for the Study of Labor (IZA), 2008.

103. Cooney, Kate and Trina R.Williams Shanks, "New Approaches to Old Problems: Market-Based Strategies for Poverty Alleviation，" *Social Service Review*, Vol. 84, No. 1,2010, pp.29-55.

104. Development assistance Committee. *Glossary of key terms in evaluation and results based management.* www.oecd.org/dac/evaluationnetwork, 2002.

105. Duflo, Esther, "Schooling and Labor Market Consequences of School Construction in Indonesia: Evidence from an Unusual Policy Experiment," *American Economic Review*, 2001. 91(4), pp. 795-813.

106. Duflo, Esther, et al., "Using Randomization in Development Economics Research: A Toolkit". pp.3895-3962, in T. Paul Schultz and John Strauss eds.: *Handbook of Development Economics*. Vol. 4, 2008.

107. Dye, Thomas R., *Understanding Public Policy* (Tenth Edition). Beijing :Chinese Renmin University Press，2004.

108. European Union. *Evaluation Methods for The European Union's External Assistance*, 2006.

109. Gertler, Paul, "Do Conditional Cash Transfers Improve Child Health? Evidence from PROGRESA's Control Randomized Experiment," *American Economic Review*, 94(2), 2004, pp.336-41.

110. Gertler, Paul, Sebastian Martinez, Patrick Premand, Laura B. Rawlings, Christel M. J. Vermeersh. *Impact Evaluation in Practice*. Washington DC: The World Bank, 2011.

111. Gertler, Paul J., and John W. Molyneaux, "The Impact of Targeted Family Planning Programs in Indonesia," *Population and Development Review,* 2000, 26: 61–85.

112. Glewwe, Paul, Albert Park, and Meng Zhao, "The Impact of Eyeglasses on the Academic Performance of Primary School Students: Evidence from a Randomized Trial in Rural China," Working Paper, Department of Applied Economics, University of Minnesota, 2014.

113. Garyr. Watmouch et al., "Understanding the Evidence Base for Poverty–Environment Relationships Using Remotely Sensed Satellite Data: An Example from Assam,India," World Development Vol. 78, 2016, pp. 188–203.

114. Hatry, Harry, *Performance Measurement: Getting Results*, Washington, D.C.: The Urban Institute Press，1999.

115. Henry, Nicolas, *Public Administration and Public Affairs* (10th Ed.). Beijing: Chinese Renmin University Press，2011.

116. HM Treasury, *The Green Book--Central Government Guidance on Appraisal and Evaluation*, 2018.

117. HM Treasury, *The Magenta Book-- Guidance for Evaluation*, 2011.

118. Howard White, "Theory-Based Impact Evaluation: Principles and Prictice," International Intiative for Impact Evaluation Working Paper, 2009.

119. Howard White, "An Introduction to the Use of Randomised Control Trials to Evaluate Development Interventions," International Intiative for Impact Evaluation Working Paper, 2011.

120. Imas, Linda G. Morra & Ray C, Rist: *The Road to Results: Designing and Conducting Effective Development Evaluation*, Washington, D.C.: The World Bank, 2009.

121. IEG, Designing A Results Framework for Achieving Results: A How-to Guide, the World Bank IEG Working Paper 2012/1,http://ieg.worldbankgroup.org.

122. IEG（World Bank）, *Sourcebook for Evaluating Global and Regional Partnership Programs*, 2007. http://www. World Bank.org/ieg/grpp.

123. IFC/GTZ/DFID. *The Monitoring and Evaluation Handbook for Business Evironment Reform*, 2008.

124. UNDP Evalation Office. *Handbook on Monitoring and Evaluation for Results,* 2002.

125. Imbens, Guido W. & Lemieux, Thomas, "Regression discontinuity designs: A guide to practice," *Journal of Econometrics* 142(2), 2008, pp.615-635.

126. Indranil Dutta, James Foster and Ajit Mishra, "On Measuring Vulnerability to Poverty," *Social Choice and Welfare*,Vol. 37, No. 4, 2011, pp. 743-776.

127. Kakwani, Nanak, On a Class of Poverty Measures, *Econometrical*, Vol. 48, No. 2, 1980, pp. 437-446.

128. Keehey, P., Medlin, S., MacBride, S., and Longmire, L. , *Benchmarking for best practices in the Public Sector*, San Francisco: Jossey-Bassy,1997.

129. Kusek, Jody Zall, Ray C. Rist. *A Hand Book for Development Practitioners: Ten Steps to a Results-based Monitoring and Evaluation System,* Washington, D. C.:, The World Bank, 2004.

130. Lee, David S. and Thomas Lemieux, "Regression Discontinuity Designs in Economics," *Journal of Economic Literature*, 48(2), 2010, pp.281-355.

131. Li, Hongbin & Junjian Yi and Junsen Zhang, "Estimating the Effect of the One-Child Policy on the Sex Ratio Imbalance in China: Identification Based on the Difference-in-Differences," *Demography* 48(4)，2011, pp.1535-1557.

132. Mackay, Keith, *How to Build M&E Systems to Support Better Government*. Washington, D.C.: The World Bank Press，2007.

133. Mackay, Keith, "The Australian Government's Performance Framework," No.25/April 2011. the World Bank IEG Working Paper. http://ieg.worldbankgroup.org.

134. Mark, Katharine & John R. Pfeiffer, Monitoring and Evaluation in the United States Government: An Overview, No.26/ October 2011, the World Bank IEG Working Paper, http://ieg. worldbankgroup.org.

135. Merchant, Kenneth A. and Wim A. Van der Stede, *Manage Control Systems: Performance Measurement, Evaluation and Incentives*(Third Edition), Pearson Education Limited, 2012.

136. Owen E. Hughes, *Public Management and Administration: An Introduction*, Beijing: Chinese Renmin University Press，2011.

137. Patton , Michael Quinn, *Developmental Evaluation: Applying Complexity Concepts to Enhance Innovation and Use*, New York London:The Guilford Press, 2011.

138. Patton, Michael Quinn," A World Larger than Formative and Summative," *American Journal of Evaluation*, Vol.17, 1996, pp. 131-143.

139. Patton, Michael Quinn, *Qualitative Research & Evaluation Methods*(3 Edition). London: International Educational and Professional Publisher, 2002.

140. Qi, Di, Yichao Wu, "A multidimensional child poverty index in China," *Children and Youth Services Review*, 57 , 2015, pp. 159-170.

141. Rist, Ray C., *Evaluation and Turbulent Times: Reflections on a Discipline in Disarray (Comparative Policy Evaluation)*.Transaction Publishers，August 8，2013.

142. Robert Chambers, "Designing Impact Evaluations: Different Perspectives," International Intiative for Impact Evaluation Working Paper, 2009.

143. Scriven, M, "Beyond Formative and Summative Evaluation , " In M. W. Mclaughlin&D. D.Phillips(Eds.), *Evaluation and education: at quarter century.* Chicago: University of Chicago Press, 1991，pp. 19-64.

144. Schultz, T. Paul, "School subsidies for the poor: evaluating the Mexican Progresa poverty program," *Journal of Development Economics*, 74(1), 2004, pp.199-250.

145. Skoufias, Emmanual. "PROGRESA and Its Impacts on the Welfare of Rural Households in Mexico，" Research Report 139, Washington, DC: International Food Policy Research Institute, 2005.

146. Thomas, Vinod and Xubei Luo, *Multilateral Banks and the Development Process - Vital Links in the Results Chain*. New Brunswick (U.S.A.): Transaction Publishers, 2012.

147. Talbot, Colin, " Performance in Government: The Evolving System of Performance and Evaluation Measurement, Monitoring, and Management in the United Kingdom," No.24/November 2010,World Bank IEG Working Paper, http://ieg.worldbankgroup.org.

148. The world bank. Development Grant Facility (DGF) Technical note: Independent Evaluation: Principles, Guidelines and good practice , 2002.

149. Wholey, J. S., " Assessing the Feasibility and Likely Usefulness of Evaluation," In J. S. Wholey, H.Harty, and K. Newcomer (Eds.). *Handbook of practical program evaluation*, San Francisco : Jossey-Bass, 1994,pp. 15-39.

150. Wagstaff, Adam, "Estimating Health Insurance Impacts under Unobserved Heterogeneity: the Case of Vietnam's Health Care Fund for the Poor," *Health Economics*, 19(2), 2010, pp.189-208.

151. Ward , Catherined D. and Charlie M. Shackleton, " Natural Resource Use, Incomes, and Poverty Along the Rural–Urban Continuum of Two Medium-Sized, South African Towns," World Development Vol. 78, 2016, pp. 80–93.

152. Ward, Patrick S., "Transient Poverty, Poverty Dynamics, and Vulnerability to Poverty: A Empirical Analysis Using a Balanced Panel from Rural China," World Development, Vol.78, 2016, pp. 541-553.

153. World Bank，*The Poverty Focus on Country Programs: Lessons from World Bank Experience*, 2015.

154. Wong , Christine, "Toward Building Performance-Oriented Management in China: The Critical Role of Monitoring and Evaluation and the Long Road Ahead," No.27/ September 2012. the World Bank IEG Working Paper, http://ieg.worldbankgroup.org.

155. World Bank, " Dealing with Governance and Anticorruption Risk in Project Lending," 2009, www.worldbank.org/ieg/.

156. World Bank, "Country Financial Accountability Assessments and Country Procurement Assessment Reports: How Effective Are World Bank Fiduciary Diagnostics?," The World Bank Report, 4/25/2008.

157. World Bank, "Development Grant Facility(DGF) Technical Note: Independent Evaluation: Principles, Guidelines and Good Practice," www.oecd.org/dac/evaluationnetwork, 2002.